中华国学文库

明 通 鉴 二

〔清〕夏 燮 撰

沈仲九 标点

中华书局

明通鉴卷十四

江西永宁知县当涂 夏　燮 编辑

纪十四 起昭阳协洽(癸未),尽旃蒙作噩(乙酉),凡三年。

成祖启天弘道高明肇运圣武神功纯仁至孝文皇帝

永乐元年(癸未、一四○三)

1 春,正月,己卯朔,上御奉天殿,受朝贺,宴文武群臣及属国使。

2 乙酉,享太庙。

3 辛卯,大祀天地于南郊。

4 上之即位也,周王橚,齐王榑,代王桂,岷王楩,前为建文窜逐者皆复其爵。至是诏仍故封,各令之国。

谷王橞改封长沙,上以其开门迎降,尤德之,赐乐七奏,卫士三百。寻又增岁禄二千石。

5 癸巳,命保定侯孟善镇辽东。丁酉,授宋晟为平羌将军,镇甘肃。

晟讨凉州、广西番、苗有功,建文初,命镇甘肃。至是

以上即位入朝，进后军左都督，仍遣还镇。【考异】据明史纪，书
"晟镇甘肃"，证之晟传，盖晟本以建文时镇甘肃，至是因入贺，复还镇也，今参
晟传书之。

6 是月，擢陈瑛左都御史。

7 诏以北平为北京。二月，庚戌，设北京留守、行后军都
督府、行部国子监。改北平曰顺天府。

8 乙卯，遣御史分巡天下。自是遂为永制。

9 丁巳，遣官设奠于先师。

10 戊午，祭太社、太稷。

11 己未，贻书鞑靼可汗郭勒齐。旧作鬼力赤。

初，元自特古斯死，五传至坤特穆尔，咸被弑。后郭勒
齐篡而代之，自称可汗。上即位，遣使谕以通好，赐银币，
并及其知院阿噜台等。

是时郭勒齐与卫喇特相仇杀，旧作瓦剌。辑览，"卫"一作
"威"。往来塞下。上敕边将严兵备之。

12 徙封宁王权于南昌。

初，宁王之被诱入关也，上许以"事成中分天下"，比即
位，大宁城已空，王乞改南，奏请苏州，上曰："畿内也。"请
钱唐，上曰："皇考以予五弟不果，建文无道，以王其弟，亦
不克享。其他善地，惟弟择焉。"遂封之南昌，上亲制诗送
之。诏即布政司为王邸。

13 癸亥，耕藉田。

14 乙丑，遣司礼太监侯显使西域，征番僧也。

初，西域乌斯藏摄帝师纳木扎勒巴勒藏布旧译见三卷。
以洪武五年朝贡至京师，太祖礼而归之。十四年，复贡。

时纳木扎勒巴勒藏布已卒。有僧哈里玛勒，旧作哈立麻。国人以其有道术，称之为"尚师"。上在燕邸知其名，欲致一见，乃命显偕僧智先赍书币往征之，并选壮士健马护行。自是中官衔命异域者，先后接踵矣。【考异】本纪，"二月，遣使征尚师哈立麻于乌斯藏"，使即侯显也。然纪不书侯显，而于九月遣中官马彬使爪哇，则云"初遣中官"，是以遣中官出使实始于马彬。然则前此所遣之侯显，非中官乎？征尚师于乌斯藏，非出使乎？又证之郑和传，言"成祖锐意通四夷，奉使多用中贵，西洋则和及王景弘，西域则李达，迤北则海童，而西番则率使侯显。"今以先后考之，中官出使之始于显明甚，而本纪但书遣使，不书中官侯显。惟辑览及三编，以显为中官出使之始，故其目云，"未几，又遣马彬使爪哇、苏门答剌诸国，李兴使暹罗，尹庆使满剌加、柯枝诸国，于是中官衔命异域者，四出纷纷矣。"今据三编书之。○又按显附传，言显出使在是年之四月，与本纪书二月遣使不合。或者以二月奉诏，四月始行，故纪传互异耳。辑览亦系之四月。惟重修三编改入二月，据实录也，今从之。

15 己巳，振北京六府饥。

16 辛未，命三法司五日一引奏罪囚。

17 壬申，诏瘗战地暴骨。

18 甲戌，命高阳王高煦备边开平。

19 是月，改户部尚书郁资刑部尚书，雒佥为行部尚书。

20 三月，庚辰，命江阴侯吴高镇大同。

21 壬午，改北平行都司为大宁都司，徙保定。

初，太祖封宁王于大宁，以守北藩。冯胜之征纳克楚也，筑大宁、宽和、会州、富峪四城。纳克楚既降，寻置泰宁、福余、朵颜三卫于乌梁海，旧作兀良哈。以居塞下之降附者，而置北平行都司于大宁治焉。靖难师起，劫宁王以归，选三卫士卒三千人入关助战，数有功。天下既定，遂割大宁界之以偿其劳。于是洪武间所筑诸城悉废，并调营州五屯卫及东胜左右卫，悉迁之内地，而辽东、宣府之声援，一旦为之隔绝。

22 戊子，命平江伯陈瑄督海运饷北京、辽东。

初，洪武间，辽东及迤北诸路用兵，悉资海运以饷军士。至三十年，以辽饷赢羡，令辽军屯种其地，而罢海运。至是上以北方军储不足，命瑄与都督佥事宣信皆充总兵官，率舟师由海道运粮四十九万石于辽东、北京，自是岁以为常。

23 甲午，振直隶、北京、山东、河南饥。

时编修杨溥上疏，言："洪武间定制，每县四境设仓，以官钞籴谷，储备荒岁之需，振贷敛散，皆有成规。又于县之各乡开浚陂塘，修筑滨江近河堤岸以备水旱，此皆万世之利。自有司杂务日繁，便民之事猝不暇及，一遇灾荒，莫知所措。近闻南方官仓储谷，十处九空，甚至仓亦无存。原开陂塘，多被土豪侵占及堙塞为私田，堤岸坍塌，闸坝损坏，皆为农患。大抵亲民之官，得其人则百废兴，不得其人则百弊兴。伏望命部行移各布政司，令有司遵依旧制，并加整理。除近被灾伤外，凡丰稔之处，于现有官钞支籴谷粟，储以备荒。郡县考满，吏部计绩以定殿最。各按察司分巡官及巡按御史，并取勘实迹，岁终奏闻，有欺蔽怠事者罪。庶几祖宗恤民良法，不为小人所坏矣。"疏入，从之。

24 是月，北虏寇辽东。三万卫都指挥沈永不能御，又不奏闻，上怒其欺蔽，诛之。

25　沈阳军士唐顺上书，请开卫河。

其略言："卫河源出卫辉府辉县，西北经卫辉城，抵直沽入海，距黄河陆路才五十余里。若开卫河，而距黄河百步置仓廒，受南运粮饷，至卫河交运，公私两便。"

上命廷臣议之，未及行。

26　夏，四月，丁未朔，享太庙。

27　初，安南黎季犛复弑主日焜，立其子颙。已，又弑之而立颙弟㿵。㿵时方在襁褓中，【考异】三编质实，云"成祖实录载陈天平奏云：'臣天平，前安南王炬之孙，叔之子，日煃之弟也。日煃卒，弟璪立，子睍继之。睍子颙，颙子㿵，皆为季犛所弑。'"与史传小异。季犛欲篡其国，复弑㿵，大杀陈氏宗族。遂自立，更姓名曰胡一元，名其子苍曰胡奎，谓出帝舜裔胡公。后僭国号大虞，年号元圣。寻自称太上皇，传位于奎。是时靖难师起，安南自帝其国，匿不以闻。

及上即位，遣官诏告其国，奎惧，遣使奉表朝贡。及是至京师，表文自署"权理安南国事"，诡言"陈氏嗣绝。臣陈氏甥，为众所推，权理国事，于今四年，乞赐封爵。"事下礼部，部臣疑之，请遣官廉访。上乃命行人杨渤等赍敕谕其陪臣耆老，询以陈氏继嗣之有无及胡奎推戴之诚伪，令具实以闻。

28　己酉，命户部尚书夏原吉巡视浙西，治嘉、湖、苏、松水患。

时诸郡频罹于水，屡敕有司治之无功。原吉既至，循览水势，上言："浙西诸郡，苏、松最居下流，嘉、湖、常三郡颇高，环以太湖，绵亘五百余里，纳杭、湖、宣、歙溪涧之水，散注淀山诸湖以入三泖。顷有浦港堙塞，涨溢害稼。拯治之法，在浚吴淞诸浦。按吴淞江袤二百余里，广百五十余丈，西接太湖，东通海，前代常疏之，而当潮汐之冲，旋疏旋塞。自吴江长桥抵下界浦百二十余里，水流虽通，实多窄浅。从浦抵上海南仓浦口百三十余里，潮汐淤塞，已成平陆，滟沙游泥，难以施工。嘉定刘江港，即古娄江，径入海，常熟之白茆港，径入江，皆广川急流。宜疏吴淞南北两岸安亭等浦，引太湖诸水入刘家、白茆二港，使其势分。松江大黄浦，乃通吴淞要道。今下流遏塞难浚，旁有范家浜，至南仓浦口径达海，宜浚令深阔，上接大黄浦以达泖湖之水，庶几复禹贡三江入海之旧。水道既通，乃相地势，各置石闸，以时启闭，每岁水涸时，预修圩岸以防暴流，则水患可息。"上命发民丁开浚。原吉昼夜徒步，以身先之。

29 癸亥，万寿节，宴百官，诏预定位次。

30 辛未，岷王楩有罪。

楩之废于建文也，西平侯沐晟实奏其过。上即位，召还漳州，使复其国，而楩遂与晟交恶，上两戒敕之。楩沉湎废礼，擅收诸司印信，杀戮吏民，上怒，夺其册宝。已，念其幽系久，复予之，仅示薄惩，降其官属，而楩仍不悛。

31 甲戌，命襄城伯李濬镇江西。

时永新盗起，濬捕其为首者诛之。寻召还。【考异】据明史濬传，盖讨永新贼也，今据书之。

32 是月，申定金银交易之禁，循洪武旧制，通钞法也。

自钞法行，定制，民间交易，钱钞兼收，而商贾大率重钱轻钞。至是复申其禁，犯者以奸恶论。其钞楮昏烂者，许赴行在库倒换新钞。然收受艰难，故法虽严而禁不行。

33 五月，丁丑，除天下荒田未垦者额税。

34 癸未，宥死罪以下，递减一等。

35 丙戌，以太祖忌日，谒祭孝陵。

36 庚寅，山东蝗，命有司捕之。

未几，河南蝗，诏免今年夏税。

37 乙未，敕谕乌梁海。

38 是月，再论靖难功，封驸马都尉袁容、李让皆为侯。又以淇国公丘福等议，封都督佥事李彬为侯，陈亨子懋、王真子通等六人皆为伯。

39 杀右副都御史黄信。

时尚书李至刚妻父丽重法当诛，至刚乞免于上，上曰："法司鞫狱轻重，外人何由知之?"对曰："此黄信为臣言。"上怒，命锦衣卫鞫，有实，遂诛信。【考异】明史纪不载，皇明通纪系之四月，国史纪闻系之五月。按杀信事见李至刚传，传言"诬右都御史"，而七卿年表不书，（年表于副都佥都例不入。）纪闻以为右副都御史，是也。李至刚，诸书皆作"右通政"，证之本传，至刚于去年十二月，自右通政进礼部尚书，今据书之。

40 六月，壬子，代王桂有罪，上赐玺书戒之曰："闻弟纵戮取财，国人苦之，告者数矣。且王独不记建文时耶?"寻诏有司："自今王府不得擅役军民，敛财物。听者并治之。"【考异】本纪书"削其护卫"。证之诸王传，"代王有罪，降敕戒谕"，在是年之十一月。其下文云，"召入朝，不至，再召，中途遣还，革其三护卫。"则是戒谕在十一月，削护卫又在明年。盖王妃为仁孝皇后之妹，上特优容之。传中所记,本之实录,今据本纪系之是月,而删去"削护卫"字。

41 癸丑,遣给事中御史分行天下,抚安军民。有司奸贪者逮治之。

42 丁巳,上皇考尊谥曰"太祖圣神文武钦明启运峻德成功统天大孝高皇帝",皇妣曰"孝慈昭宪至仁文德承天顺圣高皇后"。【考异】此成祖改上之谥号,非后定之二十字,今据书之。

43 曹国公李景隆等修太祖实录成,上之。

44 戊辰,命武安侯郑亨充总兵官,率武城侯王聪、安平侯李远镇宣府。

亨,密云降将也,从上战,数有功,历迁中府左都督,遂封侯。

亨至边,度宣府、万全、怀来形便,每数堡相距中,择一堡可容数堡士马者,为高城深池,浚井蓄水,谨瞭望。寇至,夜举火,昼鸣炮,并力坚守,规画周详,后莫能易。

45 秋,七月,庚寅,复贻书谕郭勒齐。

46 八月,己巳,发流罪以下垦北京田。

47 甲戌,徙直隶、苏州等十郡、浙江等九省富民实北京。

48 九月,癸未,命宝源局铸农器,给山东被兵穷民。

49 庚寅,遣中官马彬使爪哇、苏门答剌,李兴使暹罗等国。【考异】据本纪,遣彬出使在是月。是年,中官出使外域者凡四人,侯显在二月,马彬在九月,纪皆书之,惟李兴、尹庆不见。证之外国传,兴使暹罗在九月,是与彬以同月命也。庆出使满剌加、柯枝在十月,今据传分月书之。又传言"彬使爪哇,便道使苏门答剌,又使西洋琐里国",是彬出使凡三国也。

50 乙未,夺历城侯盛庸爵。

初,上命庸镇淮安,旋移山东,庸常不自安。都御史陈瑛诬以心怀异谋，遂削爵下狱，庸寻自杀。

瑛自广西召还，摄台宪事，天性残忍，受上宠任，益务深刻，专以搏击为能。甫莅事，即言：“陛下应天顺人，万姓率服。而廷臣有不顺命，效死建文者，如侍郎黄观、少卿廖昇、修撰王叔英、纪善、周是修、按察使王良、知县颜伯玮等，其心与叛逆无异，请追戮之。”上曰：“朕诛奸臣，不过齐、黄数辈。后二十九人中，如张紞、王钝、郑赐、黄福、尹昌隆，皆宥而用之。况尔所言，有不预此数者，勿问。”

后瑛阅方孝孺等狱词，遂簿观、叔英等家，给配其妻女，疏族外亲莫不连染。大理少卿胡闰之狱，所籍数百家，号冤声彻天，两列御史皆掩泣。瑛亦色惨，语人曰：“不以叛逆处此辈，则吾等为无名。”于是诸忠臣遂无遗种。及擢任左都，益以讦发为能。自劾庸后，以次及诸勋戚，中外文武，无不侧目重足矣。

51 庚子，岷王楩复有罪，削其护卫。

52 是月，镇守云南西平侯沐晟奏：“车里宣抚司土官刁暹答侵威远地，虏其知州，请发兵讨之。”

上谓兵部曰：“兵易动难安，一或轻举，伤人必多。且人有不善，以理告谕，未必不从。如其不从，加兵未晚。”乃敕晟遣人谕之。刁暹答果悔惧，乃还所虏知州及威远之地，遣人入贡方物谢罪。

53 冬，十月，乙巳朔，享太庙。

54 上之即位也，遣使诏谕外蕃诸国，日本预焉。日本王源道义遣使表贡方物，至宁波，礼官李至刚奏：“故事：番使入中国，不得私携兵器鬻民。宜敕所司核其舶，诸违禁者，悉籍送京师。"上曰："外夷修贡，履险蹈危，所费实多。有所赍以助资斧，亦人情，岂可概拘以禁令？至其兵器，亦准时直市之，毋阻向化。"

55 乙卯，<u>日本</u>使者至京师，<u>上</u>优礼之，遣官护送还国，并赍<u>道义</u>冠服、龟纽、金章及锦绮、纱罗、细软之物。

56 是月，遣中官<u>尹庆</u>使<u>满剌加</u>、<u>柯枝</u>等国。

57 十一月，乙亥朔，颁历于<u>朝鲜</u>诸国，著为令。

58 壬辰，罢遣浚河民夫，召<u>夏原吉</u>还。

59 甲午，<u>北京</u>地震。是时<u>山西</u>、<u>宁夏</u>亦震。

60 乙未，命六科办事官言事。

上初即位，欲周知民隐，命吏部尚书<u>蹇义</u>等，"凡郡县考满至京，选其识达治体者，令于六科办事，俾各言所治郡县事。"卒无言者。

上谕给事中<u>朱原贞</u>等曰："郡县之间，岂无一事可言？今在朕左右，尚犹默默，况远在千万里外乎？卿等可以朕意谕之，何利当兴，何弊当革，皆勿隐。若今不言，有他人言之，则无所逃罪矣。"

61 丙申，征南将军<u>韩观</u>讨<u>广西</u>山贼，平之。

观为忠壮侯<u>成</u>之子，生长兵间，有勇略。洪武间，历平<u>湖南</u>、<u>广西</u>诸蛮，凡前后斩获以万计。<u>建文</u>初，练兵<u>德州</u>，御燕师，无功。上即位，以<u>观</u>将家子，委任如故，遂由<u>江西</u>改镇<u>广西</u>。而观性鸷悍，诛罚无所假，下令如山，人莫敢犯。上既命<u>观</u>节制<u>两广</u>官军，知其嗜杀，特赐玺书，谕以

"蛮民易叛难服,宜先以德义绥怀之,毋专杀戮。"

　　会群蛮复叛,上遣员外郎李宗辅赍敕招之。观大陈兵,示将发状,而遣使偕宗辅往。于是桂林蛮复业者六千家,惟思恩蛮未附。而夫远、柳浔诸蛮,方杀掠吏民,观乃上章请讨,遂与指挥葛森等击斩理定诸县山贼千一百八十有奇,禽其酋五十余人,斩以徇。获其所掠男女,归之于民,而抚辑其逃散者,民皆大悦。

62　闰月,丁卯,封胡奎为安南国王。

　　时杨渤等奉使至安南,奎复遣使随渤还,进其国陪臣父老所上表,如奎所以诳上者,乞即赐封爵。上信之,乃命礼部郎中夏止善赍敕赐封。奎遣使谢恩,帝其国中自若。

　　三编御批曰:安南既列藩封,其篡弑相寻,固王法所必讨。然成祖自燕邸称兵,身冒不韪,其得国所自,与胡奎父子亦何甚径庭? 成祖既欲明正其罪,然自返惭德,何以为辞! 顾乃令具状上闻,兴师进讨,其与楚灵王负庆封斧质以徇于军者,又何以异? 所以归国之请使方来,而芹站之伏兵已起,坐为远夷所侮。虽由黄中等昧于机宜,亦其德不足以服远,虽慑以兵威,终无益也。

63　十二月,甲戌,侍读学士解缙等奉敕修古今列女传成,上之,上亲制序文颁行。

64　壬辰,诏礼部选国子监生三十余人,分诏"天下军民之家,有收藏高庙御制宸翰诗文者,皆送官缴进,仍重赉之。"——以建文逊去,六内毁于火故也。

65 初，卫河运粮之议，倡自唐顺，而户部尚书郁新，谓“转饷北京，由卫河交运，虽陆路五十余里，骡难开浚，而济以车运，实亦公私两便之计。”乃上言：“自淮抵河，多浅滩跌坡，运舟艰阻。请别用浅船可载三百石者，自淮河、沙河运至陈州颍溪口跌坡下，复用浅船可载二百石者运至跌坡上，别用大船运入黄河，至八柳树诸处，令河南车夫由陆运入卫河，转输北京，至为近便。”上是其言。

是冬，命都督佥事陈俊运淮安、仪真仓粮百五十万余石赴阳武，由卫河转输北京，悉如新言行之。时以为便。

66 是岁，始命内臣出镇。【考异】此据明史本纪，书于是年之末。按三编质实云，“王世贞史料以中官出镇始自永乐八年遣马靖，明史本草除备遗录，始于是年，特书于本纪。”今据之。

初，建文帝御内臣严，燕师渡江，率逃入军中，漏泄朝廷虚实，然上甚德之。及即位，行封赏，诸宦官言功不已，上患之。会遣顾成、韩观、何福等出镇贵州、广西、宁夏诸边，别选宦官有谋略者与之偕行，赐公侯服，位诸将上。未几，置三大营，又命以提督监京军。由是大权悉以委寄，遂为一代厉阶之梗云。

67 壬午之狱，凡建文诸臣，不在榜中，及捕至，自陈为奸臣所累，不敢抗命者，皆宥而用之。时刑科给事中黄钺，以户科左给事中召。钺已前死，其家乃以“行至中途溺水死”闻，避追录也。

同时并召者，又有御史曾凤韶，庐陵人。金川之难，从建文帝出。帝以其名在榜中，恐累及其妻子宗族，麾之使去。凤韶泣曰：“臣当以死报陛下。”遂归。上素重钺名。

而凤韶为御史时，奉使至北平，请罢兵归国，上虽不报，雅器重之。是年，以原官召，凤韶不赴，又以侍郎召。凤韶知不免，乃刺血书衣襟曰："予生庐陵忠节之邦，素负刚鲠之肠。读书登进士第，仕宝至锦衣郎。慨一死之得所，可以含笑于地下而不愧吾文天祥。"属妻李氏、子公望："勿易我衣，即以此敛。"遂自杀，时年二十九。李亦守节死。【考异】黄钺、曾凤韶之召，据野史，皆在永乐元年。而钺已前死，故其家以溺水闻，所谓"避追录"者是也。凤韶则以金川门陷后，因建文不许其从亡，遂归庐陵。明年复召，乃自杀。野史有谓凤韶亦以建文四年自杀者，盖因从亡中无其人也，今仍据明史本传。

靖难师之初起也，辽王植畏其逼，自泛海归京师，王府纪善绩溪程通从焉。入朝，上封事数千言，陈御备策，进左长史。上即位，从王徙荆州。有言其前上封事多指斥者，械至，死于狱，家属戍边，并捕其友人徽州知府黄希范，论死。

一时先后坐事就逮者，有黄彦清，歙人，官国子博士，以前在梅殷军中私谥建文帝被诛。蔡运，南昌人，历官四川参政，劲直不谐于俗。罢归，复起知宾州，有惠政，至是亦追论奸党死。或曰"运盖从帝出亡"云。

又，石允常，宁海人。洪武二十七年进士，官河南金事，廉介有声，坐事谪常州同知。建文末，率兵防江，军溃，弃官去，后追录废周藩事，系狱二年，免死戍边。

68　建文之初，朝鲜国王李旦，表陈年老，以子芳远袭位，许之。上颁即位诏于朝鲜，芳远遣使至京师朝贡者六。自是岁时贡贺以为常，又遣使请冕服书籍，许之。

二年(甲申、一四〇四)

1　春,正月,乙卯,大祀南郊。

2　丁巳,定屯田赏罚例。

时尚书郁新上言:"河南等处管屯都指挥刘英等上屯田岁入之数,臣部核计,一人所耕,不足自供半岁之食。请定例,凡管屯都指挥、指挥及千、百户所管军旗,各以岁所入之数,通计一岁军士人食米十二石之外,查均余石数多寡以为赏罚,由巡按御史及按察司核实以闻。"从之。

新又言:"湖广屯田所产不一,请皆得输官。粟谷、糜、黍、大麦、荞、穄二石准米一石,稻谷、蜀、秫二石五斗,穄、稗三石,各准米一石,豆、小麦、芝麻与米等。"著为令。

3　已巳,召世子高炽及高阳王高煦还京师。

4　是月,夏原吉上言:"苏、松之水,虽由故道入海,而支流未尽疏泄,请复往治之。"

上从其言,命原吉再行,浚白茆塘、刘家河、大黄浦,又以大理少卿袁复为之副,已,复命陕西参政宋性副之。凡九月,工竣,水泄,苏、松农田大利。原吉逾年始还。【考异】明史本纪不载,惟王氏史稿有"正月复命夏原吉治水苏、松"之语。又证之原吉传,言"原吉召还京师,(证之诸书,原吉召还在去年十一月罢浚河民夫之时。)以支流未尽疏浚,请复治之,乃以正月复行。"明史稿系之是年正月,是也,今据增。

5　壬午大比之岁,以靖难不举,元年八月,始合南、北两京及十二藩补行之。

二月,会试天下贡士,以解缙、黄淮为考试官,中式杨相等四百七十人。

6 三月，乙巳，赐曾棨等进士及第、出身有差。

7 己酉，始选进士为翰林院庶吉士。

初，洪武乙丑，始设庶吉士，然择进士为之，不专属之翰林也。至是既授一甲三人为翰林修撰、编修，复命于第二甲择文学优等杨相等五十人及善书者汤流等十人，俱为翰林院庶吉士，于是庶吉士遂为翰林之专官。寻命解缙等选才资英敏者就学文渊阁，缙等选修撰棨、编修周述、周孟简及庶吉士杨相等凡二十八人，以应二十八宿之数。庶吉士周忱，自陈少年愿学，上喜而俞之，增忱为二十九人，时谓忱为"挨宿"。上命司礼监月给笔墨纸，光禄给朝暮馔，礼部月给膏烛钞人三锭，工部择近第宅居之。上时至馆召试，五日一休沐，必使内臣随行，且给校尉驺从。是年所选王英、王直、段民、周忱、陈敬宗、李时勉等名传后世者，不下十余人。【考异】三编质实云，"选进士为庶吉士，谓之'馆选'。其后或间科一选，或连科屡选，或数科不选，所选多寡无定额，比三年试之。其留者，二甲授编修，三甲授检讨，不得留者为给事中、御史、主事或外为州县官，谓之'散馆'。宣德五年，始命学士教习，以吏、礼二部侍郎为之。"

8 庚戌，吏部奏："有千户荐士者。定制，武臣不得荐士，请以违制罪之。"上曰："马周不因常何进乎？武臣荐士，亦其忠君爱国之心。果才，授之官，否则罢之可耳。"不许。

9 戊辰，改封敷惠王允熙瓯宁王，奉懿文太子祀。

10 夏，四月，辛未朔，置东宫官属，以吏部尚书蹇义兼詹事，翰林学士解缙兼右春坊大学士，侍读黄淮、胡广以下皆兼庶子、中允、谕德等官。

11 壬申，以僧道衍为太子少师，复姚姓，赐名广孝。

道衍佐上定策起兵,凡转战山东、河北,在军三年,或旋或否,战守机宜咸取决于道衍,虽未尝临战阵,然上用兵有天下,道衍力为多。至是论功第一,拜资善大夫,上与语,呼少师而不名。命蓄发,不肯,赐第及两宫人,皆不受。常归僧寺,冠带而朝,退仍缁衣如僧服。

12 甲戌,立世子高炽为皇太子。

初,靖难兵起,世子居守。高煦扈从,数有功,上以其类己,高煦亦以此自负,谋夺嫡。至是议建储,淇国公丘福、驸马都尉王宁等,皆言"高煦有功宜立"。独兵部尚书金忠以为不可。

忠自姚广孝荐,以卜得幸于上,靖难师起,召置左右,决以疑事辄有验,又时进赞画,预机务。上即位,论佐命功,擢工部侍郎,辅世子守北京,会从召还,进兵部尚书。因议储,在上前历数古嫡孽事,上不能夺,又密以告解缙、黄淮、尹昌隆等。

一日,上询之缙。缙言:"世子仁孝,天下归心。"上不应。已,又顿首曰:"好圣孙!"上颔之。寻以问淮、昌隆,对皆与缙同。

先是太子未至,诸臣屡请建储,上不允,盖意在高煦也。一日,诸臣应制题虎彪图。图画一虎领众彪,作父子相亲状,缙援笔成四绝句曰:"虎为百兽尊,谁敢触其怒?惟有父子情,一步一回顾。"上感其意,立召太子归,至是遂立之。复以忠兼詹事,与蹇义等同辅导太子。同日,封高煦汉王,高燧赵王。

高煦既不得立，又闻之国云南，艴然曰："我何罪，乃斥万里之远！"卒不肯行，以此益衔缙等。【考异】据明史金忠传，建储之议，始于金忠，成于解缙，而缙之中谗实始于此。郎瑛七修类稿载"缙题虎顾众彪图，上感其意，立召太子"，是缙之归心太子又在前也。朱竹垞明诗综以此为杨廉夫作而傅会之。按缙与廉夫，相去不过数十年，安知非编诗之窜入者？且郎氏所记，本彭文宪公畜德录，今按其四语，与唐肃之赋海东青同一规讽体，故并入之，不必核其真伪也。

13 壬午，封琉球故山南王从弟应祖为山南王。

琉球居东南大海中，自古不通中国。至洪武初，其国有三王：曰中山，曰山南，曰山北，皆以尚为姓，而中山最强，山南次之，山北为最弱。太祖即位之五年，遣使诏告其国。中山王朝贡在先，而山南、山北并接踵至，先后贡献不绝。中山、山南又屡遣子弟及寨官子来请肄业国学，皆许之。建文帝嗣位，三王亦奉贡如故。上即位，诏谕如前。元年，三王并来贡，皆赐冠带遣之归。

是年二月，中山王世子武宁遣使告其父丧，命礼部遣官谕祭，赙以布帛，遂命武宁袭位。未几，山南王从弟应祖，亦遣使告其故王承察度之丧，谓"故王无子，传位应祖，乞加朝命，且赐冠带。"上并从之。遂遣官册封。

时山南使臣私赍白金诣处州市磁器，礼部尚书李至刚请论其罪，上曰："远方之人，知求利而已，安知中国禁令！"悉宥之。【考异】据明史本纪书"汪应祖"，证之琉球传，'琉球凡三国：中山、山南、山北，皆以尚为姓。"又云，"山南王从弟王应祖。"然本纪据实录，未知实录何据也。今据传但书故三之从弟，并记其以尚为姓事。

14 是月，文华宝鉴成。

先是上命侍臣辑古嘉言善行可为法鉴者，为书以授太子，至是成。上召皇太子谕之曰："修己治人之要，具于此书。帝王之道，贵乎知要，知要便足为治。"

又顾讲臣解缙等曰："帝王之学，贵切己实用。秦始皇教太子以法律，晋元帝授太子以韩非，帝王之道废而不讲，所以乱亡。今此书所载皆大经大法，卿等辅导东宫，日为讲说，庶几成其德业，他日不失为守成令主。"

15 五月，壬寅，命丰城侯李彬镇广东。

彬以元年讨永新寇，命率师策应李濬。未至，寇平，乃命以所统往镇广东。又命清远伯王友充总兵官，率舟师沿海捕倭。

16 六月，丁亥，上谕吏科给事中曹崇曰："官冗则坐食者众，食众则力本者困。生息之道，由于节俭。朕观吏部录中外官数，比旧额增至数倍。古云：'官不必备，惟其人。'尔以此意谕吏部，令诸司汰冗员，以省国用而纾民力。"

于是吏部尚书蹇义等言："在京各官，额外添设者送部别用，在外令所辖上官严行考核。今年所取二甲、三甲进士，量留七十人，分隶诸司观政。各王府教授伴读缺，于第三甲内选用，余悉遣归进学。"从之。

17 辛卯，振松江、嘉兴、苏州、湖州饥。

少师姚广孝奉使往赈苏、湖，上谕之曰："人君一衣一食，皆取之于民。民穷，君岂可不恤！君，父也，民，子也，为子当孝，为父当慈，各尽其道。少师宜往体朕心，毋为国惜费。"

广孝少好学，工诗，与王宾、高启等友善，宋濂、苏伯衡亦推奖之。晚佐靖难功，又著道余录，颇诋先儒，识者鄙焉。至长洲，候同产姊，姊不纳。访其友王宾，宾亦不见，但遥语曰："和尚误矣，和尚误矣！"复往见姊，姊詈之，广孝惭而去。

18　甲午，封哈密恩克特穆尔旧作安克帖木儿。为忠顺王。

哈密东去嘉峪关一千六百里，汉伊吾卢地。元末，以威武王纳固尔旧作纳怨里。镇之，寻改封肃王。卒，弟恩克特穆尔立。洪武中，太祖既定辉和尔地，置安定等卫，渐逼哈密，恩克特穆尔惧，将纳款。会上即位，遣官招谕之，许其以马市易，即遣使来朝，贡马百九十匹。元年冬，至京师，上赐赍有加。并命有司给直，收其马四千七百四十匹，择良者十匹入内厩，余以给守边骑士。至是复来贡请封，诏封为忠顺王，赐金印，复贡马谢恩。逾年，为鞑靼可汗郭勒齐毒死，国人以病卒闻。

19　是月，命翰林院更试会试下第贡士，择文词优等者，得张銤等六十人。上召见，皆赐冠带，送国子监肄业。【考异】据宪章录、通纪诸书所载，皆在是月。证之选举志，言"永乐初会试下第，辄令录其优者，俾入学，给以教谕之俸"，即指此也，今据书之。

20　秋，七月，壬戌，有鄱阳儒士朱季友，年七十余，诣阙上所著书，多斥濂、洛、关、闽之说。上览之，怒曰："此儒之贼也！"遣行人押送饶州。会同府县官声其罪，杖之，悉焚所著书。

21　丙寅，振江西、湖广水灾。

22　是月，山东郡县有野蚕成茧，有司以闻。礼部尚书李至刚请百官表贺，上曰："野蚕成茧，不过衣被一方。必天下之民皆饱暖而无饥寒，方可为朕贺也。"不许。

23 八月，丁酉，故安南国王陈日煃弟天平来奔。

先是胡𡗥以诳上得封，旋侵夺我思明边境，上敕令还，不听。寻复据占城诉称："安南侵掠，胁彼国为属臣，又邀夺天朝赐物。"上恶之，方遣官切责，而安南故陪臣裴伯耆诣阙告难，言："臣祖父皆执政大夫，死国事。而贼臣黎季犛父子，弑主篡位，屠戮忠良，灭族者以百十数，臣兄弟妻孥亦并遭害。臣弃军遁逃，伏处山谷，思诣阙廷披沥肝胆，展转数年，始见天日。窃惟季犛乃故经略使黎国髦之子，世事陈氏，叨窃宠荣，及其子苍，亦蒙贵任。一旦篡夺，更姓易名，僭号改元，忠臣良士，无不痛心疾首。臣不自量，敢效申包胥之忠，哀鸣阙下。伏愿兴吊伐之师，隆继绝之义，荡除奸凶，复立陈氏，臣死且不朽！"上得书感动，命有司周以衣食。

未几，复据老挝国送天平至，上言："臣天平，前王烜之孙，奣子，日煃弟也。黎贼尽灭陈族，臣越在外州获免。臣僚佐激于忠义，推臣为主。方议兴师讨贼，而贼众我寡，兵败见迫，仓皇出走，窜伏岩谷，万死一生，得达老挝。恭惟皇帝陛下入正大统，臣有所依归，匍匐万里，哀诉明廷。陈氏后裔，止臣一人，臣与此贼，不共戴天。伏乞圣慈垂怜，迅发六师，用章天讨。"上益感动，命所司馆之。

会胡𡗥遣使来贺明年正旦，上出天平示之，皆错愕下拜，有泣者。伯耆责使者以大义，亦皇恐不能答。上曰：

"查父子悖逆,鬼神所不容。而国中臣民,共为欺蔽,一国皆罪人也。"且遣使诘责,令具其篡弑之实以闻。

24　九月,丙午,周王橚来朝。

时橚畋于钧州,获驺虞,献之,群臣称贺。上曰:"祥瑞之来,易令人骄。是以古之明王,皆遇祥自警,未尝因祥自怠,警与怠,安危系焉。驺虞若果为祥,在朕更当修省。"

25　丁卯,徙山西民万户实北京。

26　上谓吏部尚书蹇义曰:"往虑守令未必得人,故命御史监察。比闻御史至郡邑,但坐公馆,召诸生及庶人之役于官者询之,辄以为信,如此何由得实?宜入其境,如其田野辟,人民安,礼让兴,风俗厚,境无盗贼,吏无奸欺,即守令之贤能可知。无是数者,即守令无足取矣。且询言非一人,好恶不同则毁誉亦异。若但凭在官数人之言以定贤否,其君子中正不阿,小人赂遗求誉,而即墨及阿之毁誉出矣。故孟子论取舍,必征之国人。自今御史巡行察吏,毋得摭拾人言,贤否皆具实迹以闻。"

27　解缙等七人之预机务也,上尝谕之曰:"尔七人朝夕左右,朕嘉尔勤慎,时为宫中言之。但恒情慎初易,保终难,愿共勉焉!"因各赐五品服。命七人命妇朝皇后于柔仪殿,后劳赐备至。又尝以立春日赐缙等金绮衣,与尚书埒。缙等入谢,上曰:"代言之司,机密所系。且旦夕侍朕,裨益不在尚书下也。"

　　一日,上御奉天门,谕科臣直言,因顾缙等曰:"王、魏之风,世不多见。若使进言者无所惧,听言者无所忤,天下何患不治,愿与尔等共勉之!"

是月,始出胡俨为国子祭酒,不预机务,缙等六人宠任如故。

28 福建布政司奏,"有番船漂至海岸,诘之,则云暹罗与琉球通好,因籍其货以闻。"上曰:"二国修好,此甚美事。不幸遭风,正宜怜惜,岂可因以为利! 其令所司治舟给粟,俟风便遣还。"

29 冬,十月,丁丑,河决开封,坏城。

初,河决率由开封北东行,洪武之季,下流淤塞,河遂决而之南。【考异】据本纪在是月,五行志系之九月者,盖河决在九月,十月乃奏报之日月也。今据纪系之是月丁丑。

30 乙酉,蒲城河津黄河清。

31 是月,籍长兴侯耿炳文家,炳文自杀。

先是刑部尚书郑赐,都御史陈瑛,劾"炳文衣服器皿有龙凤饰,玉带用红鞓,僭逆不道。"诏籍其家。炳文惧,遂自杀。

炳文长子璇,前军都督佥事,尚懿文太子长女江都公主,建文初,进驸马都尉。炳文北伐,璇劝直捣北平,不听。上即位,璇杜门称疾,坐罪死,公主亦以忧卒。次子瓛,后军都督佥事,建文时守山海关,尝劝杨文攻永平以动北平,不听,后与弟尚宝司卿瑄同坐罪死。

炳文虽太祖功臣,而以建文肺府之戚,故赐等希指劾之,遂坐诛。【考异】明史纪系之二年十月,证之功臣表,云"二年国除",而诸书皆作"元年十月"。又,炳文传言"燕王称帝之明年",疑被劾在元年,诛在二年也,今仍据本纪书之。

32 十一月,甲辰,上御奉天门录囚,谕锦衣卫等官曰:"此等囚久在狱中,而初至陛前,欲辩则无及,欲言则不敢。尔等更以朕意从容审之,如得其情,犹可及时平反也。"

33 癸丑,京师地震。时济南、开封亦地震。敕群臣修省。

34 戊午,蠲苏、松、嘉、湖、杭五府水灾田租。

35 是月,上以海运但抵直沽,别用小船转运北京,命于天津置露囤千四百所,以广储蓄。

36 十二月,壬辰,同州韩城黄河清。

37 是月,以礼部侍郎宋礼为工部尚书。

38 曹国公李景隆有罪,籍其家,锢之。

初,景隆以迎降功,加太子太保、左柱国,班诸臣之首,众皆不平。会周王来朝,发其建文时在邸受赇事,诏勿问。已,成国公朱能等复劾其与弟增枝谋逆有状,诏削勋号,绝朝请。至是李至刚复讦其家居不道事,遂夺爵,并增枝及妻子数十人,锢之私第,没其财产。景隆遂废。

三年(乙酉、一四○五)

1 春,正月,庚戌,大祀南郊。

2 甲寅,遣御史李琦、行人王枢赍敕谕责安南。

3 庚申,复免顺天、永平、保定田租二年。

4 是月,鞑靼索和尔旧作扫湖儿。请内属,许之。

索和尔者,阿噜台之别部也,与其部人寨罕达噜噶旧作达鲁花。等皆先后来归。

5 二月,己巳,行部尚书雒金有罪诛。

金自刑部改北京,至是以言事忤上意,陈瑛遂希指劾金贪暴,下狱论死。【考异】本纪作"行部尚书",是时建北京,设行部也。金本刑部尚书,元年二月改行部,见七卿年表。行部例不入表,故不书其诛之月日,明史稿作"刑部尚书",误也。皇明通纪云"北京行部尚书",最为明析。

6　癸未,命赵王高燧居守北京。

7　是月,封哈密托克托旧作脱脱。为忠顺王。【考异】明史纪但书恩克封忠顺王于去年,是年恩克之死及再封托克托皆不书。今考哈密传,在是年之二月,据增。

上闻恩克特穆尔卒,遣官赐祭。托克托者,恩克兄子也,自幼俘入中国,上拔之奴隶中,俾列宿卫。至是欲令其归嗣封爵,恐其国不从,遣官问之,不敢违,请还主其众。乃册封,遣之国,并赐其祖母及母綵币。托克托旋遣使贡马谢恩。

8　三月,甲寅,免湖广被水田租。

9　夏,四月,壬申,除直隶、浙江、湖广、四川、广东、江西、福建、河南户绝田租,计田三万五千一百八十余顷。【考异】明史本纪不书,今据三编增入,其日分据实录增。

10　是月,改工部尚书黄福于行部。

11　五月,以书戒谕周、楚、齐、蜀诸王。

12　六月,己卯,遣中官郑和使西洋诸国。

建文帝之出亡也,有言其在海外者,上命和踪迹之,且藉以耀兵异域,示中国富强。乃命和及其侪王景弘等将士卒三万七千余人,多赍金币,造大舶修四十四丈、广十八丈者六十二,自苏州刘家河泛海至福建。自福州五虎门扬帆,首达占城,以次遍历西南洋诸国,宣天子诏,因给赐其君长,使之朝贡。有不服者则以兵慑之。

自侯显至西域后,中官奉使外蕃,后先相望,而和与显尤著云。

13 庚辰,遣中官山寿等率兵出云州。

时上命武城侯王聪出觇边塞,别遣寿率骑兵出云州北行会之,人赍一月粮,每三十里置五骑,以待驰报。

自上即位后,中官出使,岁以为常,此又典兵之始云。

14 甲申,振苏、松、嘉、湖饥。

时户部尚书夏原吉再治浙西水利,工竣还,上复命偕佥都御史俞士吉、大理少卿袁复往,并发粟三十万石,给牛种。有请召民佃水退淤田益赋者,原吉驰疏止之。姚广孝还自浙西,称原吉曰:"古之遗爱也。"

原吉初至浙西,上使士吉赍水利书赐之,因留督浙西农政。湖州逋粮至六十万石,有司欲减其数以闻,士吉曰:"欺君病民,吾不为也。"具以实奏,悉得免。

原吉奉使月余,会户部尚书郁新卒,复召原吉还,掌部事。

15 初,户部以钞法不通,由于出钞太多,收敛无法,请暂行户口食盐法,计口纳钞。因议大口月食盐一斤,纳钞一贯,小口半之。至是以农民不便,免其纳钞。

16 庚寅,安南胡奆遣使谢罪。

方李琦等至安南,诘奆篡弒之实,国人莫敢隐。会云南宁远州复诉奆侵夺七寨,掠其婿女,奆益惧,乃遣其臣阮景真从琦等入朝，抵言"未尝僭号改元，请赦其罪，愿迎天平归国，奉以为主。"且请退还宁远及前所侵夺思明地。上不虞其诈，谕以"果迎天平归，事以君礼，即当建尔上公，封之大郡"，命行人聂聪赍敕偕景真往。

17　秋，八月，戊辰，礼部尚书李至刚坐事下狱。【考异】本纪不载，七卿表系之是月，今据实录日分。

　　至刚以言事得上心，而务为佞谀，然其所建白，亦多不用。上既立太子，令兼左春坊大学士，直东宫讲筵，与解缙后先进讲。至是得罪，寻释之，谪为礼部郎中。以缙尝疏其附势不端，遂与缙有隙。

18　九月，丁酉，蠲苏、松、嘉、湖水灾田租凡三百三十八万石。

19　丁巳，徙山西民万户实北京。

20　是月，改刑部尚书郑赐为礼部尚书，擢真定知府吕震为刑部尚书。

21　冬，十月，乙丑，杀驸马都尉梅殷。

　　先是殷家居，上尝遣中官伺察，词色恒不平。于是陈瑛希指，劾"殷招纳亡命，私匿塞外人，与女秀才刘氏朋邪咒诅。"上曰："朕自处之。"因谕部臣考定公侯驸马仪仗从人之数，而别命锦衣卫执殷家人送辽东。至是殷入朝，前军都督佥事谭深，锦衣卫指挥赵曦，挤殷笪桥下溺死，以"殷自投水"闻。都督同知许成发其事，上命治深、曦罪，对曰："上命也。"【考异】据明史纪书"盗杀"，盖本实录之文而归罪于谭深、赵曦二人，故书之曰"盗"。其实殷之被杀，成祖使之，事详宁国公主传中。今据三编删"盗"字，并据通纪增入"对曰上命也"五字。上大怒，立命力士以金瓜落二人齿，斩之。遣官为殷治丧，谥荣定，而封许

明通鉴

成为永新伯。

初，殷之死也，宁国公主谓上果杀殷，牵上衣大哭，问：
"驸马安在？"上曰："为主迹贼，毋自苦！"寻官殷二子顺昌
为中军都督同知，景福为旗手卫指挥使。赐公主书曰："驸
马殷，虽有过失，兄以至亲不问。比闻溺死，兄甚疑之。许
成来首，已加爵赏，谋害之人，悉置重法，特报妹知之。"逾
月，进封宁国长公主。

鄂尔和旧作瓦剌灰。者，降人也，事殷久，谓深、曦实杀
殷，请于上，断二人手足，刳其肠祭殷，遂自经死。

22 丁卯，齐王榑有罪。

榑之复国也，益骄纵，上召入朝，面谕以毋忘患难时。
而榑不悛，阴蓄刺客，招异人术士为咒诅，又以护卫兵守青
州城，禁守吏往冞。上闻之，赐书戒敕。

时周王橚亦中浮言，上书谢罪，上命封其书以示榑。

【考异】据本纪，但书"戒敕齐王"。证之诸王传，"时周王亦中浮言，上书谢罪，
上封其书以示榑，"故通纪并书之，今据列传增。

戊子，颁祖训于诸王。

23 十一月，癸巳，加封信安伯张辅为新城侯，增禄三
百石。

辅，玉之长子也。玉战没于东昌，辅嗣职，从入京师，
论靖难功封伯，上又册其妹为妃。至是丘福、朱能言"辅父
子功高，未可以私亲故薄其赏"，遂进爵。

同日，又封平羌将军宋晟为西宁侯。是时晟在甘肃，
招徕降附有功，故进侯爵。

晟前后四镇凉州，凡二十余年，威信著绝域。上以其

旧臣,有大将材,专任以边事,所奏请辄报可。御史劾晟自专,上曰:"任人不专,则不能成功。况大将统制一边,宁能尽拘文法?"即赐晟书褒谕之,仍敕以"便宜从事,毋恤人言。"

24　是月,下忠诚伯茹瑺于狱。

瑺以首劝进功得封,又诏选其子鉴为秦府郡主仪宾,命瑺出营郡主府第。还朝,坐不送赵王得罪,寻放归为民。

25　杀庶吉士章朴。

朴坐事与序班杨善同诖误,家藏有方孝孺诗文,善借观之,遂密以闻。上怒,逮朴,戮于市,而复善官。——是时诏天下有收藏孝孺诗文者,罪皆至死,故朴及之。

孝孺门人王稌,隐居山中,绝意仕进,辑孝孺遗文,潜录为侯城集,遂得行世。——稌,忠文公祎之孙,国子博士绅之子也。

26　十二月,戊辰,西平侯沐晟讨八百大甸,降之。【考异】明史本纪"讨八百,降之。"证之土司传,言"永乐初置军民宣慰司二,以土官刀招你为八百者乃宣慰司,招你弟招散为八百大甸宣慰司。"其邀阻朝使,乃八百大甸之刀招散,非招你也,今据三编增入"大甸"二字,并据其目书之。

八百者,相传其部长有妻八百,各领一寨,故又名八百媳妇国。以洪武二十一年入贡,置宣慰司,自后频入贡,赐予如例。上即位之二年,置军民宣慰使司凡二,以土官刀招你为八百者乃宣慰使,以其弟刀招散为八百大甸宣慰使,令五年一贡。已而遣内官赍敕谕孟定、孟养等部,道经八百大甸,为招散所阻,上遣使敕谕,不从。至是始命晟率车里诸宣慰兵至八百境内,破其猛利石崖及者答二寨,又至整线寨,木邦兵破其江下等十余寨。八百恐,遣人诣军门伏罪。奏闻,敕晟班师。

27　是月,聂聪自安南还。胡奎复遣其臣阮景真从聪等入朝,具报请迎天平归。聪又力言"奎无贰心,宜可信。"上从其言,庚辰,敕广西左、右副将军黄中、吕毅,将兵五千护送天平还安南,聪亦偕行。

28　是岁,日本复来贡。

　　初,上册立皇太子,日本遣使来贺。会对马、台岐诸岛贼抄掠滨海居民,令使者归谕其王捕之。王发兵歼焉,絷其魁二十人,以修贡之便,俘送至京师。上嘉之,遣鸿胪少卿潘赐偕中官王进赐其王九章冕服及钱钞、锦绮加等,而还其所送之人,令其国自治之。使者至宁波,尽置其人于甑,蒸杀之。

29　上即位之初,有西洋刺泥国回回哈只、马哈没奇等来朝,附载胡椒,与民互市。有司请征其税,上曰:"商税者,国家抑逐末之民,岂以为利。今夷人慕义远来,乃侵其利,所得几何,而亏辱大体多矣。"不许。

　　是年,以诸番贡使益多,乃置驿于福建、浙江、广东三舶司以馆之,福建曰来远,浙江曰安远,广东曰怀远。厥后平安南,复设交阯、云南市舶提举司,接西南诸国朝贡者,悉以中官领之。番舶既多,抽分牟利,而海上纷纷多事矣。

明通鉴卷十五

江西永宁知县当涂 夏 燮 编辑

纪十五 起柔兆掩茂（丙戌），尽上章摄提格（庚寅），凡五年。

成祖文皇帝

永乐四年（丙戌、一四〇六）

1 春，正月，丁未，大祀南郊。

2 丙辰，初御午朝。

上谓六部及侍臣曰："早朝四方奏事者多，君臣之间，不得尽所言。午言事简，卿等有所欲言，可以从容陈论，毋以将晡，疑朕倦于听纳。朕有所欲言者，亦可及此时与卿等商榷行之。"

3 是月，陈天平陛辞，上厚赉之。并敕封胡奎顺化郡公，尽食所属州县。

4 遣侍郎俞士吉赍玺书赐日本，封其国之山为寿安镇国之山，御制碑文，颁立山上。

5 二月，河南南阳盗起。

上谓兵部曰："此虽小丑，不治将大，元末可鉴也。"时丰城侯李彬方自广东召还,与新城侯张辅率师讨平之。【考异】傅氏明书系之二月,国史纪闻系之正月,明史纪不载,今入之二月之下。

6 三月,辛卯朔,上幸太学,释奠于先师孔子,服皮弁,行四拜礼。御彝伦堂,赐讲官及大臣翰林坐。祭酒胡俨、司业张智等,皆序进讲尧典、泰卦,毕,赐百官茶,还宫。

7 甲午,设开原、广宁马市凡三:一在开原南关以待海西,一在开原城东,一在广宁,以待朵颜三卫。既而城东、广宁皆废,(准)〔惟〕南关市独存。

8 乙巳,赐廷试进士林环等及第、出身有差。

9 丙午,安南胡奲袭杀陈天平于芹站。

先是黄中等送天平至丘温,奲遣陪臣黄晦卿来迎。中等以奲不至,遣骑觇之,无所见,而迎者壶浆相望。中不虞其诈,遂径进,度鸡陵关。将至芹站,寇伏兵邀杀天平。时大理卿薛嵒谪广西,中举以辅行,遇伏,自经死。中等亟整兵击之,寇斩绝桥道,不得进,引兵还。奏闻,上大怒,遂议兴师。【考异】明史本纪记"大理卿薛嵒死之",证之国史纪闻,又有"行人聂聪"。按聪以去年使安南还,复令再使,故与嵒并遇伏而死。惟诸书不载聪死事,附识于此。

10 夏,四月,上视朝暇,御便殿阅书史,召翰林儒臣,问:"文渊阁经史子集皆备否?"解缙对曰:"经史粗备,子集尚多阙耳。"己卯,命礼部遣使四出,购求遗书。

11 五月,丁酉,振常州、庐州、安庆饥。

12 庚戌,齐王榑来朝。廷臣复劾榑罪,榑厉声曰:"奸臣喋喋,又欲效建文时事邪? 会尽斩此辈。"上闻之不怿,留之京邸,削其官属护卫。

时廷臣请罪王府教授叶垣等,上曰:"王性凶悖,朕温诏开谕至六七犹不悛,教授辈如王何!垣等先自归,发其事,可勿问。"

13 是月,录囚。

谕法司曰:"决狱贵明而无滞。前见刑部引奏,辽东卫官纵军士往高丽者,一指挥专理屯田,未尝预知,而一概逮系,久不疏决,至于病危误死,是枉杀之也。今天气已热,徒流以下,令所在发遣。"

14 六月,己未朔,日有食之。

是日,阴云不见,尚书郑赐请贺,上曰:"天下至大,他处见者多矣。且阴阳家言,日食而阴云不见者,水将为灾,可贺乎?"不许。

15 丙寅,南阳献瑞麦。谕礼部曰:"比郡县屡奏祥瑞,独此为丰年之兆。"命荐之宗庙。

16 是月,回回国进玉碗,上曰:"朕朝夕所用磁器甚适意,奚事此。且受之则必厚赍之,后将有奇异于此者接踵而至矣。"命却之。

17 西南夷大古剌、小古剌等部落皆来朝贡,诏于云南置宣抚使司二,长官司五,统之。【考异】据皇明通纪,"是时因西南夷大古剌、小古剌来贡,置云南宣抚司二,长官司五,以统之。"明书亦载大古剌来贡于是年五月之末,惟明史本纪,是年朝贡之国无之。大古剌之名,惟见土司八百国传中,其地在八百国之西,通纪以为西南夷者是也。明会典,宣抚司凡六:湖广则施南、忠建、散毛、容美凡四,四川则石砫、酉阳凡二。而据明史土司传,则四川有永宁宣抚司,云南有干崖宣抚司、南甸二宣抚司。又,平麓川,分其地置陇川宣抚司,皆见明一统志。通纪但云"置云南二宣抚司",一统志言"云南之干崖、南甸，皆西南夷地"，未知所置即此否也？今据通纪，系之是年六月下。

18 秋，七月，辛卯，大发兵讨安南，以成国公朱能为征夷将军，沐晟、张辅副之。命兵部尚书刘儁参赞军务，行部尚书黄福、大理寺卿陈洽督饷，敕沐晟率兵由云南临安府，朱能等率兵由广西思明府，分道进发。

诏曰："安南皆朕赤子，惟黎季犛父子首恶必诛，他胁从者皆释之。罪人既得，立陈氏子孙贤者。毋怙乱，毋玩寇，毋毁庐墓，毋害禾稼，毋攘财货、掠子女，毋杀降。有一于此，虽功不宥。"

癸卯，祃祭出师。

19 乙巳，申严诽谤之禁。

20 初，上以北平为北京，尚书李至刚，以为"兴王之地，宜为首善之区。"上是其言，与近侍大臣密计数月，先以为行在。

闰月，壬戌，始下诏，以明年五月建北京宫殿，分遣大臣宋礼等采木于四川、湖广、江西、浙江、山西等处，命泰宁侯陈珪董治其事。

21 八月，丁酉，诏通政司："凡上书奏民事者，虽小必以闻。"

22 齐王榑既被留，益怀怨望，上乃召其子至京师。癸丑，并废为庶人。

23 九月，戊辰，振苏、松、常、杭、嘉、湖流民复业者十二万余户。

24 是月，设苑马寺于北京、辽东、平凉、甘肃。【考异】明史纪

25　冬,十月,戊子,成国公朱能至龙州,卒于军。追封东平王,谥武烈。

能既卒,张辅代领其众,诏以辅为征夷将军,制词以李文忠代开平王常遇春为比,且敕乘冬月瘴厉未兴,及时灭贼。

辅自广西凭祥进兵,度坡垒关,望祭安南境内山川,檄胡查父子二十罪。乙未,连克隘留、鸡陵二关,长驱至芹站。安南伏兵邀击,败而走,遂抵新福。会沐晟自云南至,庚子,会于白鹤。

安南有东西二都,依宣、洮、沲、富良四江为险。寇缘江南北岸立栅,聚舟其口,筑城于多邦隘,连亘九百余里,兵众七百万,欲据险以老我师。辅乃自新福移军三带州,伐木造船以图进取。

26　是月,平江伯陈瑄督海运至辽东。舟还,会倭寇沙门,追击至朝鲜境上,焚其舟,杀溺死者甚众。

27　十一月,己巳,甘露降孝陵松柏,醴泉出神乐观,荐之太庙,赐百官。

28　是月,户部人材高文雅上书言时政,通政司据以奏闻。书中首举建文事,次及救荒恤民事。陈瑛劾其狂妄,请置之法,上曰:“草野之人,何知忌讳!其言苟可采,奈何以直废之!”谕郑赐曰:“不罪直言,则忠言进,谀言退。瑛刻薄,非助朕为善者。”命吏部量授文雅官。

29　十二月,辛卯,赦天下殊死以下。

是时法司进月系囚数率数百人,大辟十之一。上曰:"寒冱淹禁,必有死不当罪者。凡杂犯死罪以下,约二日悉发遣。"至是遂大赦。

30 张辅军次富良江北,遣骠骑将军朱荣破安南兵于嘉林江,遂与晟合军进攻多邦城。

丙申,都督黄中等将死士,人持炬火铜角,以夜四鼓越重濠,云梯傅其城。都指挥蔡福先登,军士蚁附而上。角鸣,万炬齐举,城下兵鼓噪并进,遂入城。贼驱象迎战,辅以画狮蒙马冲之,翼以神机火器,象反走。贼大溃,斩其帅二人。追至伞圆山,尽焚缘江木栅,遂拔其城。

丁酉,克东都。吏民降附来归者日以万计,皆抚辑之。又遣别将李彬、陈旭取西都。癸卯,亦克之。黎季犛率众来援,皆大败。一时三江州县,望风送款。季犛穷蹙,乃焚宫室仓库,遁入海。

31 辛亥,瓯宁王允熙邸第火,王暴薨。谥曰哀简。是时广泽、怀恩二王,皆自漳州、建昌召还,锢之凤阳,先后卒。

初,建文帝太子文奎,遇燕师入城,宫中火起,莫知所终。少子文圭,时方二岁,幽之中都广安宫,号曰建庶人。

32 是月,西番尚师哈里玛勒随侯显至京师。

33 是岁,琉球中山王遣寨官子六人入国学,并献阉竖数人。上曰:"彼亦人子,无罪刑之,何忍!"命礼部还之。部臣言:"不受则阻其归化之心,请但赐赦止其再进。"上曰:"谕以空言,不如示以实事。今不遣还,彼必将继进。天地以生物为心,帝王乃可绝人类乎!"竟还之。

五年(丁亥、一四○七)

1　春,正月,丁卯,大祀南郊。

2　己巳,<u>张辅</u>、<u>沐晟</u>大破<u>安南</u>兵于<u>木丸江</u>。

先是<u>季犛</u>父子遁,泊<u>黄江</u>。<u>辅</u>等侦知其去<u>交州</u>不远,令<u>清远伯王友</u>率兵悉破其江中寨,尽得其舟,遂乘胜定<u>东潮</u>、<u>谅江</u>诸府州。贼悉舟师来援,遇于<u>木丸江</u>,大败之,斩首万余级,溺死者无算。

3　<u>直隶</u>及<u>浙江</u>诸郡军民,披剃为僧,赴京请度牒者千八百人,礼部以闻。上怒曰:“皇考之制,民年四十以上始听出家,今犯禁者何多也!”命付兵部籍为军,发戍<u>辽东</u>、<u>甘肃</u>。【考异】诸书皆系之二月,今据实录改入正月。

4　是月,以右都御史<u>吴中</u>为工部尚书。

5　二月,庚寅,出翰林学士<u>解缙</u>为<u>广西</u>参议。

<u>缙</u>以迎附骤贵,才高,勇于任事。然好臧否,无顾忌,廷臣多忮其宠。又因建储事,独归心太子,与<u>丘福</u>等异议,<u>高煦</u>以此深恨之。会朝议发兵讨<u>安南</u>,<u>缙</u>独以为不可,失上意。而太子既立,<u>高煦</u>宠益隆,礼秩逾嫡,<u>缙</u>复谏曰:“是启争也。”上不怿,以<u>缙</u>离间骨肉,恩礼浸衰。四年,赐<u>黄淮</u>等五人二品纱罗衣,独不及<u>缙</u>。而<u>福</u>等议稍稍传播外廷,<u>高煦</u>遂譖<u>缙</u>泄禁中语。至是有劾其上年廷试读卷不公事,遂有是谪。礼部郎中<u>李至刚</u>,挟下狱之嫌,谓<u>缙</u>实中伤之,乃奏言<u>缙</u>怨望。寻改<u>交阯</u>,命督饷<u>化州</u>。【考异】诸书或系之正月,或系之二月,今据<u>明史</u>本纪,与实录同。

6　三月,丁巳,封<u>西番</u>尚师<u>哈里玛勒</u>为<u>大宝法王</u>。

哈里玛勒之至也，上迎见于奉天殿，寻赐宴华盖殿，赏赉优厚。至是命建普度大斋于灵谷寺，为高帝、后荐福，凡七日，上躬自行香。卿云、甘露、青鸟、白象之祥，连日毕见，上大悦，侍臣多献赋颂。于是封哈里玛勒为法王，领天下释教，其徒字隆逋、瓦桑儿加等皆为大国师。已，命哈里玛勒赴五台山建大斋，再为高皇帝、后荐福，赐予加渥。

7 辛巳，张辅等追安南贼至富良江，命都督柳升以舟师横击，大破之。斩馘数万，江水为赤。季犛父子以数小舟遁去。

8 是月，下驸马都尉胡观于狱。——观，东川侯海子也。

初，陈瑛劾“观强取民间女子，娶娼为妾，预李景隆逆谋”，诏以至亲勿问，罢其朝请。至是，瑛又劾其怨望，遂逮之下狱。

9 守卫官有于皇城下诵经不辍者，上召谕之曰：“尔身备宿卫，不用心防奸，乃一志诵经，可乎？若存心忠孝，不越分违法，自然有福。如无是数者，而望有福无祸，得乎？今后仍于宿卫之所诵经者，必罪不宥。”

10 夏，四月，辛卯，皇长孙瞻基出阁就学，时年十岁。【考异】明史本纪不载，辑览、三编系之是年四月。据傅氏明书在四月辛卯，据实录也，今从之。

上使少师姚广孝等侍讲读，谕之曰：“朕长孙天资明睿，宜尽心开导。凡经史所载孝弟仁义，与夫帝王大训，可以经纶天下者，日与讲解，不必如儒生绎章句、工文词也。”

11 己酉，振顺天、河间、保定饥。

12 五月，甲子，张辅等生禽安南黎季犛父子，槛送京师，安南平。

先是季犛父子以小舟遁至海门泾鹊浅，时天晴水涸，贼弃舟走。官军至，骤雨，水涨数尺，舟毕渡，抵茶笼县，循举厥江，至日南州奇罗海口。卫卒王柴胡等生禽季犛及其子澄，寻为土人向导，又获伪王黎苍即胡奎，并其伪太子芮于高望山。

时上命辅等访求陈氏子孙，安南耆老千余人诣军门言："陈氏为黎贼杀尽，无可继者。安南本中国地，请仍入职方，同郡县。"辅等以闻，上询之群臣，皆曰："设郡县便。"从之。

13 是月，以礼部侍郎赵羾为本部尚书。

羾以事每为言者所劾，上不问。至是进官，赐宴华盖殿，撤膳羞遗其母。

14 河南饥，命逮治有司匿灾者。

谕都察院曰："河南郡县，荐罹旱涝，有司匿不以闻。有言雨旸时若，禾稼茂实者，及遣人视之，所收十不及四五或十不及一，至掘草实为食。朕闻之恻然，亟发粟振之，已有饥死者。此朕任用匪人之过，已悉置之法。其榜谕天下，凡有司遇灾伤不以闻者，皆罪之不宥。"

15 六月，癸未，以安南平，诏告天下。

改安南曰交阯，设交州、北江、谅江、三江、建平、新安、建昌、奉化、清化、镇蛮、谅山、新平、演州、乂安、顺化，凡十五府，分辖三十六州，一百八十一县。又设太原、宣化、嘉兴、归化、广威五州，直隶布政司，分辖二十九县。置三司，以都督吕毅掌都司事，黄中副之，以前工部侍郎张显宗、福建布政司左参政王平为左、右布政使，前河南按察使阮友彰为按察使，又命行部尚书黄福兼掌布、按二司事。其他要害，咸设卫所控制之。【考异】明史本纪，"置交阯布政司"，其设府州县，具安南传中。辑览所载，谓"设府十七，直隶州五"，证之明史传殊不合。盖初以太原、宣化为直隶州，后升府治，故有十七之数，若是年置郡，止十五也。其直隶州，则宣化名与府复，而演州系府治，改入之直隶州中，又于十七府中增入升华，疑亦先后建置更易也。重修三编载实录最详，其质实中，今从之。

16　己丑，以山阳民丁钰为刑科给事中。

　　钰居山阳，见时严诽谤之禁，乃讦其乡人里社赛神事，指为聚众谋不轨，坐死者数十人。法司因希指谓"钰才可用"，立擢之。由是阴伺百僚，有小过辄以闻，举朝侧目。卒以贪黩被劾戍边。

17　甲午，诏："自永乐二年六月后，犯事去官者悉宥之。"

18　征南将军韩观在广西，值大兵讨安南，由凭祥入坡垒关。观率所部营关下，伐木治桥梁，给军食。既平安南，命观措置交阯缘边诸堡，而柳、浔诸蛮乘观出复叛。观还师，抵柳州，贼望风遁匿。观乃上书，请移征交阯兵讨之，且请俟秋凉深入，上敕张辅分兵协助。乙未，辅遣都督朱广、方政率兵往会。上又遣使发湖广、广东、贵州三都司兵俟期进讨。

19　癸卯，命张辅访交阯人才，礼遣赴京师。

　　是时安南方入版图，上加意绥怀，除黎氏一切苛政，遭刑者悉放免，居官者仍其旧，与新除者参治。凡有怀才抱德之彦，敦遣赴京。至是又诏访求山林隐逸、明经博学、贤良方正、孝弟力日、聪明正直、廉能干济，下及书算兵法、技艺术数之等，悉以礼敦送至京录用。于是辅等先后奏举九千余人。

20 初，佥都御史俞士吉，与大理少卿袁复先后为陈瑛所劾，同系狱。复死狱中。士吉谪为事官，仍令治水苏、松。是月，召还复职，上圣孝瑞应颂，——盖指是年春番僧荐福事也。上不怿，曰："尔为大臣，不言民间利病，乃献谀耶！"掷还之。

21 秋，七月，乙卯，皇后徐氏崩。

后好读书，尝为上言："当世贤才皆高皇帝所遗，陛下不宜以新间旧。"又言："帝尧施仁自亲九族始。"上嘉纳之。尝召六卿命妇入见，谕之曰："妇之事夫，奚止馈食衣服而已，必有助焉。朋友之言，有从有逆，夫妇之言，婉顺易入。吾旦夕侍上，惟以生民为念。愿共勉之！"尝采女宪、女戒作内训二十篇，又类编古人嘉言善行作劝善书，颁行天下。

至是疾革，惟劝上爱惜百姓，广求贤才，恩礼宗室，毋骄畜外家。崩，年四十有六。上悲恸，为荐大斋于灵谷、天禧二寺，听群臣致祭，光禄为具物。

22 丙辰，敕礼部定丧仪。

丁卯，河溢河南。

23 是月，西宁侯宋晟卒。

晟尝请入朝，报曰："西北边务，一以委卿，非召命毋辄来。"寻命营河西牧地及图出塞方略，会晟病，遂卒。

24　八月,乙酉,命都督何福移镇甘肃。

25　庚子,录囚,杂犯死罪减等,诸戍流以下释之。

26　黎季犛既禽,余党窜山谷中,出没为寇。是月,都督佥事高士文败之广源。益兵进围其寨,垂破,贼突走,士文与战,中飞石死。

事闻,追封建平伯。

27　九月,壬子,郑和还。西洋诸国皆遣使者随和入朝,并执旧港酋长陈祖义至。

旧港者,故三佛齐国也,古名干陀利,以洪武三年入贡,九年请封。而是时爪哇强,已威服三佛齐而役属之,闻天朝封其国为王,与己埒,大怒,遣人诱朝使,邀杀之。会胡惟庸之乱,贡使遂绝。三十年,礼部以诸番久缺贡奏闻,太祖乃传谕暹罗,托言"将遣使至爪哇,恐中途为三佛齐所阻,令暹罗谕意爪哇,使转谕三佛齐。"

维时三佛齐已为爪哇所并,改其名曰旧港。而爪哇不能尽有其地,于是华人流寓者,往往起而据之,遂有广东人梁道明、陈祖义,先后自称头目,于上即位之四年各遣使朝贡,而祖义复为盗海上,邀截往来贡使。是年和自西洋还,遣人招谕之,祖义诈降,谋邀劫。有施进卿者告于和,祖义来袭,遂为和所禽。至是俘献入朝,命戮于都市。

28　乙卯,都督柳升俘送黎季犛及其子苍等至京师,上御奉天门受之。诏季犛父子及其伪将相悉付狱,赦其子孙澄、芮等,令有司给衣食。

大赉征安南将士。

29 冬,十月,甲午,册谥皇后曰仁孝皇后。【考异】据明史后妃传,皇后崩在七月乙卯,下云:"甲午,谥曰仁孝皇后。"按七月无甲午,传中牵连记之,脱月分耳。诸书皆系之十月,盖十月甲午也,今从之。○又,是月辛巳朔,明书及国史纪闻皆书日食,明史及三编删之,盖以历推,是月无日食也。凡日食皆据正史,后仿此。

30 韩观讨浔、柳蛮,平之。

时诸军并集,分道进剿。观自以贵州、两广兵由柳州攻马平、来宾、迁江、宾州、上林、罗城、融县,皆破之。与大兵会于象州,进攻武宣、东乡、桂林、贵平、永福,斩首万余级,禽万三千余人,群蛮复定。

捷闻,上嘉劳之。

31 是月,授交阯明经甘润祖等十一人为谅江等处同知。

32 增设北京苑马寺,凡六监,二十四苑。

33 十一月,甲子,冬至,以皇后丧,免朝贺。

34 丙寅,彗星见。谕赵王高燧曰:"彗星见燕分,尔宜谨出入,慎边防,毋稍怠忽。"【考异】事据三编,又证之明史天文志,在是月丙寅。惟实录则云"是夜雪星不见"。(盖亦阴雨之类。)谕赵王事在前一日。今据正史。

35 是月,特命户科给事中胡濙颁御制诸书,并访仙人张邋遢,遍行天下州郡乡邑。

时郑和已还,上终疑建文帝逊国事,故以访异人为名,阴物色之。濙奉诏出,垂十年乃还,所至亦间以民隐闻。

36 修永乐大典,书成,上之。

初,上即位之元年,谕学士解缙等曰:"天下古今事物,散载诸书,篇帙浩繁,未易检阅,朕欲悉采各书所载事物类聚之而统之以韵。尝观阴氏韵府群玉、钱氏回溪史韵二书，事虽有统而纪载太略。卿等其如朕意，凡书契以来经、史、子、集、百家，至于天文、地志、阴阳、医卜、僧道、技艺之言，备辑为一书，毋厌浩繁。"缙等奉诏编纂，依韵排次，于二年十一月上之，赐名文献大成。

既而上览所进书尚多未备，复敕太子少师姚广孝、刑部侍郎刘季篪与缙重修。三人总其事，复命学士王景、王达等五人为总裁，侍读邹辑，修撰梁潜、曾棨等凡二十人副之。既又征儒士陈济，擢为都总裁，又简中外官及四方老宿有文学者充纂修，选国子监及郡县生员能书者缮写。开馆于文渊阁，命光禄寺给朝暮膳。至是书成，凡二万二千九百三十七卷，一万一千九十五册，更赐今名，上亲制序弁其首。

济，武进人，以布衣入馆，发凡起例，区分钩考，秩然有条。书成，授右赞善。

37 十二月，甲申，朝鲜贡马三千匹至辽东，送之京师。

38 甲午，以太祖戒饬功臣铁榜及敕旨颁赐武臣。

39 是岁，魏国公徐辉祖卒。

时上诏群臣："辉祖与齐、黄辈谋危社稷，朕念中山王有大功，曲赦之。今辉祖死，中山王不可无后。"遂命辉祖长子钦嗣爵。

40 左中允杨士奇奉宫僚职甚谨，是年，进左谕德。

会广东布政徐奇载岭南土物馈廷臣，或得其目，籍以进，上阅，无士奇名，召问，对曰："奇赴广时，群臣作诗文赠行,臣适病弗预,以故狵不及。今受否未可知,且物微,当无他意。"上即命取其籍毁之。

41 中官尹庆至满剌加。

其地在占城南,昔役属于暹罗,无王号国号。庆至,宣示朝廷威德,其酋大喜,以三年随庆入朝。上嘉之,始封为满剌加国王,厚赍之,复命庆往。其使者言:"王慕义,愿同中国列郡,岁效职贡,请封其山为一国之镇。"许之。是年,始遣使入贡。

六年(戊子、一四○八)

1 春,正月,丁巳,岷王楩复有罪,削长史以下官属。

2 辛酉,大祀南郊。

3 初,朝鲜国王李芳远嗣位,请立其子禔为世子,从之。是月,世子禔来朝,赐织金、文绮。及归,上亲制诗赐之。

4 二月,丁未,除北京永乐五年以前逋赋,免诸色课程三年。

5 肃王楧在国,以捶杀卫卒三人及受哈密进马,诏逮其长史官属。

6 三月,癸丑,命宁阳伯陈懋佩征西将军印,镇宁夏。

7 乙卯,诏河南、山东、山西永乐五年以前逋赋亦除之。

8 鞑靼知院阿噜台,以郭勒齐非元裔,杀之,而迎元之后布尼雅实哩旧作本雅失里。于巴什伯里,旧作别失八里。立为可汗。上闻之,是月,以书谕布呢雅实哩曰:"自元运既讫,顺帝后凡六传,瞬息之间,未闻一人善终者。我皇考高皇帝,于元氏子孙加意抚恤,来归者辄令北还,如遣脱古思归为可汗,此南北人所共知。朕之心即皇考之心。兹元氏宗族不绝如线,去就之机,祸福由分,尔宜审处之。"不报。【考异】郭勒被弑,明史本纪及三编俱系于六年之末,证之明史鞑靼传,盖是年之春也。国史纪闻系之是年三月,今从之。

9　夏,四月,云南巡按御史陈敏言:"云南自洪武中已设学校,请如各布政司三年一试。"从之。

丙申,始诏云南以本年八月举行乡试。

10　五月,壬戌夜,京师地震。

11　六月,庚辰,诏:"罢北京诸司不急之务及买办,以苏民困。流民来归者复三年。"

12　丁亥,张辅等班师还。上交阯地图,东西相距千七百六十里,南北二千八百里,户三百十二万。

自唐之亡,交阯沦于蛮服四百余年,至是复入职方,上大悦,为赋平安南歌。

13　是月,礼部尚书郑赐卒。以刘观为礼部尚书。

14　秋,七月,癸丑,论平交阯功,进封张辅英国公,沐晟黔国公,王友清远侯。封都督佥事柳升安远伯,余各升赏有差。

初,交阯平,上问夏原吉:"迁官与赏孰便?"对曰:"赏费于一时有限,迁官为后日费无穷也。"至是从之。

原吉虽居户部,遇国家大事,辄令详议,召语移时。

15　八月,丙子朔,以明年春巡幸北京,命礼部翰林院定巡狩仪上之。

16　乙酉,交阯复乱。

时交阯方为郡县，中朝所置吏，务以宽厚辑新造，而蛮人自以非类，数相惊恐。有陈氏故官简定者，先降，将遣诣京师，偕其党陈希葛逃去，与化州伪官邓悉、阮帅等谋叛。定乃僭大号，纪元兴庆，国曰大越，出没化州、乂安山中，伺大军还，即出攵盘滩、咸子关，扼三江府往来孔道，寇交州近境，慈廉、威蛮、上洪、天堂、应平、石室诸州县皆响应。

事闻，诏沐晟为征夷将军，统云南、贵州、四川军四万人由云南征讨，复命尚书刘儁参赞沐晟军务。

17 丙戌，诏曰："成周营洛，肇启二都，有虞勤民，尤重巡省。朕君临天下，统御之初，已升北平为北京。今国家无事，省方维时，将以明秊二月巡幸北京。命皇太子监国。亲王止离王城一程迎候，官吏军民于境内朝见，非经过之处，毋得出境。凡道途供应皆已节备，有司不得有所进献。"

寻命礼部颁巡狩礼。并行直省："凡有重事及四夷来朝与进表者，俱达行在所，小事达京师，启皇太子奏闻。"

18 是月，浡泥国王来朝。【考异】明史纪，凡外番朝贡皆系之岁终。据浡泥传，盖在是年八月，明书作九月，今从明史。

浡泥地近爪哇、阇婆等国，洪武间始一贡。上即位之三年，其王麻那惹加那遣使入贡，上遣官封为国王，王大悦。至是率妃及弟妹子女陪臣泛海来朝，次福建。守臣以闻，上遣中官迎劳，遂至京师。王执礼致词甚恭，上慰劳再三，宴于奉天门，妃以下飨于他所。礼讫，送入会同馆。

逾两月，王卒于馆中。上为辍朝三日，遣官致祭。有司具棺椁明器，葬之安德门外石子冈，树碑神道，建祠墓侧，有司春〔慰〕〔秋〕祀以少牢。谥曰恭顺。又赐敕封其子遐旺嗣为国王。

19　九月，己酉，命刑部疏滞狱。

　　时科臣劾"刑部都察院淹禁罪囚，瘐死者众"，上切责尚书吕震等，期三日内悉疏杂犯死罪以下囚。

20　癸亥，遣郑和复使西洋。

21　冬，十月，右庶子杨荣有母丧。

　　荣以五年奉使甘肃，经画军务，归，奏所过山川形势及军民城堡，上大悦。逾年，以父丧给传归。既葬，起复视事。至是连遭母丧，乞归，上以北巡期迫，不许。

22　十一月，丁巳，录囚。

23　十二月，丁酉，沐晟及安南贼简定战于生厥江，败绩。参赞尚书刘儁，行至大安海口，飓风作，扬沙昼晦，且战且行，为贼所围，自经死。交阯都司吕毅、参政刘昱皆力战，深入陷阵，死之。

24　是月，命安远伯柳升、平江伯陈瑄率舟师沿海捕倭。

25　改刑部尚书吕震于礼部，刘观改刑部。

七年(己丑、一四○九)

1　春，正月，癸丑，诏以上元节张灯，弛夜禁，赐百官假十日。著为令。

2　乙卯，大祀南郊。

3 初,<u>洪武</u>中,设茶马司,令番人进马者给以茶,上马一匹给茶百斤内外,中、下以次减之。上即位,招徕远人,递增其数。至是<u>碉门</u>茶马司用茶八万觔仅易马七十匹,由是市马者多而茶恒不足,茶禁亦稍弛,马又多瘦损,乃诏申严茶禁,增设<u>洮州</u>茶马司,又设<u>甘肃</u>茶马司于<u>陕西</u>行都司地。

【考异】<u>明史</u>本纪不载,<u>辑览</u>、<u>三编</u>皆书之日中,言"<u>洪武</u>中以茶易马,上马给茶八十斤,中下以次减之",据<u>实录</u>之文也。<u>明史</u>食货志,言"<u>洪武</u>初置茶马司,<u>河西</u>番商以马入<u>雅州</u>易茶,由<u>四川</u>岩州卫入黎州始达。茶司定价,马一匹茶千八百斤,于<u>碉门</u>茶课司给之。番商往复迂远,而给茶太多,<u>岩州</u>卫乃请置茶马司于<u>岩州</u>,而改贮<u>碉门</u>茶于其地,且验马高下以为茶数。诏茶马司仍旧,而定上马一匹茶百二十斤,中七十斤,驹五十斤。"与<u>实录</u>"上马八十斤"不合。其后严私茶出境互市之禁,马价稍减,则茶价宜稍增。然<u>洪武</u>之末,<u>太祖</u>语户部尚书<u>郁新</u>,谓"用<u>陕西汉中</u>茶三百万斤,可得马三万匹",是所给之茶,以马之上、中、下牵算,则上马给茶,亦当在百斤内外。志又言"<u>太祖</u>严私茶之禁,驸马都尉<u>欧阳伦</u>以私茶坐死,(诛<u>伦</u>在<u>洪武</u>三十年。)乃制金牌信符,命曹国公<u>李景隆</u>赍入诸番,定要约。牌凡四十一面,共纳马一万三千八百匹,三岁一遣官合符。其通道有二:一出<u>河州</u>,一出<u>碉门</u>,运茶五十余万斤,获马万三千八百匹。"然则马价之贱,通牵上、中、下三等,不过五十斤内外之茶数,则又减前价之半矣。若其初诏所定上马给茶之数,仍据食货志大略书之。

4 二月,乙亥,遣使于巡幸所经郡县存问高年,八十以上赐酒肉,九十加帛。

5 丙子,征致仕知府<u>刘彦才</u>等九十二人,分署府、州、县。

6 辛巳,以北巡告天地宗庙社稷。

7 壬午,车驾发京师。皇太子监国。命吏部尚书<u>蹇义</u>、兵部尚书<u>金忠</u>、右春坊大学士<u>黄淮</u>、左谕德<u>杨士奇</u>留辅太子,户部尚书<u>夏原吉</u>、右谕德<u>金幼孜</u>、翰林学士<u>胡广</u>、右庶子杨荣扈从。

8 交阯之叛，复命英国公张辅、清远侯王友益发南畿、浙江、江西、福建、湖广、广东、广西军四万七千人，助沐晟讨之。

9 戊子，谒凤阳皇陵。

10 庚子，次济宁州，鲁王肇煇迎跪道旁，召见行殿，厚赉之。

11 是月，茹瑺下狱死。

瑺释归为民，其家人复告瑺不法事，逮至京。久之，复释还，道经长沙，不谒谷王，王以为言。时方重藩王礼，陈瑛遂劾瑺违祖制，逮下锦衣卫狱。瑺知不免，命子铨市毒药服之，死。瑛又劾"铨毒其父，请以谋杀父母论"，寻以铨实承父命，减死，与兄弟家属二十七人谪戍河池。

12 礼部试天下贡士，中式陈璲等八十四人。以上巡幸北京，诏寄监读书，俟辛卯三月车驾还京，始举廷试。

13 三月，甲辰，车驾次东平州，望祭泰山。

辛亥，次景州，望祭恒山。

14 乙卯，行后府都督佥事平安自杀。

安自灵璧被执，送北平。上怜其材，即位，以为北平都指挥使，寻进是职。至是上北巡，将至，览章奏，见安名，语左右曰："平保儿尚在耶？"安闻之，遂自刭。命以指挥禄给其子。

15 壬戌，车驾至北京。【考异】明史纪书壬戌，诸书皆作"壬辰"，误也。三月无壬辰，今从本纪。

癸亥，大赉官吏、军、民。

丙寅，诏：“起兵时将士及北京效力人民，杂犯死罪咸宥之。充军者，官复职，军民还籍伍。”

16　壬申，柳升大破倭于青州海中，追至金州白山岛，奉敕还师。

17　江淮饥。都御史虞谦、给事中杜钦巡视两淮，启“军民乏食，请发廪振贷。”皇太子遣人驰谕之曰：“军民困乏，嗷嗷待哺，尚从容启请待报，独不闻汲黯事耶？亟发廪振之，毋缓！”

18　是月，以夏原吉兼署行在礼、兵二部及都察院，礼部尚书赵羾兼署行在刑部、兵部侍郎，方宾晋本部尚书兼署行在吏部。

19　夏，四月，癸酉朔，皇太子摄享太庙。

20　壬午，海寇犯钦州，剿总兵李珪遣将击败之。

21　闰月，戊申，谕尚书蹇义等：“皇太子所决庶务，令六科逐月类奏以闻。”

22　丙辰，行在法司奏请录囚，谕曰：“发遣以上，皆五覆奏，庶不失钦恤之意。”

23　五月，己卯，营山陵于昌平，封其山曰天寿山。

24　乙未，封卫喇特旧作瓦剌，三编又作威拉特。玛哈穆特旧作马哈木。为顺宁王，太平为贤义王，巴图博啰旧作把图孛罗。为安乐王。

卫喇特者，蒙古部落也，在鞑靼西。元亡，其强臣孟克特穆尔旧作猛可帖木儿。据之，上自起兵北平，即与通好。已而孟克死，众分为三：曰玛哈穆特，曰太平，曰巴图博啰，其酋长也。上即位，遣使往告，复使镇抚谕之，赐以文绮。去年冬，玛哈穆特等始遣诺观达什^{旧作暖答失}等来贡马请封，至是遂封之，并特进金紫光禄大夫，赐之印诰，盖藉以控制鞑靼也。

25　上之北巡也，遣御史考核郡县长吏贤否以闻。六月，壬寅，御史还，言"汶上知县史诚祖，治行第一。"上赐玺书劳之曰："守令承流宣化，所以安利元元。朕统御天下，夙夜求贤，共图治理，往往下询民间，皆言苦吏苛急，能副朕心者实鲜。尔敦厚老成，恪共乃职；持身励志，一于公廉；平赋均徭，政清讼简；民心悦戴，境内称安；方古良吏，亦复何让。特擢尔济宁知州，仍视汶上县事。其益恭乃职，慎终如始，以永嘉誉。钦哉！"并赐以上尊衣钞。

诚祖，解州人。洪武末，诣阙陈盐法利弊，太祖嘉纳之，擢授是职。是时上过汶上，欲徙其民数百家于胶州，诚祖奏免之。屡当迁职，辄为民奏留，阅二十九年，卒于任。

同时有贝秉彝者，上虞人，任东阿县，善决狱，能以礼义导民。岁大祲，上平枭备荒议，诏颁行各郡县邑。西南有巨浸，积潦为田害，秉彝相视高下，凿渠引入大清河，涸之，得沃壤数百顷，民食其利。尤善综画，凡废铁败皮，朽索故纸，悉藏之，暇，令工匠煮胶铸杵，捣纸绞索，储之库。会上北巡，敕有司建席殿，秉彝出所储济用，工速竣。上嘉其能，将召之。东阿耆老百余人诣阙请留，许之。诏进一阶。

上即位以来，守令多久于其任。有迁擢者，率令带升衔，仍在任视事。先后间有钱唐知县黄信中、开化知县夏升、青田知县谢子襄，并九载课最当迁，其部民相率诉于上官，乞再任。巡按御史及布、按等以闻，上嘉之，即擢信中杭州知府，升衢州，子襄处州，俾得治其故县。

而吉水知县钱本忠，有廉名，诖误罢官，父老奔走号泣乞留，郡人胡广力保之，得还任。民闻本忠复来，空间井迎拜。后卒，官民哀慕，请留葬邑中，争负土营其坟云。【考异】明史本纪书是月"壬寅，察北巡郡县长吏，擢汶上知县史诚祖治行第一。"证之循吏传，言"汶上知县史诚祖治行第一，上赐玺书劳之，擢为济宁知州，仍视汶上县事。"又言"是时上过汶上，欲徙其民数百家于胶州，诚祖奏免之。"而同时有"东阿令贝秉彝，亦以上过东阿，知其能，欲召之，东阿耆老百余人诣阙请留，许之，诏进一阶。"是二事同在一时也，今并前后守令之绩著于循吏传者附入诚祖后。

26 御史又上言："今贪吏虐民，无如易州同知张腾。"立征下狱。

27 辛亥，命给事中郭骥使鞑靼。

时布尼雅实哩扰边境，获其部曲二十二人。上复使骥赍书往谕之，不听，遂杀骥。【考异】宪章录系之四月，今据明史本纪月日。

28 丁卯，召御史张循理等廿八人，询其出身，有洪秉等四人，皆吏也。上曰："用人虽不专一途，然御史为朝廷耳目之寄，宜用有学识达治体者。"乃黜秉等为序班。诏："自今御史勿复用吏。"逾年，复申谕吏部。著为令。

29 是月，都御史陈瑛在台，党附者率恃瑛为奥援，瑛又恃上宠,搏击无忌。太子之监国也,有御史袁纲、覃珩,俱至兵部索皂隶,兵部主事李贞不应。纲等衔之,遂附瑛谋陷贞,谓"贞受皂隶叶转等四人金",瑛奏请下贞狱。无何,贞妻击登闻鼓诉冤,太子命六部大臣廷鞫之。自辰至午,贞等不至,惟叶转至,讯之,云:"贞不承,不胜拷掠死,三皂隶皆笞死三日矣。贞实未尝受金。"于是刑科给事中耿通等言:"瑛及纲、珩朋奸蒙蔽,擅杀无辜,请罪瑛。"太子曰:"瑛大臣,盖为下所欺,失觉察耳,置勿问。"械系纲、珩,以其罪状奏行在。

时又有学官坐事谪充太学膳夫者,太子令法司与改役,瑛格不行,中允刘子春等复劾"瑛方命自恣",太子谓瑛曰:"卿用心刻薄,不明政体,殊非大臣之道。"由是深恶瑛,而以上方宠任,无如何。久之,上亦浸疏瑛。【考异】三编系李贞、方恢事于是年二月下,盖因太子监国,牵连记之也。李贞事,实录入之六月,方恢事入之七月,今从之。

30　秋,七月,癸酉,命淇国公丘福为征虏大将军,武城侯王聪、同安侯霍亲旧作火真。副之。靖安侯王忠、安平侯李远为左、右参将,率精骑十万,北讨布尼雅实哩,谕以"毋失机,毋轻犯敌,一举未捷俟再举。"

31　是月,御史方恢以附陈瑛匿父丧,皇太子发其事,执送行在,罪之。

32　八月,甲寅,淇国公丘福败绩于胪朐河。福及副将军王聪、霍亲、左右参将王忠、李远皆死之,全军皆败没。

福之北征也,时布尼雅实哩已为威喇特所袭,与阿噜台徙居胪朐河。福率千余骑驰至河南,遇游兵,击破之。

军未集，福乘胜渡河，获虏部尚书一人，饮之酒，问布尼雅实哩所在，尚书言："闻大兵至，皇恐北走，去此可三十里。"福大喜曰："当疾驰禽之。"

初，福奉命已行。上虑其轻敌，连赐敕，谓"军中有言敌易取者，慎勿信之。"迨是诸将请俟大兵集，侦虚实而后进。福不从，以所获尚书为向导，薄敌营，战二日，每战，敌辄佯败引去。福锐意乘之，李远谏曰："将军轻信敌间，悬军转斗，敌示弱诱我，深入必不利，退则惧为所乘。独可结营自固，昼扬旗伐鼓，出奇兵缀之，夜多然炬鸣炮以张军势。俟我军毕至，并力进攻，即其不捷，亦可全师而还。始上与将军言何如，而遂忘之乎？"王聪亦力言不可。福皆不听，厉声曰："有不用命者斩！"即先驰，麾士卒从行，控马者皆泣下，诸将不得已与俱。

俄而敌大至，围之数重，聪战死。远率五百骑突阵，杀数百人，马蹶，与福等皆被执，不屈死之。上闻，震怒，以诸将无足任者，遂决计亲征。

33 庚申，张辅败安南贼于咸子关。

时阮帅等推简定为上皇，别立陈季扩为帝，纪元重光。季扩，本蛮人，诡言陈氏后，于是交人不忍陈氏之亡，信而归之，贼势益炽。

辅初至，以贼负江海，不利陆师，乃驻北江仙游，伐木叱览山，大造战舰，而抚诸逋寇使为前驱，遂连破慈廉、广威诸营栅。侦其党邓景异扼南策州卢渡江太平桥，乃进军咸子关。

伪将军阮世每，众二万，对岸立寨栅，列船六百余艘，树桩东南为捍蔽。会秋令，西北风急，辅督诸将陈旭、朱广等，悉载划船乘风齐进，炮矢飚发，斩首三千级，生禽伪监门将军潘低等二百余人，夺船四百余艘。进击景异，景异先走，乃定交州、北江、谅江、新安、建昌、镇蛮诸府。

是役也，张辅遣都指挥同知徐政守盘滩，贼党邓景异来攻，政与战，飞枪贯胁，犹督兵力战败贼，贼退，腹溃死。【考异】徐政之死，实录系之八月辛丑，今类记于张辅败安南贼之下。

³⁴ 九月，庚午朔，日有食之。

³⁵ 鞑靼布尼雅实哩等徙居庐朐河，欲收诸部溃卒窥河西。北征之役，上敕总兵官何福严兵为备，于是迤北王子、国公等及司徒以下十余人，率所部驻额齐讷路，即亦集乃，见前。乞内附。福以闻，上命庶子杨荣往，佐福经理其众，至是悉降。

福亲至额齐讷镇抚之，送其酋长于京师。上嘉其功，诏荣即军中封福宁远侯，且诏福军中事先行后闻。【考异】明史何福封侯，详本传中，稽之功臣年表，则九月庚子也。按是月庚午朔，无庚子，傅氏明书系之是月朔日食之下，则表中"子"字乃"午"字之误，今刊改。

³⁶ 张辅率兵追安南贼于太平海口，邓景异以三百艘迎战，复大破之。

³⁷ 甲戌，赠北征死事李远莒国公，王聪漳国公。以二人力谏丘福，故独得褒恤。

³⁸ 丙子，命武安侯郑亨，壬午，命成安侯郭亮，同备边开平。

³⁹ 冬，十月，丁未，上忆北征之败，叹曰："丘福不用朕言，

以致刚愎丧师。"诏削封爵,徙其家属于海南,王忠、霍亲亦坐除爵。

40 乙卯,定行在诸司常朝及朔望仪。

41 是月,上以北征馈运艰难,谓夏原吉曰:"工部所造武刚车,足可输运,然道远,人力难继。朕欲以所运粮缘边筑城贮之,量留官军守护,以俟大军之至,此法良便。"

于是原吉等议:"用武刚车三万两,约运粮二十万石,踵军而行。过十日程筑一城,再十日程亦如之。每城斟酌贮粮以俟回军,仍留军守之。如寇觉而遁,则蹑其后,亦如前法筑城贮粮。"诏如法行之。

42 十一月,安南贼屡败,陈季扩惧,遣人诣大军,自言陈氏后,求绍封,辅叱曰:"向者遍索陈氏后不应,今诈也。吾奉命讨贼,不知其他。"遂遣裨将朱荣、蔡福等以步骑先进,辅率舟师继之,自黄江至神投海,会师清化,分道入磊江。戊寅,禽简定于美良山中,及其党真,送京师诛之。

43 十二月,庚戌,赐济宁至良乡民频年递运者田租一年。

44 乙丑,召英国公张辅班师还。

45 是月,内官有诬奏城门郎罪者,皇太子命治之。【考异】三编书"始令内官刺事",然且冂言"太子治内官罪,仍榜示'今后内使有言事不实及挟私枉人者,置之重典。'"是令内官刺事,不始于是年也,今但记太子罪刺事内官于是年之末。

46 是冬,进封宁阳伯陈懋为宁阳侯。

懋镇宁夏,招降故元丞相昝卜及平章、司徒、国公等十余人。已而平章都连等叛去,懋追至黑山,禽之,尽收所部人口畜牧,遂论功进侯爵。

八年(庚寅、一四一〇)

1 春,正月,辛未,召陈懋扈从北征。

2 己卯,皇太子摄祀南郊。

3 癸巳,免去年扬州、淮安、凤阳、陈州水灾田租。又诏:
"被灾军民有典鬻子女者,官为赎还。"

4 张辅讨安南,惟陈季扩走乂安未获。而季扩之党有阮
师桧者,与伪金吾上将军杜元措等别据东潮州安老县之宜
阳社。师桧僭称王,有众二万余人。是月,辅进击之,斩首
四千五百余级,禽其党范支、陈原卿、阮人柱等二千余人,
悉斩之,筑为京观。

辅将班师,上言:"季扩、邓景异等尚在演州、乂安,近
逼清化,而贼党又塞神投福成江口,踞清化要路,出没乂安
诸处。若诸军尽还,恐沐晟兵少不敌,请留都督江浩、都指
挥俞让、花英、师祐等军佐晟守御。"从之,并命云阳伯陈旭
副晟以讨季扩。【考异】明史本纪不载,惟于七年十月书"召张辅还"。
盖辅将班师,以陈季扩之党未靖,故平后始还也。今据实录在是月,诸书同。

5 二月,戊戌,上将亲征,命皇长孙瞻基留守北京,命户
部尚书夏原吉辅导,兼掌行在部院事。

6 辛丑,以北征诏天下。

7 乙巳,皇太子录囚,奏贷杂犯死罪以下,报可。

8 丁未,车驾发北京,学士胡广、庶子杨荣,谕德金幼
孜从。

癸亥,遣祭告所过名山、大川。

乙丑,大阅。

9　三月,丁卯朔,命淔远侯王友督中军,安远伯柳升副之,宁远侯何福、武安侯郑亨督左、右哨,宁阳侯陈懋、广恩伯刘才督左、右掖,都督刘江督前哨。

戊辰,驻跸兴和。乙亥,复大阅誓师。

丙子,过大伯颜山、小伯颜山,登凌霄峰绝顶,望漠北,万里萧条,语侍臣曰:"元盛时,此皆民居也。"

丙申,驻跸清水原。其地水咸苦不可饮,人马俱渴。行数里,忽有甘泉溢出,上取亲尝之,赐名曰神应泉,勒铭山上。

10　夏,四月,癸卯,驻跸元石坡,勒铭于立马峰。

戊申,次杨林。

甲寅,至广武镇。

庚申,至威虏镇。是日,行程无水,命以橐驼自清泠泊载水给卫士。上视军士食罢,始进膳。

甲子,次长清塞,有泉水甚清,赐名曰玉华泉。夜漏初下,上立行帐殿前,指北斗语金幼孜等曰:"此为极北之地。遥望北斗,皆在南矣。"

丙寅,驻跸顺安镇。

11　五月,丁卯朔,发顺安。行十余里,见山中多白云,赐名曰白云山。度一冈,遂临胪朐河。上立马久之,赐名曰饮马河,又名其河上地彐平漠镇。

己巳,发平漠,行一日,次苍山峡。会哨马营遇虏骑,击走之,得箭一枝、马四匹而还。

甲戌,获虏骑,知寇去此不远,于是大兵遂渡饮马河。

乙亥，令王友驻兵河上，留金幼孜在营，上率轻骑前进，人赍二十日粮，以方宾、胡广从。

谍报布尼雅实哩遁，己卯，上率轻骑追及于鄂诺河。旧作斡难河。布尼雅实哩拒战，上麾兵奋击一呼，败之。布尼弃辎重孳畜，以七骑遁去。——鄂诺河者，元太祖始兴地也。

上之出塞也，布尼雅实哩闻之惧，欲与阿鲁台俱西，阿鲁台不从。其众溃散，于是君臣始各为部，布尼雅实哩西奔，阿鲁台东奔，至是布尼远遁。

车驾还，次饮马河。丙戌，下诏，移兵征阿鲁台。

12 丁亥，回回哈剌马牙杀都指挥刘秉谦等，据肃州以叛，千户朱迪等讨平之。

时回回约赤斤蒙古为援。赤斤不应，率部下禽其贼六人以献。上嘉之，改赤斤蒙古千户所为卫，擢其长塔力尼为指挥佥事，其部下授官者三人。

13 是月，沐晟讨安南陈季扩于虞江，季扩弃栅遁。追至古灵县及会潮、灵长海口，斩首三千余级，获伪将军黎弄。季扩大蹙，寻上表乞降。【考异】追季扩及获黎弄事，明史本纪不载。三编据实录书之是年十二月日中，系以"先是"二字，盖实录分书追季扩于是年五月丁丑也。今系之五月之末。

14 六月，丁酉，车驾经库楞旧作阔滦。海子，遥望水高如山，自上而下，茫无津岸。上谓金幼孜等曰："此水周围千余里，鄂诺、胪朐凡七河，皆注其中。"因赐名曰玄冥池。

庚子，至青杨戍。

癸卯夜，度飞云壑。

甲辰，遇阿噜台于静虏镇，命诸将严阵以待，遣人谕之降。阿噜台欲（来）〔降〕，众不可，遂率所部来犯。上自将精骑，径冲虏阵，大败之，追北百余里。丁未，及之回曲津，又大败之。

己酉，车驾发广漠戍，见虏骑尚出没山谷间，欲以蹑后邀我辎重。上自率精骑殿后，禽数十人，歼焉。遂班师。

15 是月，皇太子奏免颍州等处水灾田租，从之。

16 秋，七月，丁卯，车驾次开平，宴劳军士。

初，上在军中，每日暮，中官具进膳，上曰："军士未食，朕何忍先饱！"至是谓诸将侍臣曰："朕自出塞，久素食，非乏肉也，念军士艰苦，食不甘味耳。"是日宴赉，始复常膳。

17 壬午，车驾至北京，御奉天殿受朝贺，赐夏原吉等钞币。甲午，论功行赏有差。

18 是月，命西宁侯宋琥佩将军印，镇甘肃。——琥，晟之次子也。以尚上女安成公主，遂嗣封。

19 八月，壬寅，进封柳升安远侯。

20 乙卯，宁远侯何福自杀。

初，上以福旧臣，宠任逾诸将，福亦善引嫌，有事未尝专决。在镇，尝请取西平侯家巩昌蓄马充孳牧，上报曰："皇考时，贵近家多许养马，以示共享富贵。尔所奏虽为国，然非待勋戚之道。"不听。至是从征，数违节度，群臣有言其罪者，都御史陈瑛遂劾福怨望。福惧，自经死。爵除。

21 庚申，河溢开封，坏城二百余丈，民被灾者万四千余户，没田七千五百余顷。上以国家藩屏重地，特遣工部侍郎张信往视。

信，河间王玉之从子也。举建文二年乡试第一，历刑科都给事中，数言事。而从兄英国公辅尤重之，屡荐其贤，遂擢侍郎，寻有是命。

22 是月，长沙妖人李法良作乱。时丰城侯李彬备倭海上，皇太子命移师讨平之。【考异】明史本纪不载，惟李彬传言"彬时备倭海上，皇太子命移师讨平之。"彬之备倭，正在是年，诸书系之八月，今从之。

23 九月，己巳，车驾幸天寿山。

24 是月，上闻周王橚于国中作殿祀太祖，赐书告以"支子不祭"，及"诸侯不敢祖天子"谕之，乃止。【考异】明史本纪及传皆不载，诸书言"周王请祀太祖于国中。"按成祖英严，周王未敢请祀，故实录以为出自上闻，盖私祀也，今据书之。

25 冬，十月，丁酉，车驾发北京。

26 癸卯，御制务本训成。

上以皇长孙生长深宫，欲其知稼穑之艰难，因巡幸，命之侍行，使历观民情风俗及农桑劳苦之事，且举太祖创业之难及往古兴亡得失可为鉴戒者。书成，赐名务本云。【考异】诸书不载，此据宪章录月日。

27 是月，倭寇福州，平海卫千户缪真战没。

28 十一月，甲戌，车驾还京师。

29 十二月，癸巳朔，阿鲁台遣使贡马，纳之。

30 戊戌，河决汴梁，坏城。上闻黄河水高三尺，亟遣官往视之。

31 丁未，以书谕阿鲁台。

32 戊午，宥安南陈季扩罪，以为交阯右布政使。

初，安南之降，上心知其诈，姑许之，并其党阮帅、邓景异、陈原樽、潘季祐等，皆授都指挥、参政、副使等官。季扩卒不受命，寻复反。

33 是岁，复命中官王安、王彦之等监都督谭青等军，又命马靖巡视甘肃，马骐镇交阯。内臣监军出镇，率以为常。

34 硕尼堪旧作失捏干。寇黄河东岸。宁夏都指挥王俶败没。——硕尼堪，阿鲁台之子也。【考异】据明史本纪系于是年。证之鞑靼传，失捏干，即阿鲁台子也。是年五月，征本雅失里，旋移师征阿鲁台。失捏干入寇当在是时，今据纪系之是年之末。

明通鉴卷十六

江西永宁知县当涂 夏　燮 编辑

纪十六 起重光单阏(辛卯),尽强圉作噩(丁酉),凡七年。
成祖文皇帝

永乐九年(辛卯、一四一一)

1　春,正月,甲戌,大祀南郊。

2　丙子,<u>安远侯柳升</u>镇宁夏。

3　己卯,复命<u>英国公张辅</u>为征虏副将军,会<u>沐晟</u>讨<u>交阯</u>。上以<u>辅</u>为交人所惮,复命讨之。<u>辅</u>至,申军令。都督<u>黄中</u>违节制,诘之不逊,斩以徇。将士惕息,无不用命。【考异】斩<u>黄中</u>事,<u>永乐实录</u>不载,<u>明史张辅传</u>中及之,疑本<u>叶氏水东日记</u>。<u>弇州</u>考误谓"考之正史及碑志,俱不言<u>辅</u>戮<u>黄参将</u>事,惟<u>三下南交录</u>略及之而不详。"按<u>黄中</u>初以都督金事同<u>吕毅</u>送<u>陈天平</u>还国,为<u>黎季犛</u>所赚,杀<u>天平</u>。后大军南讨,<u>毅</u>为鹰扬将军,<u>中</u>无职寄,从军自效,击败贼于<u>生厥</u>、<u>潭舍</u>二江。其后赏功典下,谓<u>吕毅</u>、<u>黄中</u>先失律败事,后虽有功,不在赏典,寻命掌<u>交阯</u>都司。<u>黔公</u>之败,<u>毅</u>以战死,再用<u>辅</u>率师南讨,<u>简定</u>等伏诛。<u>中</u>时在军,而论功姓名绝不之及,岂其时<u>中</u>不用命,为<u>辅</u>所戮耶?<u>叶文庄</u>之所记者,谓"<u>文庙</u>初以是怒<u>张英公</u>,而正史不及,岂为其功成而宽之,且讳之耶?"今按斩<u>黄中</u>,<u>三编</u>、<u>明史</u>皆据书之,必别有确据也,今据之。

4 丙戌,命丰城侯李彬、平江伯陈瑄率浙江、福建兵捕海寇。

5 二月,辛亥,陈瑛有罪,下狱诛。

初,瑛为都御史,劾勋戚、大臣十余人,多希上旨,上以其能发奸,宠任之。一时倾陷善类不可胜计。上亦知其残刻,所奏谳不尽从。会自北京还,闻其诸不法状,下狱论死,天下快之。

6 上以交人好乱,恐陈季扩之党胁聚日多,丙辰,诏:"自九年二月以前,有啸聚山林者,咸赦其罪,军复原伍,民复原业。其官吏军民有犯,毋论已发未发,俱赦除之。"

7 丁巳,倭掠广东,陷昌化千户所,杀千户王伟,敕副总兵李珪戴罪讨之。【考异】明史本纪书于二月丁巳,三编并书其杀守将事,证之典汇,盖千户王伟也。李珪之讨,亦据三编,盖珪时以副总兵官镇广东也。

8 己未,命工部尚书宋礼初开会通河。

会通河者,元故运道也。元至元中,寿张尹韩仲晖请自东平安民山凿河至临清,引汶绝济,属之卫河,为转漕道,名曰会通。然岸狭水浅,不任重载,终元之世,海运为多。太祖定天下,输饷辽东、北平,亦用海运。洪武二十四年,河决原武,绝安山湖,会通遂淤。上初建北京,命平江伯陈瑄兼督淮、海二运,海运险远,多失亡,而淮运漕东南之粟浮淮入河,至阳武,陆挽百七十里入卫河,历八递运所,民亦苦其艰。至是济宁同知潘叔正上言:"旧会通河四百五十余里,淤者不过三之一,浚之便。"乃命礼偕刑部侍郎金纯、都督周长往治之。

礼以会通之源必资汶水，而汶有大、小二河，其会合之处，经宁阳北、堀城西南流百余里至汶上。其支流曰洸河，亦经堀城西南流三十旦，会宁阳诸泉，经济宁，东与泗水合。元初于堀城左汶水阴作斗门，导汶入洸后，又分流，北入济，由寿张过临清入海，而汶流遂弱。乃用汶上老人白英策，筑堀城及东平之戴村坝，遏汶水使南无入洸，北不归海，汇诸泉之水尽出南旺，中分为二道，以四分南流接徐、沛，六分北流达临清。南旺地势高，以为脊，决其水南北分注。因相地势，置闸三十有八，以时蓄泄。凡发山东及徐州、应天、镇江民三十万，蠲租一百十万石有奇，二十旬而工成。自是挽漕北京，寻罢海运，公私便之。

9 三月，甲子，集己丑礼部贡士补赴廷对，赐萧时中等进士及第、出身有差。

10 壬午，浚祥符县黄河故道。

初，张信奉诏至开封相视黄河，上言："祥符县鱼王口至中滦下二十余里，有旧黄河，岸与今河面平，若浚而通之，使循故道，则水势可杀。"因绘图以进，从之。发民丁十万，命兴安伯徐亨、侍郎蒋廷瓒偕金纯相视，并命宋礼总其役。

11 戊子，命中军都督刘江镇辽东。

12 夏，五月，倭寇浙东盘石卫。【考异】明史本纪不载，证之日本传，"是年寇盘石"。盘石在浙东温州府乐清县，地理志，"县西有盘石卫，洪武廿二年置"。又，吾学编书"是年五月倭寇浙东"，宪章录书"五月倭寇盘石"，今据增。

是时日本国王源义持嗣位,海上屡以倭警告。上遣官谕义持剿捕,寻获海寇以献。上嘉之,遣中官王进赍敕褒赉。进归,收市物货,义持与其臣谋,阻进不使归,进潜登舶从他道遁还。倭寇仍不绝,自是不入贡者数年。

13 六月,乙巳,郑和自西洋还,俘锡兰国王亚烈苦奈儿以献。

初,和出使至锡兰山,其王亚烈苦奈儿欲害之,和觉,去之他国。王又不睦邻境,数邀劫往来使臣,诸番皆苦之。及和归,复经其地,谋诱和至国中,发兵五万劫和,塞归路。和先觉之,乃率步骑二千,由间道乘虚攻拔其城,生禽亚烈苦奈儿及妻子、头目以还。

廷臣请诛之,上悯其无知,并妻子皆释,且给以衣食,命择其族之贤者立之。有邪把乃那者,诸俘囚咸称其贤,乃遣使赍印敕封为王,其旧王亦遣归。自是海外诸番益服天子威德,贡使载道。

14 是月,下交阯右参议解缙于狱。

初,缙自化州督饷入奏事,会上北征,缙谒皇太子而还。汉王高煦因言:"缙伺上出,私觐太子径归,无人臣礼。"上震怒。

时检讨王偁亦以罪谪交阯,缙偕偁道广东,览山川,上疏请凿赣江通南北。奏至,逮缙下狱,拷掠备至。词连大理丞汤宗,宗人府经历高得旸,中允李贯,赞善王汝玉,编修朱纮,检讨蒋骥、潘畿、萧引高,并及李至刚,皆下狱。汝玉、贯、纮、引高、得旸,俱瘐死狱中。

贯与缙及王艮皆同里，又与艮成进士，同为一甲，金川门陷，唯艮死之。至是贯临卒叹曰："吾愧王敬止矣！"

15　秋，七月，张辅督军二万四千，与沐晟会讨交阯。

时贼据月常江，树桩四十余丈，两崖置栅二三里，列船三百余艘，设伏山右。丙子，辅、晟等水陆并进，阮帅、邓景异等来拒。辅令朱广等连舰拔桩以进，自率方政等以步队剿其伏兵，水陆夹攻，贼大败，帅等皆散走。生禽伪将军邓宗稷、黎德彝、阮忠、阮轩等，获船百二十艘。

16　丁亥，柳升破宁夏叛将于灵州，以捷闻。

17　是月，黄河故道成。

自洪武间河决原武，会通河淤，而元贾鲁所治之故道亦淤，河遂自此南徙，则河南受灾独重。至是金纯等浚河，自封丘、金龙口、下鱼台、塌场会汶水，经徐、吕二洪，南入于淮。是时会遇河已开，黄河与之合，漕道既通，而河南水患亦稍息。

18　九月，壬午，谕户部："凡屯田军以公事(防)〔妨〕农务者，免征子粒。著为令。"

19　是月，通政司上言："黄岩县民告豪民持建文时士人包彝古所进楚王书，聚众观之。书中多干犯语，请下法司究治。"上曰："此必与豪民有怨而欲报之。朕初即位，命百司：'凡建文中上书有干犯者，悉毁之，有告者勿行。'今复行之，是号令不信也。"命勿论。

20　是秋，礼部尚书赵羾，以朝鲜使臣将归，例有赐赍，不奏，上怒，下之狱，寻释之。

21 冬,十月,乙未,宽北京谪徙军民赋役。

22 癸卯,封哈密推勒特穆尔旧作兔力帖木儿。为忠义王。

推勒者,托克托从弟也。托克托受封之国,上眷遇特厚。而托克托顾凌侮朝使,沉湎昏聩,不恤国事,其下交谏不从。上闻之怒,遣官赐敕戒谕,未至而托克托以暴疾卒。讣闻,遣官赐祭,遂以推勒特穆尔嗣位。又擢都指挥同知哈剌哈纳为都督佥事,镇守其地。自是哈密修贡惟谨。

23 乙巳,诏重修太祖实录。

时上以前监修官李景隆、茹瑺等心术不正,又限期迫促,未及精详,至是复命姚广孝、夏原吉为监修,胡广、杨荣、杨士奇、金幼孜等为总裁、纂修等官。太祖实录,自建文至此凡三修,士奇皆预焉。【考异】此三修之实录,即今明史所据之本也。据野获编,士奇三修皆秉笔,今据书之。

24 十一月,戊午,蠲陕西逋赋。

25 癸亥,张辅等进兵,追剿陈季扩。其党伪龙虎将军黎蕊等,断锐江浮桥,阻大军于生厥江。辅督水师击败之,斩首千五百级,追杀余贼殆尽。

26 丁卯,立皇长孙瞻基为皇太孙。上亲冠太孙于华盖殿,冕服如皇太子,玉圭如亲王。

27 壬申,以韩观为征夷副将军,改镇交阯,仍佩征南将军印,总兵事。又命都指挥葛森镇广西。

28 丙子,敕法司决遣罪囚,毋淹滞。

29 是月,浙江海溢,堤圮自海门至盐城凡百三十里,诏平江伯陈瑄以四十万卒筑治之,为捍湖堤万八千余丈。

已而瑄又言："嘉定濒海地,江流冲会,海舟停泊,无高山大陵可依,请于青浦筑土山,方百丈,高三十余丈,立堠表识。"逾年成,赐名宝山,上亲为文记之。

30 十二月,壬辰,诏切责福余、朵颜、泰宁三卫。

初,上既以三卫地界乌梁海,其头目来朝贡者,皆授以官,令掌三卫事,又令通马市。四年,三卫饥,请以马易米,上命有司第其马之高下,各倍价给之。久之,三卫阴附鞑靼,掠边戍,复假市马来窥伺。上既敕责,寻宥之,令其以马赎罪。

31 是月,阿鲁台遣使纳款,请得役属吐蕃诸部,求朝廷刻金作誓词,磨其金酒中,饮诸酋长以盟。朝议欲许之,左庶子黄淮独不可,曰:"彼势分则易制,合则难图矣。"上顾左右曰:"黄淮论事,如立高冈,无远不见。"遂不许。

32 闰月,丁巳,命府部诸臣陈军民利弊。又诏:"京官七品、外五品以上及县正官,各举贤能廉干一人,由吏部考验擢用。"

33 是岁,浙江、湖广、河南、顺天、扬州水,河南、陕西疫,遣使振之。

十年(壬辰、一四一二)

1 春,正月,己丑,命入觐官千五百余人各陈民瘼,不言者罪之,言有不当勿问。

2 丁酉,大祀南郊。

3 癸丑,振平阳饥。

时蒲州等处耆老，言"岁歉民饥，采蕨藜，掘蒲根以食"。上恻然，命逮治布政司及郡县官不奏闻者。

4　是月，谕吏部曰："守令郡邑之长，牧守之寄甚重。近闻诸司造作杂务，辄遣经营，此不识大体，其禁止之。"

5　二月，辛酉，蠲山西、河南八年以前逋赋。

6　庚辰，削辽王植护卫。

植之改封荆州也，"请止给一卫以备使令，而留其三卫于广宁防边。"然上终以起兵时植贰于己，至是并一卫削之，仅留军校厨役三百人备使令。

7　三月，丁亥，命丰城侯李彬往甘肃，与西宁侯宋琥经略降酋。【考异】此据李彬列传。其讨叛寇事在是年之冬，明史本纪并系之三月，今分书之。

8　戊子，赐马铎等进士及第、出身有差。

9　甲辰，免北京水灾租税。

10　是月，升顺天府为府尹，秩正三品，设官如应天府。

11　夏，四月，复命工部尚书宋礼治卫河。

礼以去年八月还，受上赏，并赐潘叔正衣钞。至是御史许堪上言："会通河成，则卫河与之合。而自临清以下，堤岸数决，请命礼并治之。"礼言："卫辉至直沽，河岸多低薄，若不究源析流，但务堤筑，恐复溃决，劳费益多。请自魏家湾开支河二，泄水入土河，复自德州西北开支河一，泄水入旧黄河，使至海丰大沽河入海。"上从其言，命俟秋成后为之。【考异】本纪不载，证之礼传，在开会通河之明年，正是年也。又，"许堪上书，上从其言，命俟秋成后为之"，则事在是年之春、夏间。明书、宪章录俱系之四月，今从之。

12 六月,甲戌,谕户部:"凡郡邑有司及朝使,目击民艰不言者悉逮治。"

13 秋,七月,丙戌,以水灾,免直隶吴江、长洲、昆山、常熟四县田租。

14 癸卯,禁中官干预有司政事。

15 八月,癸丑,张辅击交阯贼于神投海。贼舟四百余,分三队,锐甚。辅率兵冲其中坚,贼却,左右队迭进,官兵与相钩连,殊死战。自卯至巳,大破贼,禽渠帅七十五人。进军乂安府,贼将降者相继。

16 己未,敕边将自宣化之长安岭迤西至洗马林,皆筑石为垣,浚深濠堑,以固防御。

17 九月,以都水主事菌芳为工部侍郎,宋礼荐之也。

初,河决阳武中盐堤,漫中牟、祥符、尉氏,上遣芳按视。芳言:"堤当急流之冲,夏、秋汛涨,势不可骤杀。宜卷土树桩以资捍御,无令重为民患。"又言:"中滦导河分流,使由故道北入海,诚万世利。但缘河堤埽,止用蒲绳泥草,不能持久。宜编木成大囷,贯桩其中,实以瓦石,复以木横贯桩表,牵筑堤上,为杀水固堤之长策。"诏悉如其法为之。

18 是秋,杀大理寺右丞耿通。

初,上北巡,太子监国。汉王高煦谋夺嫡,阴结上左右为谗间,宫僚多得罪者,监国所行事,率多更置。通从容谏上:"太子事无大过误,可无更也。"数言之,上不悦。至是复有言"通受请托故出人罪"者,上震怒,命都察院会文武大臣鞠之午门,曰:"必杀通无赦!"群臣如旨,当通罪斩。

上曰:"失出,细故耳。通为东宫关说,坏祖法,离间我父子,不可恕,其置之极刑。"廷臣不敢争,竟论奸党磔死。【考异】杀耿通事,诸书不载,今按明史本传在是年之秋,据增。

19 冬,十月,丁卯,命皇太孙演武于方山。

戊辰,上出猎城南武冈。

20 十一月,壬午,命庶子杨荣经略甘肃。【考异】明本纪作"侍讲杨荣",三编据实录改,今从之。

先是上遣李彬至甘肃,与宋琥会讨叛番,先后禽酋长捌尔思、朵罗歹等,别遣土官李英防野马川。会凉州酋娄达衮旧作老的罕。叛,都指挥何铭战没,英追蹑,尽俘其众,惟娄达衮遁走赤斤蒙古卫。

宋琥以闻,上使荣往会李彬,议进兵方略。荣还,奏言:"隆冬非用兵时,且有罪不过数人,兵未可出。"而是时彬亦以道远饷艰,宜缓图之。乃赐敕诘责赤斤蒙古卫指挥佥事塔力尼,令缚献之。明年,复以彬代琥镇甘肃,塔力尼果禽娄达衮以献,如荣等言。

21 丙申,命郑和复使西洋。【考异】明史,"十一月丙辰,郑和使西洋。"按十一月无丙辰,证之三编质实,和以是年十一月往,则非十二月也。明史稿作"丙申",在十一月十五日,今从之。

22 十二月,宋礼治河还。

初,上将营北京,命礼取材川、蜀。礼伐山通道,得神木数株,不劳人力,朝廷以为瑞。至是河工成,复使礼采木入蜀。

23 杀浙江按察使周新。

新,南海人,由乡举为御史,弹劾不避权贵,时谓之"冷面寒铁”。迁<u>云南</u>按察使，寻改<u>浙江</u>，数有异政，名震一时。

时锦衣卫指挥<u>纪纲</u>方用事，使千户缉事<u>浙中</u>，作威受赇，<u>新</u>捕治之，千户脱走，诉于<u>纲</u>。<u>纲</u>诬奏<u>新</u>罪，上遽命逮<u>新</u>。旗校皆锦衣私人，在道榜掠无完肤。既至，伏陛前，抗声曰：“在内都察院，在外按察司，朝廷法官也。臣奉法捕恶，奈何罪臣！”上怒，命戮之。临刑，大呼曰：“生为直臣，死当作直鬼，臣无憾矣！”上寻悟其冤，惜之。

十一年（癸巳、一四一三）

1　春，正月，辛巳朔，日有食之。

先是鸿胪寺奏元旦贺仪，上召礼部翰林官问曰：“正旦日食，百官贺礼可行乎？”尚书<u>吕震</u>，谓“日食与朝贺之时先后不相妨”，侍郎<u>仪智</u>曰：“终是同日，免贺为宜。”上以问<u>杨士奇</u>，对曰：“日食，元变之大者。前代元旦日食，多不受贺。<u>宋仁宗</u>时，元旦日食，<u>富弼</u>请罢宴撤乐，<u>吕夷简</u>不从，<u>弼</u>曰：‘万一<u>契丹</u>行之，为<u>中国</u>羞。’后有自<u>契丹</u>回者，言是日罢宴，<u>仁宗</u>深悔。今免贺诚当。”上从之。敕曰：“朕乖治理，上累三光，众阳之宗，薄食元旦。群臣尚勉辅朕躬，消弭灾变，朝贺宴会，其悉罢免。”

2　壬午，谕通政司礼科给事中：“凡朝觐官，境内灾伤不以闻，为他人所奏者，罪之。”

3　辛卯，大祀南郊。

4　丁酉，以<u>天寿山</u>陵成，命<u>汉王</u>迎<u>仁孝皇后</u>之丧于京师。

5　辛丑，前大理寺左丞<u>王高</u>，右丞<u>刘端</u>，以纵奸恶外亲弃市。

高与端,皆南昌人。方孝孺之下狱也,二人同在法司,以纵孝孺息树阴,事觉,弃官去。至是捕得之,诘其逃,则曰:"存身以图报耳。"上怒,命劓其鼻,端厉声曰:"鼻虽去,犹留面目,地下见皇祖耳。"上怒,立命诛之。【考异】此事重修三编补入族孝孺目中,并引成祖实录,事在永乐十一年正月。今按"奸恶外亲",似即指孝孺。而二人以弃官去坐逮,十年始得之,似与野史所记无大牴牾。今参书之,并据实录月日。("左丞"王高,三编作"刑部郎中",今据实录。)

6　诏李彬镇甘肃,召宋琥还。

7　是月,倭寇昌国卫之爵溪,守御所击败之。

8　诏宥建文诸臣姻党。

时钱习礼,吉水人,以去年成进士,授庶吉士,与练子宁为姻戚。先是逮治奸党,习礼偶获免,然恒为乡人所持,不自安,以告学士杨荣。荣乘间以闻,上曰:"使子宁今日在此,朕犹当用之,况习礼乎!"即日,下令禁止。寻授习礼为检讨。

9　二月,辛亥,始设贵州布政使司。

贵州,古西南夷地也,元时置军民宣慰使司以羁縻之。太祖既克陈友谅,声威远振,而思南宣慰田仁智,思州宣抚田仁厚,率先后归附,即以故官授之,命世守其地,时元至正二十五年也。及洪武五年,则有贵州宣慰霭翠及普定女总管之等先后来归,皆予以故官世袭。朝廷为立贵州长官司,即其地设卫,命顾成为指挥使。是时云南未定,仁智等恪修职贡,赋税听其自纳,未及置郡县也。

上即位后，思南宣慰田宗鼎者，仁智之孙，素凶暴，与其副使黄禧构怨，奏讦累年。朝廷以田氏世守此土，又先归诚，曲宥之，改禧为辰州知府。未几，思州宣慰使田琛者，仁厚之孙，亦与宗鼎争沙坑地有怨。禧遂与琛结，合攻思南，宗鼎挈家走，琛杀其弟，发其祖坟，并戮其母尸，所过无不残害。宗鼎诉于朝，屡敕琛、禧赴阙自辨，拒命不至，且有逆谋。上命行人蒋廷瓒往召之，而令镇远侯顾成率兵五万压其境，遂禽琛、禧，械送京师，皆引服。上欲治琛罪，宥宗鼎，复职，遣还思南，而宗鼎必欲报怨。上以其免祸不自惩，乃更逞忿，亦留之。而宗鼎怨望，出诽言，上复命刑部正其罪。

谕户部尚书夏原吉曰：“思州、思南苦田氏久矣，不可令遗孽复踵为乱。其思州、思南三十九长官地，可更郡县，设贵州布政司总辖之。”乃命成以剿为抚，诸苗悉定。逾年，遂分其地为八府、四州，以蒋廷瓒为布政使。贵州为内地自此始。于是两宣慰废，田氏遂亡。【考异】田氏兴废，具详明史土司传中。诸书所记互异，盖沿田汝成炎徼纪闻之误，弇州史乘考误辨之。今据本传。

10　癸亥，令北京民户牧马。

初，洪武间，设群牧监，初令应天、太平、镇江、庐州、凤阳、扬州六府、滁、和二州民皆牧马，既而复令飞熊、广武、英武三卫军五人共养一马，岁课一驹。二十八年，罢群牧监，悉归有司，专令民牧，江南十一户，江北五户，各养马一匹，免其身役，课驹如三卫军。

至是上命行之北京。计丁养马，十五丁以下养马一，十六丁以上养马二,其以事编发者,七户养马一,除其罪为良民。自是马孳生日蕃,更推行之山东、河南,民渐苦之。

11 甲子,上幸北京,皇太孙从,以尚书蹇义、学士黄淮、谕德杨士奇、洗马杨溥辅皇太子监国。

12 乙丑,车驾发京师,令给事中、御史所过存问高年,赐酒肉及帛。

13 营天寿山于昌平成,命曰长陵。

丙寅,葬仁孝皇后于长陵。

14 辛未,车驾次凤阳,谒皇陵。

15 夏,四月,己酉,车驾至北京,御奉天殿受朝贺,并于是日祭告天地,及遣官祭北京山川城隍之神。

16 五月,丁未,山东曹县献驺虞。礼部尚书吕震请表贺,上不许。震固请,上曰:“大臣当以道事君,汝不见宋之李沆耶?”震惭而退。

17 是月,端午节,上幸东苑,观击球、射柳。皇太孙连发皆中,上喜。宴群臣,尽欢而罢。

18 定死罪纳赎例。命法司按情轻者,斩八千贯,绞六千贯,准纳赎免死。流徒以下,纳钞有差,无力者发天寿山种树。

19 上命吏部、翰林简老成人侍皇太孙,蹇义举礼部侍郎仪智,上曰:“得之矣。此人虽老,识大体,能直言。向元旦日食,吕震欲行贺,唯此老与杨士奇力言不可。”遂令侍太孙。

20 六月,甲寅,上闻徐州水灾,敕户部遣人驰驿振之。

21 秋,七月,戊寅,封鞑靼知院阿噜台为和宁王。

时阿噜台为卫喇特所攻,率其部落南窜,保塞外,遣使奉表入贡,且言:"愿输诚内附,为故主复仇。故主,即鞑靼布呢雅实哩,事见后。请发兵讨贼,自率所部为先锋。"上义之,故有是封。

22 八月,甲子,北京地震。【考异】此据明史本纪及三编,皆本实录。惟明史五行志承"六年五月,壬戌",并云"京师地震",盖误"北"为"南"也。今从本纪。

23 乙丑,顾成及都督同知梁福讨思州、靖州叛苗,平之。

24 九月,壬午,诏:"郡、县官每岁春初,行视境内,有蝗蝻害稼,即捕绝之。不如诏者,并罪其布、按二司。"

25 冬,十月,丙寅,以玺书命皇太子录囚。

26 十一月,戊寅,以野蚕茧为衾,命皇太子荐太庙。

27 壬午,卫喇特犯边。

初,玛哈穆特以诏许阿噜台入贡,怨之,遂拘留敕使不遣,复请以甘肃、宁夏归附鞑靼者多其所亲,请给还。上怒,命中官海童切责之。至是复拥兵饮马河,将入犯,而扬言袭阿噜台。于是阿噜台告警,上命开平守将严兵备之。

28 甲申,诏宁阳侯陈懋、都督谭青、马聚、朱崇巡宁夏、大同、山西边。寻命陕西、山西及潼关等五卫兵驻宣府,中都、辽东、河南三都指挥使司及武平等四卫兵会于北京,将亲征卫剌特也。

29 乙巳,命应城伯孙岩率练兵备开平。

30 十二月,壬子,张辅与沐晟合军至顺州。会安南贼党阮帅等设伏于爱子江,据昆传山之险,列象阵迎敌。辅戒士卒，一矢落象奴，二矢射象鼻，象遂奔溃，自蹂其众。我军乘势进击，矢落如雨，贼大败，生禽伪将军潘径、阮徐等五十六人。唯季扩逃乂安山中未获，阮帅亦遁去。

31　丙辰，命陈瑄、宣信领舟师运粮于北京。

32　癸亥，湖广沔阳州水灾，请折输钞帛，从之。

33　是岁，鞑靼布尼雅实哩，为卫喇特、玛哈穆特等所杀。

上之北征也，玛哈穆特上言，“请得早为灭寇计”，许之。至是布尼雅实哩被弑，乃立塔尔巴旧作答里巴。为可汗。时阿噜台已数入贡，上亦厚报之。

而卫喇特惧其为故主报仇，乃托言“欲献故元传国玺，恐为阿噜台所邀，请中国除之”，又请赏赍，赐军器，上曰：“卫喇特骄矣，然不足校。”赍其使而遣之。【考异】明史纪、传同。诸书则云，“十年，马哈木逐其主本雅失里”，无被弑事，直至二十年，书“阿噜台弑其主本雅失里”。据此，则本雅被弑在二十年，弑主者阿噜台，非马哈木也。今据正史，并识其异于此。又，此事明史传中系之十年，今据本纪。

十二年（甲午、一四一四）

1　春，正月，庚寅，思州苗平。【考异】宪章录，“是年正月丙子朔，日食，免朝贺”，又，“六月壬寅朔，日食”，明史、三编删之。证之实录，“正月丙子，御殿受贺”其为野史之误明矣。凡明史不书日食者，皆野史之误。

2　辛丑，发山东、山西、河南及凤阳、淮安、徐、邳民十五万运粮赴宣府，备亲征也。

3　是月，张辅禽交阯贼邓景异，又追斩阮帅于南灵州，并获季扩家属。

4　二月，己酉，大阅。

庚戌，下诏亲征卫唳特。命安远侯柳升领大营，武安侯郑亨领中军，宁阳侯陈懋、丰城侯李彬领左、右哨，成山侯王通、都督谭青领左、右掖，都督刘江、朱荣为前锋。凡马步军五十余万。

5　庚申，振凤翔、陇州饥，并按长吏不言者罪。

6　三月，癸未，张辅追禽陈季扩于老挝。

初，季扩逃入乂安之竹排山，辅遣都指挥师祐袭之，遂走老挝。祐踵其后，老挝惧大军蹿其地，请自缚以献。辅檄令祐深入，克其三关，贼党尽奔，遂获季扩及其弟伪相国豁等，悉送京师。交阯平。

7　庚寅，车驾发北京，【考异】明史本纪作"庚寅"，国史纪闻作"庚辰"，"辰"字误也。金幼孜北征言录，是月庚寅为三月十七日。皇太孙从，学士胡广、金幼孜、庶子杨荣等并扈行。

上语诸侍臣曰："皇长孙聪明英睿，智勇过人，宜历行阵，俾知兵法，且可悉将士劳苦，知征伐不易。然文事武备，不可偏废，每日营中闲暇，卿等仍与之讲论经史，以资典学。"

8　夏，四月，甲辰朔，车驾次兴和，大阅。

己酉，颁军中赏罚号令。

庚戌，设传令纪功官。

乙卯，驻跸大石镇。夜，坐行幄，召杨荣问兵食计，对曰："择将屯田，训练有方，耕耨以时，则兵食足矣。"上嘉纳之。

9　丁卯，车驾次屯云谷，博啰布哈等来降。旧作孛罗不花。

10　五月，癸酉，驻跸杨林戍，复大阅军士。

丁丑，命尚书、光禄卿、给事中为督阵官，纠军士不用命者。

11　六月，甲辰，前锋刘江遇卫喇特兵于刚哈拉海，旧作康哈里孩。击走之。上度其必大至，命严阵以待。乙巳，获谍，知玛哈穆特去此百里，兼程进。

戊申，驻跸和拉和锡衮。旧作忽兰忽失温。玛哈穆特及太平、博啰三部，扫境逆战，上命以铁骑挑之。寇奋而下，乃命柳升等攻其中，陈懋、王通攻其右，李彬、谭青、马聚攻其左，上自率铁骑驰击，大败之，斩其王子十余人，部众数千级。追奔度两高山，寇勒余众复战，又败之。穷追至图拉河，玛哈穆特脱身遁。

皇太孙请及时班师，从之。

庚戌，命宣捷于阿噜台。

戊午，驻跸三峰山。阿噜台遣使来朝，仍赐犒遣归。

己巳，以败卫喇特诏告天下。

是役也，郑亨追敌于和拉和锡衮，中流矢，指挥满都死之。内侍李谦恃勇，导皇太孙追敌于九龙口，几败，上大惊，亟遣人追还，谦惧罪自经死。

12　秋，七月，戊子，次红桥，诏："六师入关，有践田禾，取民畜产者，以军法论。"

己亥，次沙河，皇太子遣使来迎，兵部尚书金忠赍表至。

13　八月，辛丑朔，车驾至北京，御奉天殿受朝贺。

14 丙午，蠲北京州县租二年。

15 戊午，赏从征将士及运粮官军。

16 九月，丁丑，榜葛剌国献麒麟，礼官吕震等请贺，不许。

17 癸未，命成安侯郭亮、兴安伯徐亨备边开平。——亨，祥之孙也。

18 丙戌，靖州苗平。

19 甲午，命都督费瓛镇甘肃，刘江镇辽东。

20 是月，封平阳王济熿为晋王。

济熿，晋恭王㭎之庶子也。洪武之季，恭王薨，子济熺嗣。上即位，封其弟济熿为平阳王。济熿幼很戾，失爱于父。及长，就学京师，与高煦等相比，不为太祖所爱。会上即位之初，济熺坐纵下，黜其长史，惧，欲上护卫，不许。至是济熿嗾诸郡王及府中官校，日诉济熺过于朝。上信之，夺济熺爵，并其子美圭皆为庶人，守恭王园，而以济熿袭晋封。【考异】明史本纪，"是年十一月庚戌，废晋王济熺为庶人"，而不载济熿袭封，亦不载济熺之世子美圭同废事。按此非国除之比，但书废不书封，似是漏脱。惟三编封废并书，同系之十一月。证之实录，封济熿在九月，废济熺及其子美圭在十一月，盖济熺已废，此据其至京师之月日也，今并系之九月下。

21 闰月，甲辰，逮东宫宫属尚书蹇义、学士黄淮、谕德杨士奇、洗马杨溥、芮善及司经局正字金问等。

先是上至北京，义等辅皇太子居守。时汉王高煦谋夺嫡，日夜谮太子，并及义等。会上北征回，以太子遣使奉迎缓，且书奏失辞，归咎于辅导之官，遂有是逮。中途，有旨宥义还南京，淮先至，下狱。次日，士奇及问继至，上曰："士奇姑宥之。朕未尝识金问，何以得侍东宫？"命法司鞫之。

　　寻召士奇问东宫事,士奇叩头言:"太子孝敬,凡所稽迟,皆臣等罪。"上意稍解。行在诸臣复交章劾"士奇不当独宥",遂下锦衣卫狱,已而释之。淮及溥等遂长系狱中。

【考异】明史本纪不书征蹇义,证之诸书,义以中途宥还,故不入下狱之数,今据书之。

　　22 甲子,召江阴侯吴高还。

　　时高守大同,被劾,逾月,遂免为庶人,爵除。

　　23 丁卯,命都督朱荣镇大同。

　　24 冬,十一月,甲辰,录囚。

　　25 庚申,蠲苏、松、杭、嘉、湖五府水灾田租凡四十七万九千石有奇。

　　26 是月,命儒臣胡广、杨荣、金幼孜等纂修五经、四书、性理大全。

十三年(乙未、一四一五)

　　1 春,正月,丙午,塞居庸以北隘口,防北寇也。

　　2 丁未,卫喇特玛哈穆特谢罪,贡马,且还前所留使,词甚卑。上曰:"卫喇特不足较。"纳其马,馆其使者。

　　3 壬子,上元节,北京午门火,都督马旺焚死。

　　4 戊午,敕内外诸司蠲诸宿逋。将士、军官犯罪者悉宥之。

　　5 是月,前交趾参议解缙死于狱。

　　时锦衣卫纪纲上囚籍,上见缙姓名,曰:"缙犹在耶?"纲遂希指醉缙酒,埋积雪中,立死,年四十七。籍其家。妻子、宗族徙辽东。【考异】解缙之死,明史本纪不载,三编类系之九年下狱目中。证之缙传,缙死在十三年,诸书皆系之正月下,今从之。

6 二月,癸酉,遣指挥刘斌、给事中张磐等十二人巡视山西、山东、大同、陕西、甘肃、辽东军操练屯政,核实以闻。

7 甲戌,命行在礼部会试天下贡士于北京。

8 癸未,张辅等征交阯师还。

戊子,赏征南将士。

9 乙未,释工作囚徒。

先是上命出系囚输作赎罪,既而多亡者,有司请捕之,上曰:“此皆衣食空乏,出于不得已。”遂命见役者悉遣还,共释四千九百余人。

10 三月,己亥,上策士于行在,赐陈循等进士及第、出身有差。

11 丙午,广西蛮叛,都指挥同知葛森讨平之。

12 是月,贵州布政使蒋廷瓒上言:“去年北征诏至,思南府大岩山有声呼万岁者三。”礼官吕震复请贺,上曰:“呼噪山谷,空虚之声相应,理或有之,布政司不察,以为祥。尔为国大臣,不能辨其非,又欲进表献谀,岂以道事君之义耶!”震惭而止。

13 夏,四月,戊辰,张辅班师。甫还,会韩观卒,复命佩征夷将军印,镇交阯。讨余寇陈月湖等,平之。

14 是月,兵部尚书兼詹事金忠卒。

先是上北征还,悉讯东宫官属,而以忠勋旧,不问。已,密令审察太子事,忠言无有,上怒。忠免冠顿首流涕,愿连坐以保之,以故太子得不废,而宫僚黄淮、杨溥等亦以是获全。

忠起卒伍,至大位,甚见亲倚,每承顾问,知无不言,然慎密不泄。处僚友,恒推让不自居。至是卒,诏给驿归葬,命有司治祠墓,复其家。后追赠少师,谥忠襄。

进陈洽为兵部尚书,仍参赞交阯军务。

15 五月,丁酉朔,日有食之。

16 初,宋礼治河还,言:"海运经历险阻,每岁船辄损坏,有漂没者;有司修补,迫于期限,多科敛为民病,而船亦不坚。计海船一艘,用百人而运千石,其费可办河船容二百石者二十艘,每艘用十人,可运四千石。以此而论,利病较然。请发镇江、凤阳、淮安、扬州及兖州粮合百万石,从河运给北京。其海道则三岁两运。"

是时平江伯陈瑄兼督江淮漕运,议造浅船二千余艘,初运二百万石,寖至五百万石,河运大便。于是始罢海运。惟江南漕舟抵淮安,率陆运过坝,逾淮达清河,劳费尚巨。至是瑄用故老言,"请凿清江浦以通东南漕运",诏行之。

乙丑,瑄督工发人夫,自淮安城西管家湖凿渠二十里为清江浦,导湖水入淮,筑四闸,以时宣泄,又缘湖十里筑堤引舟。由是漕舟直达于河,省费不赀。一时又浚吕、梁洪以杀水势,开泰州白塔河以通大江,又筑高邮湖堤,于堤内凿渠四十里,避风涛之险,又自淮至临清,置闸四十有七。淮上置常盈仓四十区,贮江南之漕,北至徐州、济宁、临清、德州,皆置仓以利转输。

乃定支运法，江西、湖广、浙江之粮至淮安仓，分遣官军就近挽运，自淮至徐以浙、直军，自徐至德以京卫军，自德至通以山东、河南军，以次递运，岁凡四次，可五百万余石。其法，支者不必出当年之民纳，纳者不必供当年之军支，通数年以为赢益，期不失常额而止。由是海、陆二运皆罢。

一时漕运在齐、鲁间者，宋礼功为多，在江、淮间者，陈瑄功为多云。

17　是月，改封汉王高煦于青州。

初，高煦不欲之云南，遂从上巡北京，尝力请并其子归南京，上不得已听之；又请得天策卫为护卫，辄以唐太宗自比，所为益恣。黄淮等之下狱也，上徐察太子无过，谗间不行。至是以高煦不欲远行，遂封之近地，然犹迁延不肯之国，上始疑之。【考异】高煦改封青州，明史本纪不载。证之诸王传，言"十三年五月改封青州，又不行，上始疑之。"明书系之是年五月，与史合，今从之。

18　六月，振北京、河南、山东水灾。

19　改刘观为左都御史。

20　秋，七月，癸卯，郑和自西洋还，俘苏门答剌老王之弟苏幹剌以献。

苏门答剌国，在西洋满剌加之西，或曰，即洪武十六年来贡之须文达那也。上即位，遣中官尹庆使爪哇，便道至其国。逾年，遣使随庆入朝，始封为苏门答剌国王。和至此凡三使其国。

先是其国王之父，与邻国花面王战，中矢死，王子年幼,王妻号于众曰:"孰能为我复仇者,我以为夫,与共国事。"有渔翁者,率国人往击,馘其王而还,遂与王妻合,国人称曰"老王"。既而王子年长,潜与部领谋,杀老王而袭其位。

老王弟苏幹剌,逃山中,连年率众侵扰。至是和使其国,苏幹剌以颁赐不及己,怒,统数万人邀击。和勒部卒及其国人御之,大破其众,追至南渤利,禽之,俘以归。其王旋遣使入谢。

21 乙巳,蜀山都掌蛮叛,都督同知李敬讨平之。

22 八月,庚辰,振山东、北京、河南州县饥。

23 九月,壬戌,北京地震。

24 冬,十月,甲申,猎于近郊。

25 壬辰,法司奏侵冒官粮者,命戮之。及覆奏,上曰:"朕过矣,其论如律! 自今死罪皆五覆奏,著为令。"

26 是月,吏部员外陈诚使西域还。

初,诚偕中官李达等奉使,出嘉峪关,历哈密、土鲁番、火州、哈烈、撒马儿罕等,凡十七国,各遣使随诚等诣阙朝贡。诚还,备录其所历山川人物风俗之异,为西域记,上之,诏宣付史馆。【考异】陈诚自西域还,事见明史传中。明书、宪章录俱系之是年十月,永乐实录是月癸巳。

27 十一月,麻林国进麒麟,请贺,仍不许。

28 十二月,诏蠲顺天、苏州、凤阳、浙江、湖广、河南、山东州县水旱田租。

十四年（丙申、一四一六）

1　春，正月，己酉，振北京、河南、山东饥，凡发粟一百三十七万石有奇，又免十二年以前逋赋。

2　辛酉，命都督金玉讨山西广灵山寇，平之。

贼首刘子进，煽惑乡民，自言"在石梯岭遇道人，授以异术，能驱役鬼神"，众信之，纠集山民刘兴、余贵等，妄署职名，以皂白旗为号，夺太白王家庄驿马，杀大同卫卒，官军不能制。

玉至，击败之，禽子进等百三十五人，械送北京。上曰："此辈未必皆莠民，或因饥寒，或为官府虐害，不得已相率为盗。可罪其首恶以示惩戒，余悉发交阯充军。"寻召玉还。

3　三月，癸巳，都督梁福镇湖广、贵州。

4　壬寅，阿鲁台与卫喇特战，败之，遣使献俘。诏赐赉有差。

5　是月，改封赵王高燧于彰德。【考异】明史纪不载，宪章录及明书系之是年三月，通纪则与改封汉王并系之十三年之三月，吾学编又并系之十四年之三月，皆牵连记事体也。今据实录分书之。又，实录封赵王在是年三月甲辰。

时高煦尚居南京，上赐敕曰："既受藩封，岂可常居京邸？前以云南远惮行，今封青州，又托故欲留侍，前后殆非实意。兹命更不可辞。"然高煦迁延如故。

6　以礼部侍郎金纯为本部尚书。

7　夏，四月，甲子，诏曰："奸臣齐、黄等恶类已剿，凡远亲未发觉者悉宥之。"

8　壬申，礼部郎中周讷上书言："今天下太平，四夷宾服，请封禅泰山，刻石纪功，垂之万世。"尚书吕震谓宜如讷请，上曰："今天下虽无事，四方多水旱疾疫，安敢自谓太平！且六经无封禅之文，事不师古，甚无谓也。"

　　时学士胡广亦以为不可，因上却封禅颂，上益亲爱之。乙亥，擢广为文渊阁大学士，仍兼坊职。【考异】明史本纪但书"震请封禅，上不许"云云，证之震传，则郎中周讷所请而震赞之。明史稿所载较详，今据之。惟本纪以壬申系之三月之下，三月无壬申，盖倒误也。明史稿载壬申于四月甲子之下，今据以刊正后修明史之误。

9　六月，丁卯，都督同知蔡福等备倭山东。

10　秋，七月，丁酉，遣使捕北京、河南、山东州县蝗。

11　壬寅，河决开封州县十四，经怀远，由涡河入于淮。

12　乙巳，锦衣卫指挥使纪纲有罪，伏诛。

　　纲便辟诡黠，善钩人意，上爱幸之，令典诏狱。都御史陈瑛，灭建文朝忠臣数十族，亲属被戮者数万人。纲希上指，广布校尉，日摘臣民阴事。上悉下纲治，深文诬诋，上以为忠，遂擢掌锦衣卫事。

　　纲益恣横，又多蓄亡命，造刀甲弓弩万计。会端午节，上射柳，纲属镇抚庞瑛曰："我故射不中，若折柳鼓噪，以觇众意。"瑛如其言，无敢纠者，纲喜曰："是无能难我矣。"遂谋不轨。内使仇纲者发其罪，命给事、御史廷劾，下都察院按治，具有状，即日，磔纲于市，家属无少长皆戍边，天下快之。

13　八月，癸酉旦，寿星见。礼官请表贺，不许。

14　丁亥，作北京西宫。

15　是月，改工部尚书吴中于刑部。

16　九月，癸卯，京师地震。【考异】据明史本纪、三编皆作"京师"，时尚未迁都,指<u>南京</u>也。<u>五行志</u>作"<u>北京</u>",今不从。

17 戊申,车驾发<u>北京</u>。

18 是月,初命监察御史巡盐。

19 冬,十月,丁丑,车驾次<u>凤阳</u>,祀<u>皇陵</u>。

　　癸未,还自<u>北京</u>,谒<u>孝陵</u>。

20 十一月,上自<u>北京</u>还,迁都意决。工部请择日营建,上曰:"此大事,须集廷臣议之。"

　　壬寅,诏文武群臣集议迁都之宜,乃上疏曰:"<u>北京</u>乃圣上龙兴之地,北枕<u>居庸</u>,西峙<u>太行</u>,东连<u>山海</u>,南俯中原,沃壤千里,山川形胜,足以控四夷,制天下,诚帝王万世之都也。宜敕所司营建。"从之。

21 丙午,召<u>张辅</u>还。

　　<u>辅</u>凡四至<u>交阯</u>,前后建置郡邑及增设驿传递运,规画甚备。<u>交</u>人所畏惟<u>辅</u>,<u>辅</u>还而<u>交</u>人复萌叛志。

22 戊申,削<u>汉王高煦</u>二护卫。

　　初,上巡<u>北京</u>,<u>高煦</u>居<u>南京</u>,私选各卫健士,又募兵三千人,不隶籍兵部,纵使劫掠。兵马指挥<u>徐野驴</u>捕治之,<u>高煦</u>怒,手铁瓜挝杀<u>野驴</u>,众莫敢言,遂僭用乘舆器物。至是上还,尽得其不法数十事,切责之,褫冠服,囚系<u>西华门</u>内,将废为庶人。皇太子涕泣力救,乃削两护卫,诛其左右狎昵数人。

23 是月,徙<u>山东</u>、<u>山西</u>、<u>湖广</u>流民于<u>保安州</u>,赐复三年。

24 <u>周王橚</u>、<u>楚王桢</u>皆来朝。

25 十二月,丁卯,<u>郑和</u>复使<u>西洋</u>。

26 初，上在<u>北京</u>，以玺书谕皇太子，命翰林儒士编辑<u>历代名臣奏议</u>。壬申，书成，上之。

上谕侍臣曰："致治之道，千古一揆。君能纳善言，臣能尽忠无隐，天下何患不治！"遂命刊布，赐皇太子、皇太孙及诸大臣。

十五年(丁酉、一四一七)

1 春，正月，丁酉，大祀南郊。

2 壬寅，上元节。上以长女<u>永安公主</u>薨，命罢张灯宴。

3 壬子，<u>平江伯陈瑄</u>督漕，兼运木赴<u>北京</u>，备营建也。

4 是月，倭寇<u>浙东金乡</u>、<u>平阳</u>等卫。

5 二月，癸亥，<u>谷王橞</u>有罪，废为庶人。

橞恃开门功，益骄肆，夺民田，侵公税，杀无罪人。长史<u>虞廷纲</u>数谏，诬以诽谤，磔杀之。招匿亡命，习兵法战阵，造战舰弓弩器械，日与都指挥<u>张成</u>、宦者<u>吴智</u>、<u>刘信</u>谋，呼<u>成</u>"师尚父"，<u>智</u>、<u>信</u>"国老令公"。伪造图谶，以己为<u>高皇帝</u>十八子，与谶合。谋于元夕献灯，潜入禁中，伺隙为变。其护卫<u>张兴</u>惧祸及，因奏事<u>北京</u>，白之，上不之信。<u>兴</u>过<u>南京</u>，复启皇太子，且乞他日无连坐。

橞又致书<u>蜀王椿</u>，为隐语，欲结<u>椿</u>为援，<u>椿</u>移书切责，不听。会<u>椿</u>子<u>崇宁王悦燇</u>，得罪逃<u>橞</u>所，<u>橞</u>因诡众曰："我开<u>金川门</u>出，<u>建文帝</u>今在邸中，我将为伸大义。"<u>蜀王</u>闻之，上告变，上叹曰："朕待<u>橞</u>厚，<u>张兴</u>常为朕言，朕不忍信，今果然。"立命中官驰敕谕<u>橞</u>，归<u>悦燇</u>于<u>蜀</u>。且召<u>橞</u>入朝，示以蜀王章，橞伏地请死。

诸大臣请援大义灭亲诛之，上曰："橞，朕弟也，且令诸兄弟议之。"是时周、楚二王皆入朝未行，各上议："橞违祖训，谋不轨，踪迹甚著，大逆不道，诛无赦。"上曰："诸王群臣奉大义，国法固尔，吾宁生橞。"于是并橞二子皆废为庶人。官属多诛死，惟兴以先发，得不坐。

是时谷王之反，上颹长沙有通谋者，夏原吉请以百口保之，乃得寝。

6　谷王之反也，前中允尹昌隆坐焉。先是礼部尚书吕震用事，性刻忮。昌隆以解缙之狱，改礼部主事，震屡屈辱之。昌隆以皇太子故，见亲幸，震因奏"昌隆假托宫僚树党，潜蓄无君心"，遂逮下狱。上每巡幸，辄载狱中重囚以从，昌隆预焉。

至是谷王事发，震以王前奏昌隆为长史，坐同谋，诏公卿杂问。昌隆辩不已，震折之。狱具，置极刑死，夷其族。后震病且死号呼，言"见昌隆守而杀之"云。【考异】尹昌隆坐谷王党死，事见本传，今据增。

7　丁卯，命丰城侯李彬佩征夷将军印，镇交阯。

8　壬申，命泰宁侯陈珪仍督北京营缮事。

珪以四年董建北京，经画有条理，甚见奖重。至是命铸缮工印给珪，并设官属，兼掌行在后府，又命安远侯柳升、成山侯王通副之。

9　三月，丁亥，交阯始贡士至京师。

10　丙申，宥杂犯死罪以下囚，令输作北京赎罪。

11 丙午，徙封汉王高煦于乐安州。

先是上怒高煦，渐得其夺嫡阴谋，以问尚书蹇义，义不敢对。复问谕德杨士奇，对曰："臣与义俱侍东宫，外人无敢为臣两人言汉王事者。然汉王两遣就藩，皆不肯行，今知陛下将徙都，辄请留守南京，此其心路人知之。惟陛下早善处置，以全父子之恩。"上默然。至是因其有罪，徙之乐安，并趣令之国，毋久留。

12 壬子，上北巡，发京师，命皇太子监国，以胡广、杨荣、金幼孜扈从。

13 夏，四月，丁巳，颁五经、四书、性理大全于两京六部、国子监及天下府、州、县学。

14 己巳，车驾次邾城。申禁军士毋践民稼，有伤者，除今年租税，或先被水旱逋租亦除之。

15 癸未，北京西宫成。

16 五月，丙戌，车驾至北京。

17 闰月，交阯复乱。

大军之还也，交人故好乱，会中官马骐以采办至，大索境内珍宝，人情骚动，桀黠者从而鼓煽之。于是陆那阮贞，顺州黎核、潘强，与土官、同知、判官、千户之等，一时并反，顺州土官段公丁、陈思齐死之。李彬初至，遣将分讨。六月，丁酉，斩黎核，然反者犹不止。

18 己亥，中官张谦使西洋还，败倭寇于金乡卫，捕数十人，械至京师。

廷臣请正法，上曰："威之以刑，不若怀之以德，宜还之。"乃命刑部员外郎吕渊等赍敕责让，令悔罪自新。中华人被掠者亦令送还。

19 是月，以陈谔为顺天府尹。

谔，广东番禺人。初以乡举入太学，授刑科给事中。遇事刚果，弹劾无所避。每奏事，大声如钟，上令饿之数日，奏对如故，曰："是天性也。"每见，呼为"大声秀才"。尝言事忤旨，命坎瘞奉天门，露其首，七日不死，赦出，还职。已，复忤旨，罚修象房，贫不能雇役，躬自操作。适驾至，问为谁，谔匍匐前，具道所以，上怜之，命复官。至是擢为顺天府尹。

20 秋，七月，册皇太孙妃胡氏。【考异】明史纪不载，据后妃列传在是年。吾学编、明书皆系之是月，今从之，为后废张本。

21 卫喇特顺宁王玛哈穆特死。

会中官海童奉使归，言："卫喇特拒命由顺宁，今顺宁死，贤义、安乐皆可抚也。"上乃复使海童诣卫喇特，劳太平巴图博啰，赐綵币布有差。

22 八月，甲午，行在通政司言瓯宁县人进金丹及方书，上曰："此妖人也。秦皇、汉武，一生为方士所欺，求长生不死之药，此又欲欺朕。朕无所用金丹，令自饵之；方书亦并毁之，毋令别欺人也。"

23 九月，丁卯，修曲阜孔子庙成，上亲制文勒石。

24 冬，十月，李彬败交阯贼杨进江，斩之。

25 十一月，癸酉，改礼部尚书赵羾为兵部尚书，巡视塞外，凡军民利弊及边务不便者，具以闻。

明通鉴卷十七

江西永宁知县当涂 夏　燮 编辑

纪十七 起著雍掩茂（戊戌），至昭阳单阏（癸卯），凡六年。
成祖文皇帝

永乐十六年（戊戌、一四一八）

1　春，正月，甲寅，交阯俄乐县土官巡检黎利反。

利初事陈氏，为金吾将军，归命后，授巡检，常怏怏。及大军还，遂反，僭称平定王，以弟石为相国，与其党段莽、范柳、范宴等放兵劫掠。李彬遣将朱广讨之，禽宴，斩以徇。利败走。

2　甲戌，倭陷松门卫。

时浙江按察司佥事石鲁不设备，寇薄城下，逾城遁。事闻，坐诛。

3　是月，命兴安伯徐亨、都督夏贵备边开平。

4　戒谕朝觐官，有过者姑贳之。

5　陕西耀州民献玄兔。群臣以为瑞，上表称贺，又有献诗文者。上封以示皇太子曰："一兔之异，喋喋为谀。夫好直言则德日广，好谀言则过日增，汝其审之！"【考异】陕西民献玄兔事，**明史**本纪不载，宪章录系之是年正月，证之**实录**则正月丙寅，今据增，并据实录补入谕皇太子语。

6　二月，辛丑，<u>交阯</u>故<u>四忙县</u>知县<u>车绵</u>之子<u>三</u>，杀知县<u>欧阳智</u>以叛，<u>李彬</u>遣将击走之。

是时<u>乂安</u>知府<u>潘僚</u>，<u>南灵州</u>千户<u>陈顺庆</u>，<u>乂安</u>卫百户<u>陈直诚</u>等，皆乘机作乱。其他奸宄<u>范软</u>起<u>浮乐</u>，武贡<u>黄汝典</u>起<u>偈江</u>，侬文历起<u>丘温</u>，<u>陈木果</u>起<u>武定</u>，<u>阮特</u>起<u>快州</u>，<u>吴巨来</u>起<u>善誓</u>，<u>郑公证</u>起<u>同利</u>，<u>陶强</u>起<u>善才</u>，<u>丁宗老</u>起<u>大湾</u>，<u>范玉</u>起<u>安老</u>，皆自署官爵，杀长吏，焚庐舍，而<u>僚</u>与<u>玉</u>尤猖獗。

<u>僚</u>者，故<u>乂安</u>知府<u>季祐</u>子也，嗣父职，不堪马骐虐，遂反。<u>玉</u>为涂山寺僧，自言天降印剑，遂僭称<u>罗平王</u>，纪元永宁，署相国、司空、大将军官号，攻掠城邑。<u>彬</u>东征西剿，日不暇给。

7　是月，行在礼部试天下贡士。

三月，甲寅，赐<u>李骐</u>等进士及第、出身有差。

8　命都督佥事<u>刘鉴</u>充总兵官，备边<u>大同</u>练兵。

9　戊寅，<u>姚广孝</u>卒。上震悼，辍视朝二日，命有司治丧，以僧礼葬。追赠<u>荣国公</u>。上亲制神道碑志其功。

10　是月，改令民运。

自支运法行，东南之漕运至<u>淮安</u>仓，即由官军递运入北，岁以为常。至是因连年征讨，官军悉以供调遣，仍令民自运，输之<u>北京</u>。

11　夏，四月，乙巳，<u>日本</u>遣使随<u>吕渊</u>等来贡，托言："海寇旁午，贡使不能上达。其无赖鼠窃者，实非下国所知，愿贷罪容其朝贡。"上以其词顺，许之，礼使者如故。然海上之警犹不绝。

12　代王桂自奉戒敕，稍稍敛戢，己酉，命复其护卫及官属。

13　五月，庚戌，重修太祖实录成，尚书夏原吉等上之，共二百五十七卷，为二百五十册。又宝训十五卷，为十五册。上御殿以受，令别录藏古今通集库，颁赏有差。实录自是始定。

14　丁巳，胡广卒。

广与同里解缙迎附，擢为阁臣，同预机务。而广独以醇谨见幸，从上北征，与杨荣、金幼孜数召对帐殿，或至夜分。过山川厄塞，立马议论，行或稍后，辄遣骑四出求索。再北征，皇太孙从，上命广与荣、幼孜军中讲经史。凡所献纳，委蛇求合上意。又性缜密，在上前所言及所治职务，未尝告人，故始终得保恩宠，时人以方汉胡广。卒，赠礼部尚书，谥文穆。——文臣得谥自广始。

初，广与缙同侍宴，上曰："尔二人生同里，仕又同官，缙有子，广女可妻之。"广顿首曰："臣妻方娠，未卜男女。"上笑曰："定女矣。"已，果生女，遂约婚。缙败，子祯亮徙辽东，广欲离婚，女截耳誓曰："薄命之婚，皇上主之，大人面承之，有死无二。"及赦还，卒归祯亮。时人以此少广而重其女云。

15　辛未，以行在主事李时勉为翰林侍读，陈敬宗侍讲。——时勉，安福人。敬宗，慈溪人。

16 皇太子之监国也,上在北京,相隔数千里,而诸小人阴附汉、赵者谗构百端,侍从监国之臣,皆朝夕惴惴,人不自保。

会有陈千户者,擅取民财,事觉,太子令谪交阯立功,数日,念其有军功,复宥之。有谮于上曰:“上所谪罪人,太子曲宥之矣。”上大怒,立逮千户,杀之。

是月,又逮东宫官属赞善梁潜、司谏周冕。于是上复疑太子。

17 六月,遣礼部侍郎胡濙巡江浙诸郡。

陛辞,谕曰:“人言东宫多失德,汝至京师,可多留数日,试观何如,密奏来！奏字须大,晚至即欲观也。”濙至京师,居稍久,杨士奇等疑之,趣之行,濙以治冬衣为辞。比行至安庆,以皇太子诚敬孝谨七事密奏之,自是上疑始释。

【考异】明史成祖本纪不载,惟仁宗纪书胡濙出使觇太子事于十六年。证之列传,濙巡江浙、湖湘诸府在十七年。据皇朝通纪、纪事本末,皆系之是年六月,言“遣濙出巡江浙诸郡,陛辞,上面谕东宫多失德,汝至南京多留数日,试观何如,密奏”云云。按是年五月,成祖以太子宥陈千户事大怒,杀千户,并逮东宫官属梁潜、周冕,故逾月有遣濙出巡江浙之命,使过南京就访太子也。诸书言“濙至南京,居稍久,杨士奇谓‘公为命使,宜亟行’,濙权词答以制冬衣未完。至安庆,始以所见七事密奏。”据此,则濙至安庆,已在冬暮春初。其时访察太子事毕,遂膺出巡之命,历江浙、湖湘诸府,传中系之十七年者似不误。惟传言“太子监国南京,汉王为诽语谤太子,帝改濙官南京,因命廉之”云云。按是时尚未迁都,安得有改南事？又,濙以奉命巡湖湘,便过南京,至冬即行,并无授官之事。

18 秋,七月,己巳,敕责陕西诸司:“比闻所属岁屡不登,致民流莩,有司坐视不恤,又不以闻,其咎安在？其速发仓储振之。”

19 甲戌,下梁潜、周冕于狱,以辅导皇太子有阙也。

潜等至行在,上亲诘之,具以实对。上谓杨荣、吕震
曰:“事岂得由潜!”然卒无人为白者,遂与冕俱论系。未
几,有言冕放恣者,上怒,遂并潜诛之。潜妻杨氏,痛潜非
命,不食死。【考异】明史本纪系之是月己巳,今据实录日分。纪事本末系
之五月。盖是时成祖在北京,诸弖皆据逮冕等之月日,而实录则据其至北京下
狱之月日也,今分书之。至冕等被诛,又在七月之后,并据潜传牵连记之。

20 冬,十二月,戊子,申严官吏犯赃禁。

谕法司曰:“唐太宗恶官吏贪浊,有犯赃者必置于法。
故吏尚清谨,民免掊克,贞观之治所以为盛。朕屡敕中外
诸司,不许妄役一夫,擅敛一钱,而官吏恣肆自若,百姓苦
之。继今有犯赃宫吏,必论如法。”

21 辛丑,陕西旱,命成山侯王通偕户部官驰传往振。谕
之曰:“民饥朝不保夕,譬之赴救水火,当速往毋缓。”于是
振饥民九万八千余户,给米十万四千三百余石。

22 是岁,卫喇特玛哈穆特之子托欢,旧作脱欢。遣使随中
官海童来贡,请袭爵。诏封托欢为顺宁王。而海童抚谕太
平、巴图博啰等,皆听命。自是卫喇特三部皆奉贡。

十七年(己亥、一四一九)

1 春,正月,安定王尚炌有罪,废为庶人。——尚炌,秦
愍王之庶子也。

2 二月,乙酉,命兴安伯徐亨备边兴和、开平、大同。

3 三月,诏吏部尚书蹇义起复。

义以父丧归，上及皇太子皆遣官致祭。寻夺情起视事。【考异】蹇义丁父丧起复，证之本传在是年，而七卿表不载。证之实录，在是年之三月，今增入。

4　夏，五月，交阯贼黎利复出踞可蓝堡。丙午，李彬遣都督方政击之，获其伪将军阮个立等。利匿走老挝。

5　六月，壬午，免顺天府去年水灾田租。

6　戊子，辽东总兵刘江大破倭寇于望海埚。

初，江守辽东，以不谨斥堠为海寇所乘，边军致败。上怒，遣人斩江首，既而宥之，使图后效。

江巡视各岛，至金州卫金线岛西北望海埚上，其地特宽广，可驻兵防御，询之土人，云："洪武初，都督耿忠曾于此筑堡备倭，去金州城七十余里，凡寇至，必先经此，实滨海咽吭之地。"上疏请于此筑城堡，设烽堠，严兵以待寇，诏从之。

一日，瞭者言东南夜举火有光，江度寇将至，亟引兵赴埚上。倭至王家山岛，乘海艒直逼埚下，登岸鱼贯行，一贼貌狞恶，挥兵率众，势锐甚。江令犒师秣马，略不为意，别遣都指挥徐刚伏兵山下，百户江隆率壮士潜烧贼船，断其归路，自以步卒迎战，佯却。贼悉众赴之，一时旗举炮发，伏兵尽起。贼大败，走入空堡中，江开西壁纵之。复分两翼夹击，尽覆之，斩首千余级，生禽数百人，无一逸者。

倭频年入寇，至此始受大创，不敢复窥辽东。捷闻，赐敕褒美。【考异】此据明史本纪，江，即列传之刘荣也。弇州史乘考误云："望海之捷，辽东志以为刘江，水东日记载其事而遗其姓名。考之国史，荣父名江，卒于戍，荣仍父名补伍，累功至右都督。当奏捷之日尚名江，及封伯，始具其事，遂更名荣。"按荣之更名，明史本传亦言之，盖本之实录也。又考功臣年表，刘荣以是年九月壬子封，是破倭在六月，论封在九月，今分书之，并于封爵下著其更名事。

7 秋，七月，庚申，郑和使西洋还，凡历满剌加、古里等十九国，咸先后遣使朝贡。

8 八月，癸未，官兵败交阯于乂安，潘僚率众走玉麻州。

9 九月，壬子，封都督刘荣广宁伯。

荣冒其父江名，曾给事燕邸，从起兵为前锋，至是以破倭功论封，始更名荣。

10 丙辰，卿云见。礼官请表贺，不许。

11 是月，召刑部尚书宋礼还。

12 冬，十一月，学士杨荣疏陈十事，皆指斥府、部法司积弊。上览之，密谕荣曰："卿言甚当。但侍臣腹心之臣，若进此言，恐群臣相猜疑，不若使御史言之。"于是御史邓真疏入奏，众皆请罪，诏"诸司即日悛改，怙终者不赦"。

13 十二月，庚辰，谕法司曰："刑者，圣人所慎。匹夫匹妇不得其死，足伤天地之和，召水旱之灾，甚非朕宽恤之道。自今在外诸司，死罪咸送京师审录，必三覆奏，然后行刑。"

14 乙未，遣工部侍郎刘仲廉等核实交阯户口、田赋，察军民利病以闻。

15 是月，巡按交阯御史黄宗载上言："交阯人民新入版图，劳来安辑，尤在得人。而郡县官多，两广、云南举贡，未历国学，遂授远方牧民之任，若俟九年黜陟，恐益废弛。宜令至任二年以上者，巡按御史及两司核实举按以闻。"从之。因谓行在吏部曰："守令，民之师率，不得其人，民受其殃。前除交阯郡县官,出一时之宜,今御史所言良是,自今宜慎选之!"【考异】黄宗载请定交阯考绩,诸书皆系之是年十二月,据实录也。事见明史本传中,今增入。

十八年(庚子、一四二〇)

1 春,正月,癸卯,李彬及都指挥孙霖、徐諒败交阯黎利于磊江。

利伺方政等还,潜出,杀玉局巡检,已,复出磊江劫掠。官兵追击,败之。

是时群盗次第殄灭,而利益深匿不出。

2 闰月,丙子,以学士杨荣、金幼孜为文渊阁大学士。

3 庚辰,擢荐举人材布衣马麟等十三人为布政使参政、参议。

4 二月,己酉,山东妖妇唐赛儿作乱,诏安远侯柳升率师讨之。

赛儿,蒲台县民人林三之妻,自称"佛母",以幻术往来诸州县,煽惑乡民,奸人董彦昇等率众附之,据益都之卸石栅寨。诏升率京军往剿,都指挥刘忠副之。

时青州卫指挥高凤率兵往捕,贼乘夜冲击,官兵溃,凤等陷没,贼势益张。

5 三月,辛巳,柳升师至益都,围卸石寨。贼遣人诡乞降,云"寨中食尽,且无水,东门旧有汲道,议趋之"。升自以大将,意轻贼,信之,即往据汲道。夜二鼓,贼袭官军营,都指挥刘忠力战,中流矢死,赛儿遁去。比明,升始觉,追之，不及，仅获其党刘俊等男妇百余人。

时赛儿之别党宾鸿等攻安丘急，知县张旞，县丞马撝，集民夫八百余人，以死拒战。贼复下莒、即墨，合众并力攻之，声言屠城，城中人凶惧。会都指挥佥事卫青备倭海上，亟率千骑昼夜驰至，甲申，奋击，败之。贼收合余众再战，又大败之，斩馘六千余人。时城垂陷复完，青之力也。比三日，升始至，青迎谒，升怒其不待己，捽出之。而鳌山卫指挥王真，亦同时败贼于诸城。贼遂平，惟赛儿卒不获云。

上以三司纵寇殃民，戊子，征山东布政使储埏、张海，按察使刘本等下狱，诛之。

于是刑部尚书吴中劾奏："升征剿失机。当贼凭高无水，又乏资粮，宜坐困之，升乃全不为意。及贼夜斫营，杀伤将士，刘忠身先士卒，升不救援。卫青解安丘围，反忌其功而摧辱之。请治其罪。"上曰："升方命失机，媢功忌能，罪不可宥。"戊戌，征升下狱，寻释之。

6　夏，四月，戊午，广宁伯刘荣卒。

荣为将，骁果善战，驭士卒，明纪律。有恩信于诸夷，凡款塞者，绥辑有方。既卒，人悲思之。追赠侯，谥忠武。

7　五月，壬午，命左都督朱荣镇辽东。

8　上以交阯久不平，命荣昌伯陈智为左参将，助李彬讨贼。

又降敕责彬曰："叛寇潘僚、黎利、车三、侬文历等，迄今未获，兵何时得息，民何时得安？宜广设方略，速奏荡平。"彬得书皇恐。

会黎利出没交阯，剽掠郡县。左参政冯贵，练土兵二万余人，每出战有功，马骐疾之，尽夺其兵，仅余羸卒数百人。右参政侯保，亦率民兵筑堡捍御，而贼势披猖，官军失援。庚寅，贵、保等御黎利不克，皆力战死之。

9 六月，丙午，北京地震。

10 秋，七月，丁亥，命徐亨备边开平。

11 是月，擢刑部郎中段民为山东左参政。

时上以唐赛儿久不获，虑削发为尼，或混处女道士中，乃下诏大索，尽逮山东、北京尼，已，又尽逮天下出家妇女，先后凡几万人。民至，加意绥抚，凡株连者，悉曲为矜宥，人情始安。【考异】诸书皆系之七月，三编、辑览汇记于二月赛儿作乱目中。惟吾学编所载年月同，而传中则系之十九年之冬，误也。又，民后升刑部侍郎，以宣德九年卒，而吾学编记其卒于永乐九年八月，此尤舛误。

12 八月，丁酉朔，日有食之。

13 是月，置东厂于北京。

初，上命中官刺事，皇太子监国，稍稍禁之。至是以北京初建，尤锐意防奸，广布锦衣官校，专司缉访。复虑外官瞻徇，乃设东厂于东安门北，以内监掌之。自是中官益专横，不可复制。【考异】设东厂，诸书皆系于是年之八月，三编系于是年之末，辑览则汇记于元年内臣出镇下。（注云，"设东厂在十八年。"）按七年令中官刺事，是厂卫之设已久，此以将迁北京，命复设耳，今增入"北京"二字。

14 九月，己巳，上定都北京。钦天监奏明年正旦吉，宜御新殿。遂遣户部尚书夏原吉赍敕召皇太子，寻敕太孙从行，期十二月终至京师。

15 丁亥，诏："自明年正月，改京师为南京，北京为京师，设六部,去行在之称。"并取<u>南京</u>各印信给京师诸衙门,别铸<u>南京</u>诸衙门印信,皆加"<u>南京</u>"二字。

16 是月,复遣中官<u>侯显</u>使西域。

初,<u>显</u>以通<u>榜葛剌国</u>使,随贡麒麟,上悦之。至是<u>榜葛剌国</u>王<u>赛佛丁</u>遣人来告,以己居<u>东印度</u>之地,为西境<u>沼纳朴儿</u>所侵。上乃命<u>显</u>复往宣谕,赐金币,遂罢兵。

<u>显</u>自元年奉使西域,至是凡五出,与<u>郑和</u>相亚云。【考异】<u>显</u>以是年九月使西域,事见<u>宣宗</u>传,今据增。

17 擢教授<u>蔺从善</u>、<u>林长楸</u>、教谕<u>徐永达</u>并为翰林院编修,侍皇太孙讲读。

18 冬,十月,壬子,皇太子发<u>南京</u>。

19 庚申,都督<u>方政</u>追<u>黎利</u>于<u>老挝</u>,败之。

时<u>老挝</u>请官军毋入境,当尽发所部兵捕<u>利</u>送大军,许之,然仍匿<u>利</u>不遣。

20 是月,有告<u>周王橚</u>谋反者。上察之有验,乃发金符召王,期以明年二月至京师。

21 十一月,戊辰,以迁都<u>北京</u>诏天下。

22 是月,振<u>青</u>、<u>莱</u>饥。

23 皇太子过<u>凤阳</u>,谒祭<u>皇陵</u>。耆老进谒,有知<u>太祖</u>隆兴时事者,留从容与语,赐劳优厚。

过<u>邹县</u>,岁荒民饥,耆老迎谒者皆赐之钞,问以所苦,辍所食赐之。时<u>山东</u>布政使<u>石执中</u>来迎,太子命亟发官粟振之。<u>执中</u>请人给三斗,太子曰:"与六斗。汝勿以擅发为惧,吾见上,当自奏也。"

24 十二月,己未,皇太子、太孙至京师。

太子因奏山东发粟振饥事,上曰:"善! 昔范仲淹之子,犹能举麦舟济其父之故旧,况百姓固吾之赤子乎!"

25 癸亥,北京郊庙宫殿成。

论营建功,进封薛禄阳武侯。擢工部郎中蔡信为工部右侍郎。

26 是月,以右副都御史李庆为工部尚书,寻兼领兵部事。以右副都御史王彰为右都御史。

十九年(辛丑、一四二一)

1 春,正月,甲子朔,上恭诣太庙奉安五庙神主,命皇太子诣郊坛奉安天地神主,皇太孙诣社稷坛奉安社稷神主,黔国公沐晟诣山川坛奉安山川诸神主。

上御奉天殿受朝贺,大宴群臣。

2 甲戌,大祀南郊。

3 戊寅,诏曰:"朕荷天地祖宗之祐,统驭万方,祗勤抚绥,夙夜无间。乃者仿成周卜洛之规,建立两都为永远之业。爰自经营以来,赖天下臣民,殚心竭力,趋事赴工。今宫殿告成,祗祀天地社稷,眷怀黎庶,嘉与维新,弘敷宽恤之仁,用洽好生之德。其大赦天下!"

4 癸巳,命郑和复使西洋。

5 是月,户部奏直隶开州等州县民饥,上命复申先振后闻之令。

6 礼部尚书吕震言于皇太子曰:"殿下前在南京,数遣中使进案牍,每以殿下过失上闻,上斥其妄,今宜疏此人。"皇太子曰:"吾岂能无过! 今至尊既不信之,我又与人计较耶?"卒置之。

7 二月,辛丑,命都督金事胡原率舟师巡海捕倭。

8 是月,阿鲁台贡使至边,邀劫行旅。上谓杨荣、金幼孜曰:"阿鲁台为卫喇特所攻,穷而归我,我待之甚厚,生聚畜牧,日以滋蕃,遂慢我使者,既拘留之,又时窥我边塞。吾欲北征,何如?"荣等请先遣使敕谕,从之。乃遣使者赍敕谕其部落,然阿鲁台终不悛。

9 周王橚至京,上示以所告词,王顿首谢罪。上怜之,不复问,遣归国。王归,献还三护卫。

10 三月,辛巳,赐曾鹤龄等进士及第、出身有差。

11 夏,四月,庚子,奉天、华盖、谨身三殿灾。

诏群臣直陈阙失,其略曰:"朕仿古建二京,不意三殿同灾,实惟祗惧。意者敬天事神,礼有怠欤? 祖法戾,政务乖欤? 小人在位,贤士隐遁欤? 刑狱冤滥欤? 谗慝交作欤? 掊克及田里欤? 蠹财妄费,用无度欤? 租税太重,徭役不均欤? 军旅未息,征调无方,馈饷乏欤? 工作过度,民力敝欤? 奸人附势,群吏弄法,有司阘茸不治欤? 尔文武群臣其尽言无隐!"

12 乙巳,以三殿灾,诏罢不便于民及不急诸务,蠲十七年以前逋赋,免去年被灾田粮。

13 己酉,万寿节,以殿灾止贺。

14 癸丑,敕尚书蹇义等二十六人分巡天下,问军民疾苦,及文武长吏扰民者奏黜之。

15 是月，杀主事萧仪。【考异】明史纪不载，诸书多系之九月，三编系之四月殿灾之下，并李时勉下狱书之，盖牵连记事体也。重修据明史本纪，时勉下狱在十一月辛巳，而分书杀萧仪于四月，皆据实录，今从之。

时言者多以建都北京不便，致召天灾，而仪言之尤峻。上大怒曰："方迁都时，朕与大臣密议数月而后行，非轻举也。"遂坐仪诽谤，下狱诛。

一时言者因劾大臣，上命跪午门外质辨。诸大臣争詈言者，惟尚书夏原吉独奏曰："彼应诏无罪，惟臣等备员大臣，不能协赞大计，罪在臣等。"上意稍解。或尤原吉背初议，原吉曰："吾辈历事久，言虽失，幸上怜之。若言官得罪，所损不细矣。"众始叹服。

16 翰林院侍讲邹缉应诏上封事。

其略曰："陛下肇建北京，工作之大，调度以百万计。农民终岁供役，不暇力作，犹且征求无艺，至伐桑枣以供薪，剥桑皮以为楮。加之官吏横征，日甚一日。本非土产，动科千百，民相率敛钞，购之他所。及其进纳，又多留难，往复展转，甚至竭二万贯之钞，不足供一柱之用。又自营建以来，工匠小人，假托威权，驱迫移徙，号令方施，庐舍已坏；及迁移甫定，又复驱之他徙，至有三四徙不得息者；迨其既去，所空之地，经月逾时，工犹未及。此陛下所不知，而人民疾怨者也。

贪官污吏，虐取苛求，无有限量。朝廷每遣一人，有司承奉惟恐不及，因而货赂公行，剥下媚上，有同交易。夫小民所积几何，而诛求若此！今山东、河南、山西、陕西，水旱相仍,民至剥树皮草根以食,老幼流移,颠踣道路,卖妻鬻子以求苟活。而京师聚集僧道万余,日耗廪米百余石,此夺民食以养无用也。

朝廷岁令天下织锦铸钱,遣内官市马外番,所出常数十万,而所取曾不能一二。马多驽下,责民牧养,及至死伤,勒令赔补,甚至鬻妻子以供养马。此尤害之大者。

漠北降人,陛下赐居室,盛供帐,意欲招其同类也。不知来者岂真远慕王化,靡不有意窥觇。宜于来朝之后,遣归本国,不必留为后日子孙患。

至宫观祷祠之事,有国者所当深戒。古人有言:'淫祀无福',况事无益以害有益,蠹财妄费者乎!

凡此数事,上违天道,下失民心。奉天殿,实明堂也,而灾首及焉,可不儆乎!国家所恃以长久者,惟天命人心,而天命常视人心为去留。今天意如此,不宜劳民。愿陛下毋听小人之言,复有兴作,以误于后也。"

书奏,不省。——缉,吉水人。

同时翰林院侍读李时勉上书,条时务十五事。

时勉性刚鲠,慨然以天下为己任。上建都北京,方招徕远人,而时勉极言营建之非,及远国入贡人不宜使群居辇下,忤上意。已,观其他说,多中时病,抵之地,复取视者再,然终以斥时政衔之。

惟缉得无罪,居数月,进右庶子,仍兼侍讲。

17 五月,乙丑,出给事中柯暹、御史郑维桓、何忠、罗通、徐瑢等俱为交阯知州。

时上遇灾而惧，下诏求直言，而言者多触时忌。于是工部尚书李庆等复希旨诋言者，请罪之。上以夏原吉言，宥不问，寻有是谪。【考异】出建言诸臣于交阯，是谪也，宪章录误以为升，且云"言者语侵工部李庆等，数请罪之，上恐庆等谋害诸人，故悉升外任"。此语全非事实。今据明史柯暹等传并参夏原吉传书之。

18　庚寅，丰城侯李彬上言："交阯地远，不通馈运，乞依各都司卫所例，分军屯田以供粮饷，度地险易，为屯守征调之多寡。"诏从之。

19　六月，甲辰，发仓粟，振苏州之吴县，浙江之西安，江西之瑞昌。乙卯，又振安庆之潜山，河间之东光。

20　是月，西僧大宝法王来朝。上欲郊劳之，尚书夏原吉以为不可。及法王入，原吉见，但长揖不拜，上笑曰："卿欲效韩愈邪？"

21　秋，七月，己巳，上将北征阿噜台，敕都督朱荣领前锋，安远侯柳升领中军，宁阳侯陈懋领御前精骑，永顺伯薛斌、恭顺伯吴克忠领马队，武安侯郑亨、阳武侯薛禄领左、右哨，英国公张辅、成山侯王通领左、右掖。

22　八月，辛卯朔，日有食之。【考异】吾学编、国史纪闻皆作"是月辛巳朔日食"，误也。今据本纪，证之实录同。

23　九月，李彬奏"老挝久不遣黎利，观望持两端。"上敕彬拘其头目，送京师诘之，老挝惧，乃逐利。【考异】吾学编、纪事本末皆书敕黎利授清化知府于是年之十月。证之明史安南传，是时利方在老挝，安得有敕赦授官之事？直至仁宗践阼，以中官山寿自安南还，力言"利可抚，请往谕之"，乃有遣寿赍敕赦利授官之事，而利仍寇清化不已。今据安南传，但叙老挝逐利事，而改系敕黎利于二十二年寇清化下。

24 冬,十月,阿噜台复寇边。

25 十一月,辛酉,分遣中官杨实、御史戴诚等查勘两京及天下库藏递年出纳之数,核实以闻。

26 丙子,上锐意亲征沙漠,召户部尚书夏原吉、礼部尚书吕震、兵部尚书方宾、刑部尚书吴中等议,皆言兵不宜出。未奏,会上召宾,宾力言军兴费乏,上不怿。召原吉问边储多寡,对曰:"比年师出无功,军马储蓄,十丧八九,灾眚迭作,内外俱疲。况圣躬少安,尚须调护,乞遣将往征,勿劳车驾。"上怒,立命原吉出理开平粮储。而吴中入对如宾言,上益怒,乃召原吉还,并中系之内官监,又系大理丞邹师颜,以尝署户部也。宾惧,自缢死。上遂欲杀原吉等,召杨荣,问原吉等平日所为,荣力言其无他,上意稍释。乃籍原吉家,自赐钞外,惟布衣瓦器而已。

　　上既系原吉等,乃以震兼领户、兵部事,震亦自危。上令校官十人随之,曰:"若震自尽,尔十人皆死。"盖是时论北征事,惟震独无连,又乘间言宾等憸邪、诬罔,故上独任之。

27 辛巳,下侍读李时勉于狱。

　　上虽可时勉奏,终恶其言近讦直。会有大臣希旨诋以谤讪者,于是上发怒,并诸言者先后下狱。

28 甲申,命侍郎张本等分往山东、山西、河南、顺天及应天五府,滁、和、徐三州,督造粮车,发丁壮挽运,期以明年二月集宣府。

29 是岁,(威)〔卫〕喇特贤义王、太平安乐王巴图博啰来朝。

二十年（壬寅、一四二二）

1 春，正月，己未朔，日有食之。免朝贺，诏群臣修省。

2 辛未，大祀南郊。

3 壬申，丰城侯李彬卒。

诏荣昌伯陈智代镇交阯。赠彬茂国公。

4 二月，乙巳，诏北征军饷分前后运，前运随大军行，后运继之。以隆平侯张信总前运，兵部尚书李庆、侍郎李昶副之，保定侯孟瑛总后运，遂安伯陈英副之，各率骑兵千人，步兵五千人护行。凡前后运用驴三十四万，车一十七万七千五百两有奇，役民夫二十三万五千有奇，运粮三十七万石。——瑛，善之子，英，志之孙，俱以靖难功袭封者。

5 三月，丙寅，诏："有司遇灾，先振后闻。"

6 乙亥，阿鲁台复大举寇兴和，杀守将都指挥王唤。【考异】"唤"，诸书作"焕"，又作"瑛"，惟三编据明史及实录作"唤"，今从之。

7 丁丑，上亲征，告庙。命皇太子监国。

8 戊寅，车驾发京师。

9 辛巳，驻跸鸡鸣山。

阿鲁台闻上亲征，惧而宵遁，诸将请追之，上曰："虏非有他计，譬之狼，贪得所欲即走，追之徒劳。少俟草青马肥，道开平，逾应昌，出其不意，直抵窟穴，破之未晚也。"

10 夏，四月，辛丑，师次龙门。

戍卒言虏仓猝遁去，遗马二千余匹于洗马岭，敕宣府指挥<u>王礼</u>尽收入臧。

<u>乙卯</u>,次<u>云州</u>,大阅。

11 是月,<u>倭寇浙东之象山</u>。

12 五月,<u>辛酉</u>,驻跸<u>独石</u>。以端午节,赐从征文武群臣宴。

<u>乙丑</u>,度<u>偏岭</u>,命将士猎于道旁山下。

<u>丁卯</u>,复大阅诸将,谕侍臣曰:"兵行犹水,水因地而顺流,兵因敌而作势,水无常行,兵无常势,能因敌变化取胜者,得势者也。然必先佚之熟习行阵,猝遇寇至,麾之左右前后,无不中节矣。"

<u>戊辰</u>,观士卒射。有一卒射小旗,三发皆中,赐牛羊钞锭。上自制<u>平虏曲</u>,俾将士歌之。

13 <u>辛未</u>,车驾发<u>隰宁</u>,次<u>西凉亭</u>。

亭为故元往来巡游之所,上望其颓垣遗址,树木森然,谓侍臣曰:"元氏创此,将遗子孙为不朽之业,岂计有今日?<u>书</u>云:'常厥德,保厥位。厥德匪常,九有以亡。'况一亭乎!"因下令,禁军士斩伐树木。

14 <u>壬申</u>,大阅于<u>西凉亭</u>,命自<u>张辅</u>以下皆就营驰射,上亲观之,惟辅及<u>陈懋</u>连中,余或半中。<u>应城伯孙亨</u>以不中被罚,罢其领兵之任。<u>张信</u>托病不至,降充办事官。

15 <u>癸酉</u>,次<u>闵安</u>。下令,"军中樵采不得出长围二十里外。"时营阵,大营居中,营外分驻五军,建左、右哨、掖以总之。步卒居内,骑卒居外,神机营在骑卒之外,神机外有长围周二十里。

乙酉,次开平。

16 六月,壬辰,令军行出应昌,结方阵以进。

癸巳,次威远。会开平来报,寇攻万全,诸将请分兵还击,上曰:“诈也。彼虑大军捣其巢穴,欲以牵制我师,敢攻城哉!”

甲午,次阳和谷。攻万全者果遁去。

17 秋,七月,己未,车驾次沙珲原,阿噜台大惧。

初,上封阿噜台,并其母、妻皆为王太夫人、王夫人。至是闻大军出,其母、妻皆詈之曰:“大明皇帝何负尔,而必为逆?”于是阿噜台尽弃其辎重马畜于库楞海,以其帑北徙。上命焚其辎重,收其马畜,遂班师。

方阿噜台之入寇也,大宁三卫之众,实阴附之。至是上谓诸将曰:“阿噜台恃乌梁海为羽翼,二寇相结,边患无已时,今当移师蹙之。”

庚申,简步骑二万,五道并进。谕曰:“军至,寇且西走,邀之必获。”庚午,师次奇拉尔河,旧作屈裂儿河。三卫数万之众果驱牛马车辆西走,仓猝遇大军,迎战。上麾骑夹击,自率前锋冲之,斩首数百级,余皆走散。其地背河,面左皆山,大军依山而军。上乘高望之,见其众稍聚,乃麾兵绕出其右,分兵渡河,断其后,众突至,尽获之,又麾兵绕出其左。先伏神机弩于深林中,又命严阵山下以待。已而其众尽弃辎重走左,上麾骑合山下兵驰追之,及林间,伏发,遂大溃。追奔三十里,斩部长数十人、虏牛羊十余万,荡其巢而还。

辛未，复分兵徇河西，捕斩甚众。

甲戌，乌梁海余党诣军门降。

18　是月，皇太子奏免南、北畿、山东、河南郡县粮刍共六十一万有奇，以五、六月间霪雨伤禾稼也。

19　工部尚书宋礼卒。礼自蜀召还，以老疾免朝参，至是卒于官。

礼治河著绩，卒之日，家无遗财。洪熙改元，礼部尚书吕震请予祭葬如制。

20　八月，戊戌，车驾次玻璨谷。诸将分道者俱来献捷。

辛丑，以班师诏天下。

21　壬寅，命武安侯郑亨、阳武侯薛禄守开平。

22　是月，中官郑和自百洋还。

23　九月，壬戌，车驾至京师。

24　癸亥，下左春坊大学士杨士奇于狱。丙寅，下吏部尚书蹇义、礼部尚书吕震于狱。

时皇太子屡遭谗构，上以士奇辅导有阙。会吕震婿张鹤，朝参失仪，太子以震故，宥之。上闻之，怒义不能匡正，于是并震及士奇等俱先后下狱。寻皆释之。逾年，皆复官。

25　辛未，录从征功，封左都督朱荣武进伯，都督佥事薛贵安顺伯。

26　冬，十月，癸巳，分遣中官及朝臣八十人核天下仓储出纳之数。

27　十二月，辛卯，命朱荣镇辽东。

28 闰月，戊寅夜，乾清宫灾。【考异】明人野史皆书阿鲁台弑本雅失里于是年十二月，（宪章录、吾学编则系之闰十二月。）与正史全异。惟证之杨文敏北征记，言"永乐二十二年金忠来归，言阿鲁台弑主虐民，数为边患"，似即指本雅失里近事也。文敏身历之事，不应岐异，今据正史书之十一年，而附识其异于此。

二十一年（癸卯、一四二三）

1 春，正月，乙未，大祀南郊。

2 癸卯，荣昌伯陈智追交阯黎利于宁化州车来县，败之。利自被老挝逐后，窜入车来，至是复遁去。

3 二月，壬戌，蜀献王椿薨。

王以洪武二十三年就藩成都，性孝友慈祥，博综典籍，容止都雅，太祖尝呼为"蜀秀才"。既至蜀，聘礼方孝孺、陈南宾等。王祎死于滇，其子绅往求遗骸，王闻其贤，资给之，聘至蜀，待以客礼。时诸王皆备边，练士卒，王独以礼教守西陲。前代两川之乱，多因内地不逞者钩致为患，有司私市蛮中物，或需索启争端。王定缯锦香扇之属以为常贡，此外悉免需索，蜀人由此安业，日益殷富。川中不被兵革者二百年，王之力也。至是薨。世子先卒，孙靖王友堩嗣。

4 己巳，柳州蛮叛，广西参政耿文彬会桂林卫指挥鹿荣讨平之。

5 三月，庚子，监察御史王愈及刑部锦衣卫官会决重囚，误杀无罪四人。上怒，命法司执愈等抵罪，即日皆弃市。

6 是月，盗窃大祀坛苍璧二，黄琮二。

7 夏,四月,<u>卫喇特托欢</u>攻<u>阿噜台</u>,败之。【考异】<u>明史本纪</u>不载,<u>列传</u>则但记其宣德元年败<u>阿噜台</u>之事。据<u>吾学编·宪章录</u>,于是月书云,"<u>瓦剌脱欢</u>攻<u>阿噜台</u>,败之。"按是年七月亲征诏书,已有"闻<u>阿噜台</u>为<u>瓦剌</u>所攻"之语,又<u>纪事本末</u>记知院等来降,言"今夏<u>阿噜台</u>为<u>瓦剌</u>所败",今据系之四月。

8 五月,癸未,免<u>开封</u>、<u>南阳</u>、<u>卫辉</u>、<u>凤阳</u>等府去年水灾田租。

9 己丑,<u>常山</u>护卫指挥<u>孟贤</u>等谋逆伏诛。

初,<u>赵王高燧</u>与<u>汉王高煦</u>谋夺嫡,时时谮太子。后上渐闻其恃宠不法事,诛其长史<u>顾晟</u>,褫<u>高燧</u>冠服,以太子力解得免。

至是上不豫,其护卫<u>贤</u>等,结钦天监官<u>王射成</u>及内侍<u>杨庆</u>养子,造伪诏,谋进毒于上,俟晏驾,诏从中下,废太子,立<u>赵王</u>。时总旗<u>王瑜</u>姻家<u>高以正</u>者,为<u>贤</u>等画谋,谋定,告<u>瑜</u>,<u>瑜</u>乃上变。上曰:"岂应有此!"立捕<u>贤</u>等,得所为伪诏。上顾<u>高燧</u>曰:"尔为之耶?"<u>高燧</u>大惧,不能言。太子又力为之解,曰:"此下人所为,<u>高燧</u>必不预知。"乃得免。<u>贤</u>等悉伏诛。升<u>瑜</u><u>辽海卫</u>千户。

10 六月,庚戌朔,日有食之。

11 秋,七月,戊戌,复亲征<u>阿噜台</u>。

时边将言<u>阿噜台</u>将率众南犯,上曰:"去秋寇犯兴和,朕率大兵捣其巢穴,复剿其党<u>乌梁海</u>,其穷甚矣。今以朕既得志,必不复出,朕当率兵先驻塞外以待之。彼不虞我出而轻肆妄动,我乘其劳而击之,破之必矣。"

于是部分诸军,命<u>安远侯柳升</u>、<u>遂安伯陈英</u>领中军,<u>武</u>

安侯郑亨、保定侯孟瑛领左哨,阳武侯薛禄、新宁伯谭忠领右哨,英国公张辅、安平伯李安领左掖,成山侯王通、兴安伯徐亨领右掖,宁阳侯陈懋领前锋。——忠,渊之子;安,远之子也。

12 庚子,释李时勉于狱,寻以学士杨荣荐,复其官。

13 辛丑,命皇太子监国。

壬寅,车驾发京师。

甲辰,次土木河,大会诸将,命学士杨荣参决军务。

戊申,次宣府,敕居庸关守将止诸司进奉。【考异】明史本纪,"七月壬寅,车驾发京师。"是月庚辰朔,壬寅二十三日也。是月小建,八月己酉朔,大阅,时驻宣府,即在宣府出关也。纪事本末、典汇书发京师于八月癸丑,误。今据本纪。

14 是月,朝鲜国王李裪遣使朝贡。

裪,芳远子也。芳远初立世子褆,后请废之,诏听王所择,乃立裪。是时芳远已卒,裪嗣位,以上迁都北京,密迩朝鲜,于是事大礼益恭。先是敕裪贡马万匹,至是如数献之,赐白金绮绢。裪又请立嫡子珦为世子,从之。【考异】事见明史朝鲜传,言"廿一年七月,李裪请立嫡子珦为世子。先是敕裪贡马万匹,至是如数进之"云云。明史本纪例书藩贡于本年之末,是年不书,漏脱耳。明史稿是年朝鲜入贡者三,今增人。

15 八月,己酉朔,大阅军士。

甲寅,车驾发宣府,次沙岭,赐诸将内厩马。

庚申,诏塞黑峪长安岭诸边险要。

16 丁丑,免南、北京及山东郡县水灾田租,皇太子奏也。

17 九月,己卯朔,驻跸沙城。故晋王济熺及子美圭谒行在,上见济熺病,恻然,乃封美圭平阳王,令奉父居平阳,并拨恭王故连伯滩田予之。

初,济熿以构济熺,得为晋王。既立,益横暴,至进毒弒嫡母谢氏,逼蒸恭王侍儿吉祥,幽济熺父子,蔬食不给。父兄及故侍从宫人多为所害,莫敢言。其后有恭王宫中老媪,走诉于上,乃即狱中召晋府故承奉左微问之,尽得济熿谗构状,立命微驰召济熺父子。

时济熺幽空室已十年,微以济熺故牵连系狱。或传微死已久,及至,一府大惊。微入空室,释济熺父子,相抱持大恸。至是,偕诣行在,故有是封。【考异】晋王济熺之谒行在及封其子美圭事,明史本纪不载,但于宣德二年书"晋王济熺有罪,废为庶人",三编则汇记济熺、美圭事于二年目中。今证之诸王传,言"济熺幽空室十年,至是帝北征,驻跸沙城,乃与其子谒行在,帝见济熺病,恻然"云云。据此,则正是年九月次沙城之日也,今据增。

18 戊子,车驾次西阳河。

癸巳,鞑靼故知院人等来降,言:"今夏阿噜台为(威)〔卫〕喇特所败,部众溃散。今闻大军出,疾走远遁,不复萌南向意。"上命赐之酒,俱授正千户,遂班师。

19 冬,十月,甲寅,师次上庄堡。先锋陈懋追寇至饮马河。

会蒙古王子额森托噶旧作也先土干。率妻子部属来降。时六师深入,寇已远遁,上方耻无功,见懋偕额森托噶来,大喜,赐姓名曰金忠。庚申,封忠为忠勇王,又授其甥及部属七人皆为都督都指挥等官,赐冠带织金袭衣。

上曰:"昔唐突厥颉利入朝,太宗矜言胡越一家,朕所不取。然天下之人，皆遂其生，边境无患，兵甲不用，此朕志也。"遂下诏班师。

20 十一月，戊寅朔，车驾次怀来。

甲申，至京师，陈卤簿。上乘御辇入，告祭天地宗庙社稷，御奉天门受朝贺。

时诸番贡使咸集阙下，群臣上表称贺。

明通鉴卷十八

江西永宁知县当涂 夏　燮 编辑

纪十八 起阏逢执徐(甲辰),尽旃蒙大荒落(乙巳),凡二年。

成祖文皇帝

永乐二十二年(甲辰、一四二四)

1　春,正月,甲申,阿噜台复犯大同、开平。

初,金忠来归,数言:"阿噜台弑主虐民,实为边患,请讨之,愿为前锋自效",上不许。至是大同、开平守将先后报虏侵塞,群臣皆劝上如忠言,遂决意亲征,敕边将整兵俟命。

丙戌,征山西、山东、河南、陕西、辽东五都司及西宁、巩昌、洮、岷各卫兵,期三月会北京及宣府。

2　戊子,大祀南郊。

3　癸巳,复命郑和使西洋。

时旧港酋长请袭宣慰使职,上诏和赍敕印往赐之。

4　是月,下朝觐官钱粮不完者于狱,既而释之。

5　三月,戊寅,大阅。谕诸将亲征,命柳升、陈英领中军,张辅、朱勇领左掖，王通、徐亨领右掖，郑亨、孟瑛领左哨，薛禄、谭忠领右哨，陈懋、金忠领前锋。——勇，成国公能之子也。

6 己卯，赐邢宽等进士及第、出身有差。

7 夏，四月，己酉，车驾发京师。命皇太子监国，以大学士杨荣、金幼孜扈从，杨士奇留辅太子。

8 庚午，车驾驻隰宁。

金忠部将获寇谍者，言："阿鲁台去秋闻大军至远遁。及冬，大雪丈余，孳畜多死，部曲离散。比闻朝廷复出兵，走往达兰纳穆尔河。"旧作答尔纳木儿。上曰："寇去此不远。"命诸将速进。

甲戌，次开安。

9 五月，己卯，车驾次开平。是日雨，士卒有后至沾湿者。

时北地尚寒，上指示诸将曰："士卒者，将帅所资以成功名，抚之至则报之厚。古人言：'视卒如婴儿，可与赴深溪；视卒如爱子，可与之俱死。'今方用此辈，可勿恤诸！"

10 甲申，上召杨荣、金幼孜至幄中，谕之曰："朕昨夕三鼓，梦有若世所画神人者告朕，言'上帝好生'者再，岂天属意此寇乎？"荣等对曰："陛下好生恶杀，上格于天。此举固在除暴安民，然火炎昆冈，玉石俱焚，唯陛下留意。"

时上意亦厌兵，谓荣等曰："卿等言合朕意。朕岂以一人有罪，罚及无辜！"即命草敕，遣中官及所获北寇赍至阿鲁台部落，谕之曰："往者阿鲁台穷极来归，朕所以待之者，皆尔等所知。今何负于彼，而比年以来，寇夺我边鄙，虔刘我黎庶,其自取之祸也。朕以天人之怒,统六师征之。彼之危犹洪炉片雪,岂复有余命哉！然朕体上帝好生之仁,不忍荼毒无辜。今所罪者,止<u>阿噜台</u>一人,其所部头目以下,悉无所问。有能顺天意来归者,当待以至诚,优与恩赉,仍授官职。朕之斯言,上通天地,毋怀二三,以贻后悔。"

　　时比年用兵,白骨蔽野,上恻然。乙酉,命<u>柳升</u>等率军士拾道中遗骸瘗之,上亲为文祭焉。

11　戊子,谕诸将曰:"古谓武有七德,禁暴,徐乱,是其首也。又谓止戈为武。今罪人惟阿噜台耳,胁从之众,有归降者,宜加意抚绥。非持兵器向我师者,纵勿杀。"

　　壬辰,次<u>长乐</u>,谕侍臣曰:"<u>汉高祖</u>过<u>柏人</u>,虑迫于人。今朕至长乐,思与天下同乐,何时而庶几也!"

　　丙申,次<u>应昌</u>。是日雨,重车皆在后。谕诸将曰:"兵无辎重,危道也。"命分兵往迎之。

12　丁酉,宴从征文武大臣于<u>应昌</u>,命中官歌<u>太祖</u>御制词五章,曰:"此先帝所以垂戒后嗣也,虽在军旅不敢忘。"

　　己亥,次<u>威远州</u>,复宴群臣,自制词五章,述敬天、法祖、勤政、恤民意,亦命中官歌之。

13　是月,皇太子奏免<u>广平</u>、<u>顺德</u>、<u>扬州</u>及<u>湖广</u>、<u>河南</u>郡县水灾田租。

14　<u>大名府</u><u>濬县</u>蝗蝻生,知县<u>王士廉</u>以失政自责,率僚属斋戒,祷于<u>八蜡祠</u>。越三日,有鸟数万食蝗尽。皇太子闻而嘉之,顾侍臣曰:"此诚意所格耳。"

15 浙、闽丽水、政和二县山寇周叔光、王均亮等聚众劫掠，巡按御史王复奏请发兵剿之。上以问杨荣，对曰："此愚民无知，或为有司所苦，或窘于衣食，不得已相聚山谷以求苟活耳。兵出，将益聚不可解，宜遣使招抚，当不烦兵。"从之。盗果息。【考异】此与上王士廉捕蝗事，宪章录、皇明通纪俱系之是年五月，明史本纪不载。按浙江山寇事，见杨荣传，云"在永乐之末"，正是年事也，今据增。

16 六月，甲辰朔，车驾次祥云屯。

丙午，次翠玉峰，命前锋陈懋、金忠觇敌驰奏。

癸丑，次金沙泺，懋等得虏寇马九匹来进。上曰："丑虏多诈，安知非以是诱我也！"命再觇之。

戊午，次玉沙泉，以达兰纳穆尔河已近，令诸将各严兵以俟。

庚申，次天马峰，懋等遣人奏言："臣等已至达兰纳穆尔河，弥望不见寇迹，亦无车辙马迹可寻，疑穷遁已久。"上复遣张辅、王通等分兵穷搜山谷，卒无所见，皆引兵还。癸亥，懋等亦以粮尽还。

于是辅等奏："愿假臣等一月粮，率骑深入，罪人必得。"惟杨荣、金幼孜从容言宜班师，上从之。

甲子，次翠云屯，召辅等，谕曰："古王者制夷狄之道，驱之而已，不穷追也。且今寇孽所存无几，茫茫广漠，譬如求一粟于沧海，可必得邪！吾宁失有罪，诚不欲重劳将士。"乃班师。

乙丑，议分兵两路，上率骑士东行，命郑亨等领步卒西行，期会于开平。

17 壬申夜,南京地震。

18 秋,七月,庚辰,车驾次清水源,命大学士杨荣、金幼孜刻石于崖上,以纪亲征所过,使后世知之。

丁亥,次翠微冈,上御幄殿,凭几坐,荣、幼孜侍。上顾问内侍海寿曰:"计程何日至京师?"对曰:"其八月中矣。"上颔之。寻谕荣等曰:"东宫涉历年久,政务已熟,还京后,军国重事,悉以付之。朕得优游暮年,享安和之福矣。"荣等对曰:"殿下孝友仁厚,天下归心,允称皇上付托。"上喜,赐荣等羊酒而退。

戊子,遣尚书吕震以旋师谕皇太子诏告天下。

19 己丑,车驾次苍厓戍。上不豫,下令将士严部伍,谨哨瞭。时上疾已久,思夏原吉之言,顾左右曰:"原吉爱我!"

庚寅,次榆木川,帝大渐,召英国公张辅受遗命,传位皇太子。丧服礼仪,一遵太祖仪制。辛卯,帝崩,年六十有五。

时内臣马云等,以六师在外,秘不发丧,密召大学士杨荣、金幼孜入谋,镕锡为椑以敛,载以龙舆,所至朝夕上食如常仪。

20 壬辰,灵舆次双笔峰,大学士杨荣,少监海寿,奉遗命驰赴皇太子。

壬寅,次武平镇,郑亨等率步军来会。

21 八月,癸卯朔,灵舆度开平,次双塔。

甲辰,遗诏至京师,皇太子即日遣太孙迎丧于开平。

22 丁未,释夏原吉、黄淮等于狱,并告原吉以先帝遗言。

原吉伏地哭,不能起。

23 己酉,次雕鹗谷。皇太孙至军中,始发丧。

壬子,及郊,皇太子迎入仁智殿,加敛,纳梓宫。

明史赞曰:文皇少长习兵,据幽、燕形胜之地,乘建文孱弱,长驱内向,奄有四海。即位以后,躬行节俭,水旱朝告夕振,无有壅蔽。知人善任,表里洞达,雄武之略,同符高祖。六师屡出,漠北尘清。成功骏烈,卓乎盛矣! 然而革除之际,倒行逆施,惭德亦曷可掩哉!

24 丁巳,皇太子即皇帝位,大赦天下。诏以明年为洪熙元年。

罢西洋宝船、迤西市马及云南、交阯采办,从夏原吉之奏也。

25 戊午,复夏原吉、吴中官。

26 己未,命武安侯郑亨镇大同,保定侯孟瑛镇交阯,襄城伯李隆镇山海,武进伯朱荣镇辽东。——隆,濬之子也。

27 复置三公及三孤官。

初,洪武置三公官,以李善长为太师,徐达为太傅,三孤无兼领者。建文、永乐间,罢公、孤官,至是复设,以公、侯、伯、尚书兼之。

28 进杨荣太常寺卿,金幼孜户部侍郎,仍兼大学士,杨士奇礼部左侍郎兼华盖殿大学士,黄淮通政使兼武英殿大学士,俱掌内制,杨溥翰林学士。

时上以辅导功,欲加蹇义及士奇秩,士奇谓:"汉文即位,首进宋昌,史以为贬,请先扈从征行之臣。"仍与荣、幼孜等并进秩。

士奇谢恩毕,闻惜薪司奏请岁例赋山东、北京枣八十万斤,供宫中香炭用,复入奏,言"恩诏减岁供,甫下二日,不宜反汗"。上从之,立命减半。寻顾义、原吉及士奇曰:"汝三人,朕所倚非轻,有事须尽言,以匡朕之不逮。"

方原吉在狱,有母丧,至是乞归终制。上曰:"卿老臣,当与朕共济艰难。卿有丧,朕独无丧乎!"厚赐之,令家人驰传归葬,有司治丧事。原吉不敢复言。

29　辛酉,命镇远侯顾兴祖充总兵官,讨广西平乐、浔州叛蛮。兴祖,成之孙也。

30　甲子,上以古者官不必备,今设官太冗,廉污无别,贤否并处,诏汰其不称职者。

31　乙丑,召汉王高煦入京。

先是大行在外,高煦子瞻圻居京师,觇朝廷事驰报,一昼夜六七行。高煦亦日遣人潜伺京师,幸有变。上知之,顾益厚遇,遗书召至,增岁禄,赐赉万计,仍敕归藩。

32　戊辰,官吏谪隶军籍者,悉放还乡。

33　己巳,诏文臣年七十致仕。

34　是月,诏归解缙妻子、宗族。寻官其子祯亮为中书舍人。【考异】明史本纪不载,据刊书、皇朝通纪皆系之八月。证之缙传,言"上即位,归缙妻子、宗族"。仁宗以是年八月即位,今据增。

初,文皇手书蹇义等十人姓名,令缙疏其短长。奏上时,帝在东宫,以付太子。太子因问尹昌隆、王汝玉,缙对曰:"昌隆君子而量不弘,汝玉文翰不易得,惜有市心耳。"
至是上念缙议建储旧功,因取其所疏诸人示杨士奇曰:"人
言缙狂,观所论列,皆有定见,不狂也。"

35 改礼部尚书金纯于工部,居二月,又改刑部。工部尚
书李庆久署兵部,至是实授之。

36 九月,癸酉朔,交阯黎利寇茶笼州,都指挥方政败绩,
指挥同知伍云,力战死之。

37 丙子,召尚书黄福于交阯。

福在交阯凡十九年,编氓籍,定赋税,兴学校,置官师,
数召父老宣谕德意,戒属吏毋苛扰,一切镇之以静,上下帖
然。时群臣以细故谪交阯者众,福咸加拯恤,甄其贤者与
共事,由是至者如归。镇守中官马骐,怙宠虐民,福数裁抑
之。骐诬奏福有异志,文皇察其妄,不问。至是召还,命兼
詹事,辅皇太子。交人感其德,扶老携幼走送,号泣不
忍别。

福既还,交阯贼遂剧,讫不能靖。

38 以兵部尚书陈洽掌交阯布、按二司事。

洽以参赞李彬军务,留交阯数年,至是命代黄福。

39 庚辰,河溢开封,遣右都御史王彰抚振之,并免今年
粮税。

40 壬午,上大行皇帝尊谥庙号曰太宗文皇帝。

41 工部奏修军器,请征布漆于民,上命给钞市之。敕:
"自今官司所用物料,于所产地计直市之。有科派病民者,
罪不宥。"

42 癸未，礼部尚书吕震奏，"请遵太祖遗诏，仿汉文以日易月之制，以二十七日易吉服"，不报。震以语群臣，惟杨士奇不可。于是蹇义兼取二说以进，亦不报。

明旦，上视朝，素冠麻衣绖，惟士奇及英国公张辅服如之。朝罢，上顾左右曰："大行在殡，易服岂臣子所忍言，士奇执是也。"既而叹曰："张辅知礼，六卿乃反不及！"

43 乙酉，增诸王岁禄。

44 丙戌，以风宪官备外任，出给事中萧奇、李谦等三十五人为州县官。

45 丁亥，黎利复寇清化。

初，利屡为官军所败，率众求抚，而仍匿俄乐，造军器不已。荣昌伯陈智奏请进兵，会上方以践阼赦天下，因敕智善抚之。

初，中官山寿镇守交阯，与利善，至是还朝，力言利可抚状，请往谕之，必来归。上曰："此贼狡诈，若为所绐，将不可制。"寿请以死保之，乃遣寿赍敕授利清化知府，敕甫降而利已寇清化，都指挥陈忠死之。利得敕，无降意，但借抚愚守臣而寇掠不已。【考异】授黎利清化知府，见明史安南传，而本纪佚之，但书利寇清化事。今据三编增入九月，又据明史稿系之丁亥下。

46 戊子，始设南京守备，以襄城伯李隆为之，兼领中军都督府事，为南畿要职。

47 乙未，谕兵部尚书李庆，以畿内民所养官马分给诸卫所，念民力，恐废耕桑也。

48 上既设公、孤官，乃进蹇义少傅，杨士奇少保，又进杨荣太子少傅兼谨身殿大学士，金幼孜太子少保兼武英殿大学士——增设谨身殿大学士，自荣始为之。

戊戌，赐义等四人银章各一，曰"绳愆纠缪"，谕以"协心赞务，凡有阙失宜言者，用印密封以闻"。

49 是月，上念山林川泽皆与民共，命"自居庸以东与天寿山相接，禁民樵采，余悉弛之"。

50 出前太常少卿周讷为交阯知府。

讷以忧去官，至是起复还朝。上以其曾请封禅，鄙之，故有是谪。

51 冬，十月，壬寅，革南、北京户部行用库。

初，行用库之设，倒易新钞，兼收民间金银。至是上用夏原吉之言，罢金银交易之禁，并广收民间钞入官，取昏软者悉毁之。乃增市肆门摊诸税，折收旧钞，俟钞法通仍复其旧。

52 乙巳，复魏国公徐钦爵。

初，钦既袭爵，以纵恣为言官所劾，文皇宥之，令归就学。永乐十九年来朝，不辞径去，文皇怒，罢为民。至是上即位，追念中山王功，复其故爵。

53 戊申，通政司请以四方雨泽章奏送给事中收贮，上曰："祖宗令天下奏雨泽，欲前知水旱以施振恤。积之通政司，已失之矣；今又令收贮，是欲上之人终不知也。自今奏至即以闻。"

54 己酉，册妃张氏为皇后。

后父骐，永城人。太祖册后为燕世子妃，授骐兵马副指挥，早卒。后自为上妃，得文皇及仁孝皇后欢。上在东宫，数为汉、赵二王所间。体肥硕，不能骑射，文皇恚，至减太子宫膳，濒易者屡矣，卒以后故得保全云。

55 壬子，立皇长子瞻基为皇太子。封子瞻埈为郑王，瞻墉越王，瞻墡襄王，瞻堈荆王，瞻墺淮王，瞻垲滕王，瞻垍梁王，瞻埏卫王。

56 乙卯，诏："京、外官荐举德行惇笃、行止端方、材能出众、政绩显著或文学堪称、识见优远者，量材擢用。荐后有犯赃者，更立举主连坐之法。"

57 丁巳，令三法司会大学士、府、部、通政六科于承天门录囚，并谕杨士奇、杨荣、金幼孜曰："比年法司之滥，朕所深知。所拟大逆不道，往往出于文致。今后审决重囚，卿等三人必往同谳。有冤抑者，虽细故必以闻。"

58 增京官及军士月廪。

谕户部尚书郭资曰："往年百官军士扈从，月给米五斗，今建都于此，皆有家室，恐不足以资生。往往守义者困于饥寒，玩法者恣无忌惮，朕欲悉加倍给之。京仓之储，不乏用否？"资对曰："不乏。"遂命增给，著为令。

59 丁卯，擢历事监生徐永潜等二十人为六科给事中。

60 是月，衍圣公孔彦缙来朝。

彦缙，讷之孙也，以永乐八年袭爵，时甫十岁，文皇命肄业太学，久之，遣归。

至是以上登极入觐。上语侍臣曰："外蕃贡使，皆有公馆，今以先圣子孙，令其假馆民家，非崇儒重道之意也。"乃命赐宅于<u>东安门</u>外。【考异】<u>孔彦缙</u>赐宅,<u>明史稿</u>、<u>明书</u>皆系之十月甲辰。<u>明史</u>本纪不载,今据增。

61 召前<u>峡山</u>知县<u>弋谦</u>为大理少卿。

<u>谦</u>初为御史,巡按<u>江西</u>,言事剀切,上时在东宫,心识之。后<u>谦</u>以忤旨谪<u>峡山</u>知县,复坐事免。至是召至京师,遂有是擢。【考异】诸书系之九月,<u>宪章录</u>系之十一月,今据实录在是月。

62 改刑部尚书<u>吴中</u>于工部。

63 十一月,壬申朔,诏:"<u>建文</u>诸臣家属,在教坊司、锦衣卫、浣衣局及习匠功臣家为奴者,悉宥为民,还其田土,言事谪戍者亦如之。"

先是上谓诸臣曰:"<u>建文</u>诸臣,已蒙显戮。然<u>方孝孺</u>辈,皆忠臣也。"越日,遂有是命。

时<u>齐泰</u>一子,甫六岁,免死戍边,至是赦还。<u>黄子澄</u>一子,变姓名为<u>田经</u>,遇赦,始复姓,家于<u>湖广</u>。<u>孝孺</u>独无后。惟<u>克勤</u>弟<u>克家</u>,有子曰<u>孝复</u>,<u>洪武</u>二十五年,诣阙上书,请减<u>汤和</u>所加宁海赋,谪戍<u>庆远卫</u>,以军籍免。<u>孝复</u>子<u>琬</u>,寻亦释为民。

64 癸酉,诏"有司条政令之不便民者以闻。凡被灾不即请振者罪之"。

65 <u>阿噜台</u>闻上践阼,遣使来贡马,诏宥其罪,纳其马。自是<u>阿噜台</u>仍岁修职贡。【考异】<u>明书</u>系之九月。<u>明史</u>本纪及三编月日与实录同,今据之。

66 甲戌,诏曰:"朕承大统,君临亿兆,亦惟赖文武贤臣共图康济。矧属亮阴之际,尤切倚毗之心。嗣位初首诏直言,而涉月累旬,言者无几。夫京师首善地,民困于下而不得闻,弊胶于习而不知耳。卿等宜极言时政之得失,辅以至诚,毋虑后谴。"

67 乙亥,遣使敕谕<u>乌梁海</u>官民曰:"朕承大统,凡四方万国,罪无大小,悉予赦宥。若尔三卫官民,敬顺天道,仍前朝贡,朕当许其自新,悉听往来生理。"谕侍臣曰:"彼有过而不宥之,既无所容,将来必为边患,朕不吝屈己以安百姓也。"

68 诏近畿官军更番诣京师操练,从<u>英国公张辅</u>、兵部尚书<u>李庆</u>之请也。

69 丙子,遣御史巡察沿边诸卫、稽部曲,申号令。

70 癸未,遣御史<u>汤溁</u>等十四人分巡天下,考察官吏。

谕曰:"国以民为本,民安则国安。比年牧守官不体朝廷恤民之意,侵削扰害,民不聊生,今令尔等分行考察。然人才器不同,当明白具实以闻。无惑于小人,毋屈于势要,毋私于亲故,询之于众,断之以公,可也。至御史,朕之耳目,勉副朕心,必先自治,乃可治人。若弃廉耻,违礼法,朕亦不贷。往勉之!"

71 甲申,<u>平阳王美圭</u>来朝,奏言"先帝所拨赐<u>恭王</u>田,<u>济燧</u>卒不与"。上以书谕之,<u>济燧</u>卒不奉命。

72 丙戌,进<u>蹇义</u>少师,<u>杨士奇</u>少傅。<u>夏原吉</u>以太子少傅进少保,亦赐"绳愆纠缪"印章。【考异】<u>明史本纪</u>,但书赐<u>夏原吉</u>银章事,证之<u>七卿表</u>,"是年十一月,晋<u>蹇义</u>少师。"又<u>杨士奇</u>晋少傅,<u>夏原吉</u>晋少保,皆在是月,今据<u>明</u>只稿增入。

时太子少师<u>吕震</u>,班在<u>原吉</u>上,上命鸿胪引<u>震</u>列其下,寻有是擢。又命<u>原吉</u>仍兼太子少傅尚书如故。<u>原吉</u>以食三禄,固辞,乃听辞太子少傅。

一日,上御<u>西角门</u>,阅廷臣诰词,顾谓<u>士奇</u>及<u>杨荣</u>、<u>金幼孜</u>曰:"卿三人及<u>蹇</u>、<u>夏</u>二尚书,皆先帝旧臣,朕方倚以自辅。尝见前代人主,恶闻直言,虽素所亲信,亦畏威顺旨,缄默取容。贤良之臣,言不见听,退而卷舌。朕与卿等宜深以为戒!"因取五人诰词亲增二语云:"勿谓崇高而难入,勿以有所从违而或怠。"曰:"此实朕心,卿等勉之!"

73 己丑,礼部奏,冬至节,请朝贺,不许。

74 庚寅,敕诸将严边备。

75 辛卯,上谕<u>夏原吉</u>曰:"古者寓兵于农而不夺其时,民无转输之劳而兵食足。后世莫善于<u>汉</u>之屯田。先帝立屯种法,用心甚至,而有司数以征徭扰之,既失其时,遂无其效,以致储蓄不充,罢于转运。"乃诏天下卫所官:"凡屯田军士,毋得擅役,违者罪之。"

76 壬辰,诏都督<u>方政</u>同荣昌伯<u>陈智</u>镇<u>交阯</u>。

是时<u>黎利</u>复围<u>茶笼州</u>,<u>智</u>暗懦,素无将略,因借抚以愚朝廷,且与<u>政</u>迕,坐视不救。会<u>山寿</u>至,力持抚议,以故贼益猖獗不能制。【考异】<u>明史本纪</u>但书"九月<u>黎利</u>寇<u>茶笼州</u>",证之<u>安南传</u>,<u>利</u>两围<u>茶笼</u>,其再寇在十一月,正命<u>陈智</u>镇<u>交阯</u>之时,<u>智</u>坐视<u>茶笼</u>之围而不救;阅七月粮尽,故明年五月有旨切责。今<u>本纪</u>但书十一月<u>智</u>镇<u>交阯</u>而不及再围<u>茶笼</u>事,今增入,并分书之。

77 是月,召<u>浙江</u>巡按御史<u>虞谦</u>还,擢大理寺卿。

<u>谦</u>因应诏上书,言七事:"一曰用人。用得其人则治道兴,非其人则治道隳。二曰兴学校。教育之道,本于师范,

不在于备而在得人。三曰端风宪。都察院为耳目纲纪之官，今俾之专治狱，非设官本意。四曰广储蓄。频年用兵，京师困乏，宜预为备。五曰惜民力。畿内之民，困于牧养，宜分给无马郡县。六曰通钞法。钞法不行，由于出多而入少，宜多方收之而不轻出，则自然流通。七曰治奸宄。畿民多盗贼，宜编为里甲，使互相觉察。"上以其言皆切中时务，命议行之。

未几，有言"谦奏事不密，市恩于外"者，上怒，改少卿。一日，杨士奇奏事不退，上问："欲何言？得非为虞谦乎？"士奇因具白其诬，且言"谦历事三朝，得大臣体。"上曰："吾亦悔之。"寻复谦官。又谕士奇曰："顷群臣颇怀忠爱，朕有过方自悔，而进言者已至，良惬朕心。"

上之监国也，御史舒仲成以言事忤旨，出为湖广按察副使，至是欲逮治之。士奇曰："陛下即位，诏向忤旨者皆得宥。若治仲成，则诏书不信，惧者众矣。如汉景帝之待卫绾，不亦可乎？"即罢弗治。

78 加户部尚书郭资太子少师，命致仕。

资治钱谷，有能称。蹇义、夏原吉以其偏执，数误事，且多病，请令致仕。上以资旧臣，不忍弃之，复以问士奇，对曰："资性强毅，人不能干以私。然蠲租诏数下，资不奉行，使陛下恩泽不流者，是其过也。"上乃命资致仕，仍优其秩，复其家。

79 上以交阯之乱，由马骐以采办虐民激变，甫登极，即召之还。至是骐复矫旨下内阁书敕，复往交阯采办金珠。内阁以闻,上曰:"朕安得有此言! 骐在交阯,荼毒军民,卿等独不闻乎? 自骐召还,交人如解倒悬,岂可再遣!"然亦竟不诛也。

80 十二月,癸卯,宥建文诸臣外亲全家戍边者,留一人在戍所,余悉放还。

81 辛亥,谕尚书蹇义等曰:"庶官贤否,军民休戚所系。昔唐太宗书刺史名于屏,朝夕省览,遇有善政,各疏于下,故当时百官皆思奋励,致治太平,以至斗米三钱,外户不闭。皇考亦尝书中外官姓名于武英殿两廊。今五府、六部,朝夕接见,得询察其贤否。若三司官,朕既不识,又不悉姓名,虽或闻其贤否,久则易忘。夫人臣有善而上忘之,谁肯自勉! 有不善而上忘之,谁复知戒? 如此,何以望治!"乃命书天下都司及布、按二司姓名于奉天门之西序。

82 癸丑,免被灾税粮。

83 庚申,葬文皇帝于长陵。

84 丙寅,顾兴祖讨广西叛蛮,平之。

85 是月,礼科给事中黄骥以曾三使至西域,因上疏言:"西域贡使,多商人假托。无赖小人,投为从者,乘传役人,运贡物至京师,赏赉优厚。番人慕利,贡无虚月,致民失业妨农。比其使还,多赍货物,车运至百余辆,丁男不足,役及妇女,所至辱驿官,鞭夫隶,无敢与校者。乞敕陕西行都司,惟哈密诸国王遣使入贡者,许令来京,止正、副使得乘驿马,陕人庶少苏。至西域所产,惟马切边需,应就给甘肃军士。其洄砂、梧桐、碱之类,皆无益国用,请一切勿受。

则来者自稀,浮费益省。"

上嘉纳之,以示尚书吕震,且让之曰:"骥尝奉使,悉西事。卿西人,顾不悉耶? 骥言是,其即议行!"

86 进大学士杨荣工部尚书。

初,解缙等入文渊阁,皆编、检、讲、读之官,不得专制诸司,诸司奏事亦不得相关白。上践阼以来,士奇、荣等皆东宫旧臣,俱掌内制,不次超迁。然居内阁者,必以尚书为尊。自荣后,诸入文渊阁者皆相继晋尚书,于是阁职渐崇。

87 作观天台于禁中。

88 封汉庶子瞻垶等以下五人皆为王。

是冬,汉世子瞻坦率诸王皆来朝。

89 是岁,宁王权闻上即位,上书欲来朝,诏止之。权又言"南昌非其封国",上报彐:"南昌乃叔父受之皇考,二十余年,非封国而何?"权在文皇时,颇自韬晦,上自践阼以来,优礼诸藩,法禁稍弛,因乘间言之,卒不许。

仁宗敬天体道纯诚至德弘文钦武章圣达孝昭皇帝

洪熙元年(乙巳、一四二五)

1 春,正月,壬申朔,御奉天门,受朝,不举乐。

先是群臣习朝正旦仪,尚书吕震请用乐,惟大学士杨士奇、黄淮以为不可,上疏请止,未报。士奇复奏,待庭中至夜漏十刻,报可。朝罢,谓士奇曰:"吕震每事误朕,非卿等言,悔无及。"寻晋士奇兵部尚书兼故官,并食三禄。士奇辞尚书禄,许之。

2 乙亥,诏内外群臣修举职业。

谕曰:"朕祗绍洪图,仰惟祖宗创业守成之难,夙夜惓惓。嗣位以来,蠲逋负,赦有罪,不急之务,一切停罢。选任贤良,共图维新之治,期天下安于太平。今天下庶事未尽理,生民未尽安,斯朕之责,亦尔文武群臣之责,尚思勉之!"

3 己卯,享太庙。

4 建弘文阁于思善门左,选诸臣有学行者入直。杨士奇荐侍讲王进、儒士陈继,蹇义荐学录杨敬、训导何澄,诏以继为博士,敬编修,澄给事中,日直阁中。杨溥掌阁事,进佐之。

溥以东宫故一系十年,狱中惟发奋读经史诸子,上怜而敬之。至是亲授阁印,曰:"朕用卿左右,非止学问,欲广知民事,为治道辅。有所建白,封识以进。"

5 癸未,以时雪不降,敕群臣修省。

6 丙戌,大祀南郊,奉太祖、太宗配。

7 壬辰,朝臣予告归省者,皆赐钞有差,著为令。

8 己亥,遣布政使周幹、按察使熊概、参政叶春巡视南畿、浙江,察民利病以闻。

9 是月,布政使及守令皆来朝。

兵部尚书李庆上言："今岁畜马蕃息，除给军外，尚余数千。今朝觐官并集京师，请准民间例，人给一马令牧之，岁课其驹。"杨士奇力陈不可，曰："朝廷选贤授官，而使之牧马，是贵畜而贱士也，何以示天下后世！"上许中旨罢之，已而寂然；士奇复力言，又不报。至是上御思善门，召士奇，谓曰："朕向者岂真忘之！闻吕震、李庆辈皆不喜卿，朕念卿孤立，恐为所伤，不欲因卿言罢耳。今有词矣。"因手出陕西按察使陈智言养马不便疏，命士奇草敕行之，士奇顿首谢。上曰："今后政令有不便，密以告朕。李庆辈不识大体，不足与语，朕以先朝旧人，不忍遽退也。"

10 进黄淮少保兼户部尚书，金幼孜礼部尚书。

11 二月，辛丑，颁将军印于诸边将。

初，镇守边将有佩将军印者，多系特命，谓之"挂印将军"。至是始颁各镇将军印，云南曰征南将军，两广曰征蛮将军，辽东曰征虏前将军，大同曰征西前将军，宣府曰镇朔将军，甘肃曰平羌将军。

是时陈智镇交阯，亦颁征夷副将军印。

12 戊申，祭社稷，奉太祖、太宗同配。

13 命中官郑和领下番官军守备南京。

和使旧港，以去年还，而文皇已晏驾，至是命之。

14 丙辰，上亲祀先农，耕藉田。

15 丙寅，奉太宗神主祔太庙。

16 是月，南京地连月屡震，凡十有六。六安卫亦震。【考异】明史本纪于是年二月、三月、四月皆书"南京地屡震"。明史稿，二月南京地震凡六,三月<u>南京</u>地震凡十六,四月<u>南京</u>地震凡三;又于五月书云,"辛未<u>南京</u>地震"。<u>三编</u>、<u>辑览</u>皆书之二月,<u>且</u>云,"凡十有六震,四月又三震,五月复震",与<u>明史稿</u>稍异。证之<u>明史</u> <u>五行志</u>,是岁<u>南京</u>地震凡四十有六,是又一年之震数也。今据三编书之二月,而据五行志增入<u>六安</u>地震于二月下。

17 遣汉王<u>高煦</u>次子<u>瞻圻</u>守<u>凤阳</u><u>皇陵</u>。

初,<u>瞻圻</u>憾父杀其母,在京师,屡发其父过恶,<u>文皇</u>曰:"尔父子何忍也!"及上即位,<u>高煦</u>入朝,悉上<u>瞻圻</u>前后觇报事。上召<u>瞻圻</u>示之,曰:"汝处父子兄弟间,乃谗构至此!稚子不足诛。"遂不封。至是谪之。

18 国子祭酒<u>胡俨</u>以疾乞致仕。

<u>俨</u>以<u>桐城</u>知县为副都御史<u>练子宁</u>所荐,谓其"学达天人,足资帷幄",<u>建文帝</u>召之。比至,<u>燕</u>师渡<u>江</u>,<u>文皇</u>即位,以<u>解缙</u>荐,授翰林检讨,同直<u>文渊阁</u>。已而有忌之者,谓"<u>俨</u>学行堪师表",遂改祭酒。<u>永乐二年</u>。

<u>俨</u>居国学二十余年,以身率教,动有师法。至是乞休,上赐敕奖劳,进太子宾客,仍兼祭酒,遣归,并复其家。

19 三月,壬申,前光禄署丞<u>权谨</u>,以孝行擢<u>文华殿</u>大学士。

<u>谨</u>奉母至孝,以省侍告归。母年九十终,庐墓三年,不御酒肉。有司上其行,驿召至京,上出其事状,令侍臣廷诵之,遂有是拜。<u>谨</u>辞,上曰:"朕擢卿,以风天下之为子者。"——<u>谨</u>,<u>徐州</u>人。【考异】据<u>明史</u> <u>孝义传</u>,言"<u>谨</u>以孝行特拜是职",传中记其母终庐墓,有泉涌兔驯之异,三编据之,载入目中。证之<u>纪闻</u>、<u>通纪</u>诸书,但有庐墓语,而通纪类记其时有<u>王让</u>者,亦以孝行举,有庐墓涌泉之异,似涌泉者又一人也。今但记其庐墓不御酒肉,余皆略之。

694

20 甲戌,赐先朝大臣金忠等以下九人赠官予谥,许思温等以下九人赠官。

21 丁丑,诏求直言。

初,上即位,首召弋谦,擢任大理。谦直陈时政,极言"官吏贪残,非复洪武之旧,及有司诛求无艺,民所不堪",上多采纳之。既复陈五事,词太激,上不怿。于是尚书吕震、吴中等劾谦诬罔,都御史刘观令众御史合纠谦卖直沽名。上以问杨士奇,对曰:"谦不谙大体,然心感超擢之恩,欲图报耳。主圣则臣直,惟陛下优容之!"上乃不罪谦。然每见谦,词色甚厉,士奇从容言:"陛下诏求直言,不宜以谦言触怒。今四方朝觐之臣皆集阙下,见谦如此,将谓陛下不能容直言。"上惕然曰:"此固朕不能容,亦吕震辈迎合以益朕过。自今当置之。"遂免谦朝参,令专视司事。

至是上以言事者益少,复召士奇曰:"朕怒谦矫激过实耳,朝臣遂月余无言。卿宜语诸臣白朕言。"士奇曰:"臣空言不足信,乞亲降玺书!"遂令士奇就榻前草敕引过曰:"朕即位以来,臣民上章,以数百计,未尝不欣然听纳。间者弋谦所言多非实事,群臣遂交章奏其卖直,请置诸法。朕皆不听,但免谦朝参,而自是言者益少。今自去冬无雪,春亦少雨,阴阳愆和,必有其咎,岂无可言?而为臣者怀自全之计,退而默默,何以为忠!朕于谦一时不能含容,未尝不自愧咎。尔群臣勿以前事为戒,于国家利弊,政令未当者,直言勿讳。谦朝参如故。"

寻因中官采木四川,贪横,上以谦清直,命往治之,擢为副都御史,并敕罢采木之役。

22　戊子,<u>隆平</u>饥。时<u>柏乡县</u>多贮官麦,有司请以贷之,上曰:"即振之,何贷为!"

23　己丑,诏曰:"刑者,所以禁暴止邪,导民于善,非务诛杀也。吏或深文傅会以致冤滥,朕深悯之!自今其悉依律拟罪。或朕以嫉恶故,法外用刑,法司执奏。五奏不允,同三公大臣执奏,必允乃已。诸司不得鞭囚背及加人宫刑,有自宫者,以不孝论。非谋反,勿连坐亲属。古之盛世,采听民言,用资儆戒。今奸人往往摭拾,诬为诽谤,法吏刻深,锻炼成狱。刑之不中,民则无措,其除诽谤之禁,有告者一切勿治。"

尝谕刑部尚书<u>金纯</u>曰:"近日法司务为罗织,而言者辄以诽谤得罪,甚无谓也。"纯亦承上意务宽大,每戒属吏,不得妄椎击人。一时狱中无瘐死者。

24　庚寅,命<u>阳武侯薛禄</u>为镇朔大将军,充总兵官,率师巡边<u>开平</u>、<u>大同</u>。

时虏寇<u>云中</u>,禄督兵追至<u>大松岭</u>,斩获甚众,益禄五百石,寻有是命。

25　辛卯,上以<u>陈智</u>讨<u>交阯</u>久不克,命<u>安平伯李安</u>往佐之,与智同镇<u>交阯</u>。

26　戊戌,上欲还都<u>南京</u>,诏<u>北京</u>诸司悉称行在,复<u>北京</u>行部及行后军都督府。

27　是月,<u>赵王高燧</u>之国<u>彰德</u>,奏辞三护卫,许之。

28　加赐<u>姚广孝</u>少师,<u>张玉</u>河间王,<u>朱能</u>东平王,与<u>泾国公</u>

王真并配享文皇庙廷。

上念前兵部尚书刘儁,参赞交阯,陷贼不屈而死,有司未请褒恤,至是敕责礼官吕震曰:"妇人尽节于夫,尚有恤典,况大臣捐躯为国者乎! 其赠儁太子少傅,赐谥节愍。"

【考异】据明史朱能传,与姚广孝配享在元年三月,赠刘儁官谥,见儁本传,亦在三月。诸书或系之二月,今据列传。

29 夏,四月,壬寅,上闻山东及淮、徐民乏食,有司征夏税方急,乃御西角门,召大学士杨士奇草诏,免今年夏税及秋粮之半。士奇言:"上恩至矣,但须户、工二部与闻。"上曰:"救民之穷,如救焚拯溺,惟恐不及。付之有司,将以国用不足,转致迟疑。"遂命中官具楮笔,令士奇就门楼书诏。上览毕,即用玺,付外行之,顾士奇曰:"今可语部臣矣。"

30 设北京行都察院。

31 壬子,命皇太子谒孝陵。

时南京屡奏地震,廷臣请以亲王及重臣镇之,上曰:"无逾太子矣。"遂命太子居守南京,大学士权谨扈从。

32 乙卯,上朝罢,顾蹇义、杨士奇曰:"朕监国二十年,为谗慝所构,心之艰危,吾三人共之。赖皇考仁明,以有今日。"言已,泫然。义等亦流涕,对曰:"先帝之明,亦陛下孝诚之感也。"

即日,赐义玺书曰:"曩朕监国,卿以先朝旧臣,日侍左右。两京肇建,政务方殷,卿劳心焦思,不恤身家,二十余年,夷险一节。朕承大统,赞襄治理,不懈益恭,朕笃念不忘。兹以己意创制'蹇忠贞'印赐卿,俾藏于家,传之后世,知朕君臣共济艰难,相与有成也。"

又赐士奇玺书曰："往者朕膺监国之命，卿侍左右，同心合德，徇国忘身，屡历艰虞，曾不易志。及朕嗣位，嘉谟入告，期予于治，正固不二，简在朕心。兹创制'杨贞一'印赐卿，尚克交修以成明良之誉！"【考异】野史载"是月癸丑夜星变，十四日甲寅，上朝罢，顾蹇义、杨士奇等"云云。按明史天文志不载是月星变，惟此事见杨士奇三朝圣谕录，附识于此。

33 戊午，车驾至天寿山，谒长陵。己未，还宫。

34 是月，振河南四州、二十三县及大名饥。

35 南京地震凡三。

36 时廷臣有上书颂太平者，杨士奇进曰："陛下虽泽被天下，然流徙尚未归，创夷尚未复，民尚艰食。更休息数年，庶几太平可期。"上然之，因顾蹇义等曰："朕待卿等以至诚，实赖匡弼。数月以来，惟士奇五上章，卿等皆无一言，岂果朝政无阙，天下太平邪？"义等惭谢。

37 改南京兵部尚书张本为行在兵部。

38 五月，辛未，南京复震。

39 癸酉，诏修文皇帝实录，以英国公张辅、尚书蹇义、夏原吉为监修，大学士杨士奇等为总裁。

40 翰林院侍读李时勉复上疏言事。

其略曰："臣闻上有仁圣之君，斯下有忠直之臣。臣愿陛下节民力，谨嗜欲，勤政事，务正学。

伏惟陛下新登宝位，恩泽所加，远近无间。未几土木遽兴，重劳民力。闻内官催木，疾如风火，折辱郡县，棰楚小民。苟民力既殚，而或加以饥馑，臣恐陛下赤子，无复如前日矣，所愿节民力者此也。

三年之丧，自天子达于庶人，一也。斩焉衰绖之中，正以礼导民之日。侧闻中官远自建宁，选取侍女，百姓惊疑。且大孝尚未终，正宫尚未册，恐乖风化之原，所愿谨嗜欲者此也。

自古人君莫不以勤而兴，以逸而废。高皇帝在位三十余年，未尝见日而临百官。今或旭日已旦，朝仪方肃，似非古人庭燎待贤之意。若谓天下大安，可以优游于庶政，则飞蝗蔽天，民食寡乏，诚战兢惕厉之日，所愿勤政事者此也。

程子曰：'人君一日之中，接贤士大夫之时多，亲寺人宫女之时少，自然气象变化，德器成就。'臣愿陛下于万几之暇，选一二儒臣，以侍左右，备顾问，或求帝王经世之要，古人治乱之由，参究天人之蕴，察知稼穑之艰，俾涵养既深，本心自正，则逸乐无益之事无自而萌芽，佛老异端之说无自而眩惑矣，所愿务正学者此也。"

疏入，上怒甚。召至便殿，对不屈，命武士扑以金瓜，胁折者三，曳出，几死。己卯，改时勉交阯道御史，命日虑一囚，言一事。章三上，乃下锦衣卫狱。

时侍讲罗汝敬，亦以言事改御史，同下狱。

41 谕吏部慎选御史以清风纪，又令咨访可为都御史者，以为十三道御史之表率。

时都御史刘观，以劾弋谦为舆论所鄙，有言其"受赇交通诸道，相率为贪纵"，上渐疏之。

42 庚辰，上不豫，召蹇义、杨士奇、黄淮、杨荣至思善门，命士奇书敕,遣中官海寿驰召皇太子于南京。辛巳,大渐,遗诏传位皇太子。是日,帝崩于钦安殿,年四十八。

帝自靖难师起,以世子居守,全城,济师。其后文皇御极,岁出北征,东宫监国,朝无废事。然中更汉、赵二王之媒蘖,屡濒于危,而终以诚敬获全。故其告人曰:"吾知尽子职而已,不知其他也。"是可为万世子臣之法矣。在位一载,用人行政,善不胜书,论者以为与周之成、康,汉之文、景比隆云。

43 皇太子方谒孝陵,闻丧,即日就道。

时南京颇传凶问,又传汉王高煦谋伏兵于道邀太子。群臣请整兵卫,或请从间道,太子不可,曰:"君父之义,谁敢干之!"驿道驰还。

六月,辛丑,至良乡,内官监杨瑛、尚书夏原吉等捧遗诏至,宣讫,皇太子哭尽哀。入宫,始发丧。

庚戌,即皇帝位,以明年为宣德元年,大赦天下。【考异】仁宗之崩,野史书"不发丧,郑、襄二王监国"。明史本纪不载,但于六月太子至良乡下书"发丧"二字。盖是时因高煦有异谋,则"不发丧"之语近之。惟"郑、襄二王监国",但见通纪,今删之。

44 辛亥,敕边将及南京等处严守备。

45 甲寅,中官在外采办者悉召还,并罢所市物。

46 秋,七月,己巳,上大行皇帝尊谥曰昭皇帝,庙号仁宗。

47 乙亥,尊皇后张氏为太皇后。册妃胡氏为皇后。

48 辛卯,命镇远侯顾兴祖讨浔州大藤峡蛮,平之。

49 乙未,谕法司慎刑狱。

50 是月,罢浙江布政使参议王和、袁昱、陕西按察司佥事韩善为民。

和等坐赃,遇赦,吏部奏拟还职,上曰:"士大夫首重廉耻,贪污之吏,岂可复任方面!"

51 闰月,戊申,命安顺伯薛贵、清平伯吴诚、都督佥事马英、都指挥梁成率师巡边。——诚初名买驴,以归附更赐姓名。"诚",七卿表作"成"。

52 乙丑,罢弘文阁,诏王进等各还本任。召杨溥入直文渊阁,与杨士奇等共掌机务。

53 是月,敕修仁宗实录,以张辅、蹇义、夏原吉及成山侯王通为监修,大学士黄淮、金幼孜、杨荣、学士杨溥与杨士奇同为总裁,盖两朝实录并修也。【考异】明史本纪及三编皆不载,证之吾学编、典汇,皆书于是年闰月,沈氏野获编所记尤详。盖是时太宗实录尚未成,此修仁宗实录者,即修太宗实录之原人,惟监修加入王通耳。故通纪于是月书"敕修太宗仁宗两朝实录",今并记之。

54 八月,戊辰,都指挥李英讨安定、曲先叛番,大败之。

初,洪武间,于西番地置安定、曲先二卫,寻授故元宗室卜因特穆尔为安定王。未几,王为沙剌所弑,其子撒儿只失加为其兄所杀,部众离散,子亦攀丹,流寓灵藏。永乐十一年,五月,率众来朝,自陈家难,乞授职。文皇念其祖率先归附,令袭封安定王,赐印诰,自是朝贡不绝。

二十二年,中官乔来喜、邓诚使乌斯藏,次黄羊川,安定指挥哈三孙散哥及曲先指挥散即思等率众邀劫,杀朝使,夺驼马币物而去。

时仁宗御极,敕英偕河州卫指挥康寿讨之。英等率西宁诸卫及十二番族之众,深入追贼,贼远遁。至是英等逾昆仑山，西行数百里，抵雅令阔之地，遇安定、哈三等，击败之，斩首四百八十余级，生禽七十余人，获驼马牛十四万有奇。曲先闻风远窜，追之不及而还。安定王惧，随大军诣阙谢罪。

寻论功，封英会宁伯。【考异】据明史本纪书是月"戊辰，都指挥李英讨安定曲先叛番，大败之；安定王桑儿加失夹等诣阙谢罪。"证之西域传，所谓撒儿只失加者，即桑儿加失夹也。惟据传言"安定王被弑，（安定王本元之宗室，太祖就封之，即卜烟帖木儿者是也。）其子撒儿只失加为其兄所杀，部众溃散。子亦攀丹流寓灵藏，于永乐十一年率众入朝，自陈家难，乞授职。帝念其祖率先归附，令袭封安定王，赐印诰，自是朝贡不辍。"据此，则是年因败谢罪之安定王，乃撒儿只失加之子亦攀丹也。盖明史据实录所记，仍其父之名书之，又译音互异耳。今据西域传。

55　壬申，敕谕吏部："令在京五品以上及御史、给事中，在外布、按二司正佐官及府、州、县，各荐所知，务取廉洁公正堪以牧民者。"并定举后犯赃连坐律。

56　癸未，诏大理寺卿熊概、参政叶春巡抚南畿、浙江。

先是概与周幹奉命巡视南畿、浙江，幹还，劾"左参政岳福庸懦不任职，土豪肆恶为民患。"仁宗监国时，尝命概以御史署刑部，知其贤。及是使还，擢任大理，遂令与春同往巡抚。——巡抚之设自此始。

概幼孤，随母适胡氏，遂冒胡姓。洎巡抚自浙还朝，始请复姓。

57　九月，壬寅，葬昭皇帝于献陵。

58　是月，大学士权谨，扈上南京监国还，自陈年老，乃改通政司参议，令致仕。

是时晋擢东宫旧僚，以左庶子陈山为户部侍郎，洗马张瑛为礼部侍郎，戴纶为兵部侍郎，中允徐永达为鸿胪寺卿，赞善蔺从善、王让为翰林侍讲。惟中允林长懋以扈从南京后至，出为郁林知州。寻又出纶参赞交阯军务。

初，永乐间，纶与长懋俱侍皇太孙讲读，时文皇命太孙习武事，太孙亦雅好之。而纶与长懋，以太孙春秋方富，不宜荒学问而事游敉，时时进谏，又具疏为帝言之，帝出纶奏付太孙，由是遂衔之。上即位，纶复以谏猎忤旨，遂有是命。

未几，二人皆坐怨望，下锦衣卫狱。上临鞫之，纶抗辩，触上怒，立棰死，籍其家。长懋遂系狱十年。

59 冬，十月，戊寅，南京地震。

60 戊子，敕公、矦、伯、五府、六部、大学士、给事中审覆重囚，著为令。

61 是月，改兵部尚书李庆于南京。

62 十一月，戊戌，顾兴祖讨思恩叛蛮，平之。

初，蛮寇覃公旺等作乱，据思恩县大、小富龙三十余峒，固守险阻，以拒官军。兴祖督兵分道攻之，禽公旺并其党千五十余余人，悉诛之。

捷闻，上曰："蛮民亦朕赤子，杀至千余，岂无胁从非辜者！以后宜开示恩信，抚而降之，如贾琮成交州可也。"

63 辛酉，遣镇朔大将军薛禄率师巡边。

先是禄备边开平、大同，上即位，召还，陈备边五事。至是复遣之。

64 交阯黎利围茶笼七月，城中粮尽。巡按御史以闻，奏至而仁宗崩。

上即位，尚书掌布、按二司陈洽上言："利虽乞降，内携贰。既围茶笼，复结老挝及玉麻土官同恶。始言俟秋凉，今秋已过，复言与参政梁汝笏有怨，而招集徒众，日益滋蔓。乞敕总兵官速行剿灭。"奏上，降敕切责陈智等，期以来春平贼。智等犹不为意。

是月，茶笼陷，乂安知府署州事琴彭死之。【考异】明史本纪，"宣德元年三月，陈智、方政等讨黎利于茶笼州，败绩，乂安知府琴彭死之。"按智等讨黎利败绩，事在明年之三月，而茶笼之陷，琴彭之死，实是年冬事也。证之安南传，茶笼被围在永乐二十二年之冬，阅七月粮尽，巡按御史以闻，则正洪熙元年之四、五月间，故传以为"奏至而仁宗已崩，宣宗即位"，正是时也。迨宣宗切责智等，智等不为意，于是茶笼遂陷。其时陈洽上言，"贼势滋蔓，乞命总兵官速行剿灭，上复切责智等，期以来春平贼"，智等始惧，乃有元年三月之役。传中叙事，前后分明，盖茶笼陷后，谋起兵克复，又为利所败也。纪事本末、典汇等书，皆系茶笼被陷、琴彭死难于是年之十一月，辑览作"十月"。三编统记其事于元年三月智等败绩之下，亦云"洪熙元年冬，茶笼陷，琴彭死之"，与纪事本末诸书所载同。又辑览，"元年四月命王通讨黎利"下目中，书"茶笼被围"，注云，"在去年十月"。（即是年也。）又，"陈智、方政讨之，败绩"，注云，"是年三月"。（即指元年三月也。）然则琴彭之死，非方政等败绩之时明矣。明史纪因元年败绩，故牵连并记，遂及琴彭之死耳，于此见三编、辑览书法之详而核也。

65 上之即位也，平江伯陈瑄上疏陈七事，其一谓"南京根本之地，宜严守备。"又言："岁运粮饷，湖广、江西、浙江及苏、松诸府，并去北京远，往返逾年，上通公租，下妨农事。宜转至淮、徐等处，别令官军接运。"上是其言，至是遂命瑄镇守淮安,仍督漕运。

66 十二月,甲申,顾兴祖移师讨广西宜山蛮,平之。

67 是岁,始更定科举法。

初,洪武乡试取士、虽有定额,自十七年再行,诏从实充贡,毋以额限,嗣后遂多寡不一。

仁宗改元,与侍臣议定其额。杨士奇请兼取南北士,乃定乡试:"南京国子监及南直隶共八十人,北京国子监及北直隶共五十人,江西如之,其次浙江、福建,又次湖广、广东,又次河南、四川,又次陕西、山东、山西,皆自五而杀,广西二十人,云南、交阯各十人,贵州应举者,就试湖广。会试取士不过百人,南人十六,北人十四。"仁宗从之。未及行而上即位,遂诏颁式于天下,著为令。

明通鉴卷十九

江西永宁知县当涂 夏　燮 编辑

纪十九　起柔兆敦牂(丙午),尽强圉协洽(丁未),凡二年。

宣宗宪天崇道英明神圣钦文昭武宽仁纯孝
　章皇帝

宣德元年(丙午、一四二六)

1　春,正月,丙申朔,御奉天殿受朝,不举乐。

2　癸卯,享太庙。

3　甲辰,南京地震。

4　丁未,大祀两郊。

5　癸丑,赦死罪以下,令运粮宣府自赎。

6　己未,遣吏部侍郎黄宗载十五人清理天下军伍。

　　初,仁宗时,兴州左屯卫军范济言:"卫所勾军,州县多不以实。无丁之家,诛求不已,有丁之户,行贿得免。"仁宗谓尚书张本曰:"军伍不清,弊多类此。"至是上即位,谕兵部曰:"朝廷于军民,如舟车任载,不可偏重。有司宜审实无混。"遂有是命。自后遣京卿、给事中、御史以为常。

时宗载奉使至浙江。

7　是月，诏大学士金幼孜起复。

幼孜乞归省母，至是母卒，遂夺情。

8　汉王高煦遣人献元宵灯。或言其藉以窥伺朝廷，上曰："吾惟推至诚以待之耳。"乃以谅阴却不受。【考异】诸书载汉王献灯事，盖觇朝廷也。明史本纪不载，今增入。

9　二月，戊辰，祭社稷。

丁丑，耕藉田。

10　戊寅，南京复震。【考异】南京正月、二月地两震，明史本纪不书。五行志云，"是年南京地震者九"，则又不止正、二两月也。今据三编。

11　丙戌，谒长陵、献陵。丁亥，还宫。

12　是月，尽除开荒田逋税。

时巡按山西御史张政上言："民人先有逃徙，荒废田土，逋负税粮。近奉诏赦宥，令其复业，所有积逋，悉予蠲免，欢腾远迩，莫不来归。臣见山西民人多复愁沮，缘初逃时，有司惧罪，未申户部，无从开豁。今来归，将复征之，恐又逃徙。"上谓夏原吉曰："大赦之后，何逋不除，岂可谓初未申闻，便要征纳！其即下有司，悉予蠲免。"

13　三月，己亥，征夷副将军陈智、都督方政讨黎利于茶笼州，败绩。

先是茶笼陷，智等拥兵不救，贼势益炽。寻陷谅山，知府易先力竭，自经死之。迨智等奉敕切责，始与政率兵薄可留关，为利所败；还，至茶笼，又败。

政勇而寡谋，智懦而多忌，素不相能；而山寿专招抚，逗留义安不救，是以屡败。【考异】纪事本末、典汇书"茶笼、谅山先后陷，琴彭、易先死之。"琴彭之死，恰在去年之冬，惟易先死，无月日可考，今于方政败绩下牵连记之。

14 癸丑，进行在礼部侍郎张瑛兼华盖殿大学士，直文渊阁。

瑛以东宫旧恩起用，然善承风旨，虽参机务，委蛇受成而已。

15 夏，四月，乙丑，诏授成山侯王通为征夷将军，充总兵官，都督马瑛为参将，讨黎利于交阯，仍命尚书陈洽参赞军务，平安伯李安掌交阯都司事。陈智、方政俱夺职，充为事官，从通立功自赎。

16 是月，吕震卒。以胡濙为行在礼部尚书。——时京师仍称行在也。

震为人，佞谀倾险，然有精力，能强记，才足以济其为人。尝兼三部事，奏牍益多，皆自占奏，情状委曲，背诵如流。故历事三朝，虽不见重，亦竟以功名终。

濙以仁宗改元召为行在礼部侍郎，上书陈十事，力言"建都北京非便，请还南京，省南北转运供亿之烦"，帝皆嘉纳。既闻其尝有密疏，疑之，不果。召转太子宾客兼南京国子祭酒。上即位，仍迁礼部左侍郎。至是来朝，留之行在礼部，遂进尚书。

17 上以载籍所记前代外戚及臣下善恶，足为鉴戒，乃采其事制外戚事鉴、历代臣鉴。至是书成，颁赐外戚及群臣。

谕曰："朕惟治天下之道，必自亲亲始；至文武诸臣，亦欲同归于善。前事之不忘，后事之师也。故于暇日采辑其善恶吉凶之迹，汇为是书，以示法戒。其择善而从，以保福禄。”并手自制序颁之。

18 五月，甲午朔，录囚。

谕三法司曰：“古者孟夏断薄刑，出轻系，仲夏拔重囚，益其食，所以顺时令，重人命也。祖宗时，遇隆寒盛暑，必命法司录囚。今天气向炎，不分轻重悉系之，非钦恤之道。其即量轻重区别之，务存平恕，毋致深刻。”

19 丙申，诏赦交阯黎利，许自新。

时渠魁未平，小寇蜂起，美留潘可利助逆，而宣化周庄、太原黄庵等结云南宁远州红衣贼大掠。上敕黔国公沐晟剿宁远，又发西南诸卫军，悉赴交阯受王通节制，通未至而黎利复犯清化。于是下诏赦利罪，许以降者仍授官职，又停采办金银香货，冀以弭衅。

初，茶笼之陷也，上责智等，期以来春平贼。召杨士奇、杨荣于文华殿，上曰：“昨谕荣昌伯等敕已行，朕有一言，独与卿二人知之。昔在南京，皇考曾与朕言：‘太祖定天下，安南最先归化。黎氏篡陈，法所必讨，求陈氏之后不得，故郡县其地。若陈氏尚有后，立之，犹是太祖之心，而一方亦得安静。’此语藏之朕心未尝忘。”士奇、荣对曰：“永乐三年初征黎贼，凡诰敕皆臣等亲承面命。圣志惓惓，在于兴灭继绝。”上曰：“其时朕虽髫年，尚记一二圣语，亦如卿等所言。卿二人意与朕合，三二年内，朕必行之。”

及茶笼再败，敕王通等既出。一日，上御文华殿，蹇义、夏原吉及士奇、荣侍。上曰：“交阯自建郡县以来，用兵无宁岁。昨遣将出师，朕反复思之，欲如洪武中使自为一国,岁奉常贡,以全一方民命。卿等以为何如?"义、原吉对曰:"太宗皇帝平定此方,劳费多矣。二十年之功,弃于一旦,臣等以为非是。"上顾士奇、荣曰:"卿两人云何?"对曰:"交阯,唐、虞、三代俱在荒服之外;汉、唐以来,虽为郡县,叛服不常。汉元帝时,以贾捐之议罢珠崖郡,前史称之。元帝中主,犹能布行仁义,况陛下父母天下,与此豺豕较得失耶!"上颔之。至是遂有赦利之诏。

20 壬寅,册孙氏为贵妃。

初,妃父忠,任永城县主簿。皇太后母彭城伯夫人,故永城人,时时入禁中,言忠有贤女,遂得入宫,方十余岁,文皇命今皇太后育之。已而上婚,诏选胡氏为妃,而以孙氏为嫔。及上即位,孙氏有宠,至是遂封为贵妃。

故事,皇后金宝金册,贵妃以下有册无宝。上特请于太后,制金宝赐焉。——贵妃有宝自此始。

21 丙午,敕郡县瘗遗骸。

22 庚申,召阳武侯薛禄还。【考异】此与上丙午瘗遗骸,明史稿系之四月下。四月无丙午、庚申,盖上文漏却"五月"二字耳。今据明史纪。

23 是月,礼部奏:"锦衣卫总旗卫整女,母病,割肝煮液饮之,遂愈,宜旌表。"上曰:"身体发肤,受之父母,不敢毁伤。刳腹割肝,此岂是孝? 若致伤生,其罪尤大。况太祖时已有禁令,今若旌表,使愚人效之,岂不大坏风俗! 女子无知,不必加罪。所请不允。"并敕礼部仍著之律。

24 六月,行在刑部都察院奏:"南京轻重录囚,俱解赴行在,道中亡故者多。况其囚已经大理寺审允,又赴行在则复矣。宜令南京刑部、都察院,除军民、职官、命妇犯轻重罪及旗军、校尉、力士、余丁犯徒、流、死罪,皆监候奏请,其余皆就地依律决遣。"从之。

25 秋,七月,癸巳,京师地震。

26 乙未,免山东夏税。时山东旱,无麦也。

27 己亥,谕六科给事中,"凡中官传旨,必覆奏始行。"时中官有传旨径行者,命下法司治之,遂有是谕。

28 壬子,罢湖广采木。

时湖广发民运粮,调军征讨。会遇旱灾,民皆艰食。工部勘合采杉松大材七万株,巡按御史刘鼎贯奏请罢役,从之。尚书吴中请罢其半,不许。

29 是月,巡按御史李骥奏:"请变通蓟州军户畜马。初以蓟州之东,地广草肥宜畜牧,令永平卫军,人牧牝马一,两岁责纳一驹,免其他役。后军士调发既多,畜者皆老幼残疾之人,一人有畜至二三十匹者。责驹既难,种马亦耗,宜分给诸卫马少者均养之。"诏从其议。

30 自六月至是月,江水大涨,襄阳、谷城、均州、郧县缘江民居,漂没者半。又黄、汝二水溢,淹开封十州县及南阳、汝州、河南嵩县。

31 始立内书堂,教习内官监也。

初,洪武间,太祖严禁宦官毋得识字。后设内官,监典簿,掌文籍,以通书算小内史为之。又设尚宝监,掌御宝图书,皆仅识字,不明其义。及永乐时,始令听选教官入内教习之。

初，上即位，下诏求直言，有湖广参政黄泽，上书言十事。其言远嬖幸曰："刑余之人，其情幽阴，其虑险谲，大奸似忠，大诈似信，大巧似愚。一与之亲，如饮醇酒，不知其醉，如噬甘腊，不知其毒，宠之甚易而远之甚难。古者宦寺不使典兵干政，防患于未然也。涓涓不塞，将为江河，汉、唐已事，彰彰可监。"上虽嘉叹，不能用。

至是开书堂于内府，改刑部主事刘翀为翰林修撰，专授小内使书，选内使年十岁上下者二三百人读书其中。其后大学士陈山亦专是职，遂定翰林官四人教习以为常。

自此内官始通文墨，司礼、掌印之下，则秉笔太监为重。凡每日奏文书，自御笔亲批数本外，皆秉笔内官遵照阁中票拟字样，用硃笔批行，遂与外廷交结往来矣。【考异】设内书堂事，明史本纪不载，三编、辑览特书之于是年之七月，据实录也。明书所载月分同，今据之。

32 八月，壬戌，汉王高煦反。

初，高煦之国乐安，未尝一日忘反。及仁宗崩，上即位，赐高煦及赵三视他府特厚，高煦日有请，皆曲徇其意。由是益自肆，乃遣其亲信枚青等潜至京师，约英国公张辅为内应，辅执之以闻。

时高煦已约山东都指挥靳荣等，又散弓刀旗帜于卫所，尽夺旁郡县畜马，立五军、四哨。部署已定，伪授指挥王斌、知州朱恒、长史钱巽、千户盛坚、典仗侯海、教授钱常等为太师、尚书、都督、侍郎等官，其余各以差授职。议先取济南，然后犯阙。御史乐安李濬，以父忧家居，高煦遣人招之不往，变姓名，间道诣京师上变。

上犹不忍加兵，遣中官侯泰赐高煦书。泰至，高煦盛兵见泰，南面坐，大言曰："靖难时，非我出死力不得至是。太宗轻听谗言，削我护卫，徙我乐安。仁宗徒以金帛饵我，今上动以祖制绳我。我安能郁郁久居此！"寻以兵马军器示泰观之，曰："以此横行天下可也。归报尔主，亟缚奸臣夏原吉等来，徐议我所欲。"泰惧，不敢言，归，亦不敢以实对。锦衣官从泰往者，具陈其状，上怒。

已而高煦遣百户陈刚进疏，更为书与公侯大臣，多所指斥，上叹曰："汉王果反矣！"

初，议遣阳武侯薛禄往讨之，夜，召诸大臣入，屏左右密语。大学士杨荣首劝上亲征，曰："彼谓陛下新立，必不自行。今出其不意，以天威临之，事无不济。"时英国公张辅在侍，奏曰："高煦素懦。愿假臣兵二万，擒献阙下。"原吉曰："独不见李景隆已事邪？臣昨见所遣将，命下即色变，退语臣等泣，临事可知。且兵贵神速，卷甲趋之，所谓'先人有夺人之心。'荣言是也。"议遂决。

33 癸亥，召郑亨、陈英自大同、永平还。

34 丙寅，宥武臣殊死以下五百二十人罪，复其官。

丁卯，释军士徒罪以下，令从军自赎。

35 己巳，谕诸将亲征。诏郑王瞻埈、襄王瞻墡居守，广平侯袁容、武安侯郑亨、大学士黄淮、尚书黄福等协守。又敕遣指挥黄谦同平江伯陈瑄率兵防淮安，勿令贼南走。

36 辛未，车驾发京师。命薛禄等率兵二万为先锋，少师蹇义、少傅杨士奇、少保夏原吉、太子少傅杨荣、太常卿杨溥扈行。

37 癸酉，车驾过杨村，马上顾从臣曰："度高煦计安出？"
或曰："乐安城小，彼必先取济南为巢窟。"或曰："彼昔请
居南京，今必引兵南下。"上曰："不然。济南虽近，未易攻；
闻大军至，亦不暇攻。护卫军家属皆在乐安，肯弃之南走
乎？高煦外强而中怯，敢反者，轻朕年少新立，必不肯亲
征；他将之来，以甘言厚利诱之，侥幸成事。今闻朕来已胆
落，敢出战乎！至即禽矣。"

丙子，发哨骑二百前行。戊寅，获乐安归正人，言："高
煦初约靳荣取济南，山东布、按二司觉之，防荣，不得发。
又有进计言引精兵取南京者，众以家在乐安，不从。初闻
阳武侯等进兵，攘臂喜曰：'此易与耳。'及闻亲征，始惧。"
上厚赏之，给榜，令还乐安谕其众。

仍遗高煦书曰："朕惟张敖失国，本之贯高；淮南受诛，
成于伍被。今大师压境，王出倡谋者禽以献，朕与王削除
前过，恩礼如初。自古小人事藩国，欲因之以图富贵；事如
不成，则又反噬以图苟安。王如执迷不悟，大军既至，一战
成禽；又或麾下以王为奇货，缚之来献，朕虽欲保全，不可
得矣。其审图之！"

38 庚辰，薛禄等前锋至乐安，高煦约以诘朝出战。禄驰
报，上令大军蓐食兼行。夜分，至阳信县，一时阳信吏人，
皆入乐安城，无来朝者。

辛巳，驻跸乐安城北，大军壁其四门。贼乘城举炮，大
军发神机铳箭，声震如雷，城中凶惧。诸将请即攻之，上不

许,仍以书谕高煦,不报。又以敕系矢射城中,谕逆党祸福,于是城中人多欲执高煦以献者。高煦狼狈失据,乃密遣人诣行幄:"愿假今夕诀妻子,即出归罪。"上许之。

壬午,移跸乐安城南。高煦将出,王斌等固止之,曰:"宁一战死,毋为人所禽!"高煦绐斌等,复入宫,潜从间道出见上。群臣请正典刑,不允。以劾章示之,高煦顿首言:"臣罪万万死,惟陛下命。"上令高煦为书召诸子,皆至,余党悉就禽。赦城中罪,凡胁从者皆不问。

癸未,改乐安曰武定州,命薛禄及尚书张本镇抚之。

乙酉,遂班师。

39 庚寅,驻跸献县之单桥,大学士陈山迎驾。山见上,言:"赵王与高煦共谋逆已久,宜移兵彰德禽之。否则赵王反侧不自安,异日复劳圣虑。"

杨荣亦从中赞决,惟杨士奇不可,曰:"事当有实,天地鬼神可欺乎?"荣厉声曰:"汝欲挠大计邪?今逆党皆云赵实与谋,何谓无辞?"士奇曰:"太宗皇帝三子,今上惟两叔父。有罪者不可赦,其无罪者宜厚待之。疑则防之使无虞而已,何遽加兵,伤皇祖在天意!"

时惟杨溥与士奇合,约入谏,阍者不纳。上寻召蹇义、夏原吉入,二人以士奇言白上。上亦初无罪赵王意,移兵事得寝。

40 九月,丙申,车驾还京师。

41 戊戌,法司鞫高煦同谋者,词连赵王高燧,晋王济熿,命勿问。

时户部主事李仪请削赵王护卫，尚书张本亦以为言。上召士奇谕曰："言者论赵王益多，如何？"对曰："今日宗室惟赵王最亲，陛下当保全之，毋惑群言！"上曰："吾欲封群臣章，示王令自处，何如？"士奇曰："善！更得一玺书，幸甚！"于是遣广平侯袁容、都御史刘观至赵，赍书示之。容等至，赵王大喜曰："吾生矣！"上书谢恩。明年，复献护卫。由是言者始息。

上待赵王日益亲而薄陈山，谓士奇曰："赵王所以全，卿力也。"赐之金币。

42　庚子，废高煦为庶人，锢于西内，筑室居之，曰逍遥城。王斌、朱恒等皆伏诛，惟长史李默以尝谏，免死，谪为民。天津、山东诸都指挥，以预谋诛死者六百四十余人，余皆戍边。

上亲制东征记书其事，明不得已而用兵也。

43　冬，十月，戊寅，释李时勉于狱，复以为侍读。

初，时勉以谏先帝，授挞濒死。既下狱，与锦衣千户某有恩，千户适莅狱，密召医，疗以海外血竭，得不死。仁宗之大渐也，谓夏原吉曰："时勉廷辱我！"言已，勃然怒，原吉慰解之。其夕，帝崩。

至是有言时勉得罪先帝状，并及遗言，上震怒，命使者："缚以来，朕亲鞫，必杀之！"已，又令王指挥"即缚斩西市，毋入见！"指挥出端西旁门而前，使者已缚时勉从端东旁门入，不相值，上遥见，骂曰："尔小臣，敢触先帝，疏何语？趣言之！"时勉叩头曰："臣言谅阴中不宜近妃嫔，皇太子不宜远左右。"上闻言,色稍霁。徐数至六事止,上令尽陈之,对曰:"臣皇惧,不能悉记。"上意益解,曰:"是第难言耳。草安在?"对曰:"焚之矣。"上乃太息称其忠,立赦之,并复其官。比<u>王指挥</u>诣狱还,则<u>时勉</u>已袭冠带立阶前矣。

44 己卯夜,大雷电雨。

45 十一月,乙未,<u>成山侯王通</u>击<u>黎利</u>于<u>应平</u>,败绩,兵部尚书<u>陈洽</u>死之。

　　<u>通</u>以九月至<u>交阯</u>,会<u>荣昌伯陈智</u>遣都指挥<u>袁亮</u>击<u>黎利</u>弟<u>善</u>于<u>广威州</u>。<u>亮</u>遣指挥<u>陶森</u>、<u>钱辅</u>等渡河,中伏并死,<u>亮</u>亦被执。<u>善</u>遂分兵三道犯<u>交州</u>,其攻<u>下关</u>者,为都督<u>陈濬</u>所败,攻<u>边江</u>小门者,为<u>安平伯李安</u>所败,<u>善</u>夜走。

　　适<u>通</u>至,亦分兵三道出击。参将<u>马瑛</u>败贼于<u>清威</u>,至<u>石室</u>,与<u>通</u>会,俱至<u>应平</u>之<u>宁桥</u>。诸将言:"地险恶,恐有伏,宜且驻师觇之。"<u>通</u>不听,麾兵径渡。人马行泥淖中,不能成列。伏四起,军溃,遂大败,死者二三万人。<u>通</u>中胁走。<u>洽</u>独跃马入贼阵,创甚,堕马。左右欲扶还,<u>洽</u>张目叱曰:"吾为国大臣,食禄四十年,报国在今日,义不苟生。"挥刀杀数贼,自刭死。<u>黎利</u>自<u>清化</u>闻之,鼓行至<u>清潭</u>,攻<u>北江</u>,进围<u>东关</u>。

　　<u>通</u>以父<u>真</u>死事封,素无战功,朝廷不知其庸劣,误用之,一战而败,心胆俱丧。乃阴许为<u>利</u>乞封,而割<u>清化</u>迤南界<u>利</u>,悉撤官吏军民还<u>东关</u>。<u>清化</u>知州<u>罗通</u>不从,曰:"不奏朝命而弃土地,是卖城也。"与指挥<u>打忠</u>坚守。<u>利</u>移兵攻

之,不能下。别贼万余攻隘留关,百户黄彪等遇害,百户万琮自南门大呼奋击,乃退。

初,利攻乂安,都督蔡福以粮尽降贼。贼逼福诣诸城说降,至清化,通大骂而去。福之降也,其千户包宣,先通于贼,胁福,并降之。惟指挥佥事周安愤甚,潜与众谋,俟官军至为内应。宣觉之,以告利,利收安,将杀之,安曰:“吾天朝臣子,义不死贼手。”与指挥陈麟跃起夺贼刀,杀数人,皆自刎死。所部九千余人悉被杀。

宁桥之败,王通诡与贼和,而请济师于朝,为贼所遮,不得达。时何忠为政平知州,会利遣使奏表入谢,通乃遣忠及副千户桂胜与偕行,以奏还土地为词,阴令请兵。至昌江,中官徐训泄其谋,贼遂拘忠、胜,临以白刃。二人瞋目怒骂不屈,并忠子皆被害。

上闻洽死,叹曰:“大臣以身殉国,一代几人!”追赠少保,谥节愍。后上闻安等之死,亦叹息如之。

46 是月,左都御史刘观等言:“高煦之党,同谋者皆伏法。其护卫军丁,居他州者尚多,当罪之。”上曰:“凡先调卫及商贩在外者,皆不预逆谋,其释之,勿穷治。”

47 十二月,辛酉,免六师所过地方秋粮。

48 辛未,命行在刑部、都察院、锦衣卫,三日内悉上所鞫狱囚罪状。上亲览决,真犯死罪,依律连坐,以下免死、谪戍追赃、流徒以下,运砖赎罪及罚钞释免有差。凡宥免三千余人。

49 上闻王通之败,大骇,乙酉,命安远侯柳升为征虏副将军,充总兵官,保定伯梁铭副之,都督崔聚为右参将,尚书李庆参赞军务,由广西进讨黎利。又命黔国公沐晟为征南将军总兵官,率兴安伯徐亨、新宁伯谭忠从云南会之。

尚书黄福奉使南京,陈洽之代福也,累奏乞福还抚交阯。至是召福赴阙,谕曰:“卿惠爱交人久,交人思卿,其为朕再行!”仍以工部尚书兼詹事,领交阯布、按二司事,与升等同行。并敕王通守城练兵,俟升至同进。

50 是岁,以钱塘于谦为监察御史。

谦生七岁,有僧奇之,曰:“他日救时宰相也。”中永乐十九年进士。上即位,授御史,奏对,音吐鸿畅,上为倾听。寻扈跸乐安。高煦出降,上命谦口数其罪,谦正词崭崭,声色震厉,高煦伏地战慄称万死。上大悦,师还,赏赉与诸大臣等,遂命巡按江西。【考异】于谦授监察御史,吾学编系之是年。证之明史谦传,“谦从上乐安还,赏赉与诸大臣等,遂命巡按江西”,是谦授御史已在前也。今系于是年之末。

二年(丁未、一四二七)

1 春,正月,庚子,大祀南郊。

2 丁未,有司奏岁问囚数。上谓“百姓轻犯法,由于教化未行”,命申教化。

720

3 是月,诏申明屯田法。

谕户部及侍臣曰:“海内无事,军士量留守备,余悉屯种,所收足以给衣食,则国家可省养兵之费。然朕以为立法固善,尤在任用得人。其令兵部移文所司,选老成军官提督屯田,仍命风宪官以时巡察。”

4　南京地震。

5　上既命柳升等出师，一日，御文华殿，召杨士奇、杨荣谕曰："前论交阯事，蹇义、夏原吉拘牵常见。昔楚子讨陈，夏徵舒县陈，申叔时以为不可，乃复封陈，古人之服义如此。前太宗初定交阯，即欲为陈氏立后，时廷臣不能顺承。今朕欲承先志，但叛贼在所必得，稍宁，当求陈氏立之。"士奇等对曰："此盛德事，惟陛下断自圣心。"上于是益决意罢交阯兵。

6　二月，癸亥，进行在户部侍郎陈山为本部尚书兼谨身殿大学士，直文渊阁。又进礼部侍郎张瑛为本部尚书。

上虽不重山，然以东宫旧恩，故与瑛先后命之。

7　乙丑，黎利犯交阯，王通击败之，斩其伪太监黎秘及太尉、司徒、司空等官，获首级万计。

利破胆遁走，诸将请乘势追之，通逗留三日。贼知其怯，复立寨浚濠，四出剽掠。未几，势复张。

8　是月，上御文华殿，赐辅臣银章各一，杨士奇曰"端方贞靖"，荣曰"方直刚正"。寻又赐尚书蹇义银章曰"忠厚宽弘"，夏原吉曰"含弘贞靖"。【考异】诸书皆纪赐辅臣四人银章各一，其实蹇、夏二人非辅臣也。又证之二人传，赐银章在三年，亦非同时事。今牵连并记，仍分别书之。

9　三月，辛卯，赐马愉等进士及第、出身有差。——愉，临朐人。

自洪武开科，惟三十年夏榜赐韩克忠第一人，盖专试北士也。是科，始分南、北、中卷取士，而北人预首选亦自此始。

礼部尚书胡濙请复洪武旧制，以朔日临轩策士，上曰："设科求贤，国家大事。"从之。

10　是月，敕戒群臣曰："执德以廉为要，廉者法之公而政得其平；治人以仁为本，仁者施之厚而下蒙其泽。忠以奉国，敬以勤事，古之良臣，率由斯道，其勖之哉！"

又与夏原吉语及古人信谗事，曰："谗慝之人，能变白为黑，诬正为邪，听其言似忠，究其心实险。是以舜圣谗说，孔子远佞人，唐太宗以为国之贼。朕于此辈，每切防闲，不使奸言得入，枉害忠良。汲黯正直，奸邪寝谋，卿等亦宜以为法。"

11　黎利自犯清化不克，以昌江为官军往来要道，率众八万余攻之。时上复敕调武昌、成都护卫、中都留守及各省都司、行都司兵凡三万五千人，从柳升、沐晟征讨。而贼势方炽，道路梗绝，奏报不通。传闻昌江被围急，上敕升等亟进援。

而贼惧大军将至，攻之益力。

夏，四月，庚申，利陷昌江，都指挥李任、指挥顾福、刘顺及中官冯智皆死之。

任等守昌江凡九月余，贼知不能克，乃逼降将蔡福招任降。任于城上大骂曰："汝为大将，不能杀贼，反为贼用，狗彘不食汝余！"发炮击之。贼拥福去，大集兵、象、飞车、冲梯，薄城环攻。任与顾福率精骑出城掩击，烧其攻具。贼筑土山，临射城中，凿地道潜入城，任、福随方御之，誓以死守，而诸将率观望不援。至是城陷，任、福犹率死士三战三败贼。贼驱象大至，不能支，皆自刎死，智及顺亦先后自经。城中军民妇女不屈死者数千人。

时谅江被围亦九阅月，知府刘子辅与守将集民兵死守，与昌江先后同陷。子辅曰："吾义不污贼刃。"自缢死。一子、一妾皆死。【考异】明史本纪，"是月庚申，黎利陷昌江，都指挥李任、指挥顾福、刘顺、知府刘子辅、中官冯智死之。"证之陈洽传，"利犯昌江、李任、顾福、刘顺、冯智四人，皆以守昌江抗节死。时刘子辅为谅江知府，与昌江先后陷，子辅与一子、一妾皆死之。"是子辅乃谅江知府，守谅江而死者，明史纪但书知府，不书谅江，同入之李任等四人之列，盖牵连并记耳。今据陈洽传分别记之。

12 甲子，晋王济熿有罪，废为庶人。

初，济熿不与美圭田，又闻朝廷赐济熺王者冠服及他赉予，益怨望。仁宗崩，不为服，使寺人代临。幕中广致妖巫，为诅咒不辍。

上即位，密遣人结高煦谋不轨。宁化王济焕，恭王第五子也，上告变。比禽高煦，又得济熿交通书，上皆不问。而济熿所遣使高煦人，惧罪及，走京师首实。内使刘信等，告济熿擅取屯粮十万余石，欲应高煦，并发其宫中事，皆实。召至京，废为庶人，幽之凤阳。同谋官属及诸巫悉论死。

13 己巳，王通许黎利和，为进表及方物。

通自宁桥之败，志气沮丧，举动乖张。贼围交州久，虽获城下一胜，终不敢出。昌江、谅江既陷，贼遂并力以攻交州，通益恇惧，度柳升师且出，未能猝至，道路多梗。会利遣人请和，愿上表谢罪。通欲许之，集众议，按察使杨时习曰:"奉命讨贼,与之和而擅退师,何以逃罪!"通厉声叱之,众莫敢言。遂以利书闻,遣人偕利使至京。

14 五月,癸巳,命阳武侯薛禄佩镇朔大将军印,充总兵官,督师防护粮饷赴开平,时备御都指挥唐铭等屡奏寇出没边境故也。

铭等又言:"孤城荒远,薪刍并难,猝遇寇至,别无应援,请添官军神铳守备。"下英国公张辅及群臣议,皆以为:"添军则馈给愈难。宜准禄初奏,于独石筑城,立开平卫。以开平备卫家属移于新城,且耕且守,而以开平及所调他卫官军,选其精壮,分作二班,每班一千余人更代,于开平旧城备哨,新城守御。官军不足者,暂于宣府及附近卫分酌量添拨,候发罪因充军代还。仍敕禄于防护粮饷之余,相宜区画,筑城安恤,以次集事。"上命俟秋成后为之。

15 己亥,奉仁宗昭皇帝神主祔太庙。

16 丙午,上亲录囚,杂犯死罪皆就徒,徒流笞杖论轻重罚工。因谓侍臣曰:"与其杀不辜,宁失不经。彼能因事改过,即为善良。若怙终不悛,终亦不免。"又曰:"唐太宗号称明君,除断趾法,禁鞭背,而悔杀张蕴。(古)〔故〕帝王用刑,不可不慎。"

17 是月,吏部上言:"自永乐十九年迄今,遣回庶官四千三百余人,居乡多不循分,持官府短长。请悉召至京考验,才能可用者,以次铨叙,否则罢为民。"从之。

18 六月,戊寅,录囚。

19 秋,七月,己亥,黎利复陷隘留关围丘温。

时镇远侯顾兴祖，拥兵在南宁不援，桂林中卫指挥徐麒与南宁千户蔡颙守丘温，将吏多弃城遁，麒与颙犹率疲卒固守，城陷皆死，无一降者。

上闻之，诏逮治兴祖至京师。【考异】明史本纪，"七月己亥，黎利陷隘留关"。证之顾兴祖传，（附顾成。）言"宣德中交阯黎利复叛，陷隘留关，围丘温。兴祖时在南宁，拥兵不救，征下锦衣狱。"据此，则陷隘留、围丘温，皆同时事。又证之陈洽传，"丘温被围，将吏皆弃城遁，惟桂林中卫指挥使徐麒与南宁千户蔡颙率疲卒固守，城陷皆死，无一降者。"今据传补出围丘温及徐麒、蔡颙二人死节事。

20　庚子，录囚。

21　辛丑，四川松潘蛮叛，诏都督同知陈怀充总兵官，率师讨之。

初，四川巡按御史奏："松潘卫所辖阿用等寨蛮寇，拥众万余，伤败官军，请讨之。"上意边将必有激之者。已而四川都司奏至，言："番本无叛意，因千户钱弘，闻调发松潘官军往征交阯惮行，诡言番寇至，当追捕以冀免调。又领军突入番族，逼取牛马，致番人忿怨。又胁以大军将致讨，番众惊溃，遂约黑水生番为乱。"上命逮弘等，而责诸司怠玩边务，亟捕诸伤官军者。遣都指挥、佥事蒋贵往，同松潘指挥吴玮招抚番寇，令调附近诸卫军二万人以行。

时贼已围松潘城，杀指挥陈杰，聚众五万，焚上下四关及诸屯堡，又分兵围威茂、叠溪诸卫所，官军屡战皆败。出掠绵竹诸县，镇抚侯班死之。蜀王遣护卫官校七千人来援。

事闻，上乃诏怀与贵合师进讨，并核诸将之贪淫玩寇者以闻。

22 丁未,镇朔将军薛禄败北寇于开平。

时禄巡边还,驻宣府。虏犯开平,无所得而退,去城三百余里。禄率精兵昼伏夜行,三夕至,纵轻骑蹂敌营,破之,生禽镇抚、百户等十二人,获马八百余匹,牛羊四千余头。师还,虏蹑其后,禄纵兵奋击,又败之。虏由是远遁。

23 是月,令官吏军民入米赎罪。定杂犯死罪至笞四十,分十等纳米,百石至二石有差,纳者皆减死罪,徒流以下悉免。惟无力纳米者,虽笞杖,久系不释。御史郑道宁、张纯等奏言:"军储仓拘系罪囚,无米输纳,自去年二月至今,死者九十六人。请以罪轻者免其追系,发所隶州县遣还。"从之。

24 八月,甲子,大学士黄淮以疾乞致仕,许之。

淮历事三朝,所献替皆嘉纳。然量颇隘,同列有小过,辄以闻。或谓解缙之谪,淮有力焉,上亦以此疏之。然以旧臣故,恩礼勿替,仍赐钱万贯遣归。

25 免两京、山西、河南州县水旱被灾税粮。

26 是月,以户部侍郎郭敦为本部尚书,寻奉诏巡抚陕西。明年五月,召还复任。

27 上闻诸司于朝廷所下宽恤诏令,往往沮格不遵行,谕曰:"朝廷治天下,以信为本。朕每下一诏令,必预度可行可守而后发,有司沮格,致朝廷失信于民,不忠孰大焉! 其严禁之,有沮格者治以罪。"

28 九月,壬辰,录囚。

29　乙未，安远侯柳升师次交阯，进军倒马坡，遇伏，死之。

升奉命久，俟诸军集，至是始抵隘留关。黎利已与王通有成言，乃伪为国人书，诡称陈氏有后，请升罢兵，立陈氏裔主其地。升得书，不启封，遣人奏闻。

时贼于官军经处，缘途据险列栅拒守，官军连破之，抵镇夷关。升以贼屡败，易之。郎中史安，主事陈镛，言于参赞尚书李庆曰："柳将军词色皆骄，骄者，兵家所忌。贼或示弱以诱我，未可知也。防贼设伏，玺书告诫甚切，公宜力言之。"时庆与保定伯副总兵梁铭皆病甚，庆强起，为升言之。都事潘禋，亦劝升持重，广侦探，引宁桥事为戒。升不为意，进薄倒马坡，与百余骑先驰。渡桥，桥遽坏，后队不得进，伏四起，升陷泥淖中，中镖死，从者皆没。其夕，铭病卒，明日，庆亦卒。

又明日，左军都督佥事崔聚，率兵至昌江，贼来益众，官军殊死斗。贼驱象大至，阵乱。聚力战被执，贼百计降之，不屈死。官军或死或走，无一降者。安、镛、禋及主事李宗昉皆死之。【考异】据明史柳升传言："升进军至倒马坡，一时同陷而死者，有崔聚、陈镛、史安、李宗昉、潘禋。而是时副总兵梁铭及参赞军务李庆，皆以病死"，明史稿统系之死事中，非也。惟明史书法详明，本纪是月书云："乙未，柳升师次倒马坡，遇伏战死。是日，保定伯梁铭卒。丙申尚书李庆病卒。师大溃，参将崔聚、郎中史安、主事陈镛、李宗昉死之。"与升传合。三编亦据明史升传，并补出"都事潘禋劝升持重，升不为意，师溃，禋亦死之。"今据明史升传，参之三编，并补入毐福遇贼事。

升质直宽和，善抚士卒，勇而寡谋，遂及于败。升既败，沐晟师至水尾县，不得进，引兵还，王通孤军援绝，遂决意弃交阯矣。

30 是月，工部尚书黄福行抵交阯，闻柳升败没，退至鸡陵关，为贼所执，欲自杀。贼至是始知为福，相与罗拜下泣，曰："公，交民父母也。公不去，我曹不至此。"力持之。黎利闻之曰："中国遣官吏治交阯，使人人如黄尚书，我岂得反哉！"遣人驰往守护，馈白金糇粮，肩舆送出境。至龙州，福悉取所遗归之官，乃还。

31 冬十月，戊寅，王通以交阯畀黎利，大集官吏军民，出城为坛，与利盟，约退师。

先是利上柳升书，其略言："高皇帝龙飞，安南首朝贡，特蒙褒赏，赐以玉章。后黎贼篡弑，太宗皇帝兴师讨灭，求陈氏子孙。陈族避祸方远窜，故无从访求。今有遗嗣暠，潜身老挝二十年，本国人民不忘先王遗泽，已访得之，傥蒙转达黼宸，循太宗皇帝继绝明诏，还其爵祀，匪独陈氏一宗，实蛮邦亿万生灵之幸。"至是通与利盟，复教利伪为陈暠谢表，称"臣暠乃先王暊三世嫡孙"，其余词意与利书略同。遂遣官偕利使奉表及方物进献。

通既与利和，因宴利，遗以锦绮，利以重货赂通。通不俟朝命，遂擅许之。

32 十一月，鸿胪寺进柳升封上黎利书，上额之。越日，王通上陈暠谢表亦至。上心知其诈，然欲藉此息兵，乃以书表示廷臣集议。张辅曰："不可许。唯益发兵讨此贼，臣请任之。"蹇义、夏原吉亦言："许之无名，徒示弱天下。"而杨士奇、杨荣知上厌兵，且屡有欲弃交阯语，因力言："陛下恤民命以绥荒服,不为无名,许之便。"于是朝罢,出曌表示文武群臣曰:"论者不达止戈之义,必谓从之不武。但得民安,朕何恤人言!"

寻命择使交阯者,义荐伏伯安有口辩,士奇曰:"言不忠信,虽蛮貊之邦不可行。伯安小人,往且辱国。"上是之。乙酉,命礼部侍郎李琦、工部侍郎罗汝敬为正使,(有)〔右〕通政黄骥、鸿胪卿徐永达为副使,赍诏抚谕安南人民,赦黎利罪,令具陈氏后人之实以闻。敕召王通、马瑛及三司卫所府州县官吏,尽撤军民北还。

33 乙未,皇长子生。

上年三十,胡皇后未有子,又善病。孙贵妃有宠,乃阴取宫人子为己子。上以长子生,大喜,宠贵妃有加。

己亥,大赦天下,免明年税粮三分之一。

34 十二月,丁丑,振陕西饥。

谕户部尚书夏原吉曰:"昨闻关中旱饥,已命有司发廪,又命卿出京库布帛往振之。此皆朝政阙失所至,因作诗志愧,卿亦当与朕同忧也。"时户部奉诏给绢布凡十五万疋。

35 是月,王通不俟诏至,辄令太监山寿与陈智等由水路还钦州,而自率步骑还广西,至南宁始以上闻。

自交阯内属者二十余年,前后用兵数十万,馈饷至百余万,转输之费不预焉。至是弃去,官吏军民还者八万六千余人,其陷于贼及为贼所杀者不可胜计。天下举疾通弃地殃民,而上不怒也。

36 是年,南京地凡十一震。【考异】明史五行志,"宣德元年,南京地震者九,二年春,复震者十。"三编则于二年正月书"南京地震",且云,"是年凡十一震"。按三编本之实录,今据之。

明通鉴卷二十

江西永宁知县当涂 夏　燮 编辑

纪二十 起著雍涒滩(戊申),尽上章掩茂(庚戌),凡三年。

宣宗章皇帝

宣德三年(戊申、一四二八)

1 春,正月,甲午,大祀南郊。

2 丙申,都督陈怀平松潘叛蛮。

怀初至,枭钱弘于军中以徇。寻率诸军连败贼于犵答坝、叶棠关,夺永镇等桥,复叠溪,抚定祁命等十族,又招降渴卓等二十余寨。松潘遂平。

3 是月,命都督金事山云佩征蛮将军印,充总兵官,镇广西。【考异】明史本纪不载,证之云传,言"宣德二年柳庆蛮韦朝烈等掠临桂诸县。时镇远侯顾兴祖以不救丘温被逮,公侯大臣举云,帝亦自知之。三年正月,命佩征蛮将军印,充总兵官往镇。"据此,则柳庆蛮之叛在二年,因顾兴祖被逮,廷臣荐云代之,乃有三年正月之命。三编系云镇广西于去年之七月,盖因柳州蛮叛及兴祖被逮牵连并记耳。今据明史云传,统系之三年正月下。

初,广西柳州、庆远蛮韦万黄、韦朝传等,聚众劫杀为民害,诏镇远侯顾兴祖讨之。兴祖以不救交阯被逮,公侯大臣举云廉勇有智略,遂有是命。

时贼方寇掠临桂诸县,聚众保山颠。山峻险,挂木于藤,垒石其上,官军至,辄断藤下木石,无敢近者。云夜半束火牛羊角,以金鼓随其后,驱向贼。贼谓官军至,亟断藤,比明,木石且尽,众噪而登,遂尽破之。南安、广源诸蛮悉先后下之。寻筑四城、九堡传舍九十余区。

广西自韩观卒后,诸蛮渐横,云至始慑服。

明通鉴

4 二月,戊午,立皇长子祁镇为皇太子。

皇子生之八日,群臣即上表请立为太子。皇后亦数上表请早定国本,孙贵妃佯惊曰:"后病瘳,自有子,吾子敢先后子邪!"上不允,至是遂立。于是胡皇后始请逊位。

5 丁卯,上奉皇太后游西苑,登万岁山,奉觞上寿。

6 是月,御制帝训,凡二十五篇,曰:"君德、奉天、法祖、正家、睦亲、仁民、经国、勤政、恭俭、儆戒、用贤、知人、去邪、防微、求言、祭祀、重农、兴学、赏罚、黜陟、恤刑、文治、武备、御夷、药饵。"至是成,上自为之序,复题其后以诏子孙。

7 三月,癸未,废皇后胡氏,立贵妃孙氏为皇后。

先是上欲废后,召张辅、蹇义、夏原吉、杨士奇、杨荣谕之曰:"朕年三十未有子,今幸贵妃生子。母以子贵,古亦有之,但中宫宜如何处置?"因举中宫过失数事,荣曰:"举此废之可也。"上曰:"废后有故事不?"义曰:"宋仁宗降郭后为仙妃。"上问辅、原吉、士奇:"何无言?"士奇对曰:"中宫母仪天下。群臣子也,子岂敢议废母!"辅、原吉依回其间,曰:"此大事,容臣等详议以闻。"既退,荣、义语原吉、士奇曰:"上有志久矣,非臣下所能止。"原吉曰:"但当议处置中宫。"士奇意亦动。

明旦,上御西角门,问:"议云何?"荣怀中出一纸,列中宫过失二十事,上览二三事,辄艴然变色曰:"曷尝有此!宫庙无神灵乎?"士奇对曰:"汉光武废后,诏书曰:'异常之事,非国休福。'宋仁宗废后,后亦甚悔。愿陛下慎之!"

一日,上独召士奇至武英殿,屏左右问处置中宫事,对曰:"皇后今有疾,因其有疾而导之辞让,则进退以礼。"上俞之。乃令后上表辞位,退居长安宫,赐号静慈仙师,贵妃遂得立。

8 壬辰,录囚。

9 是月,上召蹇义、夏原吉、杨士奇、杨荣等十有八人,从游万岁山,命乘马登山周览,赐登御舟,泛太液池。上指御舟曰:"治天下犹此舟矣,利涉大川,卿等之力也。"遂赐宴于西苑。

是时上方励精求治,诸大臣同心辅政,海内渐臻治平。上乃仿古君臣豫游事,每岁首许百官旬休,选胜宴乐。上亦时游西苑,诸学士皆从,赋诗赓和,从容问民间疾苦,朝野传为盛事。

10 阿噜台遣使四百六十人来朝,贡马及方物。

是时阿噜台数败于卫喇特,部曲离散,率其属东走乌梁海,驻牧边塞。虽岁修职贡,不过穷蹙求抚。而卫喇特自此益强。

11　夏,四月,癸亥,诏:"凡官民建言章疏,尚书、都御史、给事中会议以闻。"

谕曰:"致治之道,莫先于广言路。天下之大,吏治得失,民生休戚,臣民不言,朝廷何由悉知? 古人谓明主视天下犹一堂,满堂饮酒,一人向隅而泣,则一座不乐。若令天下有匹夫匹妇不得其所,实为君德之累。今后有建言民瘼者,卿等勿讳。"

12　是月,吏部尚书蹇义奏裁内外冗员,从之。

未几,巡抚浙江熊概,请增设杭、嘉、湖管粮布政使,上曰:"粮税自有常。朕方裁抑冗滥,古人言,省事不如省官。"不许。

13　闰月,壬寅,录囚。

14　免山西平阳府属八州、三十三县旱灾税粮。

会工部郎中李新自河南还,言"山西民饥,流徙至南阳诸郡不下十万余口,有司遣逐,死亡者多。"上谓尚书夏原吉曰:"昔富弼知青州,民间居处饮食医药,皆为区画,山林湖泊之利,与民共之,所活五十余万人。今乃驱逐使之失所,不仁甚矣!"甲辰,诏各布政使及府县官:"加意抚绥,随所在发仓廪振之,有捕治者罪之。"

15　庚戌,王通等至京,文武诸臣交劾其"丧师弃地,请置之法",又言"山寿曲护叛贼马骐,激变交民"。廷鞫,皆具服。诏与陈智、马瑛、方政及布政使弋谦俱论死,下狱,籍其家。自通外,寿骐罪尤重,而谦实无罪,皆同论,时议非之。

廷臣复劾沐晟、徐亨、谭忠逗留及丧师辱国罪，上皆不问，亦无意诛通等，长系待决而已。时顾兴祖至，亦下狱。

16 五月，壬子，李琦、罗汝敬自交阯还。

黎利遣使奉表谢恩，诡称"曧于正月物故，陈氏子孙已绝，国人推利守其国，请俟朝命。"上亦知其诈，不欲遽封也。

17 辛酉，录囚。

18 己巳，复遣罗汝敬、徐永达等赍敕谕利及安南国人，令出访陈氏后，并尽还官豆人民及其眷属。

19 辛未，赠恤交阯死事诸臣。

先是交阯布政使弋谦，以都指挥、同知李任等十二人死事闻，上恻然曰："大丈夫为国，固当杀身成仁，舍生取义，任等可谓无愧矣！"各加赠官，予诰，赐祭。

十二人者：李任，顾福，刘顺，徐麒，周安，蔡颙，何忠，桂胜，易先，刘子辅，及中官冯智。凡得赠恤者十一人，惟陈麟以尝与朱广开门纳贼，死不掩过，故不及。

20 壬申，免北京被灾夏税。

时真定、顺德、广平所属州县有司奏，"自去年十月至今年夏不雨，麦无秋"，故有是命。

21 是月，黎利送还官吏百五十七人，蔡福等与焉。

初，黎利攻乂安，福与都指挥朱广、薛聚、于瓒、指挥鲁贵、千户李忠等不战而降，福又教贼造攻具以攻东关。时有官军九千余人，欲焚贼营，福告贼，贼尽杀之，遂进攻昌江等城，又为贼遍说诸城降。至是福与广等六人至京师，鞫之，服罪，皆弃市，籍其家。

22 交阯之役，土官之被胁降黎利者甚众，亦有助官兵讨贼，及向义自拔来归者。

永乐十七年，四忙土官之役，交阯人陈汝石、朱多蒲从方政讨贼，深入陷阵，死之。

又，陶季容者，世为水尾土官，交阯内属，以为土知县，历归化知州，迁宣化府同知。上即位之元年，季容遣所部阮执先等追贼，为贼所获，令执先还招季容，胁以兵，不为动。上闻之，擢宣化知府，降敕奖劳。贼复遣人诱季容，季容执以送沐晟，而导官军败贼于水尾。王通弃交阯，季容率官属入朝。

又有陈汀者，古雷县千夫长，数从方政击贼有功，政信倚之。王通弃地，汀北行，为贼所得，授以官，令守交州东关。汀不从，挈其家九十余人从间道走。贼追之，家属尽陷，汀独身入钦州。上嘉其义，以为指挥，厚赉之。

他若土官阮世宁、阮公庭，皆不愿从利，率所部来归，乞居龙州、陈州之地。上命有司加意抚恤，资粮器用悉给之。【考异】陶季容、陈汀等事，均据明史王通传增入。

23 下刑部尚书金纯于狱。

先是纯有疾，上命医视疗。稍间，免其朝参，俾护疾视事。会暑，敕法司理滞囚，纯数从朝贵饮，为言官所劾。上怒曰："纯以疾不朝而燕于私，可乎！"命系锦衣狱。

既，念纯老臣，释之，落太子宾客，寻命致仕。

24 废汝南王有勳,新安王有熺为庶人。

有勳、有熺及祥符王有爝,皆周定王橚之庶子也。橚薨,世子有燉嗣,有勳数讦其过,上为书谕之。有爝与有熺诈为有爝与赵王高燧书,系箭上,置彰德城外,词甚悖。都指挥王友得书以闻,诏逮友,讯无迹。召有爝至,曰:"此必有勳所为。"讯之,具服。

有勳少与高煦善,建文中,尝诬定王反。文皇即位,定王请诛之,帝不忍,徙之大理,定王老,始归。有熺喜食人肝脑,薄暮伺人于门,掠而杀之。日未晡,邸前行迹为断。至是亦鞫服,并削爵。宥有爝勿问。

25 六月,丙戌,免陕西西安、延安、巩昌所属四州、十四县被灾税粮,旱故也。

26 丁未,遣都御史刘观巡视河道。

先是上朝罢,召大学士杨士奇、杨荣至文华门,谕曰:"祖宗时朝臣谨饬,年来贪浊成风,何也?"士奇对曰:"永乐末已有之,今为甚耳。"荣曰:"永乐时无逾方宾。"上问:"今日谁最甚者?"荣对曰:"刘观。"士奇曰:"风宪所以肃百僚。宪长如此,则不肖御史皆效之。御史奉巡四方,则不肖有司皆效之。"上曰:"然。"寻有是命。

27 是月,下工部尚书吴中于狱。

中以官厂木石遗中官杨庆作私第,甚弘壮。上登皇城,望见之,问左右,得实,遂系狱。寻释之,落少保,夺俸一年。

28 秋,七月,戊辰,录囚。

29 是月,宁王权请乞南昌近郭灌城乡土田,不许。

30 以通政使顾佐为右都御史。【考异】据明史七卿年表,佐任右都在是年七月,三编亦书之,盖因罢刘观,命之巡河道,又,是时右都御史王彰卒,故以佐代之。诸书有记佐任右都于十月者,牵连并记耳,今据年表、三编。

佐前任应天尹,刚直不挠,人比之包孝肃。至是上出刘观,问:"谁可代者?"大学士杨士奇、杨荣荐"佐公廉有威,历官并著风采"。上喜,遂擢是职。

31 八月,辛卯,罢北京行后军都督府及行部。

初,仁宗将还都南京,因设行府、行部,凡五府、六部,文移申达,必经行府、行部,往往重复稽误。至是命公、侯、伯、尚书、都御史、翰林、学士议。于是张辅、蹇义等言:"北京既有府、部,行府、行部宜罢。"从之。会李友直自四川采木还,改授工部尚书。然诸司尚沿行在称也。

32 上欲自将巡边,壬辰,召公、侯、伯五军都督府谕之曰:"北寇每岁秋高马肥必扰边,比来边备,未审何似?东北诸关隘,皆在畿内。今农务方毕,朕将亲历诸关,整饬兵备,卿等整齐士马以俟命。"

丁未,车驾发京师,蹇义、杨荣等扈从,张辅、薛禄等分将各兵。渡潞河,驻跸虹桥。谕诸将曰:"朕深居九重,岂不自逸!但朝夕思念保民,故有此行。今渡河道路所经,皆水潦之后,秋田无获,朕甚悯焉!其将士有扰民者,杀毋赦。"

33 是月,皇次子祁钰生,贤妃吴氏出也。【考异】明史本纪不载,三编书之八月,盖是月初三日壬午生也。今增入,为后景泰立张本。

34 九月,庚戌朔,车驾次蓟州。

上览郊原平远,山川明秀,田畴既获,颇多遗秉滞穗,喜曰:"使四处皆如此,朕复何忧!"进其州官谕之曰:"此汉渔阳郡也。昔张堪为政,民有乐不可支之歌。古今人材,不甚相远,其勉为之!"

35 辛亥,次石门驿。

谍报"乌梁海万众侵边,已入会州",上谓诸将曰:"此寇无能为。若知朕在此,必惊遁。今须击之,不可失也。惟喜峰口路隘且险,可单骑行。朕以精卒三千为诸将先,出其不意,禽之必矣。"或请益兵,(立)〔上〕曰:"兵在精与和,不在多。"乃命赍十日粮以行,使西宁侯宋瑛、武定侯郭玹、丰城侯李贤、都督冀杰屯兵遵化以俟。——瑛,晟之次子,兄琥,以洪熙元年坐事夺爵,命瑛袭封。玹,洪武功臣英之孙,贤彬之子也。

36 乙卯,车驾出喜峰口,文臣惟大学士杨荣从。日暮,抵宽河,与寇遇。上亲射其前锋,殪三人,分铁骑为两翼,夹击之,飞矢如雨,神机炮并发,寇马死者过半,遂大溃。上自将数百骑追奔,其众望黄龙旗,知上在焉,悉下马罗拜请降,皆生缚之,斩其酋渠。命诸将搜山谷,获军器马驼无算。

戊午,犒将士于会州。

甲子,班师。

癸酉,车驾还京师。上亲制诗歌劳将士,谒告于庙。

37 冬,十月,乙酉,上巡边还,以蹇义、夏原吉、杨士奇、杨荣四人皆春秋高,赐玺书曰:"古者师保之职,论道经邦,不烦以政。少师义，少傅士奇，少保原吉，太子少傅荣，皆祖宗遗老，畀辅朕躬。今黄发危齿，尚令典烦剧，兼有司之事，非所以优之也。其辍所务，朝夕在朕左右，讨论治理，共宁邦家，其勋阶爵禄并如故。"

38 是月，下都御史刘观于狱。

观居宪职，以纠十四道御史，劾大理卿弋谦，时论鄙之。而观素不谨，同僚宴乐，声伎满前，又私纳贿赂，诸御史尤而效之，亦贪纵无忌。上既询之杨士奇、杨荣等，即欲治观以肃台政。已，念其三朝旧臣，姑遣之出视河道。

于是御史张循理等交章劾观并其子辐诸赃污不法事，上怒，逮观父子，以弹章示之。观复上疏自辩，上益怒。出廷臣先后密奏，中有枉法受赇至千金者，观乃引伏，遂下锦衣卫狱。明年，将置之重典，杨士奇、杨荣乞贷其死，乃谪辐戍辽东，而命观随往，观竟客死。

其后士奇请命风宪官考察，奏罢有司之贪污者，上曰："然。向使不罢刘观，风宪安得而肃！"

39 命中官郭敬镇守大同。

时武安侯郑亨，佩征西前将军印镇大同，治军严肃，抚士卒有恩。而自文皇任宦官监军分镇，遂至擅用威福，激生事端，一时边镇总兵为所胁制，往往畏之。敬至，亨独裁之以理，与议事，无所挠。敬虽不悦，然以此惮之。

40 十一月，癸酉，锦衣卫指挥钟法保请采珠东莞，上曰："是欲扰民以求利也。"乃下之狱。

41 十二月，庚子，广西总兵官山云讨忻城蛮，擒其首谭团,斩首千五百余级,归所掠军民三百八十五人。【考异】据明史本纪,平忻城蛮在是月,证之山云传,言"是年之夏"者,因蛮叛牵连并记耳。纪盖本之实录,今据之。

42 是岁,封哈密故忠义王弟托欢特穆尔嗣为忠义王。

初,永乐间,封恩克特穆尔为忠顺王。恩克死,以其兄子托克托嗣;托克托死,封其从弟推勒特穆尔为忠义王。俱见前。上即位,推勒死,遣官赐祭,命故王托克托子卜答失里嗣,仍封忠顺王,并遣中官谕之,令遣故忠义王弟托欢特穆尔至京师。上以卜答失里年幼,复以托欢嗣为忠义王,同理国事。自是二王并贡,岁或三四至,奏求婚娶礼币,命悉予之。

四年(己酉、一四二九)

1 春,正月,己未,大祀南郊。

2 是月,两京地震。【考异】明史五行志,"是年两京地震",本纪书"两京地震"于正月。三编,"北京是年震者三,南京震者七",皆本实录,今据三编书之。

3 上郊祀,御斋宫,召学士杨溥谕曰:"朕每念创业难,守成不易。今幸海内稍安,顾祸乱每生于不虞。迩来群臣,好进谀词,朕颇厌闻。卿宜勉辅朕,勿惮直言。"溥顿首曰:"直言求之非难,受之为难。"上曰:"然。"

4 二月,己丑,南京守备襄城伯李隆献驺虞二,礼部请表贺,上曰:"朕嗣位四年,民生未能得所。驺虞之祥,于德弗类。"不许。

5 三月,罗汝敬等自交阯还。

黎利复表言:"陈氏无遗种,请别命。"因贡方物及代身金人。又言:"臣九岁女,遭乱离散,后知马骐携归充宫婢。臣不胜儿女私,冒昧以请。"上心知陈氏即有后,利必不言,然终以封利无名。甲戌,复命李琦偕汝敬再往,访求陈氏后,且以利女病死告之。

6　夏,四月,戊寅,上以书谕宁王权。

时宁王自以大父行,数有干请,上皆以理裁之。至是又以"宗室将军不宜以禄米定品级"奏,言"高皇帝笃念亲亲,凡宗室子孙,旧无品级,不与异姓同。"又言:"靖江王府将军与诸王同班,不论品级,皆行君臣礼。"又请"不避斧钺,乞赦高煦。"语多忿戾。

上乃自为书责之,其略曰:"来书谓高皇帝子孙旧无品级,今稽之祖训录,内载:'凡郡王之子授镇国将军三品,孙辅国将军四品,曾孙奉国将军五品,玄孙镇国中尉六品,五世孙辅国中尉七品,六世以下,世授奉国中尉八品。'是郡王子孙,未尝无品级也。必如王言,则诸王兄弟子侄,同为行列,是无尊卑之分,曷为而可!

若靖江府镇国将军与群下相见之礼,则洪武二十九年钦定礼仪云:'凡镇国将军与驸马、仪宾公侯相见,将军居左,驸马等居右,皆再拜。与文武一品至三品官相见,将军居中,各官拜,将军答拜。四品以下官相见,各官拜,将军坐受。凡遇将军于道,驸马、仪宾,公侯让左并行,文武一品至三品引马侧立,四品以下下马。'令曰'镇国将军裔旨',称曰'官人',别无行君臣礼之说。若如王言,是教子孙越礼犯分。春秋之法，天无二日，土无二王，家无二主，岂宜有此！

朕自嗣位以来，体祖宗之心，循祖宗之法，不敢毫末有所增损。往者逆贼高煦，包藏祸心，谋为不轨，求朝廷之过不得，辄妄称太祖高皇帝时未尝颁给群臣诰敕，以为擅改旧制，具本指斥，遂举兵反。及被执至京，出洪武中诸司职掌示之，俛首无言，愧悔不及。今王辄有'不避斧钺，乞为赦免'之说，宗庙神灵，监临在上，何冤何抑而代抱不平？朕览毕，以示公侯大臣，咸谓'王意非在此，盖托此为名。不然，何以宣德元年八月之事而至今始发也？'

朕已悉拒群臣之言不听，尚望谨之！或复不谨，非但群臣有言，恐天下亦将言之不已。彼时虽欲朕全亲亲之义不可得矣。"

权得书，乃惶恐谢罪。【考异】明史本纪不载。证之诸王传，"宁王以宣德三年请乞南昌灌城田，明年，又论宗室不当禄米定品级，帝怒，颇有所诘责。"即是年四月事。明史稿系之戊寅，是也，今据增，并据凤洲杂编补谕宁王语。

高煦既不得赦，一日，上偶幸西内视之，高煦伸足勾上踣地。上命舁铜缸覆之，缸重三百斤，高煦顶负之，辄动，乃命积炭于其上燃之。逾时，火炽铜镕，高煦死。诸子皆伏诛。

7　辛巳，总兵官山云讨浔、柳二州叛蛮，诛从寇二千四百八十人，枭首境上，遂平之。

8　戊子，命工部尚书黄福、平江伯陈瑄经略漕运。

初，上即位，命瑄守淮安，督漕运，至是瑄奏："济宁以北,水道淤塞,计用十二万人疏浚,半月可成。"上念瑄久劳,命福往同经理。——大臣督河、督漕,皆自近年始也。

9　是月,以吏部侍郎郭琎为本部尚书。

初,尚书蹇义,以老,命辍部务,上欲以琎代之。琎厚重勤敏,然寡学术,杨士奇谓宜别选大臣通经术知古今者,上乃止。至是仍以命琎,并谕以吕蒙正夹袋、虞允文材馆录故事。

然是时二杨用事,政归内阁。自布政使至知府阙,听京官三品以上荐举,既,又命御史、知县皆听京官五品以上荐举。凡要职选擢,皆不关吏部,琎亦望轻,委蛇受成而已。

10　五月,壬子,录囚,赦者二千二百余人。

11　罗汝敬还,奏:"交阯广源州人闵颜、岑斗烈、谭忠谨,初以龙州地归附,授颜本贯知州,斗烈判官,忠谨吏目。黎利叛,三人义不从贼,咸归龙州。颜临终,属其子元成曰:'受天朝官,不可贰心从贼。'今颜已死,乞悯其忠,量与元成等官职,处之善地。"从之。

是月,命元成仍为龙州知州,判官、吏目皆如旧,俱于广西布政司支俸,有司常加抚恤。

12　六月,甲午,诏:"文吏犯赃,不听赎罪。"

时御史王翱言:"官吏害民蠹政,赃犯为甚。今官吏罪无轻重,运砖复职,是贪黩者幸免,廉洁者鲜劝,非为治之道。请自今,赃吏坐死,但许赎罪,不许复官。"从之。

未几,文职有赃罪纳米者,吏部请降一级用,上曰:"纳米乃一时之权宜,惩贪为立国之大法。自今官吏犯赃者,罢纳赎例,仍依律治之。"

13 己亥,寇犯开平,掠赤城,镇抚张信、百户卢让死之。

14 庚子,命阳武侯薛禄督饷开平。

15 是月,初设钞关。

初,仁宗即位,户部尚书郭资以太子少师致仕,至是上复召还,仍以原官掌户部事。资言:"钞法不行,由商居货不税,请推广纳钞例。"旧制有商税而无船税,资请"照门摊市肆居商货之例,凡舟船受雇装载者,计所载料之多寡,路之远近,悉征其钞,设关收之。"于是始置漷县、济宁、徐州、淮安、扬州、上新河、浒墅、九江、金沙洲、临清、北新诸钞关,量舟大小修广而差其额,谓之"船料",不税其货。惟临清、北新则兼收货税,各差御史及户部主事监收。——钞关之设自此始。【考异】明史本纪不载设钞关事,见食货志,在是年。明书、吾学编皆系之是年五月,三编辑览系之六月。按请设钞关,乃郭资在户部所请,资以永乐廿二年致仕,是年四月召还,六月以原官掌户部事,见七卿年表。今据三编系之六月,与表合。

16 秋,七月,己未,上幸文渊阁,与少傅杨士奇、太子少傅杨荣等论经史,咨政务,悉召诸学士及史官谕之曰:"国史贵详实,卿等宜尽心。"各赐钞有差。

17 是月,户部上户口登耗之数。

上曰:"隋文帝户口繁殖,自汉以来,皆莫能及。议者以在当时必有良法,因享国不永,故无传焉。朕谓隋文勤于政事,自奉俭薄,足致富庶,岂徒以其法哉!大抵人君恭俭,取民有制,则生齿日繁,财赋自然充足矣。"

18 八月，丁丑，遣郑王瞻埈、襄王瞻墡、荆王瞻堈、淮王瞻墺俱之藩。

19 己卯，太常卿杨溥以母丧告归，上命中官护行。寻诏起复。

20 九月，癸亥，释顾兴祖于狱。

21 是月，放免南、北国子监生年五十以上学无成效及老疾者二百五十三人，令还乡为民。

时国子监助教王仙奏言："学校教养人才，固当讲习经史，至于书数之学，亦宜用心。近年生员止记诵文字以备科贡，其于字学算法，略不晓习。乞令天下学校生员兼习书算，由提调正官按察司巡按御史考试，以备因材之用。"从之。

22 冬，十月，庚辰，上幸文渊阁，御制诗赐杨士奇、杨荣等。

23 丙戌，上自制猗兰操，示大臣曰："孔子自卫反鲁，伤道之不遇而作猗兰操。朕今虑山林岩谷之贤亦有不遇者，辄拟斯篇。夫以人事君，大臣之道也，卿等宜勉副朕意！"

24 庚寅，大学士张瑛、陈山罢。

初，瑛与山皆以旧恩直机务，无所建白，上浸厌薄之。一日，御门，遥见山趋朝，问杨士奇曰："山何如人？"对曰："山虽侍陛下久，然其人寡学，多欲而昧大体。"上曰："然。往者赵王事，朕几为所误。"至是命山辍阁务，专授小内使书。瑛亦改南京礼部尚书。

25 甲午，上阅武近郊，召丰城侯李贤等居守，遇机密重务，详议即行，仍驰奏。

乙未，猎于崒口。戊戌，还宫。

26 十一月，癸卯，诏薛禄仍充总兵官，巡宣府，恭顺侯吴克忠副之，命都督谭广、武安侯郑亨各选士马听调。——克忠，恭顺伯允诚之子，洪熙元年进侯爵。允诚，蒙古人，初名巴图特穆尔。旧作把都帖木儿。克忠，初名达兰，旧作答兰。俱以归附，赐更姓名。

27 上去年北巡，命都御史顾佐偕尚书张本等居守，还，复赐佐敕令约束诸御史，于是佐纠黜贪纵，朝纲肃然。

居岁余，奸吏奏"佐受隶金，私遣归"，上密示杨士奇曰："卿不尝举佐廉乎？"对曰："中朝官俸薄，仆马薪刍资之隶。遣隶，半使出赀免役，隶得归耕，官得资费。中朝官皆然，即臣亦然。先帝知之，故增中朝官俸。"上叹曰："朝臣贫如此！"因怒诉者，欲下法司治之。士奇曰："细事不足干上怒。"上乃以吏状付佐，令自治之。佐顿首谢。召吏言："上命我治汝，汝改行，吾当贷汝。"上闻之，益喜，谓佐得大体。

是月，有告佐不理冤狱者，上曰："此必重囚教之。"命法司会鞫，果千户臧清杀无罪三人，当死，使人诬佐。上曰："不诛清，则佐法不行。"命磔清于市。

时佐既振举台职，而南京都御史，时擢福建按察使邵玘为之。南京诸司，纵弛亦久，御史贪婪，赃私狼藉。玘至，考察，奏罢不职御史二十余人，纪纲大振，与北院顾佐齐名，宪台为之一肃。

28 十二月,乙亥,京师地震。

29 壬辰,罢中官松花江造船之役。

先是辽东有警,镇守征虏将军巫凯请罢其役。既而中官复造舟,凯劾阮尧民等,下之吏,遂有是命。

30 是岁,南京地震者七。

31 免两畿税粮十七万有奇。

五年(庚戌、一四三〇)

1 春,正月,癸丑,大祀南郊。

2 壬戌,英国公张辅、尚书蹇义、夏原吉等进太宗仁宗两朝实录及宝训,上御奉天门受之。赐诸臣金币、鞍马有差。

【考异】明史本纪不载,宪章录、吾学编皆系正月,明书则书正月壬戌。按夏原吉以戊辰卒,传言"原吉以实录成,赐金币,入谢,归而卒。"据此,则壬戌正原吉卒之前六日事。今据明书日分。

3 戊辰,户部尚书夏原吉卒。

原吉历事三朝,管度支二十七年,善持大体。入参军务,出扈征巡,诸所献替,率有古大臣风烈。性宽和有雅量,人有善即采纳之,或有小过必为之掩覆。吕震尝倾原吉,震为子求官,上难之,原吉以震在靖难时有守城功,为之请。陈瑄初亦恶原吉,而原吉顾时时称瑄才。或问原吉:"量可学乎?"曰:"吾少时,有犯未尝不怒。始忍于色,中忍于心,久则无可忍矣。"尝夜阅爰书,抚案而叹,笔欲下辄止,妻问之,曰:"此岁终大辟奏也,笔一下则生死决矣。"与同列饮他所,夜归值雪,过禁门,有欲不下者,原吉曰:"君子不以冥冥堕行。"其慎如此。自奉俭约,三年,从上北巡,上取原吉橐糗尝之,笑曰:"何恶也!"对曰:"军中犹有馁者。"上为之犒将士,寻赐原吉以大官之馔。上雅善绘事,尝亲画寿星图以赐,其他图画、服食、器用、玩好之赐无虚日。

至是以两朝实录成,赐金币、鞍马。旦入谢,归而卒。赠太师,赐谥忠靖,并敕户部复其家,世世无所与。

4　是月,吏部考察天下朝觐官,黜无能者五十五人,罢归为民,贪污者二十五人,发戍边。

5　二月,壬辰,罢工部采木之役。

谕曰:"为国之道,农事为急。今国家无大营缮,当东作时而采运木植不已,岂不有妨农事?凡已采之木,随处堆积。军夫悉罢归农。"

6　癸巳,颁宽恤之令。

上以四方屡水旱,召大学士杨士奇,欲蠲免灾粮,宽民间追偿畜马。士奇对曰:"圣念及此,真民生之幸!但今宜宽恤者尚不止此。"因请"免积欠薪刍,量减官田租额,停采买,汰工役,理冤滞,以广德意"。上嘉纳,即命士奇草敕行之。

7　乙未,清明节,上奉皇太后谒长陵、献陵。【考异】乙未系清明节,是年立春在四年十二月七。法传录系清明节于三月下,误。

上亲囊鞭,以骑导太后辇。行至清河桥,下马扶辇,畿民夹道拜观。陵旁老稚皆山呼迎拜。太后顾上曰:"百姓戴君,以能安之耳。皇帝宜重念!"上奉太后过农家,召老妇问所业,有进蔬食酒浆者,太后取尝之,以与上曰:"此田家味也,皇帝宜知之。"

时**英国公**张辅、尚书蹇义、大学士杨士奇、杨荣、金幼孜、学士杨溥皆扈从,朝太后于行殿,太后慰劳之。既退,上复语士奇曰:"太后为朕言:先帝在青宫,惟卿不惮触忤,先帝能从,以不败事。又诲朕当受直言。"士奇对曰:"此皇太后盛德之言,愿陛下念之!"

8 三月,戊申,上谒陵归,行至昌平之东郊,见道旁耕者,以数骑往视之,禁从者勿警跸。因下马从容询稼穑事,取所执耒三推。耕者初不知上也,中官语之,乃惊,罗拜。上顾侍臣曰:"朕三举耒,已不胜劳,况常事此乎! 人言劳苦莫如农,信矣。"命耕者随至营,人赐钞六十锭。

己酉,还宫。次日,上录其语作耕夫记,示蹇义、杨士奇等。

9 辛亥,李琦等自交阯还。

黎利遣使贡金银器方物,复饰词具奏,并具头目耆老奏,请令利摄国政。

琦等既归,上复以访陈氏裔及还中国遗民二事谕之。然词不甚坚,姑以此缓其封事,待复请而后许之。

10 丙辰,免山西平阳十九州县去年旱灾田租。

11 丁巳,赐林震等进士及第、出身有差。

12 是月,楚王孟烷请纳两护卫。——孟烷,昭王桢子也。

先是平江伯陈瑄密奏:"湖广东南大藩,襟带湖、湘,控引瓯、越,人民繁庶,商贾辐聚。楚设三护卫,自始封至今,生齿日繁,兵强国富,小人行险,或生邪心。请以转漕为名,选其精锐,俟至京师,因而留之,可无后患。"上曰:"楚无过,不可。"孟烷闻之,惧,遂纳护卫二而留其一。上劳而听之。

13 夏,四月,戊寅,命阳武侯薛禄筑赤城等五堡。

先是禄巡边,上言:"永宁卫团山及雕鹗、赤城、云州、独石,宜筑城堡,便守御。"从之。至是诏发军民三万六千赴工,精骑一千五百护之,皆听禄节制。

禄濒行,上赐诗,以比山甫、南仲。禄,武人,不知书,以问杨士奇,士奇曰:"上以古贤人待君也。"禄拊心曰:"禄安敢望前贤!然敢不勉图报上恩于万一。"

14 是月,进杨荣少傅。荣请辞大学士禄,许之。

15 五月,癸卯,追夺赃吏诰敕,著为令。

16 丙辰,诏修预备仓,出官钱收籴以备凶荒。

17 癸亥,擢郎中况钟等九人为知府,赐敕遣之。

上以郡守多不称职,会苏州等九府缺,皆雄剧地,命部、院臣举其属之廉能者补之。于是尚书蹇义、胡濙、大学士杨士奇等首荐仪制司郎中靖安况钟,诏以为苏州知府。

一时与钟同荐者,户部郎中罗以礼知西安,兵部郎中赵豫知松江,工部郎中莫愚知常州,户部员外邵旻知武昌,刑部员外郎马仪知杭州,陈本深知吉安,陈鼎知建昌,何文渊知温州。九人考皆有治绩,而钟最著云。

18 六月,己卯,遣官捕近畿之永平、河间蝗。

谕户部曰:"往年捕蝗之使,害民不减于蝗,宜知此弊。"因作捕蝗诗示之。

¹⁹ 是月,迁开平卫于独石。

初,洪武三年,李文忠克元上都,设开平卫守之,置八驿,东四驿曰凉亭、泥河、赛峰、黄崖,接大宁古北口;西四驿曰桓州、威虏、明安、隰宁,【考异】三编质实作威自、度安。接独石。文皇四出塞,皆道开平、兴和、万全间,尝曰:"灭此残寇,惟守开平,则兴和、大宁、辽东、甘肃、宁夏边围,永无虞矣。"

已,弃大宁界三卫,而兴和亦废,开平失援。至是以北寇数犯开平,乃置独石堡,徙开平卫治之。自此蹙地三百里,尽失龙冈、滦河之险,而边地益虚矣。【考异】明史本纪但书四月筑五堡事,而不言徙开平卫。三编、辑览据实录分书五堡之筑在四月,徙开平卫在六月,今据之。诸书皆系移开平,治独石于三年十一月,据薛禄之议牵连并记耳。

²⁰ 朝使自西域还,言:"曲先卫副指挥散即思等,数率部众邀劫往来贡使,梗塞道途。"上怒,命都督史昭为大将,率左、右参将赵安、王彧及中官王安、王瑾,督西宁诸卫军及安定、罕东之众往讨之。

曲先东接安定,洪武时置卫。后遭多尔济巴之乱,部众窜亡,并入安定卫。永乐四年,仍复先朝旧制,分为二,即以安定指挥三即及散即思为曲先卫正、副指挥使。虽频年入贡,而邀劫不已。至是讨之。

²¹ 复命郑和使西域。

上以践阼岁久,而诸番国远者尚未朝贡,乃命和及中官王景弘等复奉命历忽鲁谟斯等十七国。

和历事三朝,凡先后七奉使,所历凡三十余国,所取无名宝物不可胜计,而<u>中国</u>耗费亦不赀。故俗传"<u>三保太监下西洋</u>"为明初盛事云。【考异】<u>明史</u>本纪于<u>郑和</u>使<u>西洋</u>及还之日月,皆详记之,独是年使诸番不载,事见<u>和</u>传。而<u>三编</u>书于<u>永乐</u>二年目中,亦言"<u>宣德</u>五年六月与<u>王景弘</u>奉命使<u>百番</u>,历<u>忽鲁谟斯</u>等十七国",今据增。

22 秋,七月,癸亥,谕吏部甄别守令。

23 是月,<u>阳武侯薛禄</u>卒。

<u>禄</u>以巡边有功,加太保。至是以筑城有疾召还,寻卒。

<u>禄</u>勇而好谋,谋定后战,故所至有功。善抚士卒,同甘苦,人乐为用。赠<u>鄞国公</u>,谥忠武。

24 八月,己巳朔,日有食之。

时当食阴雨不见,礼官请表贺,上不许,曰:"天下之大,京师虽不见,四方必有见者。朕方图修省以答天意,其勿贺。"

25 己卯,改工部尚书<u>黄福</u>为户部尚书,命总理<u>淮北</u>、<u>河南</u>、<u>山东</u>屯田事。【考异】<u>明史稿</u>书"户部尚书<u>黄福</u>",<u>三编</u>、<u>辑览</u>书"工部"。证之<u>七卿表</u>,<u>福</u>本任工部尚书,是年八月,以经理屯田,因改户部。<u>明史稿</u>但书"户部",不言由工部改任。<u>三编</u>则径作"工部"。今据<u>年表</u>著其改任事,并参本传书之。

先是<u>福</u>上书陈足兵食、省役之要,大略谓:"<u>永乐</u>间,南讨<u>交阯</u>,北征沙漠,加以营建<u>北京</u>,而资用未尝乏。比国无大费而岁用仅给,若不幸有水旱征调,将何以济?请役操备营缮军士十万人,于<u>济宁</u>以北,<u>卫辉</u>、<u>真定</u>以东,缘河屯种,初年自食,次年人收三石,三年收倍之。既省京仓口粮六十万石,又省本卫月粮百二十万石,岁可得二百八十万石。"上善之,下<u>行在</u>户、兵二部议。

尚书郭资、张本等言:"缘河屯田实便,请先以五万顷为率,发附近居民五万人垦之。但山东近年旱饥,流徙初复,卫卒多力役,宜先遣官行视,以俟开垦。"上从之,命吏部郎中赵新等经理屯田,福总其事。

既而有言"军民各有常业,若复分营田役,益劳扰。"本等以闻,事卒不行。

26 是月,上罢朝,谕吏部尚书郭琎等曰:"东汉初,窦融保河西,以孔奋为姑臧长。姑臧最富饶,而奋守甚洁,光武知之,擢奋武都郡丞。夫激浊扬清,为治之道,光武即位,未几举卓茂,又举孔奋,故东汉多循良吏。今天下岂无廉吏?卿等其甄别以闻。"

一日,上与学士杨溥论人才,溥对曰:"严荐举,精考课,不患不得。"上曰:"此尚非探本之论。若不豫为教养,则人才日坏,犹浊其源而求其流之清,不可得也。"溥顿首称善。

27 九月,丙午,擢监察御史于谦、越府长史周忱等六人为侍郎,巡抚两京、山东、山西、河南、江西、浙江、湖广等处。——各省专设巡抚自此始。

谦以御史巡按江西,雪冤囚数百。上知谦可大任,至是手书谦名授吏部,擢兵部侍郎,令巡抚河南、山西。

又以天下财赋多不理,而江南尤甚,思得才力重臣往厘之,乃用大学士杨荣荐,擢忱工部侍郎,令巡抚江苏诸府。

时与谦等同命者,吏部郎中赵新巡抚江西,兵部郎中赵伦巡抚浙江，礼部员外郎吴政巡抚湖广，刑部员外郎曹弘巡抚北畿山东。而谦与忱任最久，绩亦最著云。

28　乙卯，上巡近郊，命丰城侯李贤、尚书张本，都御史顾佐居守。己未，还宫。

29　是月，诛前南京御史严暟。

初，暟以受赇为御史刘弘道所劾罢官，寻贿刘观，得复职。及顾佐代观，奏黜，谪辽东。逾年，暟自戍所潜还京师，复胁他贿，为佐所奏，且言"暟将谋陷臣"。上怒，命戮暟于市。

30　冬，十月，乙亥，阿鲁台犯辽东，辽海卫指挥同知皇甫斌死之。

斌忠勇有智略，遇警辄身先士卒。闻寇至，驰赴密城东峪御之，自旦至晡力战，矢尽援绝，其子弼以身卫父，俱战死。千户吴贵，百户吴襄、毛观并骁勇，出必冲锋，至是皆死。斌等虽死，杀伤亦当，寇亦引退。

事闻，诏有司褒恤。

31　丙子，上巡近郊。

戊寅，度居庸关。

己卯，猎于岔道。

壬午，驻跸雷家站，召大学士杨士奇、杨荣等问曰："唐太宗过此，非征辽时乎？"皆对曰："然。"上曰："太宗恃其英武而勤远略，比行所丧不少，帝王之鉴戒也。"

丙戌，至洗马林，遍阅城堡兵备，遂还。

壬辰，车驾至京师。

32 丙申，蓬星见外屏南，由东南行，经天仓、天庾，凡八日而没。

33 十一月，己未，以给事中薛广等二十五人为知府，皆赐敕如况钟等。

34 是月，总兵官山云讨庆远蛮寇，斩首七千四百，平之。

35 十二月，庚辰，先夕，大雪盈尺。是日，早朝罢，上喜而成诗，以示群臣，复赐赏雪宴。群臣进贺章，上择其有关警戒者别录之，而自为之序。【考异】赏雪赋诗，诸书多系之十月。惟宪章录书十二月庚辰，纪闻书之十月庚辰。是时上方巡幸在外，并无途中遇雪事。且书中记于十月壬辰回京师之后，干支倒误，今据宪章录。

36 丁亥，有星如弹丸，见于九斿，色黄白光润，天文家以为含誉星。群臣请表贺，不许。凡旬有五日而隐。

37 癸巳，曲先叛番平。

史昭等兵至曲先，散即思先遁。其党托克托布哈旧作脱脱不花。等迎敌。诸将纵兵击之，杀伤甚众，生禽托克托布哈及男妇三百四十余人，获驼马牛羊无算。

散即思素狡悍，上宥其罪，仍怙恶不悛。至是人畜多损失，乃悔惧。明年，遣其弟贡马请罪，复待之如初，令还居故地，并归其俘。自是西番慴服。

38 闰月，己未，诏内外诸司："久淹狱囚者罪之。"【考异】明史稿作"十二月己未"，十二月无己未也。明史系之闰十二月己未，与实录同，今从之。

是时直登闻鼓给事中年富奏："重囚二十七人以奸盗当决，击鼓诉冤，烦渎不可宥。"上曰："登闻鼓之设，正以达下情，何谓烦渎！自后凡击鼓诉冤，阻遏者罪直登闻鼓官，并命法司审录。"

39 以户部侍郎李昶为本部尚书。明年十月,卒。

40 是岁,两京地震。京师震者一,南京震者四。【考异】明史五行志,"五年正月壬子,南京地震,辛酉又震"。三编则于是年十二月书"两京地震",目云,"北京震者一,南京震者四。"据此,则两京并震在十二月,南京四震,正月两震,一二月一震,此可考者。今据三编书于是年之末。

41 筑浙江海堤。

时巡抚侍郎成均言:"海盐去海二里,石嵌土岸二千四百余丈,水啮其石,皆已刓敝。议筑新石于岸内,而存其旧者以为外障,请如洪武中令嘉、严、绍三府协夫举工。"从之。

明通鉴卷二十一

江西永宁知县当涂 夏　燮 编辑

纪二十一 起重光大渊献（辛亥），尽旃蒙单阏（乙卯），凡五年。
宣宗章皇帝

1　春，正月，丁丑，大祀南郊。

2　庚辰，大雨雷电。

3　是月，罢湖广采木之役。

先是命侍郎黄宗载往湖、湘采宫殿大材，又发民运旧所采木赴南京。至是上闻湖广旱灾，军民艰苦，遂罢之。

4　礼部尚书胡濙兼掌户部。

5　兵部尚书张本卒，以工部侍郎许廓代之。廓寻以明年六月卒。

6　二月，丁酉，命工部侍郎罗汝敬督陕西屯田。

时陕西参政陈瑛言：“宁夏、甘肃膏腴之地，皆为镇守官及各卫豪横官旗所占，并不报官输租。其卑下瘠地，则分与屯军，致屯粮亏欠，军士饥困。乞遣官巡视以均之。”

乃命汝敬往同三司经理。

7　己亥,浚封丘县金龙口,引河水达徐州以便漕运。

时河南布政使又请浚祥符抵仪封黄陵冈淤道四百五十里,从之。【考异】金龙口之浚,始于永乐九年,至宣德间渐淤,宣德十年,以御史李懋言浚之。此见于河渠志者。志中所载宣德六年,则言“河南布政使请浚祥符抵仪封黄陵冈故道。”惟运河条下,言“宣德六年用御史白圭言,浚金龙口,引河水达徐州以便漕”,与本纪六年二月所书合,而云“用御史白圭言”,误也。圭以正统六年成进士,授御史,此时安得有浚河之奏?且圭传中亦无请浚金龙口之语。若李懋之请,事在宣德之末,不可合而为一。纪、志参差,必有一误。今据纪书之,仍增入志中浚黄陵冈事,而附刊其误于此。

8　是月,下巡按御史陈祚于狱。

祚以永乐中言建都北京不便谪均州,上即位,命宪臣即均州试诸谪戍者,祚策第一,寻试吏部,复第一。遂擢御史,巡按福建,方面大吏,多被弹击。寻按江西。

时天下承平,上颇事游猎,祚驰疏劝勤圣学。其略曰:“帝王之学在明理,明理在读书。陛下虽有盛德,而经筵未甚兴举,讲学未有程度,圣贤精微,古今治乱,岂能周知洞晰?真德秀大学衍义一书,圣贤格言,靡不具载,愿陛下于听政之暇,命儒臣进讲,非有大故,无得间断。使知古今若何而治,政事若何而得,必能开广聪明,增光德业,而邪佞之以奇巧荡圣心者自见疏远,天下人民受福无穷矣。”

上见疏,大怒曰:“竖儒谓朕未读大学邪?薄朕至此,不可不诛。”学士陈循顿首曰:“俗士处远,不知上固无书不读也。”上意稍解,乃下之狱。又逮其家人十余口,隔别禁系者五年,祚父竟瘐死。

其时刑部主事郭循谏拓西内皇城，修离宫，逮入，面诘之，循抗辩不屈，亦下狱。【考异】下陈祚狱事，明史本纪不载。证之祚传，"祚以巡按江西，驰疏劝勤圣学，触怒下狱"，正在是年。吾学编、明书皆系之是年二月，又言"祚禁锢五年"。故三编于宣德十年九月记陈祚之释，并记其宣德间劝勤圣学之事，今据之。

9　三月，乙亥，命吏部考察外官，自布政、按察二司始，著为令。

时巡抚江西侍郎赵新奏言："今方面官虽出身不同，皆由资格升擢，有临政略无施设者，有贪虐为非者，名与实异，行与言违。近吏部勘合令其考察郡县官吏，己不能正，焉能正人！是以好恶不公，去取多谬。乞令吏部先察布、按二司贤否，分别留黜，然后可以责令考察属吏。"上是其言，遂有是命。

10　夏，四月，戊戌，有星孛于东井，长五尺余。

11　己酉，遣兵部侍郎柴车经理山西屯田。

时巡按御史张勖言："大同地虽寒，平原旷野，种粟麦有收。其地多为官军所据，民无地可种，日以贫困。请遣官往视，占多者分与军民便。"从之，故有是命。

12　是月，户部尚书郭敦卒。

13　溧阳妖人钱成，诈言"子死复生，云见李老君，谓其有福，可图大事"，遂聚众谋叛。有司捕之不获，襄城伯李隆以闻。上曰："道家贵清净，绝嗜欲。后来小人诈言祸福以诳惑愚民，谓不忠不孝，诵经皆可免罪，愚民无知，倾心向之，是以奸人多托以举事。前代祸乱，不可悉举。今此辈又欲为张角耶！"敕隆发兵捕之，至是悉就获。械成至，斩诸市。

14　五月,丁卯,交阯黎利遣使谢罪,复以前谕访陈氏、归军民二事饰词对,仍进头目耆老奏,为利乞封,上乃许之。

六月,己亥,遣礼部右侍郎章敞、右通政徐琦赍敕印命利权署安南国事。

15　是月,浑河溢,决徐家等口,顺天、保定、真定、河间二十九州县俱水。又河决开封,没八县。

16　秋,七月,己巳,录囚。

17　壬午,遣锦衣指挥赍敕谕朵颜等三卫,许其来朝及往来市易。

初,上即位,三卫掠永平、山海间,上将亲讨之,三卫头目悉谢罪入贡。至是仍抚纳之如初。

18　是月,上幸大学士杨士奇第。【考异】明史本纪不载,事见本传。三编系之是年七月目中,所记与吾学编、宪章录同,今据之。

时上好微行,一日,漏下十二刻,从四骑至士奇宅。士奇仓皇出迎,顿首曰:"陛下奈何以宗庙社稷之身自轻?"上曰:"朕欲与卿一言,故来耳。"越日,遣中官问士奇:"微行有何不可?"对曰:"陛下尊居九重,岂能遍洽幽隐!万一冤夫怨卒,窥间窃发,诚不可不虑。"后旬余,获二盗,有异谋,上召士奇告之曰:"今而后知卿之爱朕也。"

19　八月,赵王高燧薨。

高燧自上禽高煦后,宥其罪,自是稍敛戢,遂以善终。谥曰简。

20　九月,荧惑犯南斗。【考异】据明史天文志在是月,吾学编、宪章录同,今据增。

21 宛平民以地施崇国寺,户部请蠲其税,上曰:"地为小民衣食之资,乃以施僧,又求免税,甚无谓。"令还之民。

22 冬,十月,甲辰,都督陈怀复讨松潘叛蛮,平之。【考异】明史稿系之十月庚子,今据明史本纪作甲辰。

23 丙午,上巡近郊。庚戌,还宫。【考异】巡近郊及还宫事,明史本纪不载。惟吾学编书于是月"丙午,上巡近郊,庚戌还宫。"明书则云"丙午上巡近郊,五日还",五日正庚戌也。疑本纪漏脱,今据增。

24 十一月,丙子,始命官军兑运民粮。

初,平江伯陈瑄行支运法,军民两便。后以官军多所调遣,仍用民运,而道远数愆期。上即位之四年,命尚书黄福佐瑄经略漕运,因建议复支运法。乃令江西、湖广、浙江民运粮百五十万石于淮安仓,苏、松、宁、池、庐、安、广德民运粮二百七十四万石于徐州仓,应天、常、镇、淮、扬、凤、太、滁、和、徐民运粮二百二十万石于临清仓,令官军接运入京、通二仓,民力稍减。

至是,瑄复上言:"江南民运粮诸仓,往返几一年,有误农业。若令民兑与附近卫所官军,运载至京,给与路费耗米,则军与民尤为两便。"——是为"兑运"。上命群臣会议。

吏部尚书蹇义等上官军兑运民粮则例,其加耗以路之远近为差,每石湖广八斗,江西、浙江七斗,江以南六斗,江以北五斗;民有运至淮安兑军者,止加四斗。如有兑运不尽,仍令民自运赴仓,其不愿兑者,听其自便。自此兑运与支运参行。而军既加耗,又给轻赍银为洪闸盘拨之费,且得附载他物,皆乐从事,而民亦多以远运为艰。自是兑运者多而支运者少。

25 乙酉,中官袁琦等坐赃事觉,分遣御史逮治。

26 是月,以书戒谕伊王颙炔,并逮其官属长史以下治之。

颙炔,太祖第二十五子伊厉王㰘之子也。嗣位后,纵中官扰民,洛阳人苦之。时河南知府李骥稍持以法,遂诬奏骥罪。上廉得其实,谓都御史顾佐曰:"此必王府谗邪小人教之辱骥耳。"遂诛其官属数人而宥骥。

27 十二月,乙未,诛中官袁琦,并逮其党十余人皆弃市。

琦自幼侍上,恃恩纵肆,擅遣内官内侍,以采办为名,虐取官民财物。事觉,下锦衣卫狱。籍其家,金宝千万计,服用僭侈非法,上怒,命磔之。

先是上以其党所遣在外者尚多,遣太监刘宁、御史张骏、李灏等,分往直隶、福建、湖广、江西、广东、广西、河南、南京、云南等处捕之。

时裴可烈在苏、松诸郡,贪暴尤甚。巡按御史林硕将绳以法,可烈遂诬硕毁诏书,被逮。上询得其实,敕责可烈。方欲治之,而琦事适发,遂命械系至京师,狱死。

内使马俊公差还京,至良乡,闻琦事自经,有司以闻。上曰:"此正与袁琦同恶害民者。"命戮其尸,枭首于市。

又,中官唐受,以公差南京,纵恣贪酷。事闻,捕至,具服,械赴南京,磔枭于市。

其他宦党阮巨队、阮诰、武莽、武路、阮可、陈友、赵淮、王贵、杨四保、陈海等十人,皆下狱论死。寻命都察院榜琦等罪示天下。【考异】明史本纪书袁琦等十一人弃市，三编质实据宣宗实录，载之甚详。盖唐受与阮巨队等凡十一人，其马俊先自经于良乡，故不在十一人之内。今据三编。

28 丁未，大学士金幼孜卒。

　　幼孜历事三朝，眷遇虽隆，而自处益谦，简易静默，以功名终。赠少保、谥文靖。

29 庚戌，遣御史二人巡视宁夏、甘州屯田水利。

七年(壬子、一四三二)

1 春，正月，辛酉朔，日有食之。诏免朝贺，并敕群臣修省。

2 癸酉，大祀南郊。

3 是月，赐司礼太监金瑛、范洪免死，诏词极褒美。——上既罪琦等，以此示赏罚之公。于是中官之宠任者如故。【考异】赐中官免死诏，事见明史宦官传，三编据实录系之是年之正月，今从之。

4 二月，甲午，以春和、命法司录囚。

5 丙午，修南京太庙。

6 是月，上御文华殿，谓大学士杨士奇曰："恤民诏下，已逾二岁，今更有可恤者乎?"对曰："前诏减官田租，而户部征如故。"上怫然，曰："今当首行之，废格者论如法。"

　　士奇复请"抚逃民，察墨吏，举文学武勇之士，令极刑家子孙皆得仕进"。又请"令廷臣三品以上及在外二司官，各举所知，备方面郡守之选"。上皆从之。

7 三月，庚申，复下宽恤之诏。

辛酉,谕兼户部尚书胡濙曰:"朕以官田赋重,十减其三。乃闻异时蠲租诏下,户部皆不行,甚至戒约有司,不得以诏书为词,是计臣壅遏膏泽,使不下究也。自今令在必行,有壅遏者罪之。"乃出减租诗示廷臣。

8 章敞等自交阯还。黎利遣使赍表及金银器方物,随敞等入贡,以前月至京师,是月,遣还,利及使臣皆有赐。然不遽封也。

9 夏,四月,辛丑,以山西旱,蠲逋赋二百四十万石有奇。

10 壬寅,募商中盐输粟入边。

初,洪武时,定开中盐法例,召商输粮而给以引盐。始行之于山西,其后各行省、边境皆仿之。成祖即位,以北京诸卫粮乏,悉停天下中盐,专于京卫开中,惟云南金齿卫、楚雄府、四川盐井卫、陕西甘州卫开中如故。数年之后,京卫粮米充羡。会安南用兵,转饷难继,于是诸所复召商中盐,他省边地亦以次及之。

洪熙初,尚书夏原吉以钞法不通,请令有钞之家纳钞给引。上即位,寻罢之。原吉请更定旧则,仍召商纳米北京。至是户部请推之边境,以十分为率,六分支与纳米京仓者,四分支与辽东、永平、山海、大同、宣府、万全、甘肃纳米者。又以甘肃等处道险远,趋中者少,许寓居官员及军余有粮之家皆纳米豆中盐。上以开中旧制,军储、盐法、边计,相辅而行,其法至善,故复之。

11 己酉,增建国子监房舍,诸生有家室者给月粮,如南京例。

12 五月，上御便殿，阅<u>宋史</u>，谓侍臣曰："<u>宋</u>有国三百余年，武事终于不振，何也？"对曰："<u>宋太祖</u>、<u>太宗</u>以兵定天下，其子孙率流于弱，致武备不饬。"上曰："<u>宋</u>之君诚失之弱。然其将帅，虽才亦不得展，盖为小人所蔽耳。大抵<u>宋</u>之亡，柄用小人之过也。"

13 六月，癸卯，录囚。

时御史<u>孙纯</u>，刑部主事<u>王镇</u>，以监决重囚，误斩首为凌迟。法司论<u>纯</u>等罪应斩，上宥之，命罚役以赎。既而谕侍臣曰："凌迟本律之文，命斩首者，盖出于朕一时之不忍。<u>纯</u>等依律处之，非故入之比，但不能宣朕德意，故姑以此示薄罚耳。"

14 癸丑，罢遣中官入番市马。

15 是月，<u>太原河</u>、<u>汾</u>并溢，堤坏。镇守都司<u>李谦</u>，巡按御史<u>徐杰</u>，以便宜修治，然后驰奏，上嘉奖之。

16 巡按<u>湖广</u>御史<u>朱鉴</u>上言："<u>洪武</u>间，天下各郡县皆置预备仓，积谷多者万余石，少亦四五千石。仓设老人监之，富人守之，遇水旱以贷贫民。今皆废毁，宜遵旧制，俾旱涝有资。"从之。于是始诏天下府、州、县修预备仓。

17 御制<u>官箴</u>，以戒百官。

谕曰："朕抚绥兆民，实赖中外文武群臣，同心同力，兴起治功。远臣既不得数见而人谕之，近臣朝夕相接，亦不能数以言谕。因取古人箴儆之义，凡中外诸司，各著一篇，使揭之听事，朝夕省览，庶几有裨。然古之君臣，有交儆之道，凡在位之君子，有以嘉谟告朕者，尤朕所乐闻也。"

箴凡三十五篇,内自六部、九卿以及主事、行人,外自布、按二司,各府、州、县以及儒学,武职则自都督府以及各都指挥、内外诸卫,各著其职之所宜以为鉴戒。

18 秋,七月,庚辰,御制豳风图诗,揭之殿壁。

时上阅内库书画,得元赵孟頫所绘豳风图,因作诗一章,命儒臣书于图右。

谕曰:"此周公陈公刘、后稷之所由兴以告成王,使知稼穑之艰难,实为万世人君之鉴。朕非爱其图绘之精,欲以此朝夕省览,庶几无忘农事。"

寻又制织妇词示廷臣,以见蚕事之劳苦。

19 八月,乙未,谕京官三品以上举贤才,吏部、都察院黜方面有司不职者。

谕曰:"近惟少傅杨士奇荐举交阯南灵州知州黎恬等,诸臣旷旬积月,无一人焉。岩薮窟穴,岂皆虚哉!"

先是,上作招隐猗兰诗以示廷臣,意在荐贤以自辅。比见推举者少,而有司贪暴不职者亦不闻有所纠劾,故降敕责之。

恬以进士授御史,因上章力诋大臣,出为南灵知州。黎利反,恬始北归,至是以士奇荐入翰林。士奇尝称恬在内为良御史,在外为良郡守云。

20 是月,有男子大呼西华门外,语涉诽讪,守门者执至上前,呼仍不已。群臣请下法司,上曰:"古圣王设诽谤木以来谏者,此人宁可罪邪! 其释之。"

21 改户部尚书黄福为南京户部尚书。

时上于宫中览福奏漕事便宜疏,出以示大学士杨士奇曰:"福言智虑深远,六卿中无伦比者。"对曰:"福受知太祖,正直明果,一志国家。永乐初,建北京行部,绥辑凋瘵,及使交阯,总藩宪,具有戎绩,诚六卿所不及。然福年七十矣,诸后进少年,高坐公堂,理政事,福四朝旧臣,乃朝暮奔走劳悴,殊非国家优老待贤之礼。"上曰:"非卿不闻是言。"士奇又曰:"南京根本重地,先帝以储宫监国。福老成忠直,缓急可倚。"上曰:"然。"

是时大臣多希旨承顺,福持正不阿。上寖疏福,士奇亦忮之。【考异】事见明史福传,七卿表改南京户部尚书在是年八月,今据之。惟据福本传,言"改南京系杨士奇所请,以均劳逸"。而吾学编及李贤天顺日录,则言"福以刚直见疏于宣宗。"琐缀录记其"不看剧不着棋"等语,虽不足据,而吾学编则直云"诸大臣皆依违承顺,福独持正不阿,故以改南去"。然则"均劳逸"之语,亦士奇希旨奏也。今参吾学编书之。寻有是命。

22　释故城县丞陈铭,使复任。

初,上以太监刘宁清谨,命随御史驰赴各省,捕袁琦党解送京师。宁事毕还,道经故城,铭素恶内官,闻宁至,不问所由来,辄奋前捽宁,手击之。御史奏丞无状,逮至,上曰:"丞固可罪,然一时偏于所恶,姑宥之。"仍遣复任。内臣有言其"酗酒擅击,纵宥之,亦宜罢黜为民",上曰:"朕既释之,彼当因此改过也。"

23　九月,庚午,命诸将巡边。

24　是月,苏州知府况钟奏言:"苏、松、嘉、湖湖有六,曰太湖、庞山、阳城、沙湖、昆承、尚湖,永乐间,夏原吉浚导,今复淤,乞遣大臣疏浚。"上命巡抚周忱与钟治之,并计其所用工役以闻。

25 是秋，免两畿及嘉兴、湖州水灾税粮。

26 上以江南岁稔，诏令诸府县出官钞平籴，以备振贷。

时苏州官钞所籴，得米二十九万石。故时公、侯禄米，军官月俸，皆支于南户部，苏、松民转输南京者，石费六斗。巡抚周忱，奏令就各府支给，与船价米一斗，所余五斗，通计米四十万有奇，并官籴米共得七十余万石，与钟悉心计议。会修仓诏下，乃合所余所籴置仓贮之，名曰"济农"。振贷之外，岁有余羡，以代民间杂办及逋租，皆依时借给，约以秋成抵还。

是时宽恤备豫之诏屡下，有司率视为具文，其以实心行实政者，惟忱与钟二人。终忱在任，江南数大郡小民，不知凶荒，两税未尝逋负云。

27 冬，十月，八百大甸宣慰司刁之雅遣使来贡方物，因奏"波勒土酋常纠土雅之兵入境侵掠，乞发兵讨之。"上曰："八百大甸去云南五千余里，波勒、土雅皆未尝归化。此等荒服之地，岂宜劳中国为远人役！"不许，止降敕抚谕而已。

28 十一月，辛酉，召督漕平江伯陈瑄、巡抚侍郎赵新等岁终至京师，会议粮赋利弊。

时瑄等方奏行兑运法，上以户部所定则例，恐有利于军而不便于民者，故令议之。

29 十二月，修祖陵孝陵。

30 是岁，巡抚南畿工部侍郎周忱，苏州知府况钟，奏减苏州官田租七十二万余石。

初，太祖籍苏、松、嘉、湖官田赋额，而四府之粮，皆以积重，逋赋独多。苏赋又比他府独重，核计官、民田租共二百七十七万石，而官田之租乃至二百六十二万石，民不能堪。上即位，屡下诏减之。去年二月，用杨士奇言，诏“旧额亩一斗至四斗者各减十之二，四斗一升至一石以上者减十之三，著为令。”其年九月，特擢忱巡抚江南，命总督税粮。

时钟守苏州，奏：“所属昆山诸县，民以死徙从军除籍者，凡三万三千四百余户，所遗官田二千九百八十余顷，应减税十四万九千余石。其他官田没海者，赋额犹存，宜悉除之。臣所领七县，秋粮二百七十余万石，民粮止十五万三千余石，其他悉为官田，有亩征至三石者，轻重不均如此。”又请“属县四年逋赋凡七百六十余万石，量折以钞”，皆为部议所格。会忱至，与钟曲算累月，奏减七十二万余之巨数，民困获苏。

八年（癸丑、一四三三）

1　春，正月，丁卯，大祀南郊。

2　己巳，上元节，张灯西苑。上奉皇太后往观，皇后、皇太子咸侍，称觞上寿，并敕文武诸臣及四夷朝贡之使，皆得往观。大学士杨士奇撰圣德诗十章以献，诸学士儒臣皆有奏御之作。

　　陈建曰：大臣以陈善格君，匡国宁民为职，不以阿谀媚悦为恭。杨文贞前讥蹇义，谓不当言天下太平及劝上微行以取媚,似矣。今乃因张灯之盛,作太平圣德诗,去蹇何能以寸!噫!当时林长楙、陈祚之囚数年矣,诸公上太平圣德之诗,何如上申救二人之章之为贤耶?宜乎李文达追忆解缙之能为魏徵,而谓诸人之不及,深美黄福之持正不阿,而谓诸人依违承顺之不暇也。

3　赐文武群臣游于西苑。

时致仕大学士黄淮,以父丧赐葬祭,诣阙谢,会灯节赐宴,亦预焉,并诏乘肩舆登万岁山,时以为荣。

4　是月,天下朝觐官集京师。

上问吏部尚书郭琎曰:“前擢任九人为知府,亦有来者不?”琎以何文渊等七人对,乃召入便殿,命中使传旨奖劳。寻赐文渊等宴于廷,以御制招隐诗赐之。

5　二月,壬子,录囚,凡宥免五千余人。

6　是月,礼部会试,命致仕大学士黄淮主试。试毕,辞归,饯之太液池,上自制长歌送之,且曰:“朕生日,卿其复来。”

7　三月,丙辰,赐曹鼐等进士及第、出身有差。

鼐初举乡试,中乙榜,授代州学正,辞以“年少不堪为人师,愿改别职”,得泰和典史。时以督所部工匠至京,乞预会试,至是南宫廷试,遂膺首选。

8　庚辰,谕卫所优恤军士,并敕内外风宪官察其苛虐者罪之。

9　是月,初宴新进士于礼部,遂为令。

10　是春,以两京、河南、山东、山西久旱,灾民乏食,遣使发官仓粮振济。

11　夏,四月,戊戌,以旱灾,诏"蠲京、省被灾逋租杂课,免今年夏税,赐复一年。军民乏食者,有司验口给官粮。如无官粮,劝有粮大户借贷,俟丰稔按数偿之。"敕"直隶巡抚御史、在外按察使理冤狱,减殊死以下,赦军匠在逃者罪。有司各举贤良方正一人、巡按御史、按察使纠贪酷吏及使臣生事者。"

12　上留意文雅,是月,建广寒、清暑二殿,悉置书籍贮之。

13　五月,丁巳,总兵官都督萧授讨贵州乌罗蛮,平之。

初,乌罗知府严律己奏:"所属治古、答意二酋长石各野等,聚众劫掠,出没铜仁、平头、瓮桥等处,诱胁蛮贼石鸡娘及篁子坪长官吴毕郎等共为乱,招抚不从。请调官土军分据要地,且捕且抚。"

事闻,诏授及镇、巡诸司议。授乃筑二十四堡,环其地守之,而兵力分,卒难扞御。贼四出劫掠,杀清浪卫镇抚叶受,势益张。

去年,巡按御史陈斌奏言:"生苗之地,不过三百余里,乞别遣良将督诸军殄灭。'授言:"残苗吴不尔等遁入篁子坪,结生苗龙不登等攻劫湖广五寨,宜令川、湖、贵州接境诸官兵、土军,分路并力攻剿。"上敕谕曰:"遣将调兵,恐暴师日久,转为寇玩。或抚或剿,朕观成功,不从中制也。"

至是授果平蛮,奏言:"臣受命,统率诸军进攻贼巢,破新郎等寨,前后生禽贼首吴不跳等二百一十二人,斩吴不尔、王老虎等五百九十余级,皆枭以徇,余党悉平。还所掠军民男妇九十八口,悉给所亲。获贼妇女幼弱一千六百余口,以给从征将士。并械吴不跳等至京师。"上览奏,谓侍臣曰:"蛮苗好乱,自取灭亡。然于朕心,不能无恻然也。"

授在镇前后二十余年,威服南荒。

14　丁卯,总兵官山云讨宜山蛮,平之。

先是云讨平桂林蛮,上斩剿首级之数,上曰:"蛮寇害我良民,辟之蟊贼害稼,不可不去。然杀之过多,亦所不忍。"赐云敕,戒谕之。至是获贼首苏公夏等,悉散其胁从之余党。

15　是月,四川盗起,命副都御史贾谅讨平之。

16　六月,乙酉,祷雨不应,作闵旱诗示群臣。

辛丑,诏中外疏决罪囚。

17　两京、河南、山东、山西等处,自春徂夏不雨,有司以闻,上复命振之。又以湖广饥,免税粮。

18　是夏,日本国来贡。

初,上念四方蕃国皆来朝,独倭久不贡,去年,命中官柴山使琉球,令其王转谕日本,赐之敕。至是日本国王源义教始遣使来,上报之,赍白金绵币。

19　秋,七月,壬申,诏免江西税粮。

时江西自六月以后,天雨不止,濒江八府,江水涨溢,漂没民田,溺死男妇无算。

20　八月,癸巳,汰京师冗官,凡户、兵、工三部,大理、鸿胪、光禄、太仆及顺天府官共七十七员。

21 是月,交阯黎利复入贡,上命兵部侍郎徐琦等与其使偕行,谕以顺天保民之道。未几,利卒。

利虽受敕命,未得封,然已自帝其国,纪元顺天。建东、西二都,分为十三道,东都在交州府,西都在清华府,皆置百官,设学校,以经义、诗赋二科取士,彬彬有华风焉。

22 闰月,辛亥,西域贡麒麟。

23 壬子,有彗星出天仓,长丈许。

24 戊午,有三星见西北方天门,青、赤、黄各一,大如碗,明朗清润,良久聚半月形。大学士杨士奇奏:"稽之载籍,云:'四气和为景星。'又云:'天子至孝,任贤使能,法令清明,制作合天,四海欢悦,则景星见。'又云:'德至于天,则景星见于天门。'"于是礼官胡濙等请表贺,上虽不许,然文臣自士奇以下皆献颂。【考异】明史本纪系之闰月戊午,天文志亦云,"戊午景星三见。"证之通纪、纪闻等书,言"少詹王直进颂,士奇言稽之载籍当为景星,于是自士奇以下皆献颂。"据此,则以为景星者,亦臆度耳。而是年闰八月彗星凡三见,二十四日乃没,今皆据实书之。

25 己巳,彗入贯索,扫七公。

26 丁丑,有黄赤色见东南方,似星非星,如云非云,天文家以为归邪星云。【考异】明史本纪不载,具见天文志中。李淳风以归邪、含誉为瑞星,故明臣之献媚以此,实亦天文家臆度耳。今据书之。

27 己卯,彗星复入天市垣,扫晋星,凡二十有四日而灭。

28 九月,乙酉,遣官分莅各省录重囚。

谕三法司曰:"朕体上帝好生之德,惓惓夙夜,惟刑之恤。今法司所决重囚,凭案牍耳,外间所具,岂能保其无锻炼文致者?人命至重,死者不可复生。其遣廉明官分临各

卷二十一 纪二十一 宣宗宣德八年（一四三三）

775

处,同三司、巡按、御史及府州县公同详细审实。如情有可
矜,狱有可疑及审讯不服者,仍监候具奏,与之辩理,切勿
轻率致人冤抑。慎之,慎之!"

29 己亥,阿鲁台部酋卜寇凉州,总兵官刘广击斩之。

30 是秋,日本国复贡。

先是洪熙时,倭久不贡,而沿海奸民辄为向导,寇掠频
闻。自奉敕之后,时复窥伺。性最黠,常载其方物戎器,出
没海滨,得间则张其戎器而肆侵掠,不得则陈其方物而称
朝贡。自是遂为东南海滨之患。

31 冬,十月,平江伯陈瑄卒。十一月,命右军都督佥事王
瑜充左副总兵官,督理漕运,镇淮安,代之。

32 命内阁礼部选本科及前两科进士,御文华殿亲试之。
拔其尤者郑建等二十八人,进文渊阁,与修撰马愉、曹鼐等
同命詹事王直教之。其优礼给赐,一如永乐甲申之例。又
命内阁试吏部就选外官六十余人,录其优者知县孔友谅等
七人,以备任用。

33 十二月,乙亥,谕法司宥京官有过犯者。

34 是岁,天方、默德那国始来贡。

天方者,回回之祖国也,其地在西印度之西。——印
度者,汉之身毒国,一曰天竺,皆译音之异也。——印度凡
五,曰中,曰东、西、南、北。中印度者,佛国也。佛灭度六
百年,而西印度之耶稣出,是曰天主教。耶稣生后又六百
年,而西印度之穆罕默德出,是曰天方教。穆罕默德生于
默加,今四洲志作麦加,在利未亚洲界,即今所称小西洋。行教于天方,

而葬于默德那。又自纪其最初之祖曰阿丹，为肇生人类之始，故其国总名天方。而阿丹、默德那则其所分之国，皆奉回教者也。

先是上遣郑和七使西洋，行至古里国，始知天方在其西南。会古里遣人往天方，和因遣人赍货物附其舟偕行，往返经岁，市奇珍异宝及麒麟、狮子归。于是天方、默德那等随朝使入贡，上喜，赐赉有加。

时回人居中国者，遍于各省，自元以来，用其历法以参校授时。洪武之初，令设科，隶钦天监，与大统参用。其推算始于隋开皇十四年甲寅，盖穆罕默德辞世之岁也。【考异】明史本纪，天方来贡，系之是年之末，外国传同，盖天方是年始贡也。明书系之七年，今从明史。史分天方、默德那、阿丹为三国，其实皆回教之国，同部异名耳。

九年(甲寅、一四三四)

1　春，正月，辛卯，大祀南郊。

2　户部员外郎罗通奉诏理宣府军饷，奏言："朝议储饷开平，令每军运米一石，又当以骑士护送。计人马资费，率二石七斗而致一石。今军民多愿输米易盐，请捐旧例五分之二，则人自乐输，饷足而兵不疲。"报可。

3　二月，庚戌，振凤阳、淮安、扬州、徐州饥。

4　乙卯，申两京、河南、山东、山西宽恤之令。

5　是月，南京刑部侍郎段民卒。

民以山东参政召还，擢南京户部，逾年，改刑部。上以民廉介端谨，特赐敕令考察南京百官。是时以诏书宽恤，凡罪囚自十恶外,并减一等。有重囚三十余人,例不得赦,民亦减其罪。后有旨报决,乃复追还;而逃已数人。民自陈状,给事中年富劾民,上知民贤,不问。至是卒于官,贫不能敛,都御史吴讷祝以衣衾。事闻,诏有司为营葬事。

6　三月,戊寅,文武群臣朝皇太子于文华殿。

7　甲申,交阯谅山府土官阮世宁,七源州土官阮公庭,各率所部来归。

时黎利已死,三子暗弱,奸臣黎问、黎察等,构党仇杀。世宁等请徙居广西龙州等处,总兵官山云以闻,诏听随宜居住,并敕云戒饬边兵,严谨守备。

8　是月,山云讨思恩叛蛮,平之。

时蛮首覃公砦等累年作乱,云遣都指挥彭义率兵剿捕,斩贼首梁公成、潘通天等,枭之,仍督官军搜捕余党。捷闻,上赐敕慰劳云。

又以庆远、郁林苗、猺非大创不服,请济师,诏发广东兵千五百人,委都指挥一员赴广西,听云调用。【考异】明史稿又于三月甲午书"山云讨平浔、柳叛蛮"。证之明史云传,言"云先后讨平浔、柳、桂林、宜山、思恩诸蛮"。见于纪者,平柳、浔在四年四月,平宜山在八年五月,讨思恩在九年三月,与传中先后次序合。明史删甲午平浔、柳蛮事,是也,今据传增入讨庆远蛮事。

9　以王骥为兵部尚书。——骥以侍郎屡署兵部事,至是实授。

10　夏,四月,己未,徐琦自安南还。黎利子麟遣使来告其父之丧,诏麟权署安南国事。

利僭位六年,私谥太祖。子麟,一名龙。自是其君长皆有二名,以一名奏天朝,仍贡献如常制。

上命侍郎章敞、行人侯琎赍敕往,复遣行人郭齐、朱弼赐吊祭。

11 戊辰,录囚。

12 五月,壬午,诏瘗暴骸。

13 六月,甲子,雷震大祀坛外西门兽吻。【考异】明史本纪不载,吾学编系之是月。证之五行志,乃是月甲子也,今据书之。

14 是月,山西霍州学正曹端卒。

端字正夫,河南渑池人,以永乐戊子举于乡,明年登乙榜第一,授霍州学正,历九年。丁忧,庐墓终丧,起复,补蒲州。会洪熙元年考绩,两学诸生皆请复任,而霍州章先上,遂许之。至是以朝之明日卒于霍,诸弟子号哭,一州人为之罢市。

端自少笃志圣学,见元儒谢应芳辨惑编,悦而好之,故于轮回、祸福、巫觋、风水、时日世俗通行之说,毅然不为所动。父为善于乡,而勤行佛、老之善,信其所谓因果报应者,端乃为夜行烛一书进之,谓"佛氏以空为性,非天命之性,老氏以虚为道,非率性之道",父欣然从之。

为诸生,上书邑宰,请毁淫祠百余,为设里社、里谷坛,使民祈报,年荒劝振,存活甚众。其任霍州学正,前后凡十六载,修明圣学,诸生服从其教,即一州之人皆化之,耻争讼。知府郭晟问为政,答曰:"其公、廉乎!公则民不敢谩,廉则吏不敢欺。"晟拜受。州有樵者,拾金钗,以还其主,人以为异,樵曰:"笏不欲愧曹先生耳。"有高文质者,往观剧,中道而返,曰:"此行岂可使曹先生知也。"

其学以力行为主,守之甚确,一事不容假借。盖立基于敬,体验于无欲,而归宿于心性。尝曰:"欲至乎圣人之道,须从太极上立根脚。"又曰:"天下无性外之物,性即理也。理之别名曰太极,曰至诚,曰至善,曰大德,曰大中,名不同而道则一。"初,伊、洛之学,自河南许衡、洛阳姚枢倡道于北,北方之学者翕然宗之。元亡,历鼎革三十余载,而端起崤、渑间,倡明绝学,论者推为一朝理学之冠。尝作川月交映图以拟大学,学者称月川先生。【考异】曹端之卒,证之儒林传在是年,纪闻系之七月,宪章录系之九月。按南雷明儒学案,言"先生卒于六月朔之二日",此必据其门人所记,今改系之六月下。

15 秋,七月,两京、山西、山东、河南诸州县,蝗螟覆地尺许,伤禾稼,有司以闻。甲申,分遣给事中御史督捕之。

16 八月,庚戌,振湖广饥。

17 甲子,敕两京、湖广、江西、河南巡抚官及三司巡按御史行视灾伤,蠲秋粮十之四。

乙丑,罢工部诸采办。

18 己巳,卫喇特顺宁王托欢攻杀阿噜台,来告捷。

初,阿噜台驻牧塞下,为故元之后托克托布哈旧作脱脱不花。所袭,妻子死,孳畜略尽,独与其子硕尼堪等徙居穆纳山。"穆",旧作"母"。至是托欢复袭阿噜台,并其子硕尼堪皆杀之,遣使来献捷,且请献传国玺。上赐敕曰:"王能克复世仇,甚善! 至玉玺传世久近,殊不在此,王得之,王自用之可也。"仍赐纻丝五十表里遣之。

19 是月,宁国长公主薨。——主,梅殷妻也。

初,<u>文皇</u>举兵,主贻书责以大义,不答。及至<u>淮北</u>,贻主书,命迁居<u>太平门</u>外,勿罹兵祸,主亦不答。然<u>文皇</u>故推重主,及<u>殷</u>之死,恩礼尤厚云。

20 <u>晋杨溥</u>礼部尚书兼学士,直内阁。【考异】<u>溥</u>进尚书,见<u>宰辅表</u>,在九年八月,本纪不书,以其<u>直内阁</u>如故也。诸书以<u>溥</u>自四年丁忧起复,并未入阁,故九年进尚书,但兼学士而已,十年正月,始入内阁。原修三编据之,后修则仍据<u>明史纪</u>、传,删去"十年入内阁"之文,今从之。

21 九月,谕曰:"天下虽安,不忘武备。今稿事既成,朕将亲率六师,行边塞,饬武备。"命<u>杨士奇</u>、<u>杨荣</u>、<u>杨溥</u>、<u>胡濙</u>等扈从。

癸未,车驾发京师。

乙酉,度<u>居庸关</u>。

丙戌,猎于<u>坌道</u>。

22 乙未,<u>阿噜台</u>子<u>谔博尔济延</u>旧作阿卜只俺。请纳款内附。上以其丧败无依,怜而抚之。

23 丁酉,车驾至<u>洗马林</u>。诸将言:"<u>卫喇特</u>猎所去此不远,袭之必大克。"上以问<u>杨荣</u>,对曰:"陛下屡遣人招谕,令其近边猎牧,故感恩而来。若击之,是前救诱之矣。且彼闻上至,必先遁,虽击何益,徒失戎心。"上曰:"然。"乃谕诸将曰:"朕此来饬边备耳,非为捕寇也。"

己亥,大猎。

庚子,车驾发<u>洗马林</u>。

24 冬,十月,丙午,还宫。

25 丙辰,总兵官<u>方政</u>、参将<u>蒋贵</u>讨<u>四川松潘</u>叛蛮,平之。

初,总兵<u>陈怀</u>镇<u>松潘</u>,讨平诸蛮。寻为御史及按察使所劾,谓"怀日荒于酒,不饬边备,且僭侈逾分。"上怒,召怀还,遂以政代贵副之。

至是诸蛮复叛,政谕以祸福,皆听命。惟任昌等寨梗化,政等分道进剿,以次平三十余寨。捷闻,进政都督同知。

26 甲子,罢陕西市马。

27 丁卯,以两京、浙江、湖广、江西饥,发应运南京仓米及临清仓米振之。

28 十一月,戊戌,停刑。

29 庚子,免四川被灾税粮。

时四川奏旱涝不一,所种无收,命户部分别蠲其租。

30 十二月,命监察御史巡视各仓。

时大学士杨士奇言:"南方运粮至京,人力甚艰。而仓廪无关防,奸人盗窃,动辄千万,前者就执,后者复继,恬无警畏,请命风宪官关防巡察。"从之。自是御史巡仓,一年一代,著为令。

31 是月,甲子,上不豫,命卫王瞻埏摄享太庙。

十年(乙卯、一四三五)

1 春,正月,癸酉朔,上以疾不视朝,命群臣朝皇太子于文华殿。

甲戌,大渐,罢采买营造诸使。

乙亥,帝崩于乾清宫,年三十有八。遗诏:国家重务白皇太后。

帝幼为文皇所钟爱,及既冠,立为皇太孙,巡幸征讨皆从。<u>仁宗</u>在东宫，以谗故，失爱于<u>文皇</u>，其危而复安，太孙盖有力焉。即位以后，吏称其职，政得其平，纲纪修明，仓庾充羡，闾阎安乐，岁不能灾。自开国历年六十，民气渐舒，蒸然有治平之象焉。

2　壬午，太子即皇帝位，大赦天下。诏以明年为<u>正统</u>元年。

时上方九龄，外廷传言，太后取金符入内，欲召立<u>襄王</u>。大学士<u>杨士奇</u>、<u>杨荣</u>率百官入临，请见太子，太后即至<u>乾清宫</u>，携上泣曰："此新天子也。"<u>士奇</u>等伏谒呼万岁。于是浮议始息。

3　丁亥，吏部尚书<u>蹇义</u>卒。

先是<u>义</u>以新君即位告祭，斋宿得疾，上遣医往视，问所欲言，对曰："陛下初嗣大宝，望敬守祖宗成宪，始终不渝耳。"遂卒，年七十三。

<u>义</u>历事五朝，质直宽和，善处僚友间，未尝一语伤物。<u>杨士奇</u>常言："张咏之不饰玩好，傅尧俞之遇人以诚，范景仁之不设城府，<u>义</u>盖兼之。"<u>仁</u>、<u>宣</u>之间，政在三<u>杨</u>。<u>义</u>虽掌铨衡，辄依违其间，无所匡拂，时亦以此少之。

卒，赠太师，谥忠定。

4　庚寅，罢十三布政司镇守中官，惟<u>南京</u>守备诸边镇守及<u>徐州</u>、<u>临清</u>收粮、<u>淮</u><u>浙</u>巡盐者如故。

5　丁酉，上大行皇帝尊谥曰<u>章皇帝</u>，庙号<u>宣宗</u>。

6　辛丑，晋户部尚书<u>黄福</u>少保，参赞<u>南京</u>机务。——留都文臣参机务自<u>福</u>始。

7 二月,戊申,尊皇太后为太皇太后。庚戌,尊皇后为皇太后。

时左右有请太皇太后垂帘听政者,太后曰:"毋坏我祖宗法!"第罢一切不急务,斥宫中玩好之物,时时勖皇帝向学而已。朝廷大政,群臣白太后,太后悉令送内阁,俟杨士奇等议决然后行。太后兄彭城伯泉、都督昇,惟令朝朔望,毋得与闻国事。时杨士奇等荐昇贤,宜加委任,太后不许。

8 辛亥,封弟祁钰为郕王。

9 甲寅,罢诸司冗费。

10 是月,封平阳王美圭为晋王。

晋自济熿废后,不立王者已八年,至是始以美圭绍封。

11 释前郁林知州林长懋、御史陈祚、主事郭循于狱,复其官。【考异】诸书皆在二月,三编书之九月,盖据其复官之月分也,今牵连记之,并据明史列传增入林长懋。

12 三月,戊寅,放教坊司乐工三千八百余人。

辛巳,罢山陵夫役万七千人。

13 丙申,谕三法司:"死罪临决,必三覆奏,然后加刑。"

14 是月,江西乐安大盗曾子良等作乱,据大盘山,众至三万,诏都督金事彭森讨之。

时陈本深为吉安知府,与森设伏,大破之,斩子良,余众溃散。

本深治吉安,政举大纲,不屑苛细。大猾既歼,府中无事,晨起,鼓升堂,吏无所白,辄鼓而休。间有所讼,呼至榻前,析其曲直遣之,亦不受状。有抑不伸者,虽三尺童子皆得往白。久之,人耻争讼,无告讦者。

15 夏,四月,丁卯,以久旱,考察天下布、按二司及府、州、县官。

16 戊辰,畿南、山东、河南蝗,遣给事中御史督捕之。

17 五月,庚辰,录囚。

18 壬午,户部言:"浙江苏、松荒田及旧额官田减除税粮二百七十七万余石,请加覆核。"谕曰:"减除税粮,以苏民困也。又令核实,必增额为民患。"不许。

19 是月,大学士杨士奇等上言:"去年十月,奉先皇帝谕,'明年春暖,东宫出学讲读,宜慎选贤良端谨之士以为辅导。'今遗言犹在耳,皇上冲龄,此为第一重事。伏望山陵毕日,早开经筵以进圣学。"太皇太后嘉纳之。

20 诏:"自今初任者不得除风宪官。"

21 六月,丁未,令天下瘗暴骸。

22 辛酉,葬章皇帝于景陵。【考异】诸书多作是月戊申,今据明史本纪。证之甲子会纪,所载月日亦同。

23 秋,七月,丙子,蠲山西夏税之半。

24 丁亥,太白经天。【考异】明史天文志,"是月丁亥,太白昼见。"三编则云"太白经天",今据之。

25 是月,进刑部侍郎魏源为本部尚书。

26 八月,丙午,诏减光禄寺膳夫四千七百余人。

27 是月,以宁阳侯陈懋为平羌将军,镇甘肃。

上初践阼,以懋勋旧,命偕英国公张辅参议朝政,至是以边警出之。

28 九月,庚寅,龙州宣抚司以瑞麦献,有一茎六穗、七穗者。诏曰："今四方旱蝗相望,一方称瑞,如天下饥民何!自今有若此类者,毋进献。"

29 壬辰,诏:"督漕总兵及诸巡抚官岁以八月至京师,会廷臣议漕运事宜,著为令。"

30 是月,诏修宣宗实录。命英国公张辅为监修官,大学士杨士奇等为总裁。

31 以王振为司礼监。

振少选入内书堂,侍上于东宫,为局郎,狡黠得上欢,遂越金英等数人任之。时辅臣方议开经筵,而振乃导上阅武将台,集京营及诸卫武职试骑射,殿最之。有纪广者,尝以卫卒守居庸得事振,大见亲昵,遂奏广第一,超擢都督佥事。自此招权纳赂,诸大臣自士奇以下,皆依违莫能制。

32 冬,十月,壬寅,遣使谕鞑靼阿尔台、旧作阿台。多尔济巴勒。旧作朵儿只伯。

先是阿噜台死,其故所立王子阿尔台及所部多尔济巴勒等复为托克托布哈所窘,窜居鄂齐讷路,外为纳款,而数入甘、凉为寇。甘肃守臣以闻,上犹欲招抚之,故有是谕。

33 辛亥,诏天下卫所皆立学。

34 十一月,戊辰朔,日有食之。

35 十二月,壬子,阿尔台、多尔济巴勒犯凉州之镇番卫,将军陈懋御之于平川,败之,追至苏武山,遂还。

时上命兵部左侍郎柴车协赞甘肃军务,兵部右侍郎徐晞巡抚甘肃,儆边备也。

36 是岁,广西总兵官山云讨大藤峡贼,平之。

先是云奏请济师，剿除庆远郁林叛蛮，朝廷遣广东都指挥田真率兵助之。会浔州等处蛮寇劫掠良民，云遣真率兵御之于大藤峡，前后斩首九十六级，归所掠男妇二百三人。

云在镇，先后大战十余，斩首万二千二百六十，降贼酋三百七十，夺还男女二千五百八十。筑城堡十三，铺舍五百，陶砖凿石，增高益厚。自是猺、獞屏迹，居民安堵。论功，进都督同知，玺书褒荅。

云谋勇深沉，而端洁不苟取。广西镇帅初至，土官率馈献为故事，帅受之，即为所持。云始至，闻府吏郑牢刚直，召问曰："馈可受乎？"牢曰："洁衣被体，一污不可涴也。"云曰："不受，彼且生疑，奈何？"牢曰："黩货法当死。将军不畏天子法，乃畏土夷乎？"云曰："善！"尽却馈献，严驭之。由是土官畏服，词发无敢后者。云所至询问里老，抚善良，察诬枉，土人皆爱戴之。

上即位，云坠马伤股，上遣医驰视。以病请代，优诏不许。进右都督。

明通鉴卷二十二

江西永宁知县当涂 夏 燮 编辑

纪二十二 起柔兆执徐(丙辰),尽上章涒滩(庚申),凡五年。
英宗法天立道仁明诚敬昭文宪武至德广孝 睿皇帝前纪

正统元年(丙辰、一四三六)

1 春,正月,丙戌,罢铜仁金场。

初,永乐间,遣官湖广、贵州采办金银课,复遣中官御史往核之,又于浙江、福建开金银场,岁额日增。上即位,欲封闭坑穴,以次罢之,是时以贵州生苗方为乱,遂首罢焉。

2 大学士杨士奇等上言:"国家岁用粮储浩大,皆仰给江南军民转运,不胜劳苦。况河道偶有阻窒,则粮饷不充,实非经久之策。计今在京官军数多,除操练造作应用外,余者悉令于北京八府空闲田地屯种。倘遇丰年,必有蓄积,可省南方转运之费。"从之。庚寅,诏发禁军三万就近地下屯。

士奇等又言：“前因巡边，调选大宁都司及南、北直隶卫所官军，更番赴京操备。今天下已靖，请不必赴京，俱令下屯，既省转运之劳，又养精锐之气。”上命从容行之。

3　二月，始开经筵，从大学士杨士奇等之请也。

士奇等又言：“天子就学，其事体与皇太子、亲王不同，乞先命礼部、翰林院详定讲筵礼仪。”从之。

丙辰，命太师英国公张辅知经筵事，大学士杨士奇、杨荣、学士杨溥同知经筵事，少詹王直、王英、侍读学士李时勉、钱习礼、侍讲学士陈循、侍读苗衷、侍讲高毂、修撰马愉、曹鼐兼经筵官，翰林春坊儒臣分直侍讲。——经筵定仪注自此始。

4　是月，命佥都御史王翱出镇江西。时廷议遣文武大臣出镇，遂命翱偕都督武兴行。

5　三月，己巳，赐周旋等进士及第、出身有差。

6　乙亥，上御经筵。

先是经筵进讲之制，无定地，亦无定期，至是始定月讲，御文华殿，诏以月之九日行之。续定每月三日，日以逢二为期，以二、八月中旬起，四、十月末旬止，寒暑暂免。遂为定制。

时中官王振方用事，考功郎中李茂弘，谓“今之月讲，不过虚应故事，粉饰太平，而君臣之情不通，暌隔蒙蔽，此可忧也。”即日抗章致仕去。【考异】明史稿书“二月丙辰定经筵仪（註）〔注〕，明史不书，但书御经筵于三月乙亥，盖二月定仪（註）〔注〕，三月始御经筵也。是年三月丁卯朔，乙亥则三月九日。证之明会典，言“经筵月讲，向无定日，亦无定所。正统初始著为仪，常以月之二日御文华殿进讲，月三次，寒暑暂免。"据此，则英宗初御经筵，当以三月十二日戊寅。证之王圻续文献通考，言"正统元年春二月，始开经筵，杨士奇等定礼仪上之。制曰：'是，以今月初九、十九御经筵。'"据此，则初定仪注，以月之九日为期，纪书"乙亥"，与制词合。其改二为期者，据通考言，"续定经筵仪注，每月三日，日以逢二为期，岁率以二、八月中旬起，四、十月末旬止"云云。然则初定之期以九，后始更之以二，明史所纪，自据实录，故三编亦系之三月，是也。惟据明会典，但有逢九、逢二之期。而景泰元年开经筵，御史许士达上疏，言"旧典经筵，每月不（遇）〔过〕初六、十六、二十六三日。"似景泰初又定经筵以六为期。盖正统、景泰之间，或二、或六、或九，本无定期，其逢二之期，似是后来所定，故会典据之，今附识于此。

7　初，镇番之役，平羌将军陈懋遣兵援之，遽解去，懋以捷闻。会参赞侍郎柴车至，劾"懋失律致寇，又取所遗老弱冒为都指挥马亮斩获功。"又劾"凉州副总兵刘广丧师，不以实闻，顾冒功要赏。"诏夺懋禄，械广至京，特赐车金币以旌其直。

　　车以廉干名，上简用之。一时调军给饷，悉得事宜。

【考异】柴车参赞甘肃军务，在去年之冬，此则以劾陈懋、刘广，故赐金币以旌其直。证之明史车传，大略如此。吾学编则统系之是年三月，言"车劾刘广，上以其可当师旅之任，命赞甘肃军务，并赐金币文绮。"据此，则车以劾广之故始授参赞，不知车之劾广乃在至甘肃后也。至劾陈懋事，见懋传，而车传亦轶之，今据二传增入。

8　诏："苏、松、浙江等处官田，准民田起科，粮四斗一升至二石以上者减作三斗，二斗一升以上至四斗者减作二斗，一斗一升至二斗者减作一斗。"

　　自宣德之末，苏州逋粮至七百九十万石，巡抚周忱、苏州知府况钟屡请，辄为部议所格。至是稍稍蠲减，民困少苏。

9 夏,四月,丁酉朔,享太庙。

上冲龄践阼,至是始诣太庙行亲享礼。

10 是月,河北旱蝗,遣工部侍郎邵旻等督所在有司分道捕之。

11 五月,丁卯,阿尔台、多尔济巴勒寇肃州。

先是寇由镇番入凉州,刘广等不敢击,大掠而去。寻犯山丹,指挥陈玘战没。又犯大同,千户叶林等战没。至是围肃州,不克,亦大掠去。【考异】明史本纪系之五月丁卯。证之吾学编、典汇诸书,本年寇山丹,又入大同塞。明史稿书寇大同于二(日)〔月〕,寇山丹于三月,明史纪皆略之。且据诸书,则寇山丹在前,寇大同在后,明史稿亦似倒叙,今统书于是月寇肃州之下。又,明史稿五月及闰六月皆书"犯肃州",盖五月犯,至闰六月始解去也,今并系之五月下。

12 壬辰,始设提督学校官。

时南京户部尚书黄福上言:"比来生员学艺疏浅,宜令布、按二司遍历考试,庶得真才。"于是诏:"两畿及十三布政司皆设提学道,专理学校事,按臣不得侵越。两畿以御史,十三布政司以按察副使或佥事。著为令。"

是时廷臣举堪任提学者,吏部尚书郭琎首荐薛瑄。瑄,字德温,号敬轩,河津人。举永乐十八年河南乡试第一,明年成进士,以省亲归。居父丧,悉遵古礼。宣德中,服除,擢御史。三杨当国,欲见之,谢不往。出监湖广银场,日探性理诸书,学益进。以继母忧归,至是服阕还朝,遂以琎荐授山东提学佥事。首揭朱子白鹿洞学规开示学者,延见诸生,亲为讲授。才者乐其宽,而不才者惮其严,皆呼为"薛夫子"云。【考异】明史本纪但书"是月壬辰设提督学校官。"三编、辑览言"两畿以御史,十三布政司以按察副使佥事",证之明史职官志同,今增入。又,薛瑄以佥事授山东提学道,证之本传,在正统改元之初。吾学编系之五月设提学下,今从之。

13 六月,都察院右都御史顾佐致仕。

初,佐有疾,请致仕。宣宗命熊概代理院事。逾年,概卒,佐疾良已,遂复任。是年,佐考察御史不称者十五人,奏请降黜。时邵宗九载满,吏部考称,佐独置之十五人之列,遂与尚书郭琎相奏辨。上入琎言,遂原宗而责佐,佐因上章求去。赐敕奖慰,赉钞五十贯,命户部复其家。

佐操履清白,性严毅。每旦趋朝,小憩外庐,立双藤户外,百僚过者皆折旋避之。入内直庐,独处小夹室,非议政不与诸司群坐,一时称为"顾独坐"。卒以是被挤去,家居十一年卒。

佐既罢,以陈智代为右都御史。【考异】据吾学编、国史纪闻,皆系之是年六月。证之明史七卿表,佐以元年六月致仕,陈智任。按仁、宣以来,左、右都不并设,任授一官,而证之佐传,佐任右都御史,并未改左。吾学编及诸书作"左都",又以陈智所代为"左副都",皆与史不合,今参明史表传书之。

14 徙甘、凉寄居回回于江南,凡五百户。又徙在京降人于河间、德州。

15 闰月,罢陕西织造驼褐。

永乐间,增设内外各织染织造局,遂及陕西之驼褐,至是以西鄙不靖罢之。

16 是月,顺天、真定、保定、济南、开封、彰德六府俱大水。【考异】是月顺天等六府大水,明史本纪不具。证之明史五行志,在是年之闰六月,今据增。

17 秋,七月,访圣贤后裔,蠲其徭役。

初,宋高宗南渡,孔子四十八代孙端友,率其子玠扈从至浙,居于衢州。高宗绍兴初,端友卒,赐其子玠田五顷,命以州学为家庙,世奉祭祀。四传至洙,元至元间,命归曲阜袭封。洙让爵曲阜之弟治,元世祖嘉之,命为国子祭酒,提举浙东学校。然自此衢州之袭封遂罢。至是有言端友之裔孙仍有在浙者,上命访之,并及宋儒周敦颐、程颢、程颐、司马光、朱熹后裔,皆复之,所在祠墓倾圮者修之。【考异】据三编、辑览,系之七月,傅氏明书系之六月之末,今从三编。其目云:"访求南宋衍圣公孔端友后裔。"按端友从宋高宗南渡,始有南宗,而北宗已属之金。端友既去,金人乃以其同母弟端操为北宗。而证之明阙里志,端友之子玠,即端操之子,嗣端友而从南渡者也。元至元间,端操后绝,有言衢州之孔洙即端操之后裔,故特召之。而洙仍让爵于居曲阜之族弟,复归南宗。元世祖忘其本有南、北二宗,故衢州之封爵遂罢。明英宗即位,始令访之。直至孝宗弘治末年,始访得洙之六世孙彦绳,命主祀事,授翰林院五经博士,子孙世袭,于是南宗之祀始复。明史彦绳传,谓"时以在曲阜者为孔氏北宗,在西安者为南宗",是也。程敏政圣裔考,谓"北宗皆出于一时之访求;必不得已,南宗犹为近之。"因谓"阙里之大宗当归之衢族,孔氏阙里志辨之甚详。"盖敏政既不知端友、端操实同母兄弟,又不知端友在衢所立为后者即端操之子。又,其时北宗孔弘绪,与敏政同为大学士李文达公之婿,阙里志谓二乔素不相能,虽未敢以此排斥圣裔,亦其考据之失详也。余详考证中。

18 徙襄王瞻墡于襄阳,淮王瞻墺于饶州。

19 是月,南畿、陕西、湖广、广东皆大水。【考异】此据三编增。

20 八月,甲戌,以右都督蒋贵充总兵官,佩平虏将军印,都督同知赵安副之,讨阿尔台多尔济巴勒也。

贵镇守松潘,数有功。上即位,召还,进右都督。会阿尔台等数犯甘、凉，边将告急，遂有是命。

21 是月，诏还前学士解缙所籍家产。【考异】据明史本传在是年八月，傅氏明书同，今从之。

22 始定岁赋折银入内承运库。

初，洪武九年，天下税粮许以银钞代输者，谓之"折色"。所折之银俱送南京，供武臣俸禄及北京各卫官支俸以为常。至是副都御史周铨言："行在各官俸支米，南京道远费多，辄以米易货，贵买贱售，十不及一。朝廷虚（廩）〔廪〕廪禄，各官不得实惠。请于南畿、浙江、江西、湖广不通舟楫地，折取白金布缣，解京充俸。"江西巡抚赵新、南京户部尚书黄福亦以为言。上以问户部尚书胡濙，濙对以"太祖尝折纳税粮于陕西、浙江，民以为便。"

乃仿其制，米麦一石折银二钱五分。南畿、浙江、江西、湖广、福建、广东、广西，米麦共四百余万石，折银百万余两，不送南京，悉入内承运库，谓之"金花银"，除给放武臣俸，余专供内用。其后概行于天下，自起运、兑运外，率粮四石折银一两解京，以为永例。由是诸方赋入折银者几半，而仓廪之积渐少矣。

23 九月，癸卯，遣刑部侍郎何文渊、户部侍郎王佐、都察院副都御史朱与言督理两淮、长芦、浙江盐课，并敕内官同往。"有不便于民者，具实以闻。其阻挠盐法，情犯重者，械送京师。"——钦差巡盐自此始。

24 庚申，遣兵部侍郎李郁、通政使奈亨赍敕印封黎麟为安南国王。

初，黎利死，敕其子麟权署国事，麟遣使入贡谢恩。上即位，改元之四月，以宣宗宾天，遣使进香，又以上登极，尊上太皇太后、皇太后位号，并遣使表贺，贡方物，闰六月，复贡。上以陈氏宗支既绝，麟事大礼恭，欲使正位。下廷臣议，咸以为宜，遂有是命。

25　冬，十月，上阅武于将台，命诸将骑射，以三矢为率。受命者万余，惟驸马都尉井源三发三中，上喜，撤上尊赐之。观者私相语曰："往年王太监阅武，纪广骤升。今天子自来，顾一杯酒耶？"然竟无殊擢。【考异】明史纪、传皆不载，纪事本末及通纪、纪闻皆系之十月，今从之。○驸马都尉井源，仁宗女嘉兴公主下嫁者，后死于土木之难。明书作"驸马都尉薛桓"，误也。证之明史公主传，"宣宗女常德公主，以正统五年下嫁薛桓，"此时安得有驸马都尉之称？

26　十一月，乙卯，诏："京官三品以上，举堪任御史者，四品及侍从言官，举堪任知县者，各一人。"

27　是月，免湖广被灾税粮。

28　十二月，丁丑，下兵部尚书王骥、侍郎邝埜于狱。

时王振初用事，欲令朝臣畏己。会骥议边事，五日未奏，振教上召骥，面责之曰："卿等欺朕年幼耶？"即日，执骥并埜下之狱，寻释之。

未几，右都御史陈智，劾张辅回奏稽延，并劾科道不举奏，上释辅不问，杖御史、给事中各二十。

自是言官承振风指，屡摭大臣过，自公、侯、驸马、伯及尚书、都御史以下，无不被劾，或下狱，或荷校，甚至遣谪，殆无虚岁。

29　乙酉，湖广、贵州总兵官萧授讨广西蒙顾十六峒贼，

　　初，授平贵州乌罗蛮，逾年，复讨都匀蛮，降下合江、蔡郎等五十余寨。会上即位，命佩征蛮副将军印，仍镇湖广、贵州。又念授年老，以都督金事吴亮副之。

　　先是普定蛮砢迟等叛，僭称王，四出攻掠，授遣指挥顾勇等捣其巢，破之。而广西蒙顾十六峒与湖广逃民相聚蜂起，授督兵围之，再战，悉禽斩其酋，余党就诛。

　　捷闻，进右都督。上言："靖州与广西接壤，时苦苗患。永乐、宣德间，尝储粮数万石备军兴。比年储渐少，有警发人徒转输，贼辄先觉，以改不能得贼。乞于清浪、靖州二卫各增储五万石，庶缓急可藉。"报可。

30　是冬，成国公朱勇言："近卫喇特托欢以兵迫逐鞑靼多尔济巴勒，恐既吞并，日益强大。乞敕各边广储积以备不虞。"上嘉纳之。

　　是时二部相仇杀。而阿尔台多尔济巴勒窜居在外，非卫喇特之敌，故阳乞抚于我而阴行寇掠。未几，复犯庄浪，都指挥江源战没，亡士卒百四十余人，边事益棘。

31　是岁，上改元初政，三杨当轴，各处坑冶，悉诏封闭。撤永、宣新增之闸办官，又罢诸处采买及造下西洋船木诸冗费，民困少苏。内供之物，如糖蜜、果品、腒脯、酥油、茶芽、粳糯粟米、药材，或较旧数减半，或减三之二。而上用膳食器皿，如南工部造金龙凤白瓷诸器，饶州造朱红膳盒诸器，即位数月，搏节颇多。而营造所之援例诛求，尚膳监之乘时干没，上虽备帖具书，不能禁也。其后中官用事，征索纷纭,较之旧制又变本而加厉云。

32 佥都御史<u>鲁穆</u>奉命捕蝗于<u>大名</u>,还,以疾卒。

<u>穆</u>,<u>天台</u>人,<u>永乐</u>四年进士。家居褐衣蔬食,足迹不入州府。比谒选,有司馈之赆,<u>穆</u>曰:"吾方从仕,未能利物,乃先厉州里乎!"不受。除御史,<u>仁宗</u>监国,屡上封事,劾<u>汉王</u>官校诸不法状,直声震朝廷。迁<u>福建</u>佥事,理冤滥,摧豪强。<u>泉州</u>人<u>李</u>某,调官<u>广西</u>,其姻富民<u>林</u>某,遣仆酖<u>李</u>于道而室其妻。<u>李</u>之宗人诉于官,所司纳<u>林</u>赂,坐诉者,系狱久。<u>穆</u>廉得其实,正<u>林</u>罪。<u>漳</u>民<u>周允文</u>无子,以侄为后,晚而妾生子,因析产与侄,属以妾子。<u>允文</u>死,侄言儿非叔子,逐之,尽夺其赀,妾诉之官。<u>穆</u>召县父老及<u>周</u>宗族,密置妾子群儿中,咸指儿类<u>允文</u>,遂归其产。民呼"<u>鲁铁面</u>"。时<u>杨荣</u>当国,家人犯法,<u>穆</u>治之不少贷,<u>荣</u>顾谓<u>穆</u>贤,荐之朝。上即位,遂擢是职。

卒之日,贫不能敛。始,<u>穆</u>入为佥宪,行李萧然,尚书<u>吴中</u>赠以器物,不受。至是<u>中</u>为治棺衾,乃克殡。诏给舟归其丧。【考异】<u>鲁穆</u>之卒,据<u>明史</u>本传,在<u>英宗</u>即位之明年,乃<u>正统</u>元年也。是年,<u>河北</u>旱蝗,遣官督捕,<u>穆</u>之还未知何时,故诸书有系之二年者,惟<u>宪章录</u>七年书"<u>鲁穆</u>巡视<u>江南</u>"尤误耳。今据其出使之年,牵连记之。

33 以<u>刘中敷</u>为户部尚书。——<u>中敷</u>任<u>山东</u>左布政,丁忧归,至是夺情起之。

34 <u>宣德</u>八年,<u>西洋</u>、<u>西域</u>来朝贡者,凡<u>古里</u>、<u>柯枝</u>、<u>苏门答剌</u>及<u>天方</u>等共十一国,滞留未遣。是年,上始命礼部稽其使臣在京师者,悉令附<u>爪哇</u>贡舟还国。

二年(丁巳、一四三七)

1　春,正月,甲午,奉宣宗神主祔太庙。

2　己亥,诏大同总兵官方政、都指挥杨洪,会宁夏、甘肃兵出塞。

先是总兵蒋贵、赵安等奉命出师,未至而寇犯庄浪,巡抚甘肃徐晞上章劾贵。廷议以贵方选军甘州,势不相及,而庄浪正晞所统,责晞委罪,置贵不问。

未几,谍报阿尔台、多尔济巴勒等驻贺兰山后,诏政与洪出大同迤西,贵与安出凉州塞会剿。贵等师至鱼儿海子,都指挥安敬,言前途无水草,留十日,以刍饷不继,欲引还。时右佥都御史罗亨信参贵军务,让之曰:“公等受国厚恩,敢临敌退缩耶! 死法孰与死敌?”贵不能从,遂引军还。亨信遂上章劾贵,陕西都御史陈镒亦言状,诏切责贵等。

3　是月,太皇太后欲诛王振,不果。

上之初即位也,太皇太后悉委政内阁,而三杨皆累朝元老,振心惮之,未敢逞。太后尝遣振至内阁问事,士奇拟议未下,振辄施可否,士奇愠,三日不出。太后闻之怒,立鞭振,仍令诣士奇谢罪。且曰:“再尔,必杀无赦。”

一日,太后御便殿,召英国公张辅、内阁杨士奇、杨荣、杨溥、尚书胡濙入朝。太后左右女官,杂佩刀剑,侍卫凛然。上西向立太后旁,五臣东面稍下。太后召问,人皆有奖劝之词。及溥,乃叹曰:“先帝念卿忠,屡形愁叹,不意今日得相见也!”盖仁宗监国,以谗故,宫僚多下狱,溥及黄淮一系十年,濒死者数矣。仁宗每于宫中言及东宫时事,惨然不乐,以故太后言之。于是溥泣,太后亦泣,因顾上曰:"此五臣先朝所简,贻皇帝,有行必与之计,非五臣所赞成者,不可行也。"

有顷,宣太监王振至,俯伏,太后颜色顿异,曰:"汝侍皇帝起居多不律,今当赐汝死。"时女官加刀振颈,上跪为之请,五臣皆跪。太后曰:"皇帝年幼,岂知此辈自古祸人家国!我听帝暨诸大臣留振,此后不得令干国事也。"振自此稍敛戢。已而太皇太后病,遂跋扈不可制矣。【考异】此事明史三杨及宦官传皆不载,皇朝通纪、纪事本末及明书皆载之。据弇州考误,言"出自何文简余冬叙录,而杨文敏行状及杨文贞三朝圣谕录皆不及。以召对言,则似影响宣宗时事,若果有诛王振之语,则文敏行实与圣谕录何故佚之?史于太后之圣政,王振之蠹国,娓娓言之,此又何所讳而不书?意者何文简骤闻前辈之言,喜而笔之,不自知其误也。"予谓文敏行状及文贞三朝圣谕录,皆因王振讳也。杨荣之卒在正统五年,正王振用事之时,宜行状不书。士奇以正统九年卒,三朝圣谕录,据其自序成于正统七年壬戌,是年,太皇太后崩,振势益盛,大作威福,廷臣人人惴恐。士奇虽老耄之年,岂不虑异日子孙之祸?太后赐王振之死,即有其事,亦必不敢入录中。弇州之说,毋乃知其一而不知其二也!三编采入此条,系之是年正月,今从之。

御批三编曰:诚孝太后既对诸臣数责王振,且以刀加振颈,不得谓无必杀之心。使五臣能因势而赞成之,则去大憝易于反掌。乃五臣不但不显言其恶,且为之长跪致请,转若重为申救者。良由诸臣阿顺幼主,为身后计,故尔隐忍保全,致贻奸恶之祸,而不得诿之诚孝太后之优柔寡断矣。且如太后于兄晟、昇,皆禁其不得干预国事,可谓深知大体。而三杨则于晟、昇请加委任。私意揣摩若此,又奚有于王振乎!

4 三月,甲午,录囚。

5 戊午,遣御史金敬抚辑大名及河南、陕西逃民。

6 夏,四月,免河南被灾田粮。

7 五月,庚寅,命兵部尚书王骥经理甘肃边务。

时寇数犯甘、凉边境,蒋贵、赵安等出塞无功,而侍郎柴车、徐晞,都御史曹翼,相继饬防,均不能制,上乃命骥往,许以便宜行事。

骥奉命,疾驱至军,大会诸将,问:"往时追敌鱼儿海,先退败军者谁?"金曰:"都指挥安敬。"骥之行也,上以金都御史罗亨信劾贵等逗留状示骥,并密敕骥戮敬军中以徇,至是遂承旨缚敬斩辕门,寻奉敕责取贵死状,一时诸将皆股栗。

骥乃大阅将士,分兵画地,使各自防御,边境肃然。阅军甘、凉,汰三之一。定更番法,兵得休息而转输亦省。【考异】王骥斩安敬及责蒋贵死状一事,据弇州史乘考误,谓"出自中旨,并非便宜行事。彭文宪为王靖远作墓志,有似狄招讨之戮陈洿者,虽快人意,恐当以正史为据也。"余谓王骥非能擅轩安敬、责蒋贵死状之人,此不足辩。而证之罗亨信传,"亨信劾贵逗留状,上以其书示王骥等",故骥传亦言"承密旨缚敬斩军",又责贵死状,亦云"宣敕",其皆出自中旨明矣。明史所记,较彭志为得其实,今据之。

8 壬寅,命刑部尚书魏源经理大同边务,亦令以便宜行事。

先是王骥言:"边军怯弱,由训练无人,"因荐千户杨洪,诏加洪游击将军。洪所部才五百,诏选开平、独石骑兵益之,再进都指挥佥事。

洪以敢战著名,而部曲多毁之者。源甫莅边,万全卫指挥杜衡,部卒李全,讦奏洪罪,源素知洪能,乃奏谪衡戍广西,而执全付洪使自治。时源遣都督佥事李谦守独石,遂请以洪副之。

9 丁未,免陕西平凉六府旱灾夏税,并谕户部遣官勘实蠲之。

10 是月,有吉安、浮梁、淮、徐等处义民十人,各出谷千石有奇,助官振济,赐玺书旌劳,复其家。

11 六月,乙亥,以宋儒胡安国、蔡沈、真德秀从祀孔子庙廷。

时肇庆知府王莹等,以“安国作春秋传,沈作书传,真德秀作大学衍义,均有功于圣门,请从祀孔庙两庑。”下礼部议,奏称“莹等言是”,故有是命。

12 庚辰,遣副都御史贾谅、工部侍郎郑辰振河南、江北饥。

时南直隶之凤阳、淮安、扬州诸府,徐、和、滁诸州,河南之开封诸府,奏“自四月至五月,河、淮泛涨,民居漂没,禾稼不登。”特命谅等往振之。

13 秋,九月,以都指挥佥事杨洪守独石。

先是洪副李谦守备赤城、独石,谦老而怯,与洪不相能,洪每调兵,谦辄阴沮之。洪尝励将士杀敌,谦笑曰:“敌可尽乎?徒杀吾人耳。”御史张鹏劾罢谦,因命洪代。

洪虽为偏校,中朝士大夫皆知其能,有毁之者,辄为曲护,洪以是得展其才,益自奋。数败乌梁海兵,禽其酋,威名闻岭北,称为"杨王"。

14　王骥经理甘肃,寻召还。未几,甘肃守将报北寇复犯边。冬,十月,甲子,以镇守甘肃左副总兵任礼充总兵官,授平羌将军,都督蒋贵、都督同知赵安副之,兵部侍郎柴车,佥都御史曹翼、罗亨信参赞军务,讨阿尔台、多尔济巴勒,命骥及太监王贵监督之。

车尽心边务,纠劾将帅欺玩,章前后凡数十上。或以后患怵之,车曰:"吾敢爱身以误国也!"每有功赏,虽敕下,必覆验而后行。

岷州土官后能,冒功得升赏,车奏请加罪。能复请,命宥之,车反覆论其不可,曰:"诈冒如能者,实繁有徒,臣方次第按核。今宥能,何以儆众? 若无功而得官,则捐躯死敌者何以待之?"朝廷虽从能请,然嘉车贤,遣使劳赐之,仍进从二品禄。

15　是月,敕:"方面郡守缺,令三品以上保举择用。"左通政陈恭言:"古者择任庶官,例由选部,职任专而事权一。今令廷臣各举所知,恐开私谒之门,长奔竞之风。"

下吏部议。尚书郭琎逊谢不敢当,大学士杨士奇言:"宣德七年以前,布、按二司及府州县官多不得人,致为民害,是以宣宗皇帝敕令大臣保举。自兹以往,多得其人。间有一二非才,亦缘举主不察,甚或徇私,所司不行纠劾,以致如此。昔唐太宗力行仁义,命在京三品以上官举郡守县令,后来致天下斗米三钱之效。但所举之人,后有犯赃,必须明正举主之罪,则人知谨畏,不敢滥举,官必得人矣。"

诏仍如士奇言。

16　十一月,乙巳,振河南饥,免税粮。

三年(戊午、一四三八)

1　春,三月,己亥夜,京师地震。庚子,又震。甲辰,又震者再。【考异】明史本纪及五行志,皆书"三月己亥地震"。三编据实录,并增入"庚子、甲辰",今据之。

2　是月,振陕西饥。

3　禁天下祀孔子于释老庙宇。

4　是春,兵部尚书王骥督诸将出塞,以蒋贵为前锋,而自与任礼率大军后继。与贵约曰:"不捷,毋相见也。"贵亦感奋。

　　会多尔济巴勒惧罪,连遣使入贡,敌势稍弱,贵率轻骑败之于狼山。追抵石城,多尔济巴勒走,与阿尔台合。

5　夏,四月,王骥、任礼等率诸军出镇夷关,蒋贵将二千五百人为前锋。贵欲深入,副将李安沮之,贵拔剑厉声叱曰:"敢沮军者斩!"遂由间道疾驰三日夜抵其巢。阿尔台方牧马,贵猝入马群,令士卒以鞭击弓鞬惊马,马尽佚。敌失马,挽弓步斗,贵纵骑蹂击,指挥毛哈阿奋入其阵,大败之。

　　乙卯,贵分军为两翼,别遣百骑乘高为疑兵,转战八十里,斩首三百余,禽伪左丞脱罗,获金银印各一,驼马兵甲千计。

　　会骥与礼败敌于梧桐林,至额齐讷路,禽伪枢密、同知、金院十五人，万户二人，降其部落，穷追至黑泉。而赵安等出昌宁，至多喇沟，旧作刁力。亦禽伪右丞、达噜噶（尔）齐三十人。分道夹击，转战千余里，多尔济巴勒远遁。西边悉平。【考异】明史本纪系之四月乙卯，据其奏报之月日也。功臣年表记封蒋贵等于是年之四月。七卿年表言"王骥以四月召还，理部事"，皆牵连记之耳。证之诸书骥等还在十月，论封及升赏王骥、柴车等皆在其时，今分书之。

6　癸未，设大同马市。

先是刑部尚书魏源等，以卫喇特贡马，援辽东开原例以六事闻，曰"置马市，选贡马，输供具，严禁约，择通事，设牙行。"上以"马市劳军甿，不必置。待远人宜厚，马不必选。供具取给公帑，勿扰民。余如议。"未几，巡抚大同金都御史卢睿，复言"大同宜立马市"，从之。

7　是月，宣宗皇帝实录成。杨士奇、杨荣俱进少师，溥进少保兼礼部尚书、武英殿大学士，余升赏有差。

8　五月，南畿巡抚周忱奏疏通盐课法。

去年，淮、扬水灾，盐课亏少，上命忱往视之。忱奏"令苏州等府拨剩余米，每县量拨一二万石，运赴扬州各盐场收贮，如数出给通关，准作次年预纳秋粮。令灶户将私盐于附近场分上纳，即照时价给米。"于是米贵盐贱，官得积盐，民得食米，公私赖之。

9　六月，癸酉，以旱，诏谳中外疑狱。

10　麓川宣慰使思任发叛。

任发，前宣慰思伦发子也。初，思伦发为其部长刀榦孟所逐。洪武之末，太祖命黔国公沐春会都督何福讨平之，归伦发于麓川，仍为宣慰使。分其地，设孟养、木邦、孟定三府隶云南，设潞江、干崖、大侯、湾甸四长官司隶金齿。永乐初，升孟养、木邦为宣慰司。久之，孟养、木邦与缅甸相仇杀。时思伦发已卒，子行发袭，亦卒。次子任发遂袭，而狡狯逾于父兄，差发金银，不以时纳，朝廷稍优容之。会木邦与缅甸相攻，任发乘机侵夺，遂欲尽复其故地，称兵扰边。值宣德之末，以交阯、四川方用兵，民劳未息，遣中官赍敕抚谕，令勿与木邦争地抗杀。而任发辄连年侵孟定、南甸、干崖、腾冲、潞江、金齿等处。

　　于是黔国公沐晟奏："任发叛形已著，近已侵迫金齿，势甚披猖。已遣诸卫马步官军至金齿守御，乞调大军进讨。"是时上方命晟遣官赍金牌信符谕还所侵地，而任发卒不奉诏。乙亥，命都督方政、佥事张荣会晟讨麓川。【考异】据明史本纪，系之是月。诸书或系之二年之十月，或系之三年之十月，然以命将考之，纪中系之是年之夏者为得其实。盖方政等出征，当以秋冬间至，而空泥之败，政之死难，事在明年正月。以此推之，政之奉命出师，在是年之六月无疑也。政等既出师，而思任发复侵孟养。盖是时任发方修贡以冀缓师，沐晟遽信其降，无渡江意，政不胜愤，乃独率麾下出战，先胜后败。政死之后，诏切责晟不援，故晟亦惧罪暴卒，本纪系晟卒于四年三月者是也。今据本纪，参之云南土司传。○思伦发、思任发、思机发，父子祖孙皆以"发"名。盖"发"即"法"，夷人称其长为"法"，犹中国之称王也。纪事本末言"思任发略取孟养，逐其宣慰刀宾玉，遂屠腾冲，踞潞江，仍自称曰'法'。'法'，滇王号也。中国遂讹为思任发云。"按此所记，本之田汝成西南夷传，田官于滇，故知之。（"思任"，田传"任"作"仁"。）证之明史传中，所记思仁逐刀宾玉，屠腾冲，踞潞江，皆思任事。是"思仁"即"思任"也。

　　11 秋，七月，癸未，下礼部尚书胡濙等于狱。

　　初，行在礼部印失，上以濙故，诏勿问，命改铸。至是又失之,遂被劾下狱。未几印获,释之,复其官。

12 辛卯,下户部尚书刘中敷等于狱。

初,中官俸糈,于通州支给,中敷掌户部,改在京仓支给。中官讽御史给事中劾奏,遂并侍郎吴玺等俱下狱,既而释之。

13 八月,辛酉,顺天贡院火,席舍多焚,试卷亦残缺。

时翰林侍讲学士曾鹤龄为考官,值初试之夕,有司惧罪,不敢言更试,惟请葺号舍终事。鹤龄曰:"必更试,然后涤百弊以昭至公。不然者,即此心无私,亦欺也。"礼部官乃具二议以进,诏下,如鹤龄言。

14 乙亥,以陕西饥,令杂犯死罪以下输银赎罪,送边吏易米。

是年春,平凉、凤翔、西安、巩昌、汉中、庆阳凡六府,皆以饥告,故有是命。

15 九月,癸巳,蠲两畿、湖广逋赋凡六十四万石,以元年、二年连灾故也。

16 冬,十月,癸丑,再振陕西饥。

17 是月,召王骥等还。

论平虏功,封蒋贵定西伯,任礼宁远伯,赵安会川伯。骥以尚书兼大理寺卿支二俸,柴车升兵部尚书。自罗亨信以下皆升赏有差。

807

18 十一月,逮天下逋逃工匠四千余人。

初,宣德间,征天下军民工匠,多所兴造,上即位,悉罢之。未几,建宫殿,修九门,改造五府、六部诸司公署,又广建京城内外诸佛寺,工役繁兴,匠多逃者。二年二月以后,已逃六千余人,至是积四千二百余人,悉命逮之,逮至者皆桎梏赴工,军民失望。

19 是月,南京国子祭酒陈敬宗请定入监事例。

敬宗任南京国子监司业九年,秩满迁是职。至是上书言:"旧制,诸生以在监久近,送诸司历事。比年有因事予告者,迁延累岁,至拨送之期始赴,实长奸惰,请以肄业多寡为次第。又,近有愿就杂职之例,士风卑陋,诚非细故,请加禁止。"从之。

20 十二月,丙辰,下刑部尚书魏源、右都御史陈智等于狱。

源经理大同边务,本年四月召还。有御史劾"源为御史时,曾犯赃,冒领诰命",上以源有劳,置不问。比还,与都御史陈智相詈于直庐,智以闻,诏两责之。七月,以坐决狱不当,与侍郎何文渊俱下狱,既而释之。

至是以上辽王贵烚罪状不言其内乱事,遂与三法司俱系诏狱,智亦预焉。先是巡抚湖广侍郎吴政等,奏"辽王贵烚不友诸弟,待庶母寡恩,捶死长史杜述,居国多过。"及召讯京师,尽得其淫秽黩伦凶暴诸不法事。上以政等所奏及三司所鞫皆不当,复命英国公张辅会问,得实,乃论贵烚重典,遂并政等规避不奏论斩。

时上严绳臣下,大臣下狱以为常,源一岁两系。论者皆以为王振作威之渐云。【考异】明史本纪但书十二月魏源下狱事。证之源传,源是年两下狱,一在七月,一在十二月,均见七卿年表,今据本传书之。〇又按，明史稿书魏源下狱于七月乙未，是源初次下狱之日分也。

21 是岁，多尔济巴勒败走，寻为卫喇特托欢所杀。

托欢自袭杀阿噜台后，悉收其部。未几，又内杀贤义、安乐二王，尽有其众，欲自立为可汗。众不可，乃以托克托布哈旧作脱脱不花。故元后，立之，以阿噜台之众属焉。托欢自为丞相，阳推奉之，实不承其号令。

一时朝臣、边将，皆言"卫喇特日强，且两虏合一，尾大势成，非阿尔台等残寇之比也。"上皆不省，但戒敕防御而已。【考异】明史王骥、蒋贵传，言"骥等追至黑泉，朵儿只伯远遁。"三编言其"远遁，寻为脱脱不花所杀"，据明史鞑靼传。传言"瓦剌脱欢袭杀阿噜台，收其部，欲自称可汗。众不可，乃以脱脱不花为故元后，立之。"又瓦剌传言："脱欢内杀其贤义、安乐两王，尽有其众，欲自称可汗。众不可，乃共立脱脱不花，以先所并阿噜台众归之，自为丞相。已，袭破朵儿只伯，复诱胁三卫窥伺塞下。"据此，则脱脱不花虽为脱欢所奉，不过空名而已。袭杀朵儿只伯，诸书皆属之脱欢，而证之瓦剌传，朵儿只伯之败在正统三年，脱欢之死在正统四年，则朵儿只伯被杀即在三年败后也。今据纪、传，系之三年之末。

四年(己未，一四三九)

1 春，正月，壬午，都督方政讨麓川蛮，穷追，败绩，死之。

先是政等出师，诏会黔国公沐晟及晟弟右都督昂共讨之。思任发者，本名思任，未袭时，曾隶孟养宣慰刀宾玉部下，宾玉尝遣诣晟，晟儿畜之。洎拥众麓川，侵略邻境，势日强。南甸知州刀贡罕，奏麓川夺其所辖罗卜思庄等二百七十八村，诏思任还之，不听。

政等将至，思任佯言修贡，以冀缓师，复略孟养地，逐宾玉，遂据潞江，自称曰"法"。——"法"，夷人王号也。——政谋进兵，而晟辄视思任发易与，闻其降，迁延不欲渡江。任发潜遣众万余沿潞江，造船三百艘，欲取云龙。政欲出战，晟不可；政造舟欲济师，晟又不许。政不胜愤，乃独率麾下与贼将缅简战，破其大寨。贼奔景罕，指挥唐清复击破之。又追之高黎共山下，斩贼共三千余级。乘胜深入，逼任发上江。——上江，贼重地也。

政远攻疲甚，求援于晟，晟怒其违节制渡江，不遣；久之以少兵往，至夹象石又不进。政追至空泥，贼出象阵冲击，军歼，政死焉。

时晟抵金齿，闻败，引军还。

2　二月，丁巳，总兵官萧授讨贵州计沙叛苗，平之。

时苗贼首金虫、总牌等，纠红江生苗作乱，伪立统千侯、统万侯号。授督兵抵计沙，分遣都指挥郑通攻三羊洞，马晔攻黄柏山，大破之。都督同知吴亮穷追至红江，斩总牌，千户尹胜诱斩金虫，于是生苗尽降。

授在镇二十余年，威信大行。寇起辄灭，前后诸帅莫及也。

论功，进左都督。寻以老致仕。久之，复起视事右府。越数岁卒，赠临武伯，谥靖襄。

3　是月，大学士杨士奇乞致仕，上不许。命归省墓，差中使护行，赐玺书金币，曰："卿省墓毕，即速来。毋久恋乡土！"

士奇省墓，道南京，闻少保黄福疾，往候之。福惊曰：

"公辅幼主，一日不可去左右，奈何远出！"士奇深服其言，越二月，还朝。

4　闰月，辛丑，释魏源、陈智等，复其官。并宥弃交阯王通、马骐罪，及弋谦俱罢为民。

5　三月，己酉，以春和，下宽恤诏，"殊死以下，罪无大小，咸赦除之。"并蠲逋税。

6　壬子，赐施槃等进士及第、出身有差。

7　庚申，废辽王贵焌为庶人，俾守其父简王园。已，封其弟贵燸为辽王。

8　麓川之败，沐晟请益军。诏遣使者责状，仍调湖广官军三万一千五百人，贵州一万人，四川八千五百人，令吴亮、马翔统之，仍敕听晟节制。

晟行至楚雄，闻诏，惧罪，丁卯，暴卒。【考异】明史本纪，系方政之败于正月，沐晟之卒于三月，命晟弟昂总兵讨麓川于五月。证之云南土司传及沐晟传，方政以正月败没，晟以三月引军还，行至楚雄，会朝廷方遣使者责状，晟因惧罪自尽。而前诏发湖广、贵州兵，仍饬晟节制，追闻晟死，乃改命昂。纪中所记月分，次第井然，悉与传合。诸书所记，有在二月者，有在五月者，而通纪、纪闻诸书，皆系方政之败于五月，尤为不合。今悉据明史纪、传月日书之。○又按，晟之死，据土司传言"暴卒"，本传言"惭惧发病，至楚雄卒"。盖野史所记互异，史两存之。详三编质实中。

9　癸酉，增南京及在外文武官军俸廪。

10　初，湖广巡按御史陈祚，以奏辽王罪有所隐，与巡抚侍郎吴政等先后被逮下狱，至是以事定释之，寻改南京、云南道御史。

11　是月，左副都御史吴讷致仕。

上初御经筵，讷录所辑小学集解上之。讷议论有根柢，于性理之书，多有发明。归家，环堵萧然。周忱抚江南，欲新其居，不可。家居十六年卒。

12 夏，四月，倭寇浙东。【考异】明史本纪不具，据日本传在五月，纪事本末系之四月。

初，宣德间，定日本诸国来贡，皆给信符勘合。上即位，倭遣使来贡，明年还，工部请照例给之。又定使臣贡无过三舟，使人毋过三百，毋得多携军器。倭初奉约束，既则贡不如期，辄满载方物戎器，出没海滨，得间侵掠。至是载倭船四十艘，连破台州、桃渚、宁波、大嵩二千户所，又陷昌国卫，官庾民舍，焚劫一空。诏严兵海上备之。

13 麓川思任发既得志，遂犯景东，剽孟定，杀大侯知州刀奉汉等，胁孟琏长官等司降之。

五月，庚戌，以右都督沐昂为征南将军，充总兵官，都督同知吴亮副之，讨思任发。

14 壬戌，京师大雨雹。

15 丁卯，录中外囚。

16 是月，京师大雨，水溢，坏官舍民居三千三百九十区。时顺天、真定、保定三府州县及河南之开封、卫辉、彰德三府俱大水。

17 六月，戊寅，彗星见毕宿旁，长丈余，指西南，计五十有五日乃灭。【考异】据明史天文志。三编亦书于是年六月，惟"五十五日"作"五十四日"。

18 乙未，京师地震。

19 丁酉，以京畿水灾，祭告天地，谕群臣修省。

戊戌，下诏宽恤，求直言。

时翰林院编修<u>刘定之</u>应诏言十事：一言"号令之出，宜求大公至正，久而无弊，不可苟且数易。"二言"公卿侍从，宜数召见，察其才能心术而进退之。"三言"降人处京畿者，宜渐移之南方。"四言"郡县职宜以京朝官补，使迭相出入。"五言"荐举之法，不当拘五品以上，宜仿<u>唐</u>制，迁秩时举一人自代。"六言"武臣子孙宜习韬略。"七言"守令牧养为先，毋徒取干办。"八言"僧尼蠹国，当严绝。"九言"富民输粟授官者，有犯宜追夺。"十言"丁忧文臣宜永罢起复。"所言皆切中时弊，疏上，竟留中。——<u>定之</u>，<u>永新</u>人。

20　秋，七月，庚戌，免两畿、<u>山东</u>、<u>河南</u>、<u>江西</u>被灾税粮凡二十一万三千余石。

21　壬申，汰冗官。

22　是月，<u>滹沱</u>、<u>沁</u>、<u>漳</u>三水俱决，坏<u>饶阳</u>、<u>献县</u>、<u>卫辉</u>、<u>彰德</u>堤岸，敕有司修筑。

23　八月，戊戌，增设沿海防倭官。

24　己亥，京师复震。

25　是月，<u>白沟</u>、<u>浑河</u>二水溢，决<u>保定</u>、<u>安州</u>堤。<u>苏</u>、<u>常</u>、<u>镇</u>三府及<u>江宁</u>五县俱水，溺死男妇甚众。

26　九月，<u>宣大</u>守将<u>杨洪</u>，追击<u>乌梁海</u>于<u>三坌河</u>等处，连败之。

<u>洪</u>以去年击寇于<u>白颜山</u>，马蹶，伤足，战益力，卒大败之。玺书慰劳，命医往视，赐之银币。

寻以总兵<u>谭广</u>年老，命<u>洪</u>为右参将佐之。<u>洪</u>建议加筑

开平城,增置独石等墩台六十所。寇至,屡却之。

27 冬,十月,增造海运船。

28 十一月,福建佥事廖谟以事杖死驿丞,大学士杨溥欲坐谟抵罪,杨士奇谓"因公致死,宜示薄谴",互争不决,请裁于太皇太后。王振因进言:"溥与驿丞同乡,士奇与佥事同乡,各有私意。抵偿过重,因公过轻,宜对品降职。"太后然之,乃出谟为同知。

自是振渐撼阁臣过,侵其权,自士奇以下,皆莫能难也。

29 十二月,四川松潘祈命族番叛。丁丑,命都督同知李安充总兵官,佥都御史王翱参赞军务,讨之。

先是指挥赵得奏祈命番族桑巴旧"桑"作"商"。作乱,官军捕禽之。其弟小桑巴复聚浦江、新塘等关,据险劫掠,至是命安等率官军土兵二万人往。

30 是岁,卫喇特托欢死,子额森嗣,旧作也先。称太师、淮王,北部皆服属,托克托布哈具空名,不复相制,每入贡,主臣并使。朝廷亦两敕答之,称托克托曰达达可汗,额森曰太师,赐赉甚厚,并及其妻子部长。于是额森势益横,边境自此多事矣。【考异】据明史卫喇特传,脱欢之死在四年,诸书皆系之八年,误也。正统六年,托克托布哈及其太师额森遣人贡马,是脱欢已前死明矣。三编统系之正统七年入贡之下,且中追书脱欢之死于四年,与明史合,今从之。

五年(庚申、一四四〇)

1 春,正月,己未,大祀南郊。

2 是月,少保、南京户部尚书黄福卒。

福历事六朝，多所建白。公正廉恕，当官不为赫赫名，事微细无不谨。忧国忘家，老而弥笃。初，太宗手疏大臣十人，令解缙评之。惟于福曰："秉心易直，确乎有守。"无少贬。上即位，令福以少保参赞南京机务。时襄城伯李隆守备南京，福尝坐隆侧。杨士奇寄声曰："岂有孤卿而旁坐者？"福曰："焉有少保而赞守备者邪？"卒不变。然隆待福甚恭，公退，即推福上坐，福亦不辞。兵部侍郎徐琦自安南回，福与相见石城门外。或指福问安南来者曰："汝识此大人不？"对曰："南交草木亦知公名，安得不识！"

卒之日，赠谥不及，士论颇不平。成化初，始赠太保，谥忠宣。

3 召襄城伯李隆提督京营，以丰城侯李贤守备南京。【考异】明史本纪不书。吾学编及通纪、宪章录皆系之五年正月，证之明史本传，是也。惟诸书以丰城侯为李彬，不知彬已卒于永乐二十年，子贤嗣封，此时守备南京乃贤也。贤以正统初镇大同，亦见本传。而明史郑辰传，言"辰与丰城侯李彬转饷大同"，则亦误以贤为彬矣，今刊正。

隆守南京十余年，镇以静定，最识大体。读书好文，尤敬礼士大夫。及召还，南都士民流涕送之江上。

4 二月，乙亥，以翰林院侍讲学士马愉、侍讲曹鼐入内阁，预机务。

先是王振用事，渐厌三杨，一日，语士奇、荣曰："朝廷事久劳公等。今公等皆高年，倦矣。"士奇曰："老臣尽瘁报国，死而后已。"荣曰："吾辈衰残，无以效力，当择后生可任者报圣恩耳。"振喜而退。士奇以咎荣，荣曰："彼厌吾辈矣。一旦内中出片纸令某人入阁，且奈何？及此时进一二贤者,同心协力,尚可为也。"士奇以为然。翌日,列愉、鼐及侍读学士苗衷,侍讲高毂名以进,愉、鼐遂先被擢用。【考异】明史本纪,马愉、曹鼐入阁,系之是年二月乙亥。证之愉、鼐本传(愉附杨溥传中。)皆云"以正统五年入内阁,预机务。"又证之宰辅年表,在五年二月,与本纪合。又证之愉传,言"杨荣答王振云云,遂于翌日列苗衷、曹鼐及愉名以进。"又高毂传,言"英宗即位,开经筵,士奇荐高毂及苗衷、马愉、曹鼐四人。"据此,则四人入阁,虽先后不同,皆三杨夹袋中人也。愉、鼐入阁在五年二月,衷、毂入阁在十年十月,明史纪、传、表所载悉合。而稽之弇州史乘考误,则所荐四人,有陈循,无马愉,又鼐等入阁之年分,与明史绝不合,且亦与弇州自撰之辅臣年表不合。其增陈循而遗马愉,则为祝枝山野记之说所误,而至谓"曹鼐之入阁在正统九年",则尤懵懵语也。今据明史马愉、高毂传及三编书之,弇州之误,别详考证中。

5 甲申,命金都御史张纯、大理少卿李畛振抚畿内流民。

6 是月,大学士杨荣乞归省墓,命中官护行。

7 三月,戊申,建北京宫殿。

初,永乐间,奉天、华盖、谨身三殿灾,稍稍修葺之。上即位,命中官阮安同都督沈清、工部尚书吴中等重建三殿。奉天门为正朝,大事御正殿,其后为华盖,又其后为谨身,皆较前壮丽。并修缮乾清、坤宁二宫。凡役工匠官军七万余人。

8 丁巳,麓川思任发请罪,诏宥之。

9 夏,四月,壬申,免山西旱灾逋赋。

10 癸未,振畿内八府饥。

11 丙戌,平松潘蛮。

桑巴者,祈命族番国师也,指挥赵谅诱执之,掠取其财,与同官赵得诬以叛状。王翱访得其情,至则释桑巴于狱,奏请诛谅成得,复桑巴国师,使招谕其弟,抚定余党,而松潘遂平。

12 初,开中事例,商人纳米塞下给引,在于淮、浙、长芦等处支盐。永乐间,在场守支,有祖孙相代不能得者,乃议仿洪武中例,加钞锭以偿之,愿守支者听。至是以守支年久,少有上纳者,乃定常股存积之法,以十分为率,八分给守支商曰"常股",二分收贮于官曰"存积",遇边警始召商中纳。然常股价轻,循次守支,迄不可得;存积价虽重,可以不次支给。于是商人甚苦守支,而争趋存积,则常股愈壅。

13 五月,沐昂讨麓川,抵金齿,畏贼盛,不敢进。参将张荣前驱至芒市,为贼所败。昂不救,遂弃符验军器奔还,敕责昂,逮吴亮、马翔等。

14 六月,丁丑,免两畿被灾税粮。

15 戊寅,录囚。

16 是月,两畿、山东、河南、浙江、江西大水,江、河皆溢。陕西平凉诸府,山西行都司及蔚州,皆大雨雹,深尺余,伤稼。

17 中官王振喜僧道,每岁必一度之。是年五月以前,已度二万一千人,至是又度,前后共二万二千三百余人。黄冠缁衣,布满街市,自来僧道之多,无逾于此。

18 秋,七月,辛丑,遣刑部侍郎何文渊等分行天下,修备荒之政,从大学士杨士奇之请也。

时太皇太后专以养民为务,每遇水旱,振济动亿万计,蠲免灾粮或数百万石，闾阎安乐，虽灾不为害。迨王振用事，悉反初政，惟蠲租振荒，尚仍之不改云。

19 壬寅，大学士杨荣还朝，行至杭州武林驿，以疾卒。

荣历事四朝，善处君臣间。每诸大臣议事不决，触上怒，荣至辄解。又或遇人被重谴致不测，往往以微言导上意，亦旋解。尝语人曰："事君有体，进谏有方，以悻直取祸，吾不为也。"故其恩遇亦始终无间。性喜宾客，虽贵盛，无稍崖岸，士亦多归心焉。或谓荣处国家大事不愧唐姚崇，而不拘小节亦颇类之。

尝从文皇北征，颇通馈遗，边将岁致良马。帝颇知之，赖士奇力言"荣晓畅边务，不宜以小过介意"，事乃解。荣数短士奇于帝前，至是愧之，遂相得甚欢。晚年，值王振用事，导上以重法绳臣下。荣之归也，靖江王佐敬私馈荣金于京邸，荣固不知。振欲借以倾荣，赖士奇力解乃已。

卒，年七十，赠太师，谥文敏。

20 八月，乙未，令各边修举荒政。

21 九月，壬寅，蠲云南逋赋。

22 是月，封都督张昇为惠安伯。

昇与彭城伯㵾，并太皇太后之兄，而㵾已前卒。太后念外氏惟昇一人，故别封之。

23 冬，十月，庚午朔，兰州庄浪地震十日。逾月，又屡震，坏城堡庐舍，压死人畜。【考异】见明史五行志。据本纪，"六年正月，以庄浪地震，躬祀郊庙。"今于是年十月下据增。

24 十一月，壬寅，振浙江饥。

25 壬子,免苏、松、常、镇、嘉、湖水灾税粮。

26 丁巳,下河南僧杨行祥于狱。

先是有僧年九十余,自云南至广西,诈称建文帝,遣其徒清进诣思恩府土官知府岑瑛。时安远侯柳溥,升之子也,以总兵官镇广西,瑛执送溥。械至京,会官鞫之。僧自言:"九十余,且死,思葬祖父陵旁耳。"御史言:"建文帝生洪武十年,今当六十四岁。"僧词屈,乃自陈"姓名为杨行祥,河南钧州白沙里人。洪武十七年度为僧,历游两京、云南,至广西。"诏锢之锦衣卫狱,越四月死。其徒十二人皆戍边。

或曰:"建文帝逊国后,为僧于云南、广西间,好为诗,行祥偶同寓,窃其诗,遂冒其名"云。【考异】明史、三编皆据英宗实录。盖所械送之僧本非建文,安得有"迎入大内"之说？野史多出傅会,而薛氏宪录误系之正统十二年,又以思恩之升州为府始此,弇州考误辨之,是也。今按思恩州之升府,据明史广西土官传,"思恩知州岑瑛,以正统二年进职知府,仍掌州事,以其从征蛮寇有功也。后因与田州知府岑绍交恶,各具奏,下总兵三司议。于是柳溥请升思恩为府,俾瑛、绍各守疆土以杜侵争,从之。"据此,则思恩之升府,与送异僧事无涉也,今从明史、三编一概删之。惟杨行祥之诈称建文,野史以为窃其诗者似之。证之万历间神宗问张居正建文事,因取在滇诗以进,意即此时械送之僧与诗俱上,并入之爱书供证中,今存之以为或说。

27 乙丑,沐昂讨平师宗蛮。

28 十二月,壬午,免南畿、浙江、山东、河南灾粮。

29 麓川思任发请罪,廷议罢兵。而王振欲示威荒服,先已召还甘肃总兵官蒋贵等使待命,兵部尚书王骥揣知振意,力主用兵,振大悦,遂绌廷议。于是麓川之役起。

明通鉴卷二十三

江西永宁知县当涂 夏　燮 编辑

纪二十三　起重光作噩（辛酉），尽强围单阏（丁卯），凡七年。
英宗睿皇帝前纪

1　春，正月，己亥朔，钦天监言日食，不应。礼官以为当食不食，请表贺，不许。【考异】明史本纪言"日当食不见"，非阴雨之谓，盖推历者失之也。典汇言"五年岁暮，敕群臣曰：'钦天监言正统六年正月朔日食九十一（抄）〔秒〕。故事，食不一分者不救护。朕惟事天之诚，虽微必谨。至期仍救护如制。'"据此，则钦天监推是年正月朔日食九十一秒，而卒不应，故礼官以当食不食请贺，而不知其为推历之误也。三编则直言"日食不应"，今从之。

2　庚戌，大祀南郊。

3　乙卯，以庄浪地屡震，祀郊庙，遣使祭西方岳镇。

4　大举征麓川。以定西伯蒋贵为平蛮将军，都督同知李安、佥事刘聚副之，兵部尚书王骥总督军务，太监曹吉祥监督军务。大会诸道兵十五万，转饷半天下。——皆王振主之也。

5 二月,大学士杨溥请归省墓,寻还。

6 王骥等奉命征麓川,陛辞,上赐骥贵金兜鍪、细铠、蟒绣绯衣、朱弓矢,许骥以便宜行事。骥又荐太仆少卿李蕡、郎中侯琎、杨宁等随军赞画。

侍读刘球上疏曰:"帝王之驭四夷,必宥其小而防其大,所以通缓急之宜,为天下久安计也。周伐崇不克,退修德教以待其降;至于猃狁,则命南仲城朔方以备之。汉征南越不利即罢兵,赐书通好;至于匈奴虽已和亲,犹募民徙居塞下,入粟实边,复命魏尚守云中拒之。

今麓川残寇思任发,素本羁属,以边将失驭,致勤大兵,虽渠魁未歼,亦多戮群丑,为诛为舍,无系轻重。玺书宥罪,使得自新,甚盛德也。边将不达圣意,复议大举,欲屯十二万众以趣其降,不降则攻之。不虑王师不可轻出,蛮性不可骤驯,地险不可用众,客兵不可久淹。况南方水旱相仍,军民交困,若复动众,纷扰为忧。臣窃谓宜缓天讨,如周、汉之于崇、越也。

至于卫剌特,终为边患,及其未即骚动,正宜以时防御。乃欲移甘肃守将以事南征,猝然有警,何以为御? 臣窃以为宜慎防遏,如周、汉之于猃狁、匈奴也。

伏望陛下罢大举之议,推选智谋将帅,辅以才识大臣,量调官军,分屯金齿诸要害,结木邦诸蛮以为援,乘间进攻,因便抚谕,寇自可服。至于西北障塞,当敕边臣巡视,浚筑沟垣,增缮城堡,勤训练,严守望,以防不虞,有备无患之道也。"

章下兵部,谓南征已有成命,不用。——球,安福人。

7　三月,庚子,下兵部侍郎于谦于狱。

谦巡抚山西、河南十二年,威惠大行。每入京师,无私谒,王振衔之。谦以在外久乞召还,荐参政王来、孙原贞自代。通政使李锡阿振指,劾"谦以久不迁怨望,擅举人自代。"会谦来朝,遂下法司论死。系狱三月,始释之,左迁大理少卿。山西、河南吏民,伏阙上书请留谦者以千数。久之,始复原官。【考异】明史本纪系下于谦狱于三月庚子,三编亦系之三月,皆据实录也。谦传谓"是时三杨已前卒,太监王振方用事,适有御史姓名类谦者尝忤振。谦入朝,荐参政王来、孙原贞自代。通政使李锡阿指劾谦怨望云云,遂系狱三月。已而振知其误,得释。"按此所记,即是年下狱之事。而是时三杨惟荣以去年卒,士奇、溥皆在,而忤振之御史以姓名类谦致误者恐亦非。实录、三编、辑览俱作"王振衔之",是也,今从之。

8　是月,兵部尚书柴车自陕西召还。

上念车久劳,命与都御史曹翼岁一更代。及期病甚,请归治疾。未及行,越二月卒。

车介特,有宴乐辄不与,至断酒肉。

9　夏,四月,己卯,以灾异屡见,遣使祭郊社山川。甲午,遣使省天下疑狱。——杨士奇请之也。

10　五月,庚戌,太白经天。【考异】明史天文志,"五月庚戌,太白昼见",三编作"经天"。按是时以天变命理两京刑狱,则作"经天"者是也。经天与昼见同,而经天较重,三编盖据实录书之。

甲寅,命刑部侍郎何文渊、大理卿王文录在京刑狱,巡抚侍郎周忱、刑科给事中郭瑾录南京刑狱。

11　六月,右都御史陈智被劾免,擢王文右都御史。

12　秋，七月，丁未，振浙江、湖广饥。

13　八月，召提学佥事薛瑄为大理少卿。

先是王振问大学士杨士奇：“吾乡谁可大用者？”士奇荐瑄，至是遂召之。瑄至京师，士奇使谒振，不可，曰：“拜爵公朝，谢恩私室，吾不为也。”一日，议事东阁，公卿见振多趋拜，瑄独屹立。振趋揖之，瑄亦无加礼。自是振遂衔瑄。【考异】明史本传不具年分，纪闻、典汇皆系之是年八月。宪章录书于八年，因下狱牵连并记耳。今书于是年八月下。

14　九月，奉天、华盖、谨身三殿及乾清、坤宁宫成。

15　冬，十月，丁丑，下户部尚书刘中敷、侍郎吴玺、陈瑺于狱。

中敷等掌户部，以京城草束不足，请以供御牛马分牧民间。言官劾其变乱成法，并系狱论斩。诏荷校长安门外，凡十六日，始释之，仍复其官。

16　庚寅，免畿内被灾税粮。

17　十一月，甲午朔，上御奉天殿，赐文武落成宴。【考异】明史本纪系之十一月朔，三编系之九月。盖三殿成于九月，其御殿赐宴则在十一月，皆牵连记事例也，今分书之。

洪、永以来故事，中官不预外廷宴。是日，上遣使问：“王先生何为？”——王先生，谓王振也。上在宫中，呼振先生而不名。——使至，振方大怒，曰：“周公辅成王，我独不可一坐耶？”使复命，上蹙然，命开东华中门召振，至，百官候拜于门外，振始大悦。

时上倾心向振，公侯勋戚咸呼振曰“翁父”。工部郎中王祐，以谄事振骤擢本部侍郎；都御史王文、陈镒，俱跪门俯首;兵部侍郎徐晞屈膝,寻擢尚书。一时士大夫廉耻道丧,相与恬然。

18 以宫殿成,大赦天下。

初,仁宗欲迁都南京,命北京诸司仍称行在,至是定都北京,始去行在称。

19 癸卯,王骥率诸军大战于麓川,拔其上江寨。

骥驰传至云南,部署诸将,遣参将冉保由东路趋孟定大军山,大军由中路至腾冲,分道夹击。遂与蒋贵率二万人疾趋上江,围其寨五日,不下。会大(气)〔风〕,纵火焚其栅,拔之,斩首五万余级。

20 癸丑,免河南、山东及凤阳等府被灾税粮,凡四十四万三千四百余石。

21 闰月,卫喇特额森入贡。

诏问马驼刍荍数,户部刘中敷等不能对。王振言于上,上怒,甲戌,复下中敷及吴玺、陈瑺于狱。逾年,释中敷为民,玺、瑺戍边。

中敷既罢,召仓场侍郎王佐代之。

22 十二月,王骥等克麓川。

骥等之趋上江也,令副总兵刘聚、右参将宫聚等,由夹象石渡下江,通高黎共山道,与大军会于腾冲,长驱抵杉木笼山。贼乘高据险,筑七垒相救,骥遣聚等分左、右翼,缘岭而上,自将中军奋击,贼大溃,连破之。乘胜至马鞍山,进捣贼巢。山陡绝,深堑环之,东南面江,壁立不可上。贼更从间道潜师出大军后,骥戒军中毋动,而令都指挥方瑛以六千人突入贼寨，斩首数百，复诱败其象阵。——瑛，政之子也。

会冉保亦由东路破诸蛮寨，以兵来集，骥令截守西峨渡防贼轶。乃分督诸将环攻其七垒，积薪纵火，风大作，焚死及溺江死者凡数万人。思任发仅免，携其二子走孟养。获其虎符金牌及宣慰司印，又所掠腾冲诸卫所印章凡三十有奇。犁其巢穴，留兵守之而还。

捷闻，上及王振皆大悦。丁未，诏班师。

是役也，惟副总兵李安驻潞江护饷，闻贵等大破贼，自耻无功，乃率兵追击余贼于高黎共山，败绩，都指挥赵斌等战没，亡士卒千余人。诏逮安下狱。

23　是岁，苏州知府况钟，吉安知府陈本深，皆九载秩满，诏进正三品，仍视府事。

钟起刀笔，然重学校，礼文儒，刚正廉洁，孜孜爱民，前后守苏者皆莫能及。先丁母忧，郡民诣阙乞留，诏起复。至是以考最当迁，部民二万余人走诉巡按御史张文昌，乞再任，奏闻，遂有是命。明年十二月，卒于官，吏民聚哭，为立祠祀之。

本深为政，锄豪强，息争讼。尤折节士人，饰治儒学，奏新先儒欧阳修、周必大、杨邦乂、胡铨、杨万里、文天祥祠庙。至是当迁，亦以部民留进秩，仍守吉安。又九年，政化大行。一日升堂，闻鼓乐声，问之，则廨前民嫁女，本深笑曰："吾来时，乳下儿也。今且嫁，我尚留此耶！"遂请老。既去，郡人肖象祀之。【考异】况钟、陈本深进秩事，见明史本传，在正统六年,三编系之是年十月,今据增入六年之末。

七年(壬戌、一四四二)

1　春,正月,甲戌,大祀南郊。

2　二月,庚申,车驾谒天寿山陵。越四日,三月甲子,还宫。【考异】明史稿,"三月壬戌朔,谒天寿山陵,甲子,还宫。"明史书谒天寿山陵于二月,据发京师之日也,今从之。

3　乙亥,免陕西屯粮十之五,旱故也。

4　戊寅,赐刘俨等进士及第、出身有差。

5　夏,四月,甲午,振陕西旱饥。

是月,两畿、山东、山西、河南、陕西皆旱蝗,命吏部侍郎魏骥等分往各郡县督有司捕之。又免山东、山西、河南被灾税粮。

6　五月,壬申,论麓川功,进封定西伯蒋贵为侯,王骥为靖远伯,侯琎、杨宁以下皆升赏有差。【考异】明史本纪系之五月壬申,功臣年表同。诸书系之三月者,王骥等以三月还,牵连并记也。证之七卿表,骥以是年三月还,五月封靖远伯,尤为明析,今据之。

骥受封,解部事。以侍郎徐晞为兵部尚书。

7　戊寅,立皇后钱氏。

后族单微,上欲封其父贵为侯,后逊谢,故后家独无封。

8　丁亥,倭寇浙东,陷大嵩千户所,杀官军百人,掠三百人,粮四千四百余石,军器无算。

9　六月,壬子,遣户部侍郎焦弘整饬浙江防倭事,兼理苏松、福建沿海军务。

10 是月，吴中致仕，越二月卒。

中前后在工部二十余年，北京宫殿及长、献、景三陵，皆中所营造，规画井然。然不恤工匠，家赀巨万，湛于声色，时论鄙之。

逾月，以工部侍郎王卺升任尚书。

11 秋，七月，丙寅，振陕西饥，赎民所鬻子女。

12 思任发之走孟养也，诏木邦、缅甸："能效命禽任发献者，即以麓川地予之。"既而任发走孟蒙，为木邦宣慰所击，追过金沙江，走孟广，为缅甸宣慰卜剌当所禽，于是缅人挟之以求麓川。

任发子思机发，复率余众据者蓝，闻任发被禽，惧，遣弟招赛入贡谢罪。廷议欲因而抚之，王振不可。

13 八月，壬寅，复命王骥总督云南军务，率参将冉保、毛福寿等以往。未至而机发遣其弟招赛入贡，朝廷不纳。会缅甸亦奏获思任发，请麓川地，不许。敕骥以便宜讨思机发，且图缅甸。

14 九月，甲戌，陕西进嘉禾，礼臣请表贺，不许。

15 是月，始置太仓银库。

先是，岁赋折银，谓之"金花银"，入内承运库，至是复设太仓银库，专以贮银。各直省派剩麦米，十库中绵丝、绢布及马草、盐课、关税，凡折银者俱入太仓；籍没家财，变卖田产，追收店钱，援例上纳者亦入焉。——银库之设始此。

【考异】明史本纪不书，证之食货志在是年。吾学编系之九月，宪章录系之七月，今据吾学编。

16 冬，十月，壬辰，乌梁海寇广宁前屯，大掠而去。

时<u>卫喇特额森</u>正强，三<u>卫</u>附之，<u>泰宁卫</u>头目以女妻<u>额森</u>，皆阴为之耳目，入贡辄易名，且互用其印。上恶其反覆，始议讨之。【考异】<u>明史稿</u>书寇<u>广宁</u>于十月癸丑，又云，"十一月己巳，掠<u>塞儿山</u>。"<u>明史</u>不载己巳入寇事，其寇<u>广宁</u>则十月壬辰也，今据<u>明史</u>书之。

17　乙巳，太皇太后<u>张氏</u>崩。

先是太皇太后大渐，命中官问大学士<u>杨士奇</u>、<u>杨溥</u>："国家尚有何大事未举？"<u>士奇</u>因上三事，其一言"<u>建文君</u>虽亡，曾临御四年，当修<u>实录</u>，仍用<u>建文</u>年号"；其二言"<u>太宗</u>诏：'有藏<u>方孝孺</u>诸臣遗书者死'，宜弛其禁"；其三未及上，而太皇太后已崩。【考异】<u>杨士奇</u>等所上三事，语出<u>枝山野记</u>，<u>三编</u>据增入<u>且</u>中，今从之。遗诏勉大臣佐帝惇行仁政，语甚谆笃。

太后自<u>宣庙</u>之崩，以上在冲龄，凡宫中玩好之物，不急之务，悉皆罢去；禁中官不得差遣，有事必关白始行；委任<u>三杨</u>，政在台阁。数年来海宇休息，皆太后之力也。<u>王振</u>擅权，以太后故不敢逞，数年来太后有疾，渐至骄纵，及崩而振益无顾忌矣。

癸丑，上始御门视事。

御批<u>三编</u>曰：当〔时〕阉竖擅权肆横，流毒方深，大事无过于此者，<u>士奇</u>等宁当不以为隐忧！即<u>诚孝</u>太后亦未尝不虑其贻害，故尔仓猝垂询。诸臣如果忠于为国，当思此事机难得，一去而不可复挽，即宜列<u>王振</u>罪恶，亟举入告，以请速除凶孽，或冀其万一得行，犹可有裨国政。若<u>建文</u>君臣之复号弛禁，即未及陈于平时，亦无妨俟之异日，有何迫不及待，而于呼吸难留之顷举此以塞白乎？至其三未及上，纪者亦不言其何事，则与前二条之摭拾无当，大略相同。<u>士奇</u>等为相，虽亦有小节足称，而核其实，究不免阿容守位，至是而老将及之，尤不过浮沉自全而已。史家艳称<u>三杨</u>相业，果尽可为定评耶？

18 十一月，<u>卫喇特额森</u>遣使入贡。

故事，<u>卫喇特</u>使入贡，来者不过五十人。其后利朝廷赏赉，增至二千余人，<u>大同</u>供亿费至三十余万，屡敕不奉约束。又所过多杀掠，邀索不遂，辄造衅端。

是春，上以贡使太多，限三百人入关。及秋，至<u>大同</u>者仍二千余人，旬日又百余人，诏姑纳之。使人以马易弓，藏于衣箧，不可胜计。巡抚<u>罗亨信</u>请于<u>居庸关</u>诘检之，不许。镇守太监岁造箭簇数十瓮遗其使，恃<u>王振</u>庇之，故上不之知，知亦不问也。

19 十二月，葬太皇太后于<u>献陵</u>，上尊谥曰<u>诚孝昭皇后</u>。

20 是冬，以佥都御史<u>王翱</u>提督辽东军务。

<u>翱</u>前镇<u>江西</u>、<u>陕西</u>，上知其能，至是以<u>辽东</u>寇迭侵，将士不能力战，使<u>翱</u>治之。

<u>翱</u>至，诸将庭谒，责以失律罪，命曳出斩之，皆股栗叩头，愿效死赎。<u>翱</u>乃躬行边塞，起<u>山海关</u>，抵<u>开原</u>，缮城垣，浚沟堑。五里为堡，十里为屯，使烽燧相接。练将士，室鳏寡，军民大悦。又以边塞孤远，军饷不继，缘俗立法，令有罪得收赎。十余年间，得谷及牛羊数十万，边用大饶。【考异】<u>翱</u>督<u>辽东</u>军务，<u>明史</u>本纪不书，证之<u>翱</u>传，在是年之冬，今从之。<u>吾学编</u>、

通纪皆系之三月,误。

21 初,洪武中,鉴前代宦官之祸,置铁碑高三尺,上铸"内臣不得干预政事"八字,左宫门内,宣德时尚存,至是振以太皇太后崩,益无忌,遂盗毁之。

八年(癸亥、一四四三)

1 春,正月,丁卯,大祀南郊。

2 是月,吏部尚书郭琎致仕。

先是六年,御史曹恭以灾异请罢大臣不职者,上命科道官参议,琎及尚书吴中、侍郎李庸等,被劾者二十人,上皆切责而宥之。至是琎子亮受赇,为人求官,事觉,御史孙毓等复劾琎。琎请致仕,许之。逾四年卒。

3 以礼部侍郎王直为吏部尚书。

时初罢廷臣荐举,方面大吏专属吏部。直委任曹郎,严抑奔竞,凡御史巡方归者,必令具所属贤否以备选擢,时称得人。

直子稷,为南国子博士,考绩至部,文选郎欲改北学,留侍直,直曰:"是乱法自我始矣。"不可。

遇王振,未尝少降辞色。每坐,直先居其右,曰:"太监四品,尚书二品也。"振无如之何,更加礼貌焉。

4 吏部侍郎魏骥,直道自持,时王振怙宠,独严重骥,呼先生。振出,六卿皆敛舆避,骥一日遇振于崇文门,不为避,振颇衔之,遂改礼部。

寻以老请致仕,吏部尚书王直,言"骥未衰,如念其老,宜令去繁就简"，乃改南京吏部侍郎。复以老请，不允。寻进尚书。

5　二月，己丑，汰南京各衙门冗官。

6　戊戌，淮王瞻墺来朝。丙午，荆王瞻堈来朝。

7　三月，刑部尚书魏源致仕，以户部侍郎王质升任代之。未几，以失囚，谪降户部侍郎。

8　夏，四月，以元儒吴澄从祀孔子庙廷。

　　先是慈利教谕蒋明，建言"澄宜从祀"，大学士杨士奇主之，遂从明议。【考异】明史本纪系吴澄从祀于正统元年四月。证之礼志，言"八年慈利教谕蒋明请祀元儒吴澄，大学士杨士奇从之。"明会典亦系澄从祀于八年，吾学编、续文献通考并同，疑纪误也。今据传年分，并据诸书，系之是年四月。

9　王骥抵金齿，檄缅甸送思任发，缅人阳听命，持两端。骥乃复请济师，图再举，从之。五月，己巳，复命平蛮将军蒋贵会骥讨思机发，调土兵五万，发卒转饷凡五十万人。

10　戊寅，雷震奉天殿鸱吻。上辍朝祭告，敕修省求直言。壬午，赦天下。

11　侍讲刘球，应诏陈十事：【考异】明史稿系刘球应诏陈十事于五月，以是月殿灾求言也。明史本纪书之六月丁亥下，牵连并记耳。今分书之。"一曰勤圣学以正心德。古圣王不作无益，故心正而天不违之。愿皇上勤御经筵，数进儒臣，讲求至道。务使学问功至，理欲判然，则圣心正而天心自顺矣。

　　二曰亲政务以揽乾纲。政由己出，则权不下移。我太祖、太宗，日视三朝，进大臣于左顺门或便殿，亲与裁决庶政，总自一人。愿皇上守二圣成规，使权归于一。

三曰任大臣以崇国体。古之择大臣者，必询诸左右大夫国人，及其有犯，虽至大辟，亦不加刑，第赐之死。今用大臣，未尝皆出公论。及有小失，辄桎梏棰楚之，未几时又复其职，甚非所以待大臣也。愿自今，择任大臣，宜允惬众论。小犯则置之，必不可容，亦宜下法司定罪，使自为计，庶不乖共天职之意。

四曰选礼臣以隆祀典。今之太常，即古之秩宗，必得清慎习礼之臣，然后可交神明。今卿贰皆缺，宜选择儒臣，使领其职。

五曰严考核以肃吏治。古者省方巡守，所以察吏得失，问民疾苦。两汉、唐、宋盛时，数遣使巡行郡县，洪、永间亦尝行之。今久不举，吏多贪虐，民不聊生，而军卫尤甚。宜择公明廉干之臣，分行天下，考察文武，庶人知劝惩而吏治亦修。

六曰慎刑罚以彰宪典。古人君不亲刑狱，必有理官，盖恐任喜怒而轻重失平也。迩法司所上狱，多奉敕增减轻重，不敢执奏。及讯他囚，又观望以为轻重，民用多冤，宜使各举其职。至运砖、输米诸例，均非古法，尤宜罢之。

七曰罢营作以苏民劳。春秋营筑必书，戒劳民也。今京师兴作，五六年矣，曰不烦民而役军，军独非国家赤子乎？况营作多完，亟宜罢工以纾其力。

八曰宽逋赋以恤民穷。各处水旱，有司既不振救，请减租税，或亦徒事虚文。宜令户部以时振济，核实减免，兼安养流民，使不失业。

九曰息征讨以重民命。麓川近年用兵，死者十之七八，军赀爵赏，不可胜计。今疮夷未瘳，又遣蒋贵远征缅甸，责献思任发。果禽以归，不过枭之通衢而已。缅甸挟以为功，必求与木邦共分其地。不与则致怨，与之则两蛮坐大，是减一麓川，生二麓川也，设有蹉跎，兵事无已。臣见皇上每录重囚，多宥令从军，仁心若此。今欲生致一失地之穷寇，而驱数万无罪之众以就死地，岂不有乖于好生之仁哉！宜敕缅人斩任发首来献，机发既已归罪，即量削其地，分于各寨新附之蛮，则一方可宁。

　　十曰饬武备以防外患。迤北贡使日增，包藏祸心，诚为难测。宜分遣给事御史阅视京边官军卫卒，以时训练。公武举之选以求良将，定召募之法以来材勇，广屯田之规，收中盐之利，以广储蓄，庶武备无阙而外患可弭。"

　　疏上，王振益恶之。

12　六月，丁亥，下翰林侍讲刘球于狱，王振寻使人杀之。

　　球疏既上，下廷臣议。惟择太常官可行，令吏部推举，修撰董璘遂乞改官太常奉祀事，而狱因之起。

　　初，球言麓川事，振固已衔之。钦天监正彭德清，球乡人也，倚振为奸，凡天文有变，皆匿不奏。一时公卿，以振故皆趋谒德清，球绝不与通。德清恨甚，遂摘疏中揽权语谓振曰："此指公耳。"振益大怒。会璘疏上，振私人锦衣指挥马顺喜谓振曰："此可以并杀球矣。"遂诬以同谋，并逮下锦衣卫狱，旋属马顺杀球。

　　乙未，顺深夜携一小校，持刀至球所。球方卧，起立，大呼太祖、太宗。校直前断其首，血流被地，本犹植立不仆。遂支解之，瘞狱户下。【考异】明史本纪书球下狱及被杀于六月丁亥，明史稿书下狱于乙未，盖下狱在丁亥，被杀在乙未也。若甲辰则薛瑄下狱之日，明史稿牵连球事记之，今不从。

振既杀球，遂不问，狱解，璘得释归。球之见杀也，璘在旁，窃其血裙归，遗球子钺，钺后复求得一臂，裹裙以敛。

顺有子病，忽起捽顺发，拳且蹴之曰："老贼！令尔他日祸逾我。我刘球也。"顺惊悸，俄而子死。

小校者，传为卢氏人。球死数日，有识校者，见其貌瘠色惨，询之，校吐实告，且曰："为势所迫不敢违。比闻刘公忠臣，吾侪小人，无故作此逆天理事，死有余罪矣。"因恸哭悔恨不已，未几亦死。

璘有孝行，既归，遂不复出云。【考异】据明史球传，记董璘遗球子血裙，并马顺子拳蹴马顺事。又云，"俄而子死，小校亦死。"纪事本末则言"此校系卢氏人，与耿九畴邻。所云貌瘠色惨，即九畴所见。"而宪章录谓"九畴爱其年少俊美"云云，弇州史乘考误谓"清惠正人，不宜有此。"今采入，节而书之。

13 甲辰，下大理少卿薛瑄于狱。

振既衔瑄，欲因事构陷之。会有指挥某死，振从子山曾与其妾通，欲纳之，指挥之妻不可。妾遂诬妻毒杀夫，下都察院讯，已诬服，瑄及同官辨其冤，三却之。都御史王文承振旨，诬瑄及左、右少卿贺祖嗣、顾惟敬等故出人罪，振复讽言官劾瑄等受贿，并下狱。论瑄死，祖嗣等末减有差。

瑄系狱待决，犹读易自如。子三人，愿一子代死，二子充军，不允。及当行刑，振苍头忽泣于爨下，问故，泣益悲，曰：“闻今日薛夫子将刑也。”振颇感动。会刑科三覆奏，兵部侍郎王伟亦申救，乃得释，罢为民。

14 丙午，蠲湖广逋赋。

15 秋，七月，戊午，国子祭酒李时勉荷校于国子监门，王振矫旨坐之也。

初，时勉请改建国子监，上命振往视，时勉待之无加礼，振衔之，廉其短，无所得。时勉尝芟彝伦堂树旁枝，振遂言“时勉擅伐官树入家”，径取中旨，与司业赵琬、掌馔金鉴并枷国子监前。官校至，时勉方坐东堂阅课士卷，徐呼诸生，品第高下，顾僚属定甲乙揭榜乃行。方盛暑，枷三日不解，监生李贵等三千余人诣阙乞贷。有石大用者，上章愿以身代。诸生圜集朝门，呼声彻殿廷。振闻诸生不平，恐激变，及通政司奏大用章，振内惭。

会会昌侯孙忠生日，公卿皆为寿。——忠，太后父也。——助教李继因公卿请解于忠。太后使至忠家，忠言：“今岁生辰殊不乐，以公卿皆集，独李先生荷校不至耳。”使还奏，太后言于上，上始知振所为，立释之。

大用朴鲁，素不为六馆所知，至是名动京师。而继官于国子监，不拘检柙，时勉尝规切之，继不能尽用，然心感时勉言，至是遂得其助云。

16 八月，致仕祭酒胡俨卒。

俨家居二十年，方岳重臣咸待以师礼，俨与言，未尝及私。自处澹泊，岁时才给衣食。初为湖广考官，得杨溥文，大异之，题其上曰：“必能为董子之正言而不为公孙之阿曲。"世以为知人。卒,年八十三。

17　以右副都御史金濂为刑部尚书,兼侍经筵。

18　九月,甲子,大师抵金齿,思机发遣头目刀笼肘偕其子诣军门乞降,不许。

19　是月,倭寇浙东。

先是倭犯海宁、乐清,皆登岸侦伺,旋去。留二人在民村乞食,被获,置极刑,枭其首于海上。至是复犯桃渚,浙江按察佥事陶成击却之。

20　冬,十月,徙封郑王瞻埈于怀庆。

时瞻埈留京邸,逾年,乃之国。

21　十一月,宣宗故后胡氏卒。

先是太皇太后崩,后恸哭不已,至是亦卒。以嫔御礼葬金山。

后无过被废,天下闻而怜之。宣宗亦尝自悔曰:"此朕少年事。"

22　十二月,癸未,免山东逃民复业者税粮二年。

23　丙戌,驸马都尉焦敬荷校于长安右门,王振构之也。

24　是冬,王骥、蒋贵等以大军逼缅甸,索思任发。缅人佯诺不遣,潜载楼船来觇官军,而别以他舟载思任发遁去。骥等乃与沐昂分五军薄之,缅人亦聚众以待。骥见缅众盛,未易攻,又恐多一麓川敌,乃宣言犒师,而令贵潜焚其舟数百艘。缅人仍坚执予地前约,复以献任发之故,虑其子机发致仇为解。于是舍之而专攻思机发。

25　大学士杨士奇既毙,子稷傲很,尝侵暴杀人。言官交章劾稷,朝议不即加法,封其状示士奇。复有人发稷横虐数十事,遂下之理。时士奇以老疾在告,上恐伤其意,降诏慰勉之。士奇得诏感泣,忧不能起。

九年(甲子、一四四四)

1 春,正月,辛亥朔,雷电。

2 甲寅,命右都御史王文巡延安、宁夏边务。

文至,劾都督佥事王祯、都督同知黄真等,皆逮治。边徼为肃。

3 辛酉,大祀南郊。

4 辛未,讨乌梁海。命成国公朱勇出喜峰口,都督马亮出刘家口,兴安伯徐亨出界岭口,都督陈怀出古北口,各将精兵万人,同太监钱僧保、曹吉祥、刘永诚、但住等分剿之。

会泰宁卫头目与肥河卫头目战于鄂尔坤,大败。卫喇特复分道截杀,建州亦出兵攻之,三卫大困。

5 二月,丙午,王骥进兵直趋者蓝,捣思机发巢,破之,俘其妻子及从贼九十余人。

捷闻,诏立陇川宣慰司,命骥等班师还。

时机发窃据孟养,负固不服自如也。

6 是月,新建太学成。

先是太学因元陋,吏部主事李贤上言:“国家建都北京以来,太学日就废弛,佛寺时复修建,举措乖舛,何以示天下！请以佛寺之费修举太学。”李时勉亦言之。诏始营建,至是遂成。

7　三月，辛亥朔，车驾幸太学，释奠于先师孔子。祭酒李时勉当进讲，会久病，及升堂，讲尚书，词旨清朗，上悦，赐予有加。【考异】明史本纪系车驾幸太学于三月朔日，据实录也，三编、辑览同。稽之礼志，但有正统五年视学，无九年视学之事，秦氏五礼通考据之。或者太学未改建以前，亦有视学之事，然实录何以不书？意礼志误以"九年"为"五年"欤？明阙里志言"英宗视学于正统九年"，又明史李时勉传，亦记九年视学时勉进讲事。今据本纪，而附著其异于此。

8　甲子，杨士奇卒。

士奇自迎附成祖，遭遇永、洪、宣三朝，君明臣直，以此侃侃得自行其意。晚值上冲龄践阼，王振专权，太皇太后虽委之以政，卒不能制，以及于土木之难。论者少之。

初，士奇言："卫喇特渐强，将为边患，而边军缺马，恐不能御，请于附近太仆寺关领西番贡马，亦悉给之。"士奇没未几，额森入寇，识者犹思其言。

卒，年八十，赠太师，谥文贞。

士奇卒后，法司乃论杀稷。越二月，稷瘐死狱中。【考异】明史士奇传，言"士奇卒后有司乃论杀其子稷。"宪章录则云，"稷逮至京，审实，斩之。士奇以疾在告，乃下敕慰谕。"一言杀稷于士奇卒后，一言杀稷于士奇卒前。弇州则云，"稷逮至京，文贞疾已甚，论死未决，故上以敕慰谕之。文贞卒两月，而稷以疾死狱，亦未尝处决也。"今按弇州说是。士奇在时论死未决，卒后未遇秋决而死，此据巨史，似不误，今据书之。

9　朱勇等征乌梁海，皆以捷闻。勇奏败敌于富峪川，亨奏败敌于土河，怀奏败敌于虎头山，亮奏败敌于黑山，然俱无大功，捕其扰边者，夺回所掠人畜而已。至是还。

乙丑，论功，加勇太保，进亨兴安侯，封亮招远伯，怀平乡伯，诸将士并升赏有差。

自是巡边者多以斩获邀功,三卫积怨,遂为<u>卫喇特额森</u>向导之师。

10 夏,四月,丙戌,以翰林学士<u>陈循</u>直文渊阁,预机务。

初,廷议天下吏民建言章奏,皆<u>三杨</u>主之。至是<u>荣</u>、<u>士奇</u>相继卒,<u>循</u>及<u>马愉</u>、<u>曹鼐</u>在内阁,礼部援故事请,上以<u>杨溥</u>年老宜优闲,令<u>循</u>等三人预议参决。

11 丁亥,振<u>沙州</u>及<u>赤斤蒙古</u>饥。

12 是月,旱。

13 五月,己未,命法司录在京刑狱。

辛未,命刑部侍郎<u>马昂</u>录南京刑狱。

14 是月,命刑部侍郎<u>杨宁</u>参赞云南军务。

<u>宁</u>与侍郎<u>侯琎</u>,从<u>王骥</u>再征<u>麓川</u>,皆有功,诏<u>琎</u>与<u>宁</u>二年更代。至是召<u>琎</u>还,命<u>宁</u>代参赞军务。

时<u>麓川</u>甫平,<u>宁</u>以<u>腾冲</u>地居要害,与都督<u>沐昂</u>筑城置卫,设戍兵,以控诸蛮,边方稍定。

15 六月,壬午,振<u>湖广</u>、<u>贵州</u>蛮饥。

16 秋,七月,己酉,下驸马都尉<u>石璟</u>于狱。

<u>璟</u>詈其家奄,<u>振</u>恶其贱己同类也,遂构之下狱。

17 初,<u>洪武</u>之末,<u>浙江</u>之<u>温</u>、<u>处</u>,<u>福建</u>之<u>浦城</u>等处,皆有银场,岁征其课。其后<u>福建</u>岁额增至三万余两,<u>浙江</u>增至八万余两,地力既竭,民不堪命。

上即位,诏封坑冶,而奸民私开,遂屡以盗矿相杀伤,严禁不可止。于是<u>福建</u>参政<u>宋彰</u>,<u>浙江</u>参政<u>俞士悦</u>,请"复开银场,使利归于上而矿盗自绝。"

下三司议。浙江按察使轩輗力持不可,谓:"复开银场虽一时利,而百凡器用皆出民间,恐有司横加科扰,其患尤深。莫若择官典守,严加禁捕,盗自衰息。"朝廷是輗言,得止。

至是处州贼叶宗留及陈鉴胡等,聚众数千,盗开福安矿,福建参议竺渊捕之,不克,遂被杀。【考异】据三编,言"宋彰、俞士悦首请开矿",证之明史轩輗传,无彰名,惟丁瑄传言"福建参政宋新,贿王振得迁左布政",亦不言其请开矿事。三编质实云:"宋彰",明史丁瑄传作"宋新",与实录异。又瑄传亦云:"新,交阯人",与宋彰里贯同,是宋新即宋彰也。今据三编。

18 癸丑,免河南之开封、卫辉、南阳、河南、怀庆、彰德等府所属去年被灾粮凡三十万三千余石。

19 是月,扬子江沙洲潮水溢涨,高丈五六尺,溺男女千余人。

20 闰月,戊寅,复开福建、浙江银场,刑科给事中陈傅之请也。

时中官及言利诸臣争和之,乃命户部侍郎王质往经理。定岁课福建银二万一千余两,浙江银四万一千余两,比宣德时减半,而已十倍洪武时,官属供亿之费,较课额尚过之。自是民益困,而浙、闽之盗遂相继起矣。三编质实引明实录,"洪武中,福建岁课二千六百七十余两,浙江二千八百七十余两。永乐中,福建增课三万二千八百余两,浙江八万二千七十余两。宣德中,福建增课四万二百七十余两,浙江九万四千四十余两。"

21 甲申,瘗暴骸。

22 壬寅,雷震奉先殿鸱吻。

23 是月,北畿七府及应天、济南、岳州、嘉兴、湖州、台州俱大水。河南山水灌卫河,没卫辉、开封、彰德、怀庆民舍,坏卫所城。【考异】据明史本纪,书"是年两畿、山东、河南、浙江、湖广大水,江、河皆溢。"又据五行志所载,在七月、闰七月,今据五行志分书之。

24 八月,庚戌,免陕西被灾税粮四十八万六千石有奇。诏有司赎民间所鬻子女。

25 甲戌,敕边将备卫喇特额森。

时额森日强,遣人授罕东诸卫都督讷格旧作喃哥。等为平章,又置甘肃行省名号。镇抚陕西右都御史陈镒以闻,故有是谕。

26 九月,丁亥,命靖远伯王骥与都御史陈镒巡视延绥、宁夏、甘肃诸边。

初,宁夏诸边军,半岁一更。后边事亟,三年乃更,又益选军余防冬,至一家有五六人在边者,军士日益疲困。骥请"岁一更代,当代者以十月至,而得代者留至明年正月乃遣归,边备足而军不劳。"上善其议,命行之诸边。

时陕西灾沴频仍,镒条上抚安军民二十四事,亦多议行之。

27 冬,十月,丙午朔,日有食之。

28 庚午,乌梁海贡马谢罪。

29 是月,下监察御史李俨于锦衣卫狱。

时王振威势日重,自都宪以下,见振皆跪。俨在光禄寺监收祭物,振过之,怒其应对不跪,遂下之狱,谪戍铁岭卫。【考异】明史本纪不载李俨下狱事。三编书于是年之十月,与纪事本末同。惟王振传作"李铎"，未知是一人二人否？〇王振得志之秋，史言"都宪以下皆长跪"，都宪，即指陈镒、王文也。弇州考误谓"王直坐于王振之右，此非实录。振得志时，抗礼者不过英国公、胡宗伯、王太宰及内阁三四人而已。成公朱勇、尚书、侍郎皆长跪，岂有敢坐其上者？"据弇州云云，则当时尚书亦有长跪者，史失其名。今乃据都宪以下书之。

30　十二月，甲子，录囚。

31　癸酉，再振赤斤蒙古饥。

十年(乙丑、一四四五)

1　春，正月，丙戌，大祀南郊。

2　戊子，诏"举天下智勇之士以备边将之选。"

3　是月，天下朝觐各官至京师。

先是给事中鲍辉，"请于各官来时，敕吏、礼二部询访有廉能著称、治行超卓者，礼部官引赴御前，面加奖赏，吏部具录姓名，待其考满，荐举擢用"，从之。至是举布政丁镒等，宴于礼部，各赏衣一袭，钞百定，候吏部遇缺升用。寻擢镒为刑部左侍郎，汝宁知府李敏为应天府尹。【考异】丁镒擢侍郎，见通纪，宪章录在是年正月赐宴下。弇州别集卿贰表中，言镒以十年任，今从之。

4　王振专权日甚，朝臣无敢言者。锦衣卫卒王永，心不平，乃数振罪恶，为书揭之通衢，又揭于振侄山家，为缉事者所获。刑部坐以妖言论斩，诏即磔之，不必覆奏。【考异】明史本纪不载，事见王振传。三编系之是年正月，据实录也，证之纪事本末同，今从之。

5　二月，丁巳，京师地震。

6　己未，免陕西逋赋。

7 丙寅,<u>乌梁海</u>复贡马,请贷犯边者罪,不许。诏戮其人于市。

8 壬申,车驾至<u>天寿山</u>。

三月,甲戌朔,谒陵。丙子,还宫。

时上谒三陵,谕百官具浅色衣服,如<u>洪武</u>、<u>永乐</u>例。又定制,每岁三月谒祭以为常。

9 庚辰,<u>麓川</u>思机发遣使入贡谢罪,诏纳之。

10 庚寅,赐<u>商辂</u>等进士及第、出身有差。

<u>辂</u>,<u>淳安</u>人,乡会试皆首选,至是廷对复第一,时称"三元"。

11 夏,四月,甲辰朔,日有食之。

12 庚申,诏所在有司振逃民复业及流移就食者,以频年水旱也。

13 是月,遣御史提督<u>浙江</u>、<u>福建</u>银场。

14 <u>浙江</u><u>宁</u>、<u>绍</u>等处久旱,上命礼部侍郎兼侍读学士<u>王英</u>往祀<u>南镇</u>。

<u>英</u>赍香币,虔诚致祷。时民遭厉疫,死者甚众。<u>英</u>为民禳厉,斋宿三日,大雨,水深二尺。灌献之夕,雨止见星。明日,又大雨,田野沾足,民疫以解,皆喜呼曰:"此侍郎雨也!"

<u>英</u>历仕四朝,在翰林四十余年,屡为会试考官。朝廷制作,多出其手。时年七十,以<u>三杨</u>不喜,故屡请致仕,不许。

15 五月,畿辅饥,上命大理少卿<u>李奎</u>振济。

16 六月,乙丑,振陕西饥,免田租三之二。

17 是月,以黎澄为工部尚书。

澄,前安南王季犛之子,苍之弟也。季犛禅位于苍,苍以弟澄为卫国大王。永乐间,获季犛父子送京师,长系狱中,赦澄。澄善制神枪,供事内府,以监造器仗有功,遂拜尚书,令专供内庶事。【考异】据明史七卿年表,云"安南王子,即前所获黎季犛之次子也。"弇州考误胃"枝山野记言'季犛死,其三子皆在朝,长曰澄,改姓陈。证之于史,澄既赦,监造内府器仗,累官工部尚书,并无改姓之说。'余谓所赦三人,乃澄与苍及苼之伪太子芮,亦非兄弟也。"弇州工部尚书表所载,与明史表合。惟以澄为景泰中任,与明史不合,今据七卿表。

18 秋,七月,乙未,减粜河南怀庆仓粟济山西、陕西饥民,从巡抚于谦之请也。

谦言:"山、陕饥民二十余万,皆就食于河南。访得怀庆、河南二府仓粮,见存六十余万石,乞减价粜与饥民,收钞解京。"上谕户部曰:"此古名臣救荒良策也。其谕谦速行之。"谦乃令布政使年富安辑其众,授田,给牛种,使里老司察之,流民以安。【考异】据明史于谦传,粜河南、怀庆仓济山、陕,乃谦所请,典汇所记亦同,今据增。

19 是月,下霸州知州张需于狱。

需见州民游食者众,每里置簿,列男女大小口数,计其耕桑树畜,暇复躬自巡视,分别劝惩。于是民皆勤力,州用以饶。有中官牧马扰民者,需笞其校卒。中官谮于王振,执需,下锦衣卫狱,棰楚几死,卒戍边。并坐其举主顺天府丞王铎,罢为民。【考异】明史本纪不载。三编系之是月,纪事本末同,今据之。

20　八月,癸丑,免湖广旱灾秋粮。

丙辰,免苏、松、嘉、湖十四府州水灾税粮。

21　九月,擢邝埜为兵部尚书,以徐晞致仕,代之也。

埜以元年进兵部右侍郎。明年,王骥出征,埜独任部事,以边陲多警,请令中外博举谋略材武士以备任使。至是拜尚书,又言"卫喇特日盛,宜严为备",因请"增大同兵,择智谋大臣巡视西北边务。"寻又请"罢京营兵修城之役,令休息以备缓急。"时不能用。

22　冬,十月,戊辰,以侍读学士苗衷为兵部侍郎,侍讲学士高穀为工部侍郎,并入文渊阁,预机务。同日,进曹鼐吏部侍郎,马愉礼部侍郎,陈循户部侍郎。

时内阁六人,鼐最通达政体。自杨荣没后,士奇老病不视事,阁务多决于鼐。上亦贤之。

23　以钱习礼为礼部侍郎。

王振用事,达官多造其门,惟习礼耻为屈,遂以讲官久滞不迁。去年乞致仕,不许。至是上以六部侍郎多阙,命吏部尚书王直会大臣推举,而特旨擢习礼。习礼力辞,不允。逾二年,再上疏乞骸骨,乃许之。家居十五年卒。

24　是月,召都御史陈镒还,以都御史王文代镇守陕西。

25　十二月,丙辰,缅甸始献思任发及其妻孥三十二人,送至云南。任发于道中不食,垂死,千户王政斩之,函首京师。

26　壬戌,复输河南粟振陕西饥。【考异】明史书于是年十二月壬辰。按十二月无壬辰,明史稿作"壬戌",是也,今据之。

27 是岁，<u>卫喇特</u><u>额森</u>掠<u>哈密</u>，欲降之。

<u>哈密</u><u>忠顺王</u>之卒也，会上即位之初，封其子为<u>忠顺王</u>。王之母，<u>额森</u>姊也。时<u>额森</u>役属西北诸部，于是<u>沙州</u>、<u>罕东</u>及<u>赤斤蒙古</u>诸卫皆附焉，乃挟之以侵<u>哈密</u>，围其城，杀头目，虏男妇。寻取王母及其妻北还，胁王往见。王惧不敢往，数遣使告难，朝廷敕令诸部修好，毋相侵。<u>额森</u>不从，惟送王母妻还<u>哈密</u>。未几，又复取之去，大肆侵掠，仍数趣王往见。王外顺朝命，而惧<u>额森</u>实甚。<u>额森</u>破三卫，胁<u>朝鲜</u>。边将知必大为寇，屡书奏报，朝廷迄不省。

十一年（丙寅、一四四六）

1 春，正月，己卯，大祀南郊。

2 庚辰，予太监<u>王振</u>侄<u>林</u>世袭锦衣卫指挥佥事官，并授钱僧保侄<u>亮</u>、<u>高让</u>侄<u>玉</u>、<u>曹吉祥</u>弟<u>整</u>、<u>蔡忠</u>侄<u>革</u>，俱世袭副千户。——中官世袭实始于此。

3 乙未，日生背气。白虹亘天。

4 二月，辛酉，有异气见于<u>华盖殿</u>金顶及<u>奉天殿</u>鸱吻。上遣官祭告天地。癸亥，诏恤刑狱。

5 三月，戊辰，下户部尚书<u>王佐</u>及刑部尚书<u>金濂</u>、右都御史<u>陈镒</u>等于狱。

时<u>安乡伯</u><u>张安</u>与弟争禄，诏逮治。法司与户部相诿，言官劾<u>佐</u>、<u>濂</u>等，并及刑部侍郎<u>丁铉</u>、<u>马昂</u>、副都御史<u>丁璇</u>、<u>程富</u>等，俱下锦衣卫狱。数日，释之。寻命<u>安</u>出镇<u>广东</u>。

6 壬申，遣御史<u>柳华</u>讨矿盗。

福建银场既开,盗矿者益众。叶宗留为贼首,自称大王,诏遣户部郎中杨谌招抚。浙江参议吴昇上言:"福建矿盗,出没浙江、江西、广东诸境,东剿则西逃,南搜则北窜。若合而为一,其患不小,宜特遣朝臣专董剿捕。"乃命华督福建、浙江、江西军讨之。

华至福建,遣兵分捕群盗,令村聚皆置隘门望楼,编民为甲,择其豪为长,使自置兵器,督辖巡夫。盗稍稍戢,而宗留劫掠如故。

7 癸酉,车驾如天寿山谒陵。越七日庚辰,还宫。

8 是月,英国公张辅及诸侯、伯等奏,愿偕诣国子监听讲,许之,令以月之三日往。

李时勉升师席,诸生以次立,讲五经各一章。毕事,设酒馔,诸侯、伯让曰:"受教之地,当就诸生列坐。"惟辅与时勉抗礼。诸生歌鹿鸣之诗,宾主雍雍,尽暮散去。时以为太平盛事云。【考异】据明史李时勉传,"辅等诣国子监听讲,帝令以三月三日行,"盖讲期也。帝以九年视学,时勉以十二年致仕,宪章录、明书系之十一年三月,是也。听讲当在三月庚午,今系之是月之末。

9 夏,四月,倭犯浙西之海宁、乍浦。

10 六月,丙辰夜,京师地震有声。【考异】三编、辑览所载与明史五行志合,今据之。

11 是月,免湖州等府税粮十万有奇。

12 秋,七月,癸酉,增市廛税钞,复设税课司领之,用户部尚书王佐议也。

初,上即位,凡课程门摊,俱遵洪武旧额,不得藉口钞法妄增。未几,以兵部侍郎于谦奏,革直省税课司局,领其税于有司。罢<u>济宁</u>、<u>徐州</u>及<u>南京上新河</u>船料钞,移<u>漷县</u>钞关于<u>河西务</u>。船料当税六十贯者,减为二十贯。商民称便。

至是<u>佐</u>掌户部,以军旅四出,库藏空虚,乃请置<u>彰义门</u>官房,收商税课钞。寻令天下税课司局,一万五千贯以<u>上</u>者,俱请复设税课司官。于是征榷渐繁。【考异】此据<u>明史本纪</u>,证之食货志,作"九年"。<u>三编</u>据<u>实录</u>,亦书之是年七月,盖志中"九"字疑误也,今仍据本纪。

13 庚辰,大学士<u>杨溥</u>卒。

<u>溥</u>后<u>士奇</u>、<u>荣</u>二十余年始入阁,<u>洪</u>、<u>宣</u>之际,天下清平,朝无失政,中外臣民,翕然称"<u>三杨</u>",以居第目<u>士奇</u>曰"<u>西杨</u>",<u>荣</u>曰"<u>东杨</u>",<u>溥</u>尝自署郡望曰<u>南郡</u>,因目为"<u>南杨</u>"。时谓<u>士奇</u>有学行,<u>荣</u>有才识,<u>溥</u>有雅操,皆人所不及。比<u>荣</u>、<u>士奇</u>相继卒,<u>马愉</u>、<u>曹鼐</u>辈,皆后进望轻,<u>溥</u>孤立,<u>王振</u>益用事。<u>溥</u>卒三年而有<u>土木</u>之变,论者追思<u>三杨</u>在,当不至此。然依违中旨,以酿成贼奄之祸,则皆不能无议云。

卒,年七十五,赠太师,谥<u>文定</u>。

14 甲申,太白经天。【考异】<u>三编</u>不载,今据<u>明史天文志</u>增。

15 八月,戊戌,免<u>湖广</u>被灾秋粮。

16 庚申,下吏部尚书<u>三直</u>等于狱。

时光禄寺卿<u>奈亨</u>,谄事<u>王振</u>,擢户部侍郎。<u>亨</u>尝以事干请吏部不行,怨郎中<u>赵敏</u>,构之,词连<u>直</u>及侍郎<u>曹义</u>、<u>赵新</u>,并下狱。三法司六科廷鞫,论<u>亨</u>斩,<u>直</u>、<u>义</u>、<u>新</u>俱徒。上宥<u>直</u>、<u>义</u>,夺<u>新</u>、<u>亨</u>俸,遂释之,仍复<u>亨</u>职。

行人<u>尚褫</u>上疏言:"古者刑不上大夫,今文武大臣,偶因微眚,遽陷囹圄,事或涉虚,旋即复职。是今日衣冠之大臣,即昨日受辱之囚系,面僚友而统属官,宁能无愧!请自今,有犯者召至午门,大臣会问。事实则疏其轻重,请旨裁决,不实即奏还其职。"上颇然之,而惑于王振,不能改也。

褫寻授南京御史。

17 是月,谪大理寺丞罗绮戍边。

先是绮参赞宁夏军务,尝以事劾指挥任信、陈斌。——二人皆王振党也。是夏,信、斌(许)〔讦〕绮不法,事下总兵官黄真覆核。真谓绮尝詈宦官为"老奴",以激振怒。召还京,下法司,拟赎。振改令锦衣卫再鞫,指挥同知马顺锻炼成狱,遂谪戍辽东。

18 九月,辛巳,广西猺叛,执化州知州茅自得,杀千户汪义。

自山云卒后,柳溥代镇广西,不能守成法,过于宽弛。虽先后讨大藤峡贼及柳州叛蛮,颇有斩获,而猺、獞相煽为乱,讫不能靖。

19 冬,十月,甲寅,遣给事御史分赍诸边军士。

20 是月,上阅武于近郊。

21 十一月,壬申,减殊死以下罪。

22 是月,命襄城伯李隆巡大同边,赐宝刀一。戒敕将士,内外凛凛。讫还,不戮一人。明年,隆卒。

23 十二月,壬寅,大雨雷电,翼日乃止。

24 是冬,额森攻乌梁海,遣使至大同乞粮,并请见守备太监郭敬。上敕敬毋见,毋予粮。

十二年(丁卯、一四四七)

1 春,正月,癸酉,大祀南郊。

2 巡抚宣大副都御史罗亨信奏:"卫喇特额森,专候衅端以图入寇,宜预于直北要害增置城、卫为备。不然,恐贻大患。"时王振用事,兵部尚书邝埜不敢主其议,遂寝不行。

3 三月,癸亥,车驾至天寿山谒陵。越七日庚午,还宫。

4 丙子,免杭、嘉、湖被灾秋粮凡五十一万五千石有奇。

5 是月,选翰林院修撰刘俨、商辂等十人肄业东阁,命曹鼐等为之师,仍命侍经筵,以备他日内阁之选。

6 国子祭酒李时勉,以王振擅权,不能谄事,屡疏乞休,至是始得请。廷臣及国子生出饯都门外者,几三千人,鼓乐前导,观者塞途,或远送登舟,俟舟发乃还,有感泣涕下者。

7 始命天下学校考取附学生员,从凤阳知府杨瓒之请也。

瓒以赵城知县课绩为山西最,擢守凤阳,上言:"民间子弟多可造者,请增广生员,毋限额。"下礼部议,从之。

于是诸生日众。定制,食廪饩者曰"廪膳生",增广者曰"增广生",皆如旧额,以岁科两考高等充补。其额外增取入学者曰"附学生"。——天下学校之有附学生自是始。

【考异】辑览系之十年四月。重修三编改入十二年之三月,据实录也,今从之。

8 初,永乐二年,置沙州卫,授其酋昆济楞旧作困即来。迈珠旧作买住。为指挥使。宣德间,沙州为罕东、西番侵掠,不自安,乞徙察罕旧城耕牧。宣宗遣敕止之,又敕罕东、西番还其所掠人畜。会上即位,昆济楞惧卫喇特见逼,不能自立,率部众二百余人,走塞下陈饥窘状,诏发边粟济之。且令边臣议所处置,请徙之苦峪,从之。自是不复还沙州,但遥领其众。于是部众携贰,亡入哈密、赤斤者甚多。而罕东久驻牧沙州不去,昆济楞诉于朝。朝廷数敕责,诸部皆不奉命。

九年,昆济楞卒,长子讷格率其弟恭罗凌戬旧作克俄罗领古。来朝,授讷格都督佥事,其弟都指挥使,赐敕戒谕。既还,兄弟乖争,部众叛散。甘肃总兵官任礼,欲乘其窘乏,迁之内地,会讷格亦来言欲居肃州。去年秋,礼遂遣使偕讷格先赴沙州抚谕其众,而自率兵随其后。比至,讷格意中变,阴持两端,其部下多欲奔卫喇特。礼进兵迫之,收其全部入塞,居之甘州,凡二百余户,一千二百三十余人。诏徙之山东,居其头目于东昌、平山二卫,分其部落为三,屯居清平、博平二县。于是沙州遂空,卒为罕东所据。

初,太祖、太宗以次置哈密、罕东、赤斤、沙州四卫于嘉峪关外,屏蔽西陲,及是沙州先废,而诸卫亦渐不能自立,肃州遂多事。【考异】徙沙州卫,明史本纪不载,事见西域传,在是年。三编、辑览系之十二年之三月,今据之。

9　夏,四月,丁巳,免苏、松、常、镇四府被灾税粮凡九十八万四千石有奇。

10　五月,己亥,遣大理少卿张骥振济宁及淮、扬饥。

11　六月,夺英国公张辅田。

初,太监喜宁侵辅田宅,辅不从。宁弟胜,率奄奴殴辅家人妻,堕孕死,辅诉于上,上宥宁、胜而戍奄奴于边。至是宁嗟青县知县奏辅占民田二十顷,上命以丑还民,而置辅不问,辅实未尝占也。

时王振视诸勋戚如奴隶,诸勋戚亦望尘顿首,惟辅独与抗礼,振亦敬辅。辅既衰老,又数为喜宁所侮,亦稍屈以避祸矣。

12 秋,七月,甲辰,敕各边练军备卫喇特。

时额森纠结诸虏共背中国。其部众有来归者,言"额森谋入寇,托克托布哈止之,不听。"诏诘额森,不报。于是始以杨洪为总兵官,镇宣府,又命左参将石亨守万全。

13 八月,庚申朔,日有食之。

14 九月,乙未,礼部侍郎马愉卒。

愉端重简默,门无私谒。论事务宽厚,尝奏"天下狱久者多瘐死,宜遣官分道决遣",上纳之。边警方命将,而别部使至,众议执之。愉言:"赏善罚恶,为治之本。波及于善,非法,乘人之来执之,不武。"上然之。

及卒,赠尚书,仍兼学士。——赠官兼职自愉始。

15 冬,十月,矿盗叶宗留反。

宗留聚众连掘少阳、政和等坑无所得,得亦微甚不给用,谓其徒曰:"以吾之众,即索金于市,易耳,何至自疲山谷间,恒苦不给也!"时已数百人,遂掠政和至庆元,号召得千余人,延龙泉良葛山人叶七为教师,训练武艺。由浦城劫建阳,从者益众。遂掠建宁,官民皆逃匿。会闽盗起,遂蔓延不可制。【考异】宗留之反,吾学编、宪章录皆系之是年之十月。证之纪事本末,言"宗留是年二月掘少阳坑,九月掘政和坑,皆不给用,始聚众反。”是九年、十一年不过盗矿杀官吏而已,至此始反也,今据书之。

16 十一月,庚寅,皇长子生,贵妃周氏出也。【考异】明史英宗、宪宗纪皆不载,三编系之是年十一月。典汇作“十月”者,野史是年闰四月,明史推历更正耳。明书系之是月庚寅,为十一月二日。证之“景泰三年上问东宫生日,金英对以十一月初二日”,正庚寅也,今据之。

17 是月,以边警,罢山西、河南巡抚官。设都御史,专抚山西,兼理军务。

会大理少卿于谦丁父忧,请归治丧。寻起复,擢兵部右侍郎。

18 宣大总兵杨洪,在迤北久,诸部皆惮之。至是额森致书于洪,且遗之马。洪闻于朝,敕令受之而报以礼。自是数有赠遗,上不疑洪,洪亦严为之备。

19 福建参政宋彰,与都指挥佥事邓安进表至京,以万金贿王振,又属安具疏荐之,为吏科给事中所劾。振阴为之地,于是上竟允安请,进彰左布政使。彰抵任,计所费令县官验户科敛,民不堪命。由是盗贼四起。

20 是岁,逮南京副都御史周铨及十三道御史并下狱。

初,铨督南京粮储,御史尝劾其贪暴,遂衔之。及掌院事,置功过簿,督责诸御史,吹求诟詈。御史范霖、杨永、刘炜、卢祥、尚褫等十人不能堪,乃合疏讦铨不法事,诏征铨诣狱。铨亦讦奏诸御史,于是尽逮十三道。铨忿,得心疾死。乃论诸御史,或降或谪,而霖、永以首建议论决。永亦忿死狱中,霖以恤刑得减死出狱,炜、祥以事白留任,霖出狱数日亦卒。【考异】逮南京十三道御史事,诸书皆不载,事见明史刘炜传。明书系之十二年七月,今系之是年之末。

明通鉴卷二十四

江西永宁知县当涂 夏　燮 编辑

纪二十四 起著雍执徐(戊辰),尽屠维大荒落(己巳),凡二年。

英宗睿皇帝前纪

正统十三年(戊辰、一四四八)

1 春,正月,丁酉,大祀南郊。

2 是月,诏释李景隆家属增枝等三十八人,令启门第,得自便。

3 二月,太监王振重修庆寿寺,凡役军民万余人,糜帑数十万。寺在西长安街,元初所建。振以媚佛故,新之。【考异】三编书于上幸兴隆之月,盖是年十月也,诸书皆作"二月"。三编质实引实录,"寺以十月修,赐名大兴隆寺。"庆寿乃元所建之本名也。今分书之。

4 三月,戊子,诏责孟养宣慰司使献思机发。

初,思任发既诛,思机发窜匿孟养,屡遣使入贡,乞宥罪,词甚哀。诏纳其贡,因敕总兵官沐斌及参赞侍郎杨宁等经画善后策以闻。

斌,晟之子也。晟卒时,斌以幼留京邸,诏昂代之。数

855

年,昂亦卒,乃令斌以总兵官仍袭晟封爵。上既敕谕思机发,许以不死,而机发以前所遣弟招赛未归,疑惧不敢出。时招赛安置云南,上复遣送来京,授为头目,给冠带、月粮、房屋,隶锦衣卫,其从人俱令于驯象所供役,冀以招徕机发,而机发终不至。斌请率蛮兵讨之,未几,以粮尽瘴作引还。

王振以斌师出无功,必欲生致机发,犁其巢穴,意乃慊,又虑孟养复效缅甸故智,故先以是谕之。

5　壬寅,命都督同知宫聚佩平蛮将军印,充总兵官,率南京、云南、湖广、四川、贵州官军(士)〔土〕军十五万人往讨思机发,【考异】明史麓川传作"官、土兵十三万",今据三编,本实录也。复命靖远伯王骥总督军务,侍郎焦弘督饷。

骥至是凡三征麓川,皆承振指也。

6　赐彭时等进士及第、出身有差。——时,安福人。

7　夏,四月,辛巳,录囚。

8　是月,两畿、山东、河南、湖广旱蝗,陕西、江西水,浙江亦被灾。免浙江、江西秋粮六十六万有奇,湖广秋粮八十九万有奇。

9　初,矿盗之乱,有江西人邓茂七者,与弟茂八,杀人避仇,走福建,依宁化县豪民陈政景,假信义,集无赖,为众所推。御史柳华之编里甲也,茂七兄弟皆为甲长,益役属乡民。闽俗,佃人输粟于田主,例馈少物,茂七倡其党人佃者毋馈,田主自往受粟。田主讼于县,县逮茂七,不至,下巡检追摄,茂七拒捕,杀弓兵数人。事闻上官,遣军三百往剿之，被杀几尽，巡检、知县并遇害。茂七遂刑白马，歃血誓众，举兵反，攻沙县、尤溪，政景亦率党攻汀州。推官王得仁与守将及知府刘能击败之，禽政景等八十四人，械政景送京师，斩之。余贼悉溃，独茂七党盛不可制。

有尤溪炉主蒋福成者，亦乘乱聚众，旬日得万余，袭尤溪，据之，与茂七为声援。是时兵卫久弛，胁从日众，又苦布政使宋彰虐政，于是相率附茂七为盗者，众至数万。

茂七据陈山寨，自称"铲平王"，设官属，攻陷州县。是月，遂围延平。巡按御史汪澄至延平，闻贼势炽，遽回省。

会刷卷御史张海，在城被围，遣都指挥范真、彭玺拒战于城外，先后败没。海乃躬自登城谕贼，贼曰："吾等皆良民，苦富民鱼肉，有司不我直耳。乞贳死，免三年徭役，即解散。"

海以闻，诏都督刘聚、陈荣讨之，以佥都御史张楷监军事。【考异】明史本纪书邓茂七反于八月乙卯，盖据遣丁瑄招讨之月分也。诸书皆系茂七反于四月，明史丁瑄传同，今据之。

10　五月，丙戌，遣使捕山东蝗。

甲辰，遣刑部侍郎丁铉抚辑河南、山东灾民。

11　是月，以钞法不通，申用钱之禁，从御史蔡愈济议也。

自米麦折色之令行，遂弛银禁，其交易之小者则用钱，惟折官俸用钞，钞益壅不行，洪武间钞一贯直钱千文者，至是止折三文。于是愈济"请禁民交易用钱，违者以阻钞论，追一万贯，全家戍边。"然钞仍不行，而商民益以为不便，其后禁亦渐弛云。

12 召山西布政使石璞为工部尚书。

时王卺以不能屈意王振,致仕去,璞为振所善,遂擢用之。

13 六月,命侍郎杨宁巡抚江西。以浙、闽盗起,流剽入江西境上,故有是命。

14 秋,七月,乙酉朔,京师飞蝗蔽天。

15 河决大名之开州、长垣,没三百余里,遣使振济,蠲秋粮。

16 己酉,河决新乡八柳树口,漫曹、濮,抵东昌,冲张秋,溃寿张、沙湾,坏运道,东入海。寻又决荥泽,漫原武,过开封城西南,经陈留,历睢、亳,入涡口,至怀远界,入淮,淹地二千余里,坏城垣庐舍,漂没人民不可胜计。诏工部侍郎王永和往治之。

河自永乐九年浚封丘金龙口,使复故道,又自塌场口会汶水,经徐、吕二洪,运道既通,而河南水患亦稍息。宣德以后,金龙口渐淤,河复屡溢开封,御史李懋请浚金龙口。洎正统初,一决范、濮,一决阳武,灌鱼台、金乡、嘉祥。越数年,金龙口亦决。河既横溢,分流东趋,不专向徐、吕,而二洪亦浅涩,不能济运。至是永和至山东,亟令修塞沙湾以通漕运。

17 是月,始罢保举。

三杨既没,尚书王直稍收其权于吏部,于是教谕傅璇、给事中余忭、御史涂谦屡以为言,至是始诏罢之。

18 都督陈诏击处州贼叶宗留,不克,死之。

19 八月,甲戌,命御史丁瑄招讨邓茂七等。

时张海奏至,上览之恻然,乃下诏抚谕,许免徭役三年。复召瑄至谕状,使赍敕往,而令宫聚、张楷等以大军随其后。

20 冬,十月,王振重修夫寿寺成,壮丽甲京师,诏赐名大兴隆寺。

振延崇国寺僧主之,上幸寺中,亲传法,称弟子,公侯以下,趋走如行童焉。

21 十一月,丙戌,以福建盗日炽,张楷等屡请益兵,乃命宁阳侯陈懋充总兵官,保定伯梁珤、平江伯陈豫副之,太监曹吉祥、王瑾提督火器,刑部尚书金濂参赞军务。——珤,铭之子;豫,瑄之孙也。

22 甲辰,处州贼叶宗留、陈鉴胡等流劫浙江、江西。

张楷讨福建,分两路进兵,令都督刘聚率都指挥刘得新等自江西建昌取道,楷自率都督陈荣等自浙江取道。楷至广信,以叶宗留道梗,留不敢进,浙江布、按二司请楷便宜击之。江西巡按御史韩雍亦言:"宗留近在咫尺,门庭之寇,皆国家事,未可画疆而守。"楷进退莫决。

指挥龚礼,愿得兵五百往剿之。都督陈荣谓楷曰:"今延平事急,而铅山不通。大军密迩二寇,逗留不进,乃遣一部将往,朝廷知之,何所逃罪耶?"于是荣以二千人率礼等往。行至玉山,遇伏,荣、礼及都督刘真皆死之。

楷闻报,方益兵进。会刘得新等败福建贼于建阳,道始通,楷由间道入闽。【考异】据吾学编,言"是月张楷分兵讨叶宗留,副总兵陈荣战没,楷进讨闽贼。"按楷系率陈荣等讨邓茂七者,其时茂七势方炽,岂能分兵讨浙贼? 而陈荣之没,三编言"败于玉山"。明史张骥传,言"茂七势甚张,宗留、鉴胡之等皆附之,流剽浙江、江西、福建境上。参议耿定、金事王晟及都督金事陈荣、指挥刘真、都指挥吴刚、龚礼等皆先后败没"云云。据此,则陈荣虽讨闽贼,而实败于浙江、江西境上,与三编所云"败于玉山"者正合。再检纪事本末所记,言"张楷与刘得新等议分两路进兵,而楷率陈荣等由浙江取道入闽,为浙按〔抚〕二司留,请便击处州之贼,是以陈荣等有玉山之败。"证之明史韩雍、张骥等传,大略相符,此实录也,今据书之。惟"戴礼",诸书皆作"龚礼",或别是一人。

23 庚戌,诏永康侯徐安备倭山东。——安,忠之子也。

24 是月,朝廷虑浙、闽贼合,命御史朱瑛与中官分守两省交界要隘。

瑛榜谕胁从之民,示以祸福,降者甚众。又以计禽贼党周明松等数人,械至庆元。谍报"贼众三万来劫明松等",中官大惧欲走,瑛不为动,立枭明松等于市。贼闻之,皆遁去。

25 十二月,庚午,广东猺贼赵音旺等作乱,诏有司讨平之。

26 是冬,丁瑄至闽,遣人赍敕往抚邓茂七等。茂七大言曰:"吾岂畏死求免者! 吾取延平,据建宁,塞二关,传檄南下,八闽谁敢窥者!"遂据沙县。瑄率兵二千驰赴沙县图之。

贼首林宗政等万余人攻后坪,欲立寨拒守。瑄亟令通判倪冕等率众先据要害,而身与都指挥雍埜等邀其归路,斩贼二百余级,禽其渠陈阿岩,送京师伏诛。贼势稍却。

27 邓茂七遣其党陈敬德等寇泉州。

时<u>南昌</u><u>熊尚初</u>,以吏才为都御史<u>陈镒</u>所荐,擢知<u>泉州</u><u>府</u>。值<u>闽</u>盗起,上官檄<u>尚初</u>监军,不旬日,降贼数百。至是贼逼城下,守将不敢击。<u>尚初</u>愤,提民兵数百,与<u>晋江</u>主簿<u>史孟常</u>,阴阳训术<u>杨仕弘</u>分统之,拒于<u>古陵坡</u>,兵败,三人皆遇害。郡人哀之,为配享忠臣庙。

<u>茂七</u>又寇<u>建宁</u>,率贼二千余,迫城结寨,四出剽掠。<u>建宁</u>知府<u>张瑛</u>,率<u>建安</u>典史<u>郑烈</u>会都指挥<u>徐信</u>军,分三路袭之,斩首五百余,拔其寨,贼遂遁。

朝廷嘉之,擢<u>瑛</u>右参议,仍知府事,<u>烈</u>亦迁主簿。

28 以大理少卿<u>张骥</u>巡抚<u>浙江</u>。

时<u>闽</u>贼之乱,<u>叶宗留</u>、<u>陈鉴胡</u>等倚为声援,流劫<u>处州</u>、<u>金华</u>,蔓延不可制。御史先后以败闻,乃命<u>骥</u>往督有司捕治。

会<u>遂昌</u>贼<u>苏牙</u>、<u>俞伯通</u>等剽掠<u>兰溪</u>、<u>武义</u>、<u>松阳</u>,<u>龙泉</u>、<u>永康</u>之众与之相应,远近震动。<u>骥</u>至,遣<u>金华</u>知府<u>石瑁</u>击斩<u>牙</u>等,<u>处州</u>知府<u>张佑</u>击败贼众,禽斩千余人。

<u>骥</u>剿抚兼施,散其胁从之余党,<u>宗留</u>、<u>鉴胡</u>亦自相猜杀。逾年,<u>茂七</u>既败,<u>浙</u>贼势亦孤矣。【考异】<u>张骥</u>巡抚(新)〔<u>浙</u>〕<u>江</u>,诸书或系之十月,或系之十一月。证之<u>明史</u><u>骥</u>传,言"十三年冬,命<u>骥</u>巡抚<u>浙江</u>",今从之,并据传增入<u>石瑁</u>、<u>张佑</u>败贼事,汇系之是年冬下。

十四年(己巳、一四四九)

1 春,正月,甲午,大祀南郊。

2 乙巳,免<u>浙江</u>、<u>福建</u>银课,以<u>邓</u>、<u>叶</u>二寇之乱故也。

3 辛亥,太白昼见。

4 是月,<u>邓茂七</u>攻<u>延平</u>,不利,退保<u>陈山寨</u>。<u>丁瑄</u>遣人抚谕贼党,降沙县罗汝先、黄琴等三十余人。

5　贵州巡按御史陈鉴上言:"思机发已远遁,宜责云南守臣相机剿灭,无劳禁旅。"王振怒,寻以事下之狱。

6　二月,丁巳,御史丁瑄、都指挥刘福击邓茂七,斩之。

先是罗汝先等既降,瑄善遇之,汝先等愿杀茂七赎罪,谓瑄曰:"茂七据险自卫,未易攻也。必欲取之,吾为公说令复攻延平,公督大军分道御之。以逸待劳,我主彼客,禽之必矣。"瑄善之。

汝先等阴携茂七党,而唊茂七以攻城之利,于是贼悉陈山之众直扑延平,瑄以江、浙、南京军伏三面,而令福建军素为贼所易者,出城挑之。贼乘浮桥竞进,突炮作伏起,大军四面冲击,大破之。贼遁走,刘福乘胜追之,遂斩茂七。汝先及黄琴复以计禽其伪将刘宗、罗海、郎七等,械至军门,诛之,余党溃散。惟林子得、邓永祖等复拥茂七兄子伯孙聚后洋,攻劫州县。

瑄抚谕胁从者使复业,分兵徇沙县、尤溪,会宁阳侯陈懋等大军至,合讨之。【考异】据明史本纪,"二月丁巳,御史丁瑄、指挥刘福击斩邓茂七于延平。"证之瑄传,言"十三年四月,茂七围延平,刷卷御史张海奏请招抚,乃命瑄往。以都督刘聚、金都御史张楷大军继其后。既至,令人赍敕往抚,茂七不肯降。瑄驰赴沙县图之,遂攻沙县后坪之贼,禽其渠陈阿岩。明年二月,瑄诱贼复攻延平,督众分道冲击,贼大败遁走。刘福追之,遂斩茂七。"又云:"楷之监大军讨贼也,至建宁,顿不进,日置酒赋诗为乐。闻瑄破贼,则驰至延平攘其功。瑄被胁,依违具奏。福不能平,诉之,诏责瑄具状,楷等皆获罪。瑄有功不问,功亦竟不录"云云。三编所记,大略相同。而纪事本末及典汇、吾学编等书,皆以平闽贼为张楷、刘聚之功,甚至丁瑄无名。今按瑄以十三年八月始奉招讨邓茂七之命,及茂七不降,乃议讨之。据明史瑄传,瑄攻沙县在十三年之冬。而是时张楷有玉山之败,官军失利,陈荣、刘真死之。又证之纪事本末,言"楷自浙江取道,行至广信,为叶宗留所梗。会刘得新破闽贼于建阳,道始通,楷由间道入闽"云云。据此,则明史瑄传谓"楷顿兵于建宁"者,即此时也。斩邓茂七在是年之二月,楷不但无功,且亦未尝身在行阵。至于茂七既死,陈懋等大兵亦至,诏楷与刘聚还师讨处州贼,又复与徐恭、石璞等逗留无功。而陈鉴胡之降,实张骥、陶成二人剿抚兼施之力。其后楷奏报前后招抚复业者九千余家,男妇二万余人,则其攘功于闽又攘功于浙明甚。而野史所记,大都据其奏报之文,为铺张其连平三寇之功,盖未睹实录也。明史特于丁瑄一传详其颠末,是平闽之功,全在于瑄。当时王振当国,赏罚失平,故楷班师后,卒以无功下狱,盖至英宗北狩,王振已死,而后公论始定也。今所叙次,悉据明史纪、传及三编。

7 己巳,靖远伯王骥破麓川思机发于金沙江。

　　先是骥率诸将会师于腾冲,由干崖造舟,至南牙山,舍舟陆行,抵沙坝,复造舟,至金沙江,机发树栅于江之西岸拒守。大军顺流下,至管屯,会木邦、缅甸两宣慰兵亦列于沿江两岸,缅甸备舟二百余为浮梁济师。我军并力攻破其栅寨,得积谷四十余万石,军士饱腾,锐气增倍。贼筑大寨于鬼哭山,当两峰上,又筑七小寨,绵亘百余里。官兵、土兵分道并进,皆攻拔之,斩获无算,而思机发、思卜发卒遁去。时王师逾孟养至孟郍,——孟养在金沙江西,去麓川千余里,诸部皆震詟,曰:"自古汉人无渡金沙江者。今大军至此,真天威也。"

　　骥还兵,其部众复拥思任发少子思禄据孟养为乱。骥虑师老,度贼未可灭,乃与思禄约,使降,授以土目,得部勒诸蛮,居孟养如故,立石金沙江为界。誓曰:"石烂江枯,尔乃得渡。"于是以捷闻,遂班师。

骥三征麓川,卒不能得叛首,一时议者谓其党振邀功,老师(縻)〔糜〕饷,遂以一隅骚动天下。而四川会川卫训导詹英抗疏劾之,大略谓:"骥等多役民夫昪綵缯,散诸土司以邀厚利;擅用腐刑,诡言进御,实充私役;师行无纪,十五万人一日起行,互相蹂践;每军负米六斗,跋涉山谷,自缢者多;抵金沙江,旁皇不敢渡,既渡不敢攻,攻而失都指挥路宣、翟亨等;俟贼解,多捕渔户为俘,以地分木邦、缅甸,掩败为功。此何异李宓之败而杨国忠以捷闻也!"奏下法司,王振左右之,得不问,而命英从骥军自效。英知往且获罪,匿不去。

8 辛未,命指挥佥事徐恭充总兵官,讨处州贼,以工部尚书石璞参赞军务。【考异】通纪、吾学编系徐恭讨处州贼及石璞参赞军务于去年之七月,又证之明史七卿年表,亦云"工部尚书石璞七月出征浙贼叶宗留",惟本纪系之是年二月。按明史璞传,言"十三年工部尚书王卺致仕。璞为王振所善,召为尚书。明年,处州贼叶宗留作乱,总兵徐恭等往讨,以璞参其军事。师未至,宗留已为其党陈鉴胡所杀。巡抚张骥招降鉴胡,贼势少息。"据此,则恭之出师,璞之参赞,皆十四年事,与本纪合。又,是年四月,张骥、陶成等招降陈鉴胡。则鉴胡之杀宗留,当在四月之前,其时恭等师尚未至。若是去年七月命将,焉有事隔八九月而不至浙者?纪、传是也。年表谓"璞以七月出征",或是时遣璞先行,与骥等会讨,后闻陈荣之败,始命徐恭总兵以往,其时璞已在浙,因即令参其军事,未可知也。今仍从纪、传,系于是年二月下。

9 三月,戊子,车驾至天寿山谒陵。越五日癸巳,还宫。

10 是月,邓茂七党林子得等转掠建宁,知府张瑛与从父敬率兵拒之,贼败。乘胜逐北,陷伏中,敬死,瑛被执,大骂不屈,遂遇害。

事闻,诏赠福建按察使,赐祭,官其子。

未几,丁瑄禽子得等,诛之。尤溪之贼郑永祖复率四千人攻延平,瑄偕雍埜邀击,禽斩五百有奇,余党溃散。

会陈懋等大军至,诏瑄还,命张楷赴处州会徐恭等讨贼。

11 夏,四月,徐恭等未至,处州告急,巡按浙江御史遣参议耿定、佥事王晟、都指挥沈辚率兵四千往,与贼战于丽水,三人皆败没。【考异】"沈辚",纪事本末作"鳞",吾学编作"璘"。今据明史张骥传。

庚戌,贼犯崇安,都指挥吴刚被杀。

旋入江西广信境,张楷檄永丰知县邓颙御之于上饶,颙伏兵截杀甚众。俄贼大至,颙力战,被执,骂贼不屈死。于是浙贼复炽。

12 壬戌,湖广、贵州苗贼大起。

麓川之役,尽调云南、贵州兵,连兵十年,将士多死,列卫空虚,于是苗、獠乘间窃发,攻围城堡,贵州之东路遂闭。时苗贼所在,西至贵州龙里,东至湖广沅州,北至武冈,南至播州之境,不下二十万。

王骥班师,所至民人皆遮泣陈苗害,骥曰:"吾征麓川,不受命平苗也。"还,至武昌,始奉朝命讨之,遂与侍郎侯琎、都督宫聚等往。——琎、聚,皆从征麓川者也。

13 乙丑,遣御史李俊等十三人,同中官督福建、浙江银课。

时罢课之令为中官及有司沮格不行,至是以闽、浙将平,上意欲减其税,故有是命。

14　是月,大理少卿张骥,浙江副使陶成,招浙寇陈鉴胡等降之。

先是叶宗留、陈鉴湖、陶得二等寇兰溪,成率兵击斩数百人。进屯武义,立木城以守,诱贼党为内应,前后斩首数百,生禽百余人。

会鉴胡以争忿杀宗留,专其众,自称大王,国号太平,建元泰定,伪署将帅,进围处州。然闻官军渐集,闽贼已衰,亦颇内惧。成见徐恭等屡剿无功,欲乘间招抚之,乃单骑从四五人径抵贼巢,谕以祸福,凡前后谕降者三千余人,于是鉴胡势亦孤。巡抚张骥谋于成,以贼中多丽水人,遣丽水县丞丁宁,率老人王世昌等,赍榜径入鉴胡巢,许贷其死,鉴胡遂偕其党出降。惟陶得二不就抚,仍入山为乱如故。【考异】纪事本末言叶宗留之死在去年陈荣等玉山败没之时,宗留亦中流矢死。证之明史张骥传,言"鉴胡以私忿杀宗留",而三编亦云"以酒色相角,杀宗留",今据之。

15　五月,丙戌,陈懋讨沙县、尤溪之贼,平之。

懋至浙江,有欲分兵扼海口者,懋曰:"是使贼致死于我也。"及至建宁,茂七已死,余贼聚尤溪、沙县。诸将欲屠之,懋曰:"是坚贼心也。"乃下招抚之令,并立赏格,"有能自禽相杀来降者,与斩敌同赏。"

时邓伯孙据九龙山。贼将张留孙者,勇而善斗,自茂七起事恒倚之,伯孙亦信任焉。千户龚遂荣,奉懋招抚之谕,亲入尤溪山中,降其众数千而还,又伪为贻留孙书,许其降,令送书者误致之伯孙,伯孙果疑留孙,杀之。由是贼党皆不自安,弃佀孙先后来降。于是进兵攻沙县,尚书金濂谋以羸师诱之出,伏精兵,入其垒,遂禽伯孙,送京师伏诛。

16 壬辰,以京畿旱,命太监金英同三法司录囚。

时筑坛于大理寺,英张黄盖中坐,尚书以下左右列坐,抑九卿于内官之下,遂为定制。

17 己亥,以侍读学士张益直文渊阁,预机务。

益博学强记,三杨雅重之,至是遂入直。

18 庚子,诛巡按福建御史汪澄并前巡按御史柴文显。

初,邓茂七之乱,澄逗留省会,檄浙江、江西会讨。寻又以贼方议降,止兵毋进,既,知贼无降意,复趣进兵,而贼已不可制。浙江巡按御史黄英,恐以失援被重谴,因具白澄止兵状,兵部遂劾澄失机。福建三司又言"贼初起前,按臣柴文显匿不奏,酿成今患",遂俱下吏。狱成,诏磔文显,籍其家,澄弃市。

是时浙、闽盗起,所在剽掠为民患。将帅率玩寇,而文吏励民兵拒守,如张瑛、王得仁、石瑁、张佑之属,往往多斩获,于是上降敕诘让诸将帅。都指挥邓安等匿归咎前御史柳华,时王振方欲杀朝士威众,命逮华。华已出为山东副使,闻命仰药死。籍其家,男戍边,妇女没入浣衣局。

论者谓华所建置未为过,澄、文显罪不至死,武将不能灭贼,反委之文吏,至与叛逆同科,失刑实甚。而虐民激变之宋彰等,坐斩遇赦,竟以谪戍终。徐恭、石璞等逗留无功,为御史张洪所劾,诏俟师旋以闻。

而张楷之监大军讨贼也,至建宁,顿不进,日置酒赋诗为乐。比闻丁瑄破贼,则驰至延平攘其功,瑄被胁,依违具奏。刘福不能平,诉之,诏责瑄具状。卒之楷等有罪不诛,而瑄以有功不问,亦竟不录。一时以为赏罚失平,轻重倒置,皆王振主之云。

19　六月,庚戌,靖州苗犯辰溪,都指挥高亮战没。

20　丙辰,南京雷电大震,风雨骤作。

是夜,谨身殿灾,延及奉天、华盖二殿,门俱毁。

甲子,下诏修省。

21　卫喇特额森寇报频闻,诏河南、山西班军番休者尽赴大同、宣府。乙丑,命西宁侯宋瑛总督大同兵马。

22　己巳,赦天下。

23　戊寅,命平乡伯陈怀、驸马都尉井源、都督王贵、吴克勤、太监林寿分练京军于大同、宣府,备卫喇特也。

24　是月,前大学士黄淮卒。

淮自宣德八年主会试归,上即位,再来朝。至是卒,年八十三,谥文简。

25　是夏,乌梁海盗边,大同参将石亨等邀击于箭溪山,禽斩五十人。三卫怨之,遂导额森入寇。

26　秋,七月,己卯朔,荧惑入南斗。【考异】通纪,"是月十七日,车驾发京师",典汇则云"是月十七日甲午"。据此,则七月之朔为戊寅。而明史天文志,书荧惑犯南斗于七月己卯朔,则甲午当为十六日。又按三编八月英宗北狩目中"是月戊申朔"。质实云,"按实录,八月戊申朔,驾至大同。自戊申至辛酉,凡十四日。明日帝北去,盖十有五日壬戌也。"据此,则七月戊寅朔,乃野史误据大建书之耳,今据明史、三编。侍讲徐珵,颇知天文,私语其友<u>刘溥</u>,以为不祥。久之,不退舍,<u>珵</u>曰:"祸不远矣!"<u>亟</u>遣其妻子南还。

27　己丑,<u>卫喇特额森</u>入寇。

初,<u>额森</u>屡贡,<u>王振</u>以藻饰太平为名,赏赉金帛无算,凡所请乞亦无不予。既而贡使日增,复虚其数以冒廪饩。是春,遣二千人贡马,号称三千。<u>振</u>怒其诈,令礼部核实,汰其虚报者不与,而所请又仅得五之一。<u>额森</u>恚怒,欲诱胁诸部大举入寇,<u>托克托布哈</u>止之曰:"吾侪服食,多资<u>大明</u>,何忍为此!"<u>额森</u>不听,曰:"可汗不为,吾当自为之。"

于是藉减给贡使为兵端。<u>托克托布哈</u>亦从之,率三卫之众寇<u>辽东</u>,<u>阿喇</u>旧作阿剌。<u>知院</u>寇<u>宣府</u>,围<u>赤城</u>,别将寇<u>甘肃</u>,<u>额森</u>自拥众寇<u>大同</u>。参将<u>吴浩</u>迎战<u>猫儿庄</u>,死之,诏遣<u>宋瑛</u>、<u>井源</u>等各率兵万人屯<u>阳和口</u>。

是时边报日数十至,<u>王振</u>劝上亲征。兵部尚书<u>邝埜</u>,侍郎<u>于谦</u>,力言"六师不宜轻出",不听。吏部尚书<u>王直</u>率百官力谏,谓:"陛下宜固封疆,申号令,坚壁清野,蓄锐以待之,可图必胜,不必亲御六师,远临塞下。况今秋暑未退,旱气未回,青草不丰,水泉犹塞,士马之用未充。兵凶战危,臣等以为不可。"亦不纳。

28　癸巳,下诏亲征,命<u>郕王</u>居守。

是日,<u>阳和</u>之败闻。<u>西宁侯宋瑛</u>及<u>武进伯朱冕</u>、参将<u>石亨</u>将战,为太监<u>郭敬</u>所挠,<u>瑛</u>、<u>冕</u>战没,<u>亨</u>单骑奔还,<u>敬</u>伏草中得免。——<u>冕</u>,<u>荣</u>之子也。——诸边守将俱逃匿。

时<u>广宁右卫</u>指挥金事<u>赵忠</u>守<u>镇静堡</u>,敌围堡甚急,<u>忠</u>

乘城固守,语其妻左氏曰:"若城破,吾不苟活。汝母子宜自为计。"未几,攻益急,讹言城陷,妻与三女皆缢死。攻围凡两昼夜,以堡坚解去。

守臣上忠全城功,擢都督同知。赠左氏淑人,旌其门曰"贞烈"云。

29 甲午,车驾发京师,【考异】即是月十六日也,诸书作"十七日"者,大建之误,辨已见上。惟宪章录径作"十七日丙戌",此尤误也。丙戌乃是月八日,是时警报尚未至,安得有亲征之事?今月日悉据本纪,并刊诸本之误。英国公张辅、成国公朱勇等率官军五十万人从,户部尚书王佐、兵部尚书邝埜及学士曹鼐、张益等扈行,吏部尚书王直留守京师。

时从行者,英国公张辅居首,然不使预军政,辅亦老,依违而已。阁臣惟鼐与益二人,而益入阁未及三月,相与忧愤。鼐乃乘间谋于诸御史之从行者曰:"不杀王振,则驾不可回也。今天子蒙尘,六军丧气,切齿于振久矣。若用一武士之力,捽振而碎其首于驾前,数其奸权误国之罪,然后遣将领前诣大同,则天意犹可挽也。"诸御史惴惴无敢应者。寻又欲谋之于辅而不得间,遂行。

30 乙未,次龙虎台,军中夜惊。

丁酉,驻跸居庸关。

尚书邝埜屡谏亲征,谓:"此兵内犯,一边将力足以制之。陛下为宗庙社稷主,奈何不自重!"不听。至是扈从出关,复首请回跸,振怒,令与尚书王佐皆随大营至怀来。埜坠马几殆,或劝留就医,埜曰:"至尊在行,敢托疾自便乎!"

辛丑,车驾次宣府。连日风雨,人情汹汹,声息益急,于是随驾诸臣连上章请留。振虓怒,以垫与佐首倡还议忤旨,罚跪草中,至暮不得请。上将朱勇等白事,皆膝行听命。

丙午,次阳和。钦天监正彭德清,振私人也,密告振曰:"象纬示警,再前,恐危乘舆。"振曰:"果有此,亦天命也。"学士曹鼐曰:"臣子不足惜,主上系宗社安危,岂可轻进!"振终不从。

时阳和之败,伏尸满野,军士人人危惧。

31 八月,戊申朔,车驾次大同。

振尚欲北行,中官郭敬密止之。会前途败报踵至,振始有还意。己酉,命广宁伯刘安充总兵官,镇大同。——安,荣之子也。

庚戌,还师。振初议从紫荆关道由蔚州,邀上幸其家,既恐蹂其乡禾,复折而东。时参将郭登,武定侯英之孙也,从刘安守大同,闻之,亟言于曹鼐等,谓"驾宜从紫荆关,可保无虞。"鼐等为振言之,振亦不听。

丁巳,次宣府。谍报虏兵大至,袭我后,遣恭顺伯吴克忠、都督吴克勤率兵为后拒。

庚申,克忠、克勤力战败没,亟遣成国公朱勇、永顺伯薛绶救之。勇无谋,进军至鹞儿岭,遇伏皆死,全军歼焉。

32 辛酉,车驾至土木。日尚未晡,去怀来二十里,欲入保怀来城,以王振辎重千余辆未至,留待之。尚书邝埜再上章,"请车驾疾驱入关,严兵为殿",不报。埜又诣行殿力请,振怒曰:"腐儒安知兵事? 再妄言者死!"埜曰:"我为社稷生灵计,何得以死惧我!"振叱左右掖出之。遂驻土木。

寇四面合围,地无水泉,人马饥渴,掘井深二丈不得水。其南十五里有河,额森已遣兵先据之,车驾遂不得发。

33　壬戌,额森遣使持书来,以和为名,诏曹鼐草敕,遣二通事赍敕偕北使去。振亟传令移营,回旋间行伍已乱。行未三四里,寇以劲骑四面蹂躏入,大呼"解甲投刃者不杀"。军士裸袒蹈藉死者蔽塞川野,宦竖及宿卫士,矢被体如猬。上与亲军突围,不得出,下马据地坐,敌兵拥之去。帝遂北狩。

是役也,官军死伤者数十万。文武从征扈行之及于难者,英国公张辅,泰宁侯陈瀛,驸马都尉井源,平乡伯陈怀,襄城伯李珍,遂安伯陈埙,修武伯沈荣,都督梁成、王贵,户部尚书王佐,兵部尚书邝埜,吏部侍郎、内阁学士曹鼐,刑部侍郎丁铉,工部侍郎王永和,副都御史邓棨,内阁侍读学士张益,通政使龚全安,太常少卿黄养正、戴庆祖、王一居,太仆少卿刘容,尚宝少卿凌寿,给事中包良佐、姚铣、鲍辉,中书舍人俞拱、潘澄、钱昺,监察御史张洪、黄裳、魏贞、夏诚、申祐、尹竑、童存德、孙庆、林祥凤,郎中齐汪、冯学明,员外郎王健、程思温、程式、逯端,主事俞鉴、张瑭、郑瑄,大理寺副马预,行人司正尹昌,行人罗如墉,钦天监夏官正刘信,序班李恭、石玉等,凡五十余人。

一时谏亲征者,自王佐、邝埜、曹鼐外,邓棨扈从出居庸关,上疏请回跸,以兵事专属大将,至宣府、大同,复再上章,皆不报。及遇变,同行者皆欲脱去,棨不可,曰:"乘舆失所,我尚何归！主辱臣死,分也。"遂死。

北征之役,郎中胡宁当从,以病求代于俞鉴,鉴慷慨许之。或曰:"家远子幼。"鉴曰:"为国臣子,敢计身家。"邝埜知其贤,数与计事,鉴曰:"惟力劝班师耳。"时不能用。

罗如墉从征,濒行,诀妻子,以死报国,属翰林修撰刘俨铭其墓,俨惊,拒之,如墉笑曰:"行当验耳。"后果死。

事定,闻于朝,皆赐谥赠官有差。——瀛,珪之曾孙;珍,隆之子;埙,志之曾孙也。——诸公、侯、伯皆追赠,晋一等。梁成、王贵追赠伯。文臣自张益以上,皆加赠赐谥。龚全安以下皆赠官,录其子入国子监。

34 帝之北狩也,中官喜宁从焉。额森初闻车驾至,错愕未之信。时有一虏索衣甲,帝不与,虏欲加害。会其兄至,见帝举动异人,乃拥出雷家站,见额森之弟赛堪王,<small>旧作赛刊。</small>帝问曰:"子额森乎？抑巴延特穆尔、<small>旧作伯颜帖木儿。</small>赛堪王乎？"——巴延特穆尔者,亦额森之弟,皆虏中贵人也。——赛堪闻言大惊,驰告额森,召中国系虏之使者使识之,果然。旁有一虏大言曰:"天以仇赐我,不如杀之。"巴延特穆尔立叱之出。虏中呼其长曰"那颜","那颜"者,华言大人也。——因从容谓额森曰:"那颜幸毋听妄人言,我辈受大明天子恩,何忍负之！且两军相斗,枕藉死者以数十万计。今以万乘之尊蹈不测之地,而镞矢不沾,寸兵不及,知天意固有在也。违天者不祥,当报中国,遣使奉迎还国,复寻旧好,那颜岂不有万世美名乎？"众闻之,皆齐声应曰:"者。"——虏语云"者",然词也。——于是额森拥帝北去,居巴延帐中,令护之。

时中官、从臣悉奔散,宁降于额森,悉以中国虚实告之。惟锦衣校尉袁彬从陷虏中,额森使侍帝,遂不离左右。

癸亥,帝命彬作书,遣千户梁贵赍示怀来守臣,言被留状,且索金帛。守臣亟遣送至京师,以是夜三鼓从西长安门入。

35 甲子,败问至,百官皆集阙下相聚哭。太后遣使赍金宝、文绮,载以八骑,皇后钱氏复括中宫物佐之。时尚不知帝之所在,令诣额森营请还车驾,不报。

乙丑,皇太后命郕王监国,集朝臣议战守。时京师疲卒羸马不满十万,人情汹汹。侍讲徐珵大言曰:"验之星象,稽之天数,天命已去,惟南迁可以纾难。"尚书胡濙不可,曰:"文皇定陵寝于此,示子孙不拔之计也。"兵部侍郎于谦厉声曰:"言南迁者可斩也! 京师天下根本,一动则大事去矣。独不见宋南渡事乎? 请速召勤王兵,誓以死守。"尚书王直、学士陈循等议皆合。太监兴安、金英言于太后曰:"若去,陵寝将谁与守?"因立叱珵出之。太后又以问太监李永昌,对亦同。于是议遂定。

王奉太后命总百官,大小事俱启闻。

36 丙寅,移通州粮入京师,征两京、河南备操军、山东及南畿沿海备倭军、江北及北京诸府运粮军亟赴京师守卫,皆侍郎于谦议也。

时议欲焚通州仓以绝寇资,会应天巡抚周忱在京,言

“仓米数百万，可充京军一岁饷，弃之可惜，不如令自取之。”谦以为然，白于王，令“京官及军士有能运粮至京者，官以脚值给之。”于是京师始有备，人心稍安。

37 召宁阳侯陈懋率浙兵入卫。

38 戊辰，以兵部侍郎于谦为本部尚书。

39 谕文武群臣曰：“国家为政，莫急于听言用人；人臣为国，莫先于辅忠荐士。卿等国之股肱耳目，凡有治国安民，除邪辅正，御灾捍患及备贼方略，并许直言无隐。”

40 是日，额森拥帝至大同。

先是过宣府，额森传帝令趣开门，城上人对曰：“所守者主上城池，天已暮，门不敢开。且镇臣杨洪已他往。”时罗亨信仗剑坐城下，令曰：“出城者斩！”一时人皆死守。额森知不可动，乃引去。

至是郭登守大同，亦闭门不纳，帝遣人谓登曰：“朕与登有姻，何至拒之若是？”登奏曰：“臣奉命守城，不知其他。”

时额森索金币甚急，袁彬以头触门，登令以飞桥缒彬入。寻与广宁伯刘安、给事中孙祥、知府霍瑄等出谒帝，伏地恸哭，以金二万余及宋瑛、朱冕、郭敬家资进，帝以赐额森等。初，额森索略，许以贿至即归圣驾，至是不应。

是夕，虏营城西，登谋遣壮士劫营迎驾，不果。明日，复拥帝去。

41 己巳，立皇子见濬为皇太子，改名见深。

时太子方二岁，以皇太后命立之，仍命王代总国政。

42 恤阵亡将士。

43 庚午，王摄朝，御午门左门。右都御史陈镒合诸大臣言："王振倾危社稷，构陷乘舆，请族诛以安人心。"哭声震殿陛。振党马顺叱之退，给事中王竑愤起，与刑科给事中曹凯，共捽顺发，啮其肉，曰："汝往时助振恶，倚以作威。今事至此，尚敢尔耶！"与众共殴之，立毙。【考异】王竑捽马顺发与众共殴之事，见竑传。证之明史曹凯传，"凯是时共捽顺发"，今据增。又索振党内使毛、王二人，太监金英见事急，捽之出，亦击杀之，曳三尸陈东安门。有顷，又执振侄王山，反接跪于廷，众争唾骂之。一时卫卒汹汹，朝班大乱。王惧，欲起，尚书于谦直前掖王止，请宣谕百官曰："顺等罪当死，勿论。"众乃定。寻命缚山至市，磔之，振族无少长皆斩。籍其家，得金银六十库，玉盘百，珊瑚高六七尺者二十株，他珍玩无算。已而郭敬、彭德清皆自大同逃归，并籍其家，下狱长系。时犹以为薄云。

是日，事起仓猝，赖谦镇定，当排众掖王时，袍袖为裂。既出左掖门，尚书王直执谦手曰："国家正赖有公耳，今日虽百王直何能为！"盖直自以笃老，倚谦为重，谦亦毅然以宗社安危自任，天下赖之。

44 辛未，命右都御史陈镒安抚畿内军民，于谦荐之也。

45 是日，帝至威宁海子，遂出塞。

46 封总兵官杨洪为昌平伯，仍镇宣府。

洪前后守城有功。额森挟帝命，胁洪开门者三，皆不听，王益重之。额森令帝贻洪书，洪封上，王遣使报洪曰：

"此书伪也,自今有书悉勿受。"洪于是一意坚守。【考异】据明史功臣表,洪以正统十四年八月辛未封。证之洪传,言"景帝监国,论前后功,封昌平伯。"景帝监国在八月乙丑,也先拥上皇至大同在戊辰,今洪之封,去监国仅七日,史所云"积前后功"者是也。若其所谓"后功"者,则正以大同不纳上皇一事。野史乃谓"洪以闭门不纳上皇,逮下诏狱",吾学编遂于是年八月书"逮杨洪、石亨下狱。"弇州考误驳之,谓"洪之封即在是月辛未。石亨以阳和之败降为事官,是年八月擢为右都督,九月封武清伯,二人初无下狱事也。"又证之明史功臣年表,洪、亨二人封伯皆在八月辛未,是正史所记并无下狱之事明矣。惟亨之封,弇州以六九月者近之,盖寇至总京营时也,今别记之。

47 壬申,命都督石亨总京营兵。

亨以阳和之败奔还,谪为事官,令募兵自效。至是于谦荐之,遂有是命,寻封武清伯。

48 甲戌,帝至黑松林,额森营在焉。帝入营,额森侍坐设宴,令妻妾出上寿,歌舞为乐。仍奉帝居巴延特穆尔营,去额森营十余里,巴延与其妻见帝,弥恭谨。而额森屡欲伺间谋害,会夜大雷雨,震死额森所乘马,复见帝寝幄有异瑞,乃止。

帝既入沙漠,所居止毳帐敝帷,旁列一车一马,以备转徙而已。袁彬周旋患难,未尝违忤,夜则与帝同寝,天寒甚,恒以胁温帝足。又有哈铭者,蒙古人,幼从其父为通事官入房中,至是亦侍帝。帝宣谕额森及其部下尝使铭,额森有所陈请,亦铭为转达。帝每南望悒郁,二人时进谐语慰帝,帝亦为之解颜。

49 乙亥,以修撰商辂、彭时入阁预机务,陈循、高穀所荐也。时方以继母丧,乞终制,不许。

50 谕边将:"自今卫喇特奉驾至,不得轻出。"

输南京军器于京师。

51 是月,辛未,月昼见,与日并明。

壬申,癸酉夜,天鸣,有声如泻水。

52 召前大理寺少卿薛瑄,给事中程信所荐也。寻授大理寺丞。

53 以罗通为兵部员外郎,提督守备居庸关。

初,通以兵部郎中从王骥整饬甘肃边务,为骥所劾,谪为广西容山闸官,已,调广东东莞河泊所官。及是于谦、陈循荐通有边才,遂复起。

通至关,相度形势,上言:"居庸为敌出入之冲,大小关口宜各增兵。口凡三十有六,可通人马者七,宜各增人千;可通人不可通马者二十九,宜各增人百。仍命大将一人,统兵三万,分驻十营于关外,备额森藉送驾为名,因之入寇。"从之。寻进郎中。

54 广东贼黄萧养作乱。

萧养,南海人,以为盗,捕系狱中,潜通其党,舣舟在外。是月,萧养越狱出,凡百余人,遂乘舟遁入海,啸聚群盗,旬日至万余人,遂攻广州。诏总兵官安乡伯张安讨之。

55 进陈循户部尚书,高榖工部尚书,仍兼学士。

56 九月,戊寅朔,帝在迤北。

额森遣使来,言"欲送帝还京师",谋入寇也。使还,赐额森金百两,银二百两,綵币二百匹。

时廷臣合请皇太后曰:"车驾北狩,皇太子幼冲。古云：'国有长君，社稷之福。'请速定大计以安宗社。"太后然之。群臣以太后旨告王，王惊让再三，避归郕邸，群臣复固请。尚书于谦曰："臣等诚忧国家，非为私计。"会都指挥岳谦使卫喇特还，口传帝旨，以王长且贤，令继统以奉祭祀，王始受命。

癸未，王即皇帝位，以明年为景泰元年，遥尊帝为太上皇。颁诏赦天下，免景泰二年田租十之三。

57 庚寅，张楷报处州贼平，前后听招抚复业者九千余家，男妇二万余人。

时值张骥、陶成剿抚兼施，贼势已衰，楷亦攘其功奏之。而陶得二闻赦，降，旋几复叛。楷还，廷议楷无功，追论，下狱。诏以寇平功赎罪，得放归。

58 癸巳，指挥佥事季铎，奉皇太后命达于上皇。

时上初立，尚书于谦入对，慷慨泣奏曰："寇得志，要留大驾，势必轻中国，长驱而南，请饬诸边守臣协力防遏。京营兵械且尽，宜亟分道募民兵，令工部缮器甲，修战具。分兵九门，列营郭外，附郭居民皆徙入内。文臣如轩輗者，宜用为巡抚，武臣如杨洪、石亨、柳溥者，宜用为将帅。至军旅之事，臣身当之，不效则治臣之罪。"上深纳焉。

59 甲午，祭宣府土木阵亡将士，瘗遗骸。

60 乙未，安乡伯张安讨广州之贼，指挥佥事王清自高州引兵赴援。

安率舟师遇贼于虤船澳，方醉卧，官军不能支，退至沙角尾。贼薄之，安溺死。清为贼所执，拥至广州城下使谕降,清大骂不屈死。

萧养屡胜,遂僭号改元,自称东阳王,据五羊驿,授伪官百余人。

61 辛丑,擢给事中孙祥、郎中罗通为右副都御史,分守紫荆、居庸关。

62 甲辰,遣御史十五人募兵畿内、山东、山西、河南。

63 遣都督同知陈友率师讨湖广、贵州叛苗。

64 乙巳,遣使奉书于上皇,告即位也。

65 丙午,贵州镇远蛮苗金台,伪称顺天王,与播州苗相煽为乱,围平越、新添等卫半年。巡按御史黄镐死守,粮尽,掘草根食之。王骥顿兵辰、沅不进,诏调云南、四川兵会骥讨之。

时上皇北狩,廷臣劾王振,并及骥,以骥方在军,且倚之平苗,置弗问。

66 以参议杨信民为右佥都御史,巡抚广东。

初,信民为广东参议,清操绝俗,先后劾巡按郭智、黄翰等。又劾佥事韦广,广遂讦信民,与翰俱被逮。军民哗然,诣阙下乞留信民,诏复信民官,而翰、广皆鞫实除名。上监国,于谦荐之,命守白羊口。会广州围急,岭南人乞信民,遂有是命。于是广州士民闻而相庆曰:"杨公来矣!"

时广州被围久,将士战辄败,禁民出入,樵采绝。而乡民避贼来者,拒不纳,多为贼所害,民益愁苦归贼。信民至,开城门,发仓廪,刻木锲给民得出入。贼见木锲,曰:"此杨公所给也。"不敢伤。避贼者悉收保,民若更生。

67　是月，诏减浙江、福建银场课，寻命封闭之。

68　广宁伯刘安镇大同。时额森欲以妹进上皇，使人言于安。安奏闻，上切责之。未几，自大同驰至京师，言"奉上皇命来告敌情"，且言"上皇已进己为侯。"群臣交章劾安"擅离守地，自加侯爵，宜正典刑"，上令禁锢之。

会云南提课盐举司吏目胡仲伦缘事入都，上疏言："今日事不可屈者有七；降万乘之尊，与谐婚媾，一也；敌假和议，使我无备，二也；和亲之后，骄尊自大，三也；索我金帛，使我坐困，四也；以送驾为名，乘机入犯，五也；逼上皇手诏，诱取边城，六也；欲求山后之地，七也。稍从其一，大事去矣。今宜亟命宣、大守将固守城池，整肃军伍，使敌不敢轻进。果其送驾还京，密敕杨洪邀其归路，石亨据其险厄，俟驾至关，坚闭勿出，则战无不胜而圣驾得还矣。若不战而和，非计之得也。"事下礼部，议行之。

69　以郭登为总兵官，镇大同，代刘安也。

登值北狩之后，大同军士多战死，壁垒萧条，城门昼闭，人心汹汹。登慷慨奋厉，修城堞，缮器械，拊循士卒，吊死问伤，亲为裹创傅药，曰："吾誓与此城存亡，不令诸君独死也。"上监国，进都督同知，充副总兵，至是代安。初莅镇，士卒堪战者才数百，马百余匹。不数年，马至万五千，精卒数万，大同兵遂为天下最。

70　以练纲为监察御史。

纲举乡试，入国子监，历事都察院。上即位，纲上中兴八策。至是闻额森将入犯，复言："和议不可就，南迁不可从。有持此议者宜立诛。安危所倚惟于谦、石亨,当主中军,而分遣大臣守九门。择亲王忠孝著闻者,令同守臣勤王。檄陕西守将调番兵入卫。"上悉从之。

纲有才辩,急功名。都御史陈镒,尚书俞士悦,皆纲同里,念纲敷陈时政有声,又所言皆合上意,荐之,故有是擢。

71 巡抚山西副都御史朱鉴上言:"窃见王振乱天下,往者江南寇发,辄以诛振为名。夫事归朝廷则治,归宦官则乱。今额森诡诈百端,往来窥伺,宜专将帅事权,悉罢监军中贵,重悬赏格,鼓劝义旅。庶大驾可还,敌兵自退。"上虽嘉纳之,不能从。

72 冬,十月,戊申,额森诡称奉上皇还,遂大举入寇。

先是额森以中国丧君有君,欲挟上皇要之不可得,乃会众议。喜宁请"以送上皇为名,至边胁诸将开关,召总兵镇守官出,见则留之,可以得志。京师空虚,长驱而入,必将南迁,大都可有也。"

于是额森计决,奉帝至大同。总兵官郭登不纳,遣人谢曰:"赖天地宗社之灵,国有君矣。"额森知有备,不敢攻。登驰蜡书入奏,京师戒严。

73 壬子,诏诸王遣兵入卫。

乙卯,命"于谦提督诸营,将士皆受节制,都指挥以下不用命者先斩以徇,然后奏闻。"

乃议战守之策,石亨"请毋出师,尽闭九门,坚壁以老之。"谦曰:"贼张甚矣,而又示之弱,是愈张也。"乃分遣诸将兵二十二万,列阵九门外。谦自与亨率副总兵范广等阵于德胜门以当贼冲,都督陶瑾阵于安定门,广宁伯刘安阵于东直门,武进伯朱瑛阵于朝阳门,都督刘聚阵于西直门,镇远侯顾兴祖阵于阜城门,都指挥李端阵于正阳门,刘得新阵于崇文门,杨节阵于宣武门,皆受亨节制。【考异】分遣诸将,列阵九门,三编据实录书于质实中,今据之。悉闭诸城门,绝士卒反顾。下令:"临阵,将不顾军先退者斩其将! 军不顾将先退者,后队斩前队!"于是将士知必死,皆用命。——瑛,冕之子。兴祖以宣德间征交阯败绩论死,至是释而用之。

74 额森自大同至阳和,进陷白羊口,守将遁。守备通政使谢泽,督兵扼山口,大风扬沙,不辨人马,或请移他关避贼,泽不可。贼至,兵溃,泽厉声叱贼,遂被杀。

丙辰,额森抵紫荆关,喜宁导之夹攻关城。守备都御史孙祥、都指挥韩清战死,关遂陷,长驱而东。

祥之死也,言官误劾其弃城遁。及寇退,有司修关,得其尸于战地,焚之,不以闻。祥弟祺诣阙言冤,景泰初,诏恤其家。

75 丁巳,诏宣府、辽东总兵官及山东、山西、河南、陕西巡抚皆入援。

兵科给事中叶盛言:"今日之事,边关为急。往者独石、马营不弃,驾何以陷土木? 紫荆、白羊不破,寇何以薄都城? 由此以观,边关不固,虽守京城,不过保九门而已。宣府为大同应援,居庸切近京师,守之尤不可非人。杨洪等既召,必求如洪者代之,然后可以副重寄而集大功。"上是之,乃分遣别将代守。

76 额森拥上皇过易州。至良乡,父老进茶果羊酒。进次芦沟桥,园官进果。上皇作书三:一奉皇太后,一致上,一谕文武群臣。

戊午,额森兵薄都城,列阵至西直门,上皇止于德胜门外。

是日,都督高礼、毛福寿败敌于彰义门北,杀数百人,夺还所掠千余口。

己未,寇拥上皇登土城。喜宁嗾额森邀大臣迎驾,诏以通政司参议王复为右通政,中书舍人赵荣为太常少卿,出城朝上皇,进书敕,额森与巴延特穆尔擐甲持弓矢侍。喜宁复嗾额森曰:“此小官耳。”于是额森不见复等,令亟遣于谦、石亨、胡濙、王直来。上皇亦谕复等宜亟去,遂辞归。

额森更索金帛万万计。廷臣欲议和,遣人问谦,谦曰:“今日止知有军旅,他非所敢闻。”

额森既不得请,四出窥掠。庚申,遣数骑来觇德胜门,谦令亨设伏空舍中,遣数骑诱之。有顷,敌以万骑来薄,伏兵出,神机营火器发。范广跃马陷阵,勇气百倍,遂败敌于城下,额森之弟博啰茂诺海<small>旧作孛罗卯那孩</small>。中炮死。

敌复转至西直门,都督孙镗斩其前锋数人。敌益兵围镗,镗力战不支,欲入城,给事中程信督军守西城,不纳,自城上发箭炮助之。会亨分兵至,敌稍却,欲还,至彰义门,副总兵武兴邀击,败之。而内官数百骑欲乘胜争功,跃马竞前,阵乱,兴中流矢死。

寇至土城,居民升屋号呼,争投砖石击之,嚣声动地。

会合都御史王竑督毛福寿、高礼援至,寇乃引去。

77　壬戌,寇退。

初,额森深入,视京城可旦夕破,及见官军严阵待,意稍沮。至是相持五日,宴请不应,战辄不利。会其别部攻居庸者五万,天大寒,罗通汲水灌城,冰坚不可近。七日,遁走,通追击,三败之,斩获无算,额森大沮。又闻勤王兵且至,恐断其归路,乃以是夜拔营遁,仍挟上皇北行。谦谍知上皇移驾远,令亨等夜举火,发大炮击其营,死者万人。

寇自良乡而西,大掠所过州县,焚毁长、献、景三陵寝殿。

时昌平伯杨洪,奉诏率兵二万入卫。比至,寇已退,敕洪及孙镗、范广等追击余寇。京师解严。

论功,谦及亨为多。癸亥,诏进亨武清侯,加谦少保,总督军务。谦辞曰:"四郊多垒,卿大夫之耻也。敢邀功赏哉!"固辞,不允。【考异】据明史瓦剌及杨洪传,皆以追击也先为杨洪之功,其次则范广、孙镗。故杨洪圻还,论进侯爵,录其功也。野史谓石亨追贼于清风店,大破之。李梦阳有清风店歌,吾学编据之,且铺张亨之从子彪在安定门持斧击贼事。弇州考误驳之,谓"据于肃愍碑,皆无此二事。况亨自房退即进封侯,在京营。虏奉上皇由良乡大掠而去,以甲子出紫荆关,亨何尝以一兵追之,而有此谈也。"按明史亨传亦不载,其记彪事,不过言其"善用斧,追袭余寇,颇有斩获"而已。今删去石亨追贼事,仍据明史纪、传书之。

78　甲子,额森拐上皇出紫荆关。

丁卯,诏止诸藩及各镇勤王兵,寇退故也。

79　额森之入寇也,托克托布哈在后,未入关,闻败而遁。时卫喇特君臣鼎立,额森专国,兵最多,托克托布哈虽为汗,兵较少,阿喇知院兵又少,三人互猜忌。而南犯之利多归额森,害则均受之。

至是托克托遣使来献马议和,朝廷欲却之,尚书王直、胡濙曰:"彼君臣素不睦,宜受其献,厚加赏赉以间之。"从之。

80 辛未,杨洪等追余寇至霸州,破之,获阿归等四十八人,还所掠人畜万计。孙镗、范广追寇至固安,亦捷。及关,寇返斗,犹杀官军数百人,洪子俊几为所及。

81 是月,大同总兵官郭登,将率所部自雁门入援。奏至,京师解严,上优诏褒答之。登以京兵新集,不可轻用,上用兵方略十余事,上嘉纳焉。

82 十一月,丁丑,杨洪师还。论功,进封昌平侯。命率所部留京师,督京营训练,兼掌左府事。洪陈御寇三策,上以洪宿将,所言多采纳。

83 癸未,以顾兴祖为左军都督同知,刘安为右军都督同知,刘聚为中军都督佥事,命修塞沿边关隘。时兵部缺官,三人皆起废用之。

84 辛卯,以毛福寿充副总兵官,讨湖广辰州叛苗。

85 壬辰,上皇至卫喇特。自出紫荆关,连日雨雪,上皇乘马踏雪而行,上下艰难,遇险则袁彬执鞚,哈铭随之。

既至虏营,额森来见,宰羊,拔刀割肉为敬。寻值上皇圣节,进蟒衣貂裘,设筵宴。尝谓上皇曰:"中朝若遣使来,皇帝归矣。"上皇曰:"汝自送我则可,欲中国遣使,徒劳往返。"喜宁闻而怒曰:"欲急归者彬也,必杀之。"

86 乙未,遣刑部侍郎耿九畴安抚南畿流民,赐复三年。

时凤阳等处岁饥,盗且起,九畴至,招徕流民七万户,境内以安。

87 丁酉,命佥都御史萧棨等镇河间、保定、真定。

88 乙巳,冬至,免朝贺。

89 是月,改刑部尚书金濂于户部,加太子太保。以掌都察院事俞士悦为刑部尚书。

90 大学士陈循等,以罗通晓畅兵事,请召还参杨洪军务。从之。

尚书于谦言于上曰:"宣府,京师之藩篱,居庸,京都之门户。今洪既留中,通复召还,宜更选重臣镇守。"乃以左都督朱谦镇守宣府,佥都御史王竑镇守居庸关。谦又请以重臣镇守山西,防寇南侵,皆从之。

91 十二月,庚戌,尊皇太后为上圣皇太后。

92 辛亥,以王骥为平蛮将军,充总兵官,讨贵州叛苗,侍郎侯琎总督军务。

时平越围尚未解,苗势益炽,众至十余万。

93 以都督同知董兴为左副总兵,讨广州贼黄萧养,户部侍郎孟鉴参赞军务。

94 癸丑,尊母贤妃吴氏为皇太后。

甲寅,立妃汪氏为皇后。徙上皇后钱氏别居仁寿宫。

95 丙辰,大赦。

是日彗星见天市垣帝楼旁,历尾度,长二尺余,凡二十日始没。

96 己未,命石亨、杨洪、柳溥分练京营兵。

97 戊辰,祭阵亡官军于西直门外。

98 叛阉喜宁劝额森西犯宁夏,掠其马,直趋江表,居上皇于南京。袁彬、哈铭谓上皇曰:"天寒道远,陛下又不能骑,空取冻饥。且至彼而诸将不纳,奈何?"上皇亟止宁计。宁愈欲杀二人,屡谮之额森,上皇力解而止。

99 以礼部侍郎杨善为右都御史。

善以土木之溃,间行脱归。额森入寇,改左副都御史,提督京城守备。至是寇退,遂进官。

100 是岁,浙、闽盗赦而复叛,浙江布政使孙原贞条上方略,请为备,至是即命原贞参议军事,深入,禽其魁。

而温州余贼犹未灭,乃命都指挥李信为都督佥事,调军讨之,遂拜原贞兵部侍郎,参信军务,镇守浙江。会原贞丁母忧当去,副都御史轩輗请留之,报可。

明通鉴卷二十五

江西永宁知县当涂 夏　燮 编辑

纪二十五 起上章敦牂（庚午），尽重光协洽（辛未），凡二年。
恭仁康定景皇帝

景泰元年（庚午、一四五〇）

1　春，正月，丁丑朔，上皇在迤北，罢朝贺。

2　辛巳，筑永安城于天寿山之南，以居陵卫官军，后遂移昌平县治焉。

3　壬午，享太庙。

4　彗星出天市垣外，扫天纪星。

5　丙戌，大祀南郊。

6　是月，以边事需饷急，始定输纳之例。"凡生员纳粟上马者皆许入监。"户部又议"令军民输纳或米或粟或豆或草或鞍马者，皆给冠带，官吏罪废输纳者得复职。"初行之于宣府、大同，其后两畿及者布政司、辽东皆行之。

已而监生郭佑上言："昨以国用耗乏，谋国大臣欲纾一时之急，令民纳粟者赐冠带。今军旅稍宁，行之如故。农工商贩之徒，不较贤愚，惟财是授，骄亲戚，夸乡里，长非分之邪心。而赃污吏罢退为民，欲掩闾阎之耻，纳草纳粟，冠带而归。前已冒货去职，今以输货得官，何以禁贪残而重名器？况天下统一，藏富在民，未至大不得已，而举措如此，是以空乏启戎心也。”章下廷议，格不行。

时又开输豆予世袭之例，刑科给事中曹凯争之曰：“近例，输豆四千石以上授指挥，彼受禄十余年，费已偿矣，乃令之世袭，是以生民膏血养无功子孙，而彼取息长无穷也。有功者必相谓曰：‘吾以捐躯获此，彼以输豆亦获此，是朝廷以我躯命等于荏菽。’其谁不解体！乞自今，惟令带俸，不得任事传袭，文职则止原籍带俸。”上以为然，命已授者听，未授者悉如凯议。

8 初，洪熙、宣德间，定礼闱取士之额，分南、北、中卷，以百人为率，正统中，增额至百五十人，而分地如故。

至是从大理寺丞李奎之请，仍循永乐间例。癸亥，诏：“明年会试取士无拘额，本年乡试亦如之。”

9 庚午，额森寇大同，总兵官郭登击败之。

时寇至沙坞，登召诸将问计，或言：“寇众我寡，莫若全军而还。”登曰：“我军去城百里，一思退避，人马疲倦。贼以铁骑来逼，即欲自全，得乎？”按剑起曰：“敢言退者斩！”径薄贼营，奋勇击之，诸将继进，呼声震山谷，遂大破其众，追奔四十余里。又败之栲栳山，斩二百余级，得所掠人畜八百有奇。

自土木之败,边将无敢与寇战。是役,登以八百人破敌数千骑,军气为之一振。捷闻,封登定襄伯,予世券。

10 是月,免大名、真定、开封、卫辉被灾税粮。

11 侍读彭时以兵事稍息,奏请回籍终制,许之。

时以释褐逾年参大政,前此所未有,上方向用之,以此颇忤旨。

12 二月,戊寅,耕藉田。

13 癸未,悬赏格招陷敌军民,副都御史罗通之请也。

通请榜文于沿边,谕:"凡被陷人口,有能自还者,军免差役三年,民免徭役终身,官支全俸,各赏银一两,布二匹。有能杀贼一级者,军民人等俱予冠带,赏银五两,官升一级,仍赏银如之。若能杀额森,赏银五万两、金一万两,封国公、太师。杀巴延特穆尔及喜宁者,赏银二万两、金一千两,封侯。"诏依议行之。

14 丙戌,命武清伯石亨为镇朔大将军,率师巡大同,都指挥杨能充游击将军,巡宣府。——能,洪之从子也。

15 壬辰,叛奄喜宁伏诛。

先是宁数导诱额森扰边,上皇患之,言于额森,使宁及总旗高鑿等还京索礼物。而命袁彬以密书付鑿,俾报宣府设计禽宁。宁抵独石,宣府守将设伏野狐岭,令鑿绐宁,至其地,伏尽起,鑿直前抱持之。遂禽宁送京师,法司诸臣杂治,磔于市。上皇在迤北闻之,喜曰:"自此边境稍宁,吾南归有日矣。"

宁为都指挥江福所恭,而参将杨俊饰奏于朝,谓己实定谋,遣福等禽之。上嘉俊功,进右都督,赐金币。言官及兵部请如悬赏前诏,上以俊边将,职所当为,不允。——俊,洪之庶子也。——久之,冒功事始露。

16 是月,初开经筵。宁阳侯陈懋知经筵事,文臣自内阁高穀、陈循等外,礼部侍郎仪铭及俞山、俞纲,皆以潜邸旧恩兼经筵官。——铭,智之子也。

上每临讲幄,辄命中官掷金钱于地,任讲官遍拾之,时以为媟亵云。【考异】仪铭、俞纲、俞山皆充经筵官,见宪章录、法传录,证之明史仪智等传,皆潜邸旧人也。掷金钱事见仪铭传。(附仪智。)而野史有以为高穀、李时勉故事者,今不著。

17 赠前侍讲刘球为学士,赐谥忠愍,立祠于乡。

并追论彭德清。时德清已在狱瘐死,诏戮其尸。

球二子钺及弟釪,皆笃学,躬耕养母。球既得恤,兄弟乃出应举,先后成进士。

18 罗通自居庸召还,命参杨洪军务,兼理院事。

通上言:"诸边报警,率由守将畏征调,饰诈以欺朝廷,遇贼数十,辄称杀败数千。向者德胜门外不知斩馘几何,而获官者至六万六千余人。辇下且然,何况塞外。且韩信起自行伍,穰苴拔于寒微,宜博搜将士如信、苴者与议军事。若今腰玉珥貂,皆苟全性命保爵禄之人,憎贤忌才,能言而不能行,未足与议也。"意盖诋于谦、石亨辈。

谦疏辨,言:"概责边报不实,果有警不奏,必致误事。德胜门外官军升级,惟石亨功次册当先者万九千八百余人,及阵亡三千余人而已,安所得六万之多!通以为滥,宜将臣及亨等升爵削夺。有如韩信、穰苴者,乞即命指荐,并罢臣营务，俾专治部事。"

疏下廷议。廷臣共言"谦及石亨、杨洪实堪其任"，又谓"通志在灭贼，无他"，上两解之。寻敕谦录功不得如前冒滥，盖因通言发也。给事中覃浩等谓"通本以知兵用，不宜理院事"。乃解通兼职。

初，京城解严，侍讲刘定之上疏曰："自古如晋怀、愍，宋徽、钦，皆因边塞外破，藩镇内溃，救援不及，驯致播迁，未有若今日以天下之大、数十万之师，奉上皇于漠北，委以与寇者也。晋、宋遭祸乱，弃故土，偏安一隅，尚能奋于既衰以御方张之敌，未有若今日额森乘胜直抵都城，以师武臣〔力〕之众，既不能奋武以破敌，又不能约和以迎驾，听其自来而自去者也。国势之弱，虽非旦夕所能强，岂可不思自强之说而力行之！"又其所陈十事，其末曰："昔者汉图恢复，所恃者诸葛亮；南宋御金，所恃者张浚；彼皆忠诚凤著，功业久立。及街亭一败，亮辞丞相；符离未捷，浚解都督。何者？赏罚明则将士肃也。昨德胜门下之战，未闻摧陷强寇，但迭为胜负，互杀伤而已，虽不足罚，亦不足赏。乃石亨则自伯进侯，于谦则自二品晋一品，天下未闻其功，但见其赏，岂不怠忠臣义士之心乎？可令仍循旧秩，勿躐新阶，他日勋名著而爵赏加，正未为晚。夫既予不忍夺者，姑息之政；既进不欲退者，患失之心。上不行姑息之政，下不怀患失之心，则治平可计日而待也。"书奏，上优诏答之。

谦有社稷功，一时忌者辄屡以深文弹劾。通、定之所论，亦多失平，然实有中于目前军务之积弊云。

19 三月，己酉，卫喇特寇朔州。

20 辛亥，诏录土木死事诸臣后官。尚书王佐子道阳，邝埜子仪，俱为主事。侍郎曹鼐子恩，丁铉子琥，副都邓棨子瑞，俱为评事。通政龚全安子廷晖，太常刘容子鉴，俱为部照磨。学士张益子翊，尚宝凌寿子晖，俱为序班。又，钦天监正廖羲仲子景明为司历，太医院使钦谦子智为本院吏目。——羲仲、谦，盖五十余人之外续报同时预难者也。

【考异】据三编质实云，"按英宗实录，是年五月辛亥所录死事诸臣后，中有钦天监正廖羲仲子景明，太医院使钦谦子智，一授司历，一授吏目。证之正统十四年备载死事诸臣，并无此二人，盖遗漏也。"今又按野史书："护卫樊忠杀王振，突围出杀数十人，死之。"明史不载。又明史金英传："右司礼太监范弘从征，没于土木，葬香山永安寺。"弘即与金英同赐免死诏者，此又中官死事之遗漏者也，附识于此。

21 癸丑，卫喇特寇宁夏，抵庆阳。乙卯，又寇朔州。

时寇分道入边，官军御敌，互有杀伤。惟宁夏、庆阳、朔州，被敌杀掠甚众。

22 董兴之讨广州也，未至，而金都御史杨信民以巡抚坐镇，威望日隆，乃多方招抚，降者日至，于是遣使持檄入贼营，谕以恩信。黄萧养曰："得杨公一言，死不恨。"克日请见，信民单车诣之，隔濠与语。贼党望见皆罗拜，有泣下者。贼以大鱼献，信民受之不疑。萧养且降，俄闻大军至，忽中变。其夜，有大星陨城外，七日而信民暴疾，遂以是日卒。军民聚哭，城中皆缟素。贼闻之亦泣，曰："杨公死，吾属无归路矣。"

事闻，赐祭葬，录其子玖为国子生。广东民赴京请建祠,许之。<u>成化</u>间,赐谥恭惠,并命有司以忌日祭焉。【考异】按<u>明史杨信民</u>传,言:"<u>信民</u>巡抚<u>广东</u>,以三月乙卯卒。"列传叙事,纪日者最少,此以<u>信民</u>卒后奉敕令以忌日祭祠,故特书其卒之月日耳,今据之。

23 癸亥,以旱,免畿内逋赋及夏税。

24 是月,<u>虏</u>分道入寇<u>阳和</u>、<u>大同</u>、<u>偏头关</u>、<u>野狐岭</u>,所过残掠。时总兵官<u>朱谦</u>镇<u>宣府</u>,奏敌以二万攻围<u>万全</u>,敕<u>范广</u>充总兵官御之。

已而寇退。<u>于谦</u>请"驻兵<u>居庸</u>,寇来则出关剿杀,退则就粮京师"。<u>大同</u>参将<u>许贵</u>奏,"迤北有三人至镇,欲朝廷遣使讲和",<u>于谦</u>曰:"前遣<u>季铎</u>、<u>岳谦</u>往,而<u>额森</u>随入寇,继遣<u>王复</u>、<u>赵荣</u>,不见上皇而还,和不足恃明矣。况我与彼不共戴天,理固不可和。万一和而彼肆无厌之求,从之则坐敝,不从则生变,势亦不得和。<u>贵</u>为介胄臣,而恇怯若此,何以敌忾!法当诛。"移檄切责。自是边将主战守,无敢言和者。

25 以<u>俞纲</u>为兵部侍郎,内阁办事。

<u>纲</u>以生员侍上潜邸,至是骤迁擢,疏辞。越三日,请佐兵部,许之。

26 是春,致仕国子祭酒<u>李时勉</u>卒。

<u>时勉</u>家居,闻上皇北狩,日夜悲恸。遣其孙<u>骥</u>诣阙上书,"请选将练兵,亲君子,远小人,褒嘉忠节,迎还车驾,复仇雪耻。"得旨褒答,而<u>时勉</u>卒矣,年七十七。赐谥<u>文毅</u>。<u>成化</u>中,改谥忠文,赠礼部侍郎。

27 夏,四月,丙子,<u>广东</u>都指挥<u>李昇</u>、<u>何贵</u>等追海贼,不克,死之。

28 辛巳，卫喇特寇大同，以数千骑奄至。总兵官郭登出东门与战，佯北，诱之入土城，伏起，寇败走。登度敌且复至，令军士赍毒酒、羊、豕、楮钱，伪为祭冢者，见寇即弃走，寇至，争饮食之，死者甚众。

29 贵州平越被围九月，御史黄镐，置疏竹筒中，募土人乞援于朝。丁亥，命保定伯梁珤，都督方瑛会湖广总督侯璡讨之，敕王骥还。

瑛从骥征麓川，事平，留镇云南。上即位，廷臣荐瑛有将略，召还，进都督同知。甫抵京而贵州苗贼势炽，骥复请瑛还讨，乃拜右副总兵。

30 戊子，遣大理寺丞李茂录囚南京，考黜百司，访军民利病以闻。

时尚书于谦言："南京重地，抚辑须人。中原多流民，设遇岁荒，啸聚可虞。乞敕内外守备及各巡抚加意整饬，防患未然。"从之，遂有是命。

31 丙申，卫喇特寇雁门。丁酉，以三百骑入石峰口，烧关门，复由故道去，敕责总兵官朱谦等。

32 己亥，遣都督同知刘安充总兵官，练兵于保定、真定及涿、易、通三州，佥都御史陈泰参赞军务。——泰幼从外家，冒曹姓，既贵，请复之。

33 庚子，振山东饥。

辛丑，振畿内被寇州县。

34 癸卯，卫喇特复寇大同，郭登击却之。

35 是月旱，山东亦旱。自去冬至春，灾异叠见，黑气四塞,烈风拔木。

御史许仕达言:"灾沴数见,请圣躬痛自修省。"优诏褒答。

36 浙江镇守中官李德上言:"诸臣擅杀马顺,同于犯阙,贼臣不宜用。"下廷议,于谦以为不足问。上曰:"诛乱臣,所以安众志。卿等忠义,朕已知之,勿以德言介意。"【考异】据明史王竑传,在是年四月,并记"于谦以为事不足问"及"上令诸臣勿介意"等语,今据增。

37 五月,乙巳,免山西被灾税粮。

38 卫喇特以数万骑攻雁门,都指挥李端击却之。寻犯河曲及义井屯堡,杀二指挥,遂围忻、代诸州,诏刘安督涿、易诸军御之。

寇自代州南下,长驱直抵太原城北,山西大震。诏巡抚朱鉴移镇雁门,而别遣都督佥事王良镇太原。援兵渐集,敌亦餍,乃引去。

时山西兼遭兵荒,鉴外饬戎备,内抚灾民,劳瘁备至。

39 戊申,卫喇特复寇雁门。诏益黄花镇戍兵以卫陵寝,敕兵部稽在京军马数以闻。

40 癸丑,广东贼黄萧养伏诛。

先是,都督同知董兴,调江西、两广兵征讨,而以天文生马轼自随。兴果锐,不能戢下,轼辄戒之。是春,师至广州。贼舟千余艘,势甚炽,而征兵未至。诸将请济师,轼曰:"广民延颈久矣,即以狼兵往击,犹拉朽耳。"——"狼兵"者,广西溪峒土兵也。——兴从之。既而兵大集,进至大洲击贼,杀溺死者万余人,余多就抚。萧养中流矢死,函首以献,俘其父及子等。余党皆伏诛。

论功,进兴右都督,留镇广东。

41 壬戌,振大同被寇军民。

42 丙寅,总督侯琎、副总兵田礼大破贵州叛苗。

时梁瑶等大军未至,礼已进兵,解新添、平越之围,琎复遣兵攻败水西诸贼,贵州道始通。又调云南兵由乌撒会师,开毕节诸路,檄普安土兵援安南卫,而自率兵攻破紫塘、弥勒等十余寨。会贼复围平越,回师击退之,遂分哨七盘坡、羊肠河等处,抚定良苗,东至重安江,与王骥兵会,镇远道亦通。

捷闻,进琎兵部尚书。

43 卫喇特额森复寇宣府,以二千骑屯贾家营。总兵官朱谦与参将纪广等拒以鹿角,发火器击之,寇少却。谦军且退,寇复来追,都督江福援之,亦失利。谦卒力战,寇不得入。

是时寇屡扰边,锐而骄,意大同、宣府二城可旦夕下,而谦与郭登屡却之。会喜宁已诛,额森失其间谍,所部兵多死伤;而托克托布哈、阿喇知院,自遣使请和后,皆撤所部归;于是额森亦欲息兵,耻自屈,乃令阿喇先通和议。

辛未,阿喇知院遣其参政旺扎勒托欢旧作完者脱欢。等至怀来贡马议和,边将以闻。上用学士陈循言,赍使令还,而以敕谕阿喇,大略谓:“额森诡诈反覆。朕欲从尔讲和,第闻彼尚聚兵塞上,意在要挟,义不可从。即阿喇必欲和好,待卫喇特诸部落北归,议和未晚。不然,朕不惜战也。”

44 是月,<u>浙江</u>副使<u>陶成</u>讨<u>处州</u>贼<u>陶得二</u>,不克,死之。

<u>得二</u>降而复叛,拥众犯<u>武义</u>,先遣其党十余辈伪为乡民避贼者,以敝缊裹薪,阑入城中。及<u>成</u>出战,贼持薪纵火焚木城,官军惊溃,<u>成</u>与都指挥佥事<u>崔源</u>皆力战死。

事闻,赠<u>成</u>左参政,录其子<u>鲁</u>为八品官。【考异】陶成之死,<u>明史本纪</u>不载。证之<u>成传</u>,在是年五月,今据之。

45 初,<u>土木</u>之变,<u>杨俊</u>自<u>独石</u>奔还,上以<u>洪</u>故,置不问。而<u>俊</u>恃父势横恣,在<u>宣府</u>时,尝以私憾杖都指挥<u>陶忠</u>至死。<u>洪</u>惧,奏"<u>俊</u>轻躁,恐误边事,乞令来京随臣操练",许之。既至,言官交劾,下狱。复以禽<u>喜宁</u>冒功事觉论斩,诏宥之,令剿贼自效。寻充游击将军,巡<u>徽真</u>、<u>保</u>、<u>涿</u>、<u>易</u>诸城,至是还,仍令督三千营训练。【考异】据<u>明史杨洪传</u>,"<u>俊</u>为<u>洪</u>之庶子,以杖杀<u>陶忠</u>及冒<u>喜宁</u>功论斩,诏宥之,寻充游击将军"云云。而<u>皇明通纪</u>、<u>纪事本末</u>诸书,皆系<u>俊</u>诛于是年之五月。<u>弇州考误</u>谓"本<u>双槐岁抄</u>之误",驳之是也。惟<u>刘安</u>督<u>涿</u>、<u>易</u>诸城,正在是年之五月,则<u>俊</u>之巡<u>徽真</u>、<u>保</u>、<u>涿</u>、<u>易</u>,皆同时事,今系之五月之末。

46 六月,壬午,<u>卫喇特</u>寇<u>大同</u>,总兵官<u>郭登</u>击却之。

越四日丙戌,<u>额森</u>奉上皇至城外,声言送驾还。<u>登</u>与同守者设计,具朝服候驾月城,伏兵城上,俟上皇入即下月城闸。<u>额森</u>及门而觉,遂复拥上皇去。

47 丁亥,下左都御史<u>陈镒</u>、<u>王文</u>于狱。

时中官<u>金英</u>纵家奴不法事觉,下法司治之,<u>镒</u>等但请抵奴罪,不及<u>英</u>。于是给事中<u>林聪</u>率同列劾<u>镒</u>、<u>文</u>畏势长奸,并及御史<u>宋琠</u>、<u>谢琚</u>,皆下狱。寻以请罪自伏,宥之。

<u>聪</u>在科,论事无所讳。先是有中官<u>单增</u>,督京营有宠,

朝士稍忤者辄遭詈辱，家奴白昼杀人，夺民产，侵商税。聪发其奸，下诏狱获宥，增自是不敢肆。至是因治英家人狱，复劾瑞、琚不任风纪，竟调二人于外。

48 戊子，卫喇特复率二千骑寇宣府，朱谦遣都指挥牛玺等往御，战南坡。谦见尘起，率参将纪广等驰援，自巳至午，寇大败，遁去。

49 戊戌，免山东被灾州县税粮。

50 额森之请还上皇也，诏下礼部议，未决。吏部尚书王直率群臣上言曰：“太上皇惑细人言，轻身一出，至于蒙尘。陛下宵衣旰食，征天下兵，与群臣兆姓同心戮力，期灭此朝食，以雪不共戴天之耻。乃者天诱其衷，额森有悔心之萌，而来求成于我，请还乘舆，此转祸为福之机也。望陛下俯从其请，遣使往报，因察其诚伪而抚纳之，奉太上皇以归，少慰祖宗之心。”上曰：“卿等言良然。但前后使者五辈往，终不得要领。今复遣使，设彼假送驾之名来犯京师，岂不为苍生患？贼诈难信，其更议之。”

已而阿喇使复至，尚书胡濙等复以为言，于是上御文华门召廷臣，谕以宜绝状。直对曰：“必遣使，毋贻后悔。”上不悦，曰：“朕非贪天位，当时见推，实出卿等。”尚书于谦从容曰：“天位已定，宁复有他！顾理当速奉迎，万一彼果怀诈，我有词矣。”上乃顾谦改容曰：“从汝，从汝。”议遂决。

群臣既退，太监兴安出呼曰：“若等欲遣使，孰为富弼、文天祥者？”词色交厉。直面折之曰：“廷臣惟天子使，既食禄，敢辞难乎！”安始语塞。

时礼科给事中<u>李实</u>，慨然请行，已亥，以实为礼部右侍郎，大理寺丞<u>罗绮</u>为少卿，及指挥<u>马显</u>等，令赍玺书谕<u>卫喇特</u>君臣，遂偕<u>阿喇</u>使俱往。

51 是月，尚书<u>于谦</u>以<u>山西</u>近寇，请遣大臣往镇，昌平侯<u>杨洪</u>亦乞遣重臣从<u>雁门关</u>护饷<u>大同</u>。上以命参军务<u>罗通</u>，<u>通</u>不欲行，请得与<u>谦</u>、<u>洪</u>俱。<u>谦</u>言“国家多难，非臣子辞劳之日”，奏乞躬往。上不允，卒命<u>通</u>。

<u>通</u>本<u>谦</u>所举，而每事牴牾，人以是不直<u>通</u>云。【考异】命<u>罗通镇山西</u>，<u>明史纪</u>及<u>三编</u>皆不载。证之<u>通传</u>，在是年之六月，今据增。

52 上即位之初，惩<u>王振</u>蒙蔽，大辟言路，吏民皆得上书言事。是时有肃府仪卫<u>余丁聊让</u>诣阙陈数事。

其略曰：“迩岁土木繁兴，异端盛起，番僧络绎，污吏纵横。相臣不正其非，御史不劾其罪，上下蒙蔽，民生日蹙，因之狡寇犯边，上皇播越。陛下枕戈尝胆之秋，可不拔贤举能，一新政治乎？昔<u>宗</u>、<u>岳</u>为将，敌国不敢呼名；<u>韩</u>、<u>范</u>镇边，西贼闻之破胆；<u>司马光</u>居相位，强邻戒勿犯边。今文武大臣之有威名德望者，宜使典枢要，且延访智术才能之士，布满朝廷，则<u>额森</u>必畏服，而上皇可指日还矣。

大臣阳也，宦寺阴也；君子阳也，小人阴也。近日食地震，阴盛阳微，谪见天地。望陛下总揽乾纲，抑宦寺使不得预政，遏小人俾不得居位，则阴阳顺而天变弭矣。

天下治乱，在君心邪正。田猎是娱，宫室是侈，宦寺是狎，三者有一，足蛊君心。愿陛下涵养克治，多接贤士大夫,少亲宦官宫妾,自能革奢靡,戒游侠,而心无不正矣。

仍愿陛下广从谏之量,旌直言之臣,使国家利弊,闾阎休戚,言者无所顾忌。苏子曰:'平居无犯颜敢谏之臣,则临难必无仗节死义之士。'愿陛下恒念是言而审察之。"

书奏,上嘉纳焉。

后四年,让登进士,官知县。【考异】聊让上书,正景泰初大开言路之时。明史让传书"元年六月",并记其四年后始登进士,今据增。

53 秋,七月,己酉,李实等至卫喇特。额森在营,既见,读玺书毕,乃导之谒上皇。时上皇仍居巴延特穆尔营,惟袁彬、哈铭侍。实等见上皇泣,上皇亦泣,因问太后、皇上,又问二三大臣,泫然曰:"处此逾年,始见卿等。"实等颇以上皇前宠王振太过,以致蒙尘,请还京引咎自责,上皇意不怿。

实等之既行也,会托克托布哈及额森所遣使丕勒玛尼哈玛尔旧作皮儿马黑麻。等复至趣和,诏礼之,赐之宴。使者因言于馆伴曰:"昨知院使来,朝廷遣人偕往。今吾等乃汗及太师所命,若不报使,事必不谐。"礼臣胡濙以闻,尚书王直等议遣正副使四人往,上曰:"且俟实还,徐议之。"

54 庚戌,总督尚书侯琎,大破贵州之贼。

时琎檄副总兵方瑛攻赏改寨,禽苗伪王王阿同等三十四人。别贼阿赵伪称赵王,率众掠清平,琎复讨禽之。会王骥亦俘获划平王苗富虫,先后送京师伏诛。

55 李实等将还,王直等固请遣使,从之。庚申,遣右都御史杨善、工部侍郎赵荣充正使,以都指挥同知王息、锦衣卫千户汤允勋副之，赍金铉书币往。

先是有金齿卫知事袁敏，自土木奔还，上书曰："上皇居九重，所服者衮绣，所食者珍羞，所居者琼宫瑶室。今驾陷沙漠，主辱臣死，臣子何以为心！请速遣官一人，或就令臣赍书及服御物，问安塞外，以尽臣子之义。"不报。至是尚书胡濙等言："上皇蒙尘久，御用服食，宜付善等随行。"亦不报。

时额森欲还上皇，而敕书无奉迎语，自赍赐额森外亦无他物，善乃出家财，悉市彼中所需者携以往，遂行。

56 癸亥，李实、罗绮自卫喇特还。

初，实自京奉使，将行，见敕书不及迎上皇，惊走白内阁，遇太监兴安，安叱曰："若奉黄纸诏行耳。他何预！"实遂行。至是额森语实等曰："我亟欲送上皇归，而敕书无奉迎语。今汝之来，通问而已；若欲奉迎，宜亟遣大臣来。归语皇帝：迎使夕来，大驾朝发。决不食言。"

实等还，具道额森意及再遣使奉迎状，上不许。于是王直偕宁阳侯陈懋等上疏曰："臣等与李实语，具得彼中情事。其所需衣物资斧者，上皇言也；而奉迎车驾，额森意也。昨者托克托卜哈及阿喇知院使来，皆有报使；今额森使以迎请为词，乃不遣使偕往，是疑敌而召兵也。"复不许。已而实自言于上，上曰："杨善已去。但以奉迎意致额森，即令善迎归足矣。"

比北使将发，直等复上言："宜本上皇之心，顺臣民之愿，因彼悔心，遣使往报，以图迎复，此不待计而决者也。

不然，众志难犯，违天不祥。彼将执为兵端，边事益棘，京师亦不得高枕卧矣。"检讨邢让亦上疏曰："上皇于陛下，有君之义，有兄之恩，安得而不迎？且令寇假大义以诘我，其何词以应？若从群臣请，仍命实赍敕以往，述迎复之指，虽上皇还否未可必，而陛下恩义之笃昭然于天下。万一迎而不许，则我得有词于彼以兴问罪之师，不亦善乎！"上不得已，乃从群臣议，仍遣实往报。既而曰："俟善归议之。"卒不遣。

57 己巳，杨善等至卫喇特，额森遣馆伴来迎。馆伴自言田氏，亦中国人，饮善帐中，语曰："土木之役，六师何怯也？"善曰："彼时官军，壮者悉南征，王司礼邀大驾幸其里，不为战备，故令汝得志耳。今南征将士归，可二十万，又募中外材官技击，可三十万，悉教以神枪、火器、药弩，百步外洞人马腹立死。又用策士言，缘边要害隐铁椎三尺，马蹄践辄穿。又刺客林立，夜度营幕若猿猱。"伴闻之，色动，善曰："惜哉，今皆无用矣！"问何故，曰："和议成，欢好且若兄弟，安用此！"因出所赍遗之，其人喜，悉以语额森。

明日，谒额森，亦大有所遗，额森亦喜。善因诘之曰："太上皇帝朝，太师遣贡使必三千人，岁必再赏，金币载途，乃背盟见攻，何也？"额森曰："奈何削我马价，予我帛多翦裂，前后使人往多不归，又减岁赐？"善曰："非削也。太师马岁增价，难为继而不忍拒，故微损之。太师自度，价比前孰多也？帛翦裂者，通事为之，事露诛矣。即太师贡马有劣弱，貂或敝，亦岂太师意耶？且使者多至三四千人，有为盗或犯他法,归恐得罪,故自亡耳,留若奚为！贡使受宴赐,上名或浮其人数,朝廷核实而予之。所裁乃虚数,有其人者固不减也。"额森数称善。

善复曰:"太师再攻我,屠戮数十万,太师部曲死伤亦不少矣。上天好生,太师好杀,故数有雷警。今还上皇,和好如故,中国金币日至,两国俱乐,不亦美乎！"

额森曰:"敕书何以无奉迎语?"善曰:"此欲成太师令名,使自为之。若载之敕书,是太师迫于朝命,非太师诚心也。"额森大喜。问:"上皇归,将复得为天子乎?"善曰:"天位已定,难再移。"额森曰:"尧、舜如何?"善曰:"尧让舜,今兄让弟,正相同也。"其平章昂克问善:"何不以重宝来购?"善曰:"若赍货来,人谓太师图利,今不尔,乃见太师仁义,为好男子,垂史册,颂扬万世。"额森笑称善。

知院巴延特穆尔,劝额森留使臣,而遣使要上皇复位,额森惧失信,不可,竟许善请。明日,额森引善谒见上皇于巴延特穆尔营,遂许送上皇归。

58　八月,癸酉,上皇发自卫喇特。濒行,额森设宴饯上皇,额森席地弹琵琶,妻妾奉酒,顾杨善曰:"都御史坐！"善不敢坐,上皇曰:"太师着坐便坐。"善承旨,少坐即起,周旋其间。额森顾善曰:"有礼。"巴延等亦各设饯毕,额森筑土台,坐上皇台上,率妻妾部长罗拜其下,各献器用饮食物。

上皇起跸,额森率部长皆送,约半日程。巴延送至野狐岭,下马,伏地恸哭曰:"皇帝行矣,何时复得相见！"良久乃去,仍遣其头目七十人扈送京师。【考异】诸书皆言"巴延特穆尔送上皇至<u>野狐岭</u>,下马,伏地恸哭而去。"<u>三编目中</u>,则言"<u>额森</u>送上皇数十里,下马,伏地恸哭去。"今据<u>明史瓦剌传</u>。

59 戊寅,祀社稷。

60 初,廷臣闻上皇将还,欲奏请奉迎,都御史<u>王文</u>厉声曰:"公等谓上皇果来耶? <u>额森</u>不索金帛土地而遽送还耶?"众素畏<u>文</u>,皆愕然不决而罢。

及是上皇果还,乃诏礼部议迎上皇礼。尚书<u>胡濙</u>等议:"遣礼部官迎于<u>龙虎台</u>,锦衣具法驾迎<u>居庸关</u>,百司迎土城外,诸将迎<u>教场门</u>。上皇自<u>安定门</u>入,进<u>东安门</u>,于<u>东上北门</u>南面坐。皇帝谒见毕,百官朝见,上皇入<u>南城大内</u>。"议上,传旨:"以一轿二马迎于<u>居庸关</u>,至<u>安定门</u>易法驾。余如奏。"给事中<u>刘福</u>等言礼(大)〔太〕薄,报曰:"朕尊大兄为太上皇帝,礼无加矣。<u>福</u>等顾云太薄,其意何居?礼部其会官详察之。"<u>濙</u>等言:"诸臣意无他,欲陛下笃亲亲耳。"上曰:"昨得太上皇书,具言迎驾礼宜从简损,今岂得违之!"于是群臣乃不敢言。

会(于)〔千〕户<u>龚遂荣</u>为书投大学士<u>高穀</u>,言"奉迎宜厚。主上当逊位恳辞而后受命,如<u>唐肃宗</u>迎上皇故事。"<u>穀</u>袖其书于朝,以示<u>胡濙</u>、<u>王直</u>等,<u>直</u>曰:"此礼失而求诸野也。"<u>濙</u>欲以闻,<u>王文</u>不可,而给事中<u>叶盛</u>竟奏之。同官<u>林聪</u>复劾"<u>直</u>、<u>濙</u>、<u>穀</u>等皆股肱大臣,有闻必告,不宜偶语窃议。"<u>濙</u>等因以书进,且言:"<u>肃宗</u>迎上皇典礼,今日正可仿行。陛下宜躬迎<u>安定门</u>外,分遣大臣迎<u>龙虎台</u>。"上不悦,曰:"第从朕命,无事纷更。"乃遣太常少卿<u>许彬</u>至<u>宣府</u>,侍读<u>商辂</u>至<u>居庸关</u>迎上皇。

时上索遂荣书所从得甚急，遂荣自缚诣阙言之，下诏狱，坐遣，久之得释。

壬午，上皇至宣府，许彬迎谒。上皇命书敕谕群臣，遣祭土木阵亡官军。甲申，至居庸，商辂迎谒，上皇谕以逊位退闲意，使归告皇帝。【考异】明史本纪书杨善等至瓦剌及见上皇于七月之末，英宗还驾在八月癸酉，为八月初二日。证之刘定之否泰录，则善等谒上皇在八月初二，上皇之行在初八，皆不合，惟十一日次野狐岭以下悉同。但明史多据实录，否泰录昌目击之事，而塞外道里月日，不过据所闻见书之，今悉据正史。

61 丙戌，上皇至京师。上迎于东安门，拜，上皇答拜，相持泣，各述授受意，推逊良久。遂送上皇至南宫，上率百官行朝谒礼。

庚寅，赦天下。

62 辛卯，以刑部侍郎江渊兼翰林学士，直文渊阁，预机务。时苗衷致仕，以渊代之。

初，徐珵倡议南迁，太监金英叱出之，踉跄过左掖门。渊适入，迎问之，珵曰："以吾议南迁不合也。"于是渊入朝，极陈固守之策，遂见知于上，以侍讲超擢卿贰。至是遂入阁，逾月，改户部侍郎，兼职如故。

63 是月，总督贵州兵部尚书侯琎，以劳瘁卒于普定军中。赐祭葬，荫其子，世袭锦衣卫千户。

64 御经筵。

先是御史许仕达上言："经筵之讲，一暴十寒，圣学何以有成？正统间，上下蒙蔽，无敢言者，愿陛下于经筵之外，日召儒臣讲论经史，稽之于古，验之(千)〔于〕今，以应无方之变。"优诏褒答。

65 九月,丁未,封都督朱谦抚宁伯,论守宣府功也。

66 癸丑,进左副都御史王来为右都御史,总督湖广、贵州军务。

来巡抚河南,至是以侯琎卒,进来代之,与保定伯梁珤、都督毛胜、方瑛会讨叛苗。——胜即福寿更名也。

初,永乐中,降人安置近畿者甚众,额森入寇,多为内应。会西南用兵,尚书于谦谋散遣之,每有征行,辄选其精骑,厚资以往,已,更遣其妻子,内患以息。

67 是月,南京吏部尚书魏骥、南京祭酒陈敬宗同致仕。

骥屡请致仕,不许,至是复以老请至京师。大学士陈循,骥门生也,请间曰:"公虽位冢宰,未尝立朝。愿少待,事在循辈。"骥正色曰:"君为辅臣,当为天下进贤才,不得私一座主。"退,语人曰:"渠以朝廷事为一己事,其能善终乎?"竟致仕去。

敬宗官南京祭酒,与李时勉名望相埒,时称"南陈北李"。方王振宠盛时,敬宗秩满入都,振欲致之,不可得。会巡抚周忱亦在京,振知其与敬宗善,令通意,敬宗曰:"吾为诸生师表而私谒中官,何以对同学生徒?"忱退,谓振曰:"陈公崛强,未可以势力致。顾善书法,公试以礼币求书,彼来谢,或可致耳。"振遂贻文锦羊酒,求书程子四箴。敬宗书讫,署名而返其币,终不往见。以是在南太学十七年不调。及是与骥同引年归,家居不轻出。有被其容接者,莫不兴起。

骥在籍二十余年,布衣粝食,不殖生产。事兄教谕麒,虽耄益恭。教子孙孝弟力田,讲明理学。萧山故多水患,骥率乡人增修塘堰,复宋时县令杨时所筑湖堤,邑人赖之。【考异】魏骥、陈敬宗之致仕,在是年之九月,事见本传。三编特书之,今据增。

68 冬,十月,辛卯,录囚。

69 癸巳,免畿内逋赋。

70 十一月,辛亥,礼部尚书胡濙奏:"上皇圣节,请令百官诣延安门行朝贺礼。"不许。

71 是月,下太监金英于狱。

英纵家奴事发,上怒,乃尽发其结党市恩及纵家人中盐等事,论斩及戍谪有差。英下都察院狱,亦论斩,诏禁锢之,自是遂废不用。

时工部尚书石璞方奉诏出募义勇,还朝,法司劾璞尝赂英,遂并下狱论斩,上特宥之,命出理大同军饷。

初,上之监国也,徐珵倡议南迁,举朝震动。当是时,外倚于谦,内倚金英,几岌岌矣。薛瑄既起用,寻推南京大理寺卿。英尝奉使南京,独瑄不出见。使还,上问:"所见谁为良者?"英对曰:"独一薛卿耳。"论者以为英之智识殆非他珰比云。【考异】明史本纪但载陈镒、王文以鞫金英家人不实下狱事,而英之下狱不具。证之宦官传,英下狱在是年十一月,然亦但书其犯赃下狱。而野史所载,则以对东宫生日,事详后卷考异中。惟诸书记薛文清推大理正卿在景泰二年,其时英已禁锢,未必有奉使之事,意文清之推正卿,即召后事也,今于英下狱之月牵连记之。

72 十二月,丙申,胡濙等复请"明年正旦令百官朝上皇于延安门",不许,并谕"自今后正旦庆节皆免行。"给事中林聪欲上疏言之，同官叶盛止之曰："今上孝弟，上皇盛德，两宫帖然安静。若益以言，则涉众易疑，恐无中生有，反为非便。"聪乃止。御史盛昶目盛曰："己不为而又阻人为之耶?"盛曰："此大事，当熟虑。惟安与静，久长之道也。"

73　是冬，王来至靖州。贼掠长沙、宝庆、武冈，会梁珤、方瑛等连破贵州之贼，遂分道邀击，俘斩三千余人。贼魁韦同烈遁去，据兴隆，复劫平越、清平诸卫。来与瑛邀击，败之。

74　王骥既还，命总督南京机务。其冬，乞世券，予之。

南畿军素偷惰，骥至，以所驭军法教之，于谦弗重也。朝廷以其旧臣，宠礼之。越二年，赐敕解任，奉朝请。

二年（辛未、一四五一）

1　春，正月，上皇在南宫。

2　庚戌，大祀南郊。

3　壬子，诏"天下朝觐官当黜者，令运粮口外。"

4　初，僧道三年一度，上即位，特诏停之。至是太监兴安，以皇后旨度僧道五万余人。尚书于谦上言："今四方多流徙之民，三边缺战守之士。度僧道太多，恐乖本末。"不报。

5　二月，辛未，幸太学，释奠于先师。

时衍圣公孔彦缙率子孙来京师，至国子监听讲，上嘉之。自后幸学，必先期召衍圣公，著为令。

礼成，上至彝伦堂，升坐，祭酒萧镃讲尚书"天聪明"

章,词旨敷畅,上甚嘉之。

　　镃代李时勉为祭酒,去年以老疾辞。既得允,监丞鲍相率六馆生连章乞留,报可,至是遂有向用意。【考异】据明史儒林传,"孔彦缙至京师听讲,匦定自后幸太学必先召衍圣公。"又,萧镃事见本传及三编,今据增。

6　戊子,镇星犯上相。庚寅,逆行入太微左掖。

　　钦天监奏:"天垂象,伏望日新圣德,仍敕文武群臣修省。"辛卯,诏曰:"上天仁爱,垂象示警。朕当省悔。五府、六部、都察、翰林院,其计议宽恤条例以闻。"

7　癸巳,诏"畿内及山东巡抚官举廉能吏,专司劝农,授民荒田,贷牛种。"

8　是月,吏部郎中李贤上正本十策,曰"勤圣学,顾箴警,戒嗜欲,绝玩好,慎举错,崇节俭,畏天变,勉贵近,振士风,结民心。"上善之,命翰林写置左右备省览。寻又陈车战火器之利,亦见采纳。

9　三月,壬寅,赐柯潜等进士及第、出身有差。

10　夏,四月,乙酉,保定伯梁珤、总督尚书王来等,大破平越苗,禽其伪王韦同烈等。

　　先是珤自沅州进兵,与都督方瑛破贼于兴泽。贼退保香炉山,山陡绝,瑛与都督毛胜、陈友三道进,珤与来大军继之,先后破三百余寨,会师香炉山下,发炮轰崖石,声动地。贼党惧,缚同烈并贼将五十八人降,余悉解散,俘同烈等献京师,遂分兵共剿都匀、草塘诸贼,贼皆望风具牛酒迎降。

　　捷闻,诏班师,留珤、来镇抚。寻命来兼巡抚贵州。

时因<u>黔</u>、<u>楚</u>用兵,暂行<u>鬻</u>爵例,至是<u>来</u>奏称:"寇贼稍宁,惟<u>平越</u>、<u>都匀</u>等四卫乏饷,请召商中盐,罢纳米例",从之。

初,<u>贵州</u>苗未平,吏部侍郎<u>何文渊</u>议罢二司,专设都司,以大将镇之。尚书<u>于谦</u>不可,曰:"不设二司,是弃之也。"议乃寝。

11 甲午,<u>卫喇特</u>寇<u>宣府</u>马营,敕游击将军<u>石彪</u>等巡边。

乙未,命<u>石亨</u>选京营兵操练,召尚书<u>石璞</u>还,参赞军务。——<u>彪</u>,亨之从子也。

12 是月,遣都督佥事<u>孙安</u>守备<u>独石</u>,用尚书<u>于谦</u>议也。

初,<u>杨洪</u>自<u>独石</u>入卫,<u>额森</u>内犯,所过八城俱残毁。众议欲弃之,谦曰:"弃之则不但<u>宣府</u>、<u>怀来</u>难守,京师亦且动摇。"乃荐<u>安</u>,授以方略,使率轻骑出<u>龙门关</u>据之,募民屯田,且战且守,八城遂复。

寻命右参政<u>叶盛</u>协赞军务,<u>石璞</u>自<u>大同</u>转饷给之。

13 命左都御史<u>陈镒</u>巡抚<u>陕西</u>。

<u>镒</u>前两镇<u>陕西</u>,值<u>秦</u>中饥,蠲租振贷,军民戴之若父母,每还朝,必遮道拥车泣,再至则欢迎数百里不绝。至是<u>陕西</u>复饥,军民万余人诣监司请:"愿得陈公活我。"监司以闻,遂复有是命。【考异】<u>明史本纪</u>不载,事见<u>镒传</u>,在是年。证之<u>七卿表</u>,<u>镒</u>为都御史,以二年四月出,巡抚<u>陕西</u>。今据之。

14 五月,乙巳,城<u>固原</u>。

<u>固原</u>本守御千户所,至是以故<u>原州</u>城置。寻升为卫。

15 上皇既归,<u>卫喇特</u><u>托克托布哈</u>及<u>额森</u>仍循岁贡,上皇

所亦别有献。上意欲绝<u>卫剌特</u>，不复报使，<u>额森</u>以为请。尚书<u>王直</u>、<u>金濂</u>、<u>胡濙</u>等，皆言"绝之恐起衅"，上曰："遣使有前事，适以滋衅耳。曩入寇时，岂无使邪？"因敕<u>额森</u>曰："前者使往，小人言语短长，遂致失好。朕今不复遣，而太师请之，甚无谓也。太师使来，朕皆优礼厚给之。顾亦须少人，赏赍乃得从厚。"

至是<u>托克托布哈</u>使又亟，送还所掠招抚使<u>高能</u>等。<u>直</u>等复请报之，上曰："使臣不遣，朕志已定。"乃礼其使而以书报之。

16 六月，戊辰朔，钦天监奏："是日卯初刻，日当食。"至期不应。

17 己卯，诏<u>贵州</u>各卫修举屯田，防苗寇。

18 是月，学士<u>江渊</u>以天变条上三事："一厚结<u>朵颜</u>、<u>赤斤</u>诸卫为东西藩篱；一免京军余丁以资生业；一禁讦告<u>王振</u>余党以免枉滥。"诏悉从之。

<u>渊</u>又言法司断狱多枉，于是刑部尚书<u>俞士悦</u>、都御史<u>王文</u>求罢，且言<u>渊</u>尝私以事不听，故见诬。上两置之。【考异】<u>江渊</u>上书事见<u>明史</u>本传，在是年六月。又，<u>王文传</u>并记<u>渊</u>劾<u>文</u>及<u>俞士悦</u>事，亦在六月，盖同时事也，今据增。

19 是夏，复命<u>昌平侯杨洪</u>镇守<u>宣府</u>。

时<u>宣府</u>总兵官<u>朱谦</u>卒于镇，复以命<u>洪</u>，并<u>洪</u>从子<u>能</u>、<u>信</u>充左、右参将。<u>洪</u>奏言："臣既佩印充总兵官，而兄子<u>能</u>、<u>信</u>皆以都督同知佥事充参将，子<u>俊</u>亦以右都督督三千营，一门父子同握重兵，盛满难居。乞赐臣休致，或调<u>能</u>等他镇。"不许。居数月，以疾召还，又逾月卒。

洪久居<u>宣府</u>,御军严肃,士马精强,为一时边将冠。

20 秋,七月,戊申,<u>普定</u>、<u>永宁</u>、<u>毕节</u>诸<u>苗</u>复叛,诏<u>梁瑶</u>留军,会<u>方瑛</u>、<u>王来</u>等讨之。

21 癸丑夜,京师地震,自北而南。

22 是月,进吏部侍郎<u>何文渊</u>为本部尚书。

23 八月,壬申,<u>南京地震</u>。【考异】<u>明史本纪</u>但书是月<u>南京地震</u>事,证之<u>五行志</u>,"七月癸丑,京师地震,自北而南",故<u>三编</u>、<u>辑览</u>并系之七月<u>目</u>中,今据分书之。

24 辛巳,复<u>永乐</u>间午朝之制,从给事中<u>叶盛</u>请也。

25 九月,乙卯,诏:"边事方宁,禁诸司毋得援夺情例起复。"

论曰:文臣起复,自二<u>杨</u>、<u>蹇</u>、<u>夏</u>开其端,历<u>永</u>、<u>洪</u>、<u>宣</u>三朝,已成故事,而其时台谏班中无一人能言其非者。于是<u>正统</u>以后,遂有京官营求夺情,而在外方面以下等官,往往部民耆老诣阙请留,辄听起复还任。至<u>景泰</u>二年,始禁诸司起复,然未及京官也。故<u>天顺</u>间,大学士<u>李贤</u>,以父忧奉诏起复,修撰<u>罗伦</u>劾之,首引<u>宋仁宗</u>欲以故事起复<u>富弼</u>,<u>弼</u>辞曰:"何必遵故事以遂前代之非,但当据礼经以行今日之是。"二语可谓词严而义正矣。<u>弇州</u>谓自有<u>罗一峰</u>扶植纲常一疏,而夺情之风少息。然则<u>仁</u>、<u>宣</u>郅治之朝,若有能为此言者,其挽回又当易易也。

26 是秋,定襄伯<u>郭登</u>以疾召还。

先是<u>登</u>以老疾乞休,举<u>石彪</u>自代,且请令其子<u>嵩</u>宿卫。上以<u>嵩</u>为散骑舍人,不听<u>登</u>辞。是时边患稍息,<u>登</u>悉心措置,思得公廉有为者与俱,遂劾奏沈固废事,而荐布政使年富。上遂命富以右副都御史巡抚大同,召固还。

27 浙、闽盗平。【考异】明史本纪不载,诸书或系之七月,或系之九月。按陶成之没在去年五月,据孙原贞传,以元年斩陶得二,盖在陶成败没之后,今并系之是秋。

初,闽贼吴金八等流劫青田诸县,诏副都御史轩輗会兵部侍郎孙原贞讨平之。原贞复进兵捣处州贼巢,斩贼首陶得二,招抚三千六百余人,追还被掠男女。

捷闻,玺书奖励。原贞请奔丧,逾月还,分兵剿平余寇,奏请析瑞安地增置泰顺,析丽水、青田二县地置云和、宣平、景宁,凡四邑皆建官置戍,盗患遂息。輗亦以防御闽寇有功,至是皆进秩一等。

28 冬,十月,己丑,免山西被灾税粮凡一百八万二千余石。

29 是月,镇守山西都御史罗通召还,仍赞京营军务,命巡抚山西朱鉴兼领其事。

30 广通王徽煠,阳宗王徽焻,以谋逆废为庶人。

徽煠、徽焻,岷王梗之庶子也。岷王𪩘,次子徽煣嗣位。徽煠有勇力,家人段友洪,以技术见宠,与致仕后军都事干利宾,言徽煠有异相,当王天下,遂谋舌。作伪敕,分遣友洪及蒙能、陈添仔等,诱诸苗以银印金币,使发兵攻武冈,苗首杨文伯等不敢受。事觉,友洪为徽煣所执。都御史李实以闻,诏征徽煠入京师。会湖广总督王来、保定伯总兵官梁珤复发徽焻通谋状,亦征入,并除爵,幽高墙。

时蒙能方率苗兵至武冈,闻事败,叛入广西,遂结生苗作乱。【考异】<u>明史</u>本纪不载,<u>三编</u>、<u>辑览</u>系之是年十二月。按<u>明史</u>诸王传记<u>徽煡</u>等谋逆事,书云:"时景泰二年十月也。"<u>三编</u>并据实录,盖以十月事发,十二月论罪也。今仍据<u>明史</u>本传,系之十月下。

31　十二月,庚寅,以礼部侍郎<u>王一宁</u>、祭酒<u>萧镃</u>兼翰林学士,<u>直文渊阁</u>,预机务。

32　是月,晋户部尚书<u>陈循</u>少保兼<u>文渊阁</u>大学士,工部尚书<u>高穀</u>少保兼<u>东阁</u>大学士。

初,<u>徐珵</u>创南迁议,为内廷讪笑,久不迁。而<u>珵</u>急意进取,因自结于<u>循</u>,遗之玉带,且用星术言"公带将玉矣"。至是<u>循</u>果加少保,大喜,因屡荐之。而是时用人多决于少保<u>于谦</u>,<u>珵</u>属谦门下士游说,求为国子祭酒。<u>谦</u>为言于上,上曰:"此议南迁<u>徐珵</u>耶?为人倾危,将坏诸生心术。"<u>珵</u>不知,以为<u>谦</u>之沮己也,益衔之。<u>循</u>因劝<u>珵</u>更名,自是遂名<u>有贞</u>。逾年,迁谕德。

33　<u>托克托布哈</u>与<u>额森</u>,名为君臣,抱空质而已。<u>布哈</u>妻,<u>额森</u>姊也,<u>额森</u>欲立其姊子为太子,<u>托克托布哈</u>不从。<u>额森</u>亦疑<u>布哈</u>通<u>中国</u>,将谋己,遂治兵相攻。<u>布哈</u>败走,<u>额森</u>追杀之,执其妻子,遣使献捷,且贡马。

<u>于谦</u>上言:"<u>额森</u>虽悔过摅诚,而上皇之仇,至今未雪。今其君臣自相仇杀,是天授我复仇之机。臣请统京营军马,分往<u>宣府</u>、<u>大同</u>,以除边患而雪国耻。"上不许。【考异】诸书或系之七月,或系之九、十月,今据<u>明史</u>本纪及<u>三编</u>。又,<u>明史稿</u>书是月壬辰。

34　是冬,下中书舍人<u>何观</u>于狱,寻杖之。

<u>观</u>上言:"大臣如<u>王直</u>、<u>胡濙</u>等,在<u>正统</u>时皆阿附权奸,

酿成大患。今此辈老猾，不宜在左右。"又言"北虏之来朝者宜驱置于南方"等语。自正统中，刘球以忤王振冤死，中外莫敢言事者。上惩其失，即位以后，言路始开，凡前后上书者，无不优旨褒答。而一二中贵，见观疏中有权奸语，以为侵己，遂激上怒，下六科、十三道参议。

吏科给事中毛玉主奏稿，力诋"观诬陷大臣，擅开边衅，宜正其罪，以为进言虚妄者戒"。给事中林聪、叶盛争之，曰："朝廷大开言路，未尝罪一言者。今虽怒观，犹令我辈看议，盖甚盛德也。君独不见刘球乎？球之死，人孰不切齿于王振、马顺！今雷霆之下，万一不测，则是我辈为之，而使朝廷受不容直言之名。况诸君皆言官，独不为他日身计耶？"玉乃稍稍删易之。

奏上，会御史疏亦上，中有"观考满不迁，私憾吏部"语，遂下诏狱，杖观，谪九溪卫经历。【考异】杖何观事，明史本纪及三编皆不载，宪章录系之十月，纪闻系之十二月。按水东日记言"是年之冬。"今据之。

35　是岁，巡抚南畿工部尚书周忱致仕。

忱秩满，由户部侍郎迁尚书，寻以江西人例不官户部，乃改工部，仍巡抚。

忱抚江南，经理财赋，耗羡充盈，于是益务广大，修葺廨舍学校、先贤祠墓、桥梁、道路及崇饰寺观，赠遗中朝官，资给过客，无少吝惜，胥吏渔蠹其中，亦不甚訾省，以是屡召人言。正统中，给事李素等劾忱"妄意变更，专擅科敛"，已而奸民持其短长，辄以多征耗米为词。上即位之初，户部请遣御史稽核，逾年，遂召忱还。忱乃自陈："臣未任事之先,诸郡税粮,无岁不逋。自臣莅任,设法划弊,节省浮费,于是岁无逋租,更积赢羡。凡向之公用所须,科取诸民者,悉于余米随时支给。或振贷未还,遇赦宥免,或未估时值,低昂不一。缘奉宣宗皇帝及太上皇敕谕,许臣便宜行事,以此支用不复具闻,以致部民讦奏,户部遣官追征。实臣出纳不谨,请治臣罪。"上素知忱贤,大臣亦多保持之,但令致仕去。

然当时理财者,无出忱右。其治以爱民为本,其所弛张变通,皆可为后世法。诸府余米,数多至不可校,公私饶足,施及外郡。频年江北饥,都御史王竑从忱贷米三万石,忱为计至来年麦熟,以十万石畀之。性机警,钱谷巨万,一屈指无遗算。

忱既被劾,上命李敏代之,敕无轻易忱法。然自是户部括所积余米为公赋,储备萧然。其后吴大饥,道殣相望,课逋如故,民益思忱不已,即生祠处处祀之。越二年卒,谥文襄。

明通鉴卷二十六

江西永宁知县当涂 夏　燮 编辑

纪二十六 起玄黓涒滩（壬申），尽阏逢掩茂（甲戌），凡三年。

恭仁康定景皇帝

景泰三年（壬申、一四五二）

1　春，正月，上皇在南宫。

2　丙午，大祀南郊。

3　是月，晋都御史杨善、王文皆太子太保。

　　善以迎上皇驾功改左，至是与文并加宫衔，为将易储也。

4　二月，乙酉，遣副都御史刘广衡诣南京录囚。

5　京师久雨雪。学士江渊上言：“汉刘向曰：‘凡雨，阴也，雪又雨之阴也。’仲春少阳用事，而寒气胁之，占法谓人君刑法暴滥之象。陛下恩威溥洽，未尝不赦过宥罪，窃恐有司奉行无状，冤抑或有未伸。且向者下明诏，免景泰二年田租之三，今复移檄追征，是朝廷自失大信于民。怨气郁结，良由此也。”上乃令法司申冤滥，并诘户部违诏事。

初，洪、永间，秋粮输米有折收银布者，夏税输麦有折收丝绢者，上即位，诏免二年税粮十之三。时尚书金濂掌户部，檄有司但减米麦，其银、布、丝、绢征如故。至是渊言之，濂上书自辩。给事中李侃等，请追问有司奉何明文。濂恐事败，乃言："银、布、丝、绢，诏书未载。今国家多用，若概免，国计何资？"于是科道交章劾濂，并发其为生员时出妻及按福建不发母丧诸阴事。上欲宥之，而言者力争不已，戊子，诏下濂都察院狱。三日，释之，削太子太保，调工部。越月，吏部尚书何文渊，言"理财非濂不可"，遂复还户部。

6　是月，进江渊吏部侍郎，萧镃户部侍郎。

7　三月，甲午朔，有星孛于毕。

8　戊午，都督毛胜讨湖广巴马苗，克二十余寨，禽贼首吴奉先等一百四十人，斩首千余级。

9　是月，遣刑部侍郎耿九畴巡抚陕西。

先是召王翱、陈镒还，寻以九畴代之，又遣佥都御史王竑巡抚淮、扬、庐三府，徐、和二州，代九畴也。竑时奉诏督理漕运，遂就命之，并兼理两淮盐课。【考异】九畴巡抚陕西事，见明史本传，在是年三月。诸书有系之二年之冬者，据其自江北召还牵连并记耳。证之陈镒、王竑传，竑巡抚江北，是代九畴也。九畴巡抚陕西，是代陈镒，故镒传中有"三年春自陕召还"，正与九畴之代镇陕西合，今分别书之。

10　初，王振之乱，马顺既诛，廷臣因极言官校缉事之弊，上切责其长，令所缉悉送法司，官校稍稍敛戢。及是上欲阴察外事，乃命指挥同知毕旺专司侦访，自此锦衣卫官复渐用事。

11　夏,四月,赐文渊阁诸臣陈循、高穀白金各百两,江渊、王一宁、萧镃、商辂半之。

上自即位后,久欲易皇太子,以己子见济代之,而难于发言,迟回久之。太监王诚、舒良为上谋,先赐阁臣以缄其口,然犹未发也。

会广西土目黄𤨏,以私怨戕其弟思明土知府珚,并灭其家,巡抚李棠以闻,下有司捕𤨏父子下狱。𤨏惧,亟遣其党千户袁洪至京师行赂,有教之上书迎合圣意者,乃倡易储议以上。

其略曰:"太祖百战以取天下,期传之万世。往年上皇轻身御寇,驾陷北塞,寇至都门,几危社稷,不有皇上,臣民何归?今且逾二年,皇储未建。臣惟人心易摇,多言难定,争夺一萌,祸乱不息。皇上即循逊让之美,欲全天叙之伦,恐事机叵测,反复靡常。万一羽翼长养,权势转移,委爱子于他人,寄空名于大宝,阶除之下,变为寇仇,肘腋之间,自相残蹙,此时悔之晚矣。乞与亲信文武大臣密定大计,以一中外之心,绝觊觎之望。"疏入,上曰:"万里之外,乃有此忠臣。"趣下廷臣议,且令释𤨏罪。

于是礼部尚书胡濙集群臣会议。众相顾莫敢发言,惟都给事中李侃、林聪、御史陈英以为不可。太监兴安厉声曰:"此事不容已。即以为不可者,勿署名,毋得首鼠持两端。"群臣皆唯唯。时文武诸臣议者九十一人,濙及陈循、王文首署名;吏部尚书王直有难色,循濡笔强之乃署。因上言:"陛下膺天明命,中兴邦家。统绪之传,宜归皇子。

黄玹奏是。"制曰:"可。礼部速具仪择日以闻。"即日,简置东宫官,悉以文武廷臣兼之。于是王直、胡濙俱太子太师,陈循、高穀、于谦俱太子太傅,进仪铭兵部尚书,与俞士悦、王翱、何文渊俱太子太保,萧镃、王一宁太子少师,商辂以兵部侍郎兼右春坊大学士。勋臣自陈懋、石亨以下亦兼官有差。【考异】明史本纪但记废太子、立皇子事于五月,证之宰辅表,陈循等加宫僚皆在四月,盖先置东宫官,后立太子也。立太子在五月初二日,则置宫僚之在四月明矣。弇州谓"易储之诏,兼官之命,同日并下。"今统系之四月之末,为易储张本。

　　论曰:史言陈循等赐白金在易储之先,赐黄金在易储之后。然则先赐者饵之也,后赐者酬之也。饵轻而酬重,景帝亦已颠倒矣。惟是白金百两,不足以动市侩之心,岂足以餍阁臣之欲?而景帝悍然行之者,盖循等之阿谀以为容,逢迎以为悦,帝之窥其隐者已久,故姑以此为尝试之端,使知上意所在耳。观黄玹首建易储之议,帝谓"万里之外有此忠臣",固已钳诸臣之口而夺之气矣。由此言之,即无白金之赐,循等亦将乘间请之。何况廷臣集议之时,陈循、王文首请署名,则又安知异日之厚酬,非出自先期之密许哉!若夫大臣之将顺,自仁、宣以来,相习已久。乃三杨、蹇、夏能弥缝于太平之世,而胡濙、王直卒败露于晚盖之年,亦其所遇之有幸不幸也。

12　五月,甲午,废皇太子见深为沂王,立皇子见济为皇太子。

　　诏曰:"天佑下民作之君,实遗安于四海;父有天下传之子，斯固本于万年。"大赦天下。命百官朔望朝太子，赏诸亲王、公主及边镇文武内外群臣有差。寻又赐诸阁臣**陈循**等黄金各五十两。【考异】**弇州**考误谓"陈循等六人赐白金在前，迨废立事定，复赐阁臣黄金各五十两。**宪章录**以为赐金银同在一时者非也。"今按**明史陈循传**，言"先期赐**循**等白金百两，比下诏，**循**等遂不敢诤，加兼官，逾月，复赐**循**等六人黄金五十两。""逾月"者，即五月废立之日也。据此，则赐白金在易储之先，赐黄金在易储之后，**三编**次序亦是如此，皆据**实录**也。今分别书之。东宫公孤官皆兼支二俸。

时**王直**受加等金币赏，顿足叹曰："此何等事，乃为一蛮酋所坏！吾辈愧死矣。"

同日，封上皇子**见清荣王**、**见淳许王**。

废皇后**汪氏**，立太子母**杭氏**为皇后。上之易太子也，独**汪**后不可，曰："如监国之称何！"上不悦，后以太子**杭氏**生，请让位，从之。

13　丙申，工部尚书**石璞**筑沙湾堤成。

河自**正统**十三年经由**沙湾**决口入海，运道日益浅涩，上即位，敕**山东**、**河南**巡抚都御史**洪英**、**王暹**协力合治，积数月无功。时议者谓"**沙湾**以南地高，水不得南入运河，请别引水以灌运。"甚者言"**沙湾**水湍急，投以石铁，冲浮若羽，非人力可为，请设斋醮符咒以禳之。"上心甚忧念，命**璞**往治之，并加河神封号。**璞**至，浚渠自**黑洋山**至**徐州**以通漕，而**沙湾**决口如故，复遣中官**黎贤**、**阮洛**、御史**彭谊**助之，乃于**沙湾**筑石堤以御决河，开月河二，引水以益运河，且杀其决势。至是河流渐微细，**沙湾**堤始成。

璞还朝，加太子太保。又于**黑洋山**、**沙湾**建河神二新庙,春秋致祭。

14　辛丑,诏河南流民复业者,计口给食五年。

15　乙巳,授颜希惠、孟希文并翰林院五经博士,子孙
世袭。

　　先是,命礼部取颜、孟子孙长而贤者各一人至京师,至
是召见,皆官之。未几,以希惠非嫡子,乃改官其兄子议。

16　六月,乙亥,罢各省巡抚官入京议事。

　　初,巡抚之设,本无定员,有事则命之。宣德中,以关
中、江南等处地大而要,命官更代,巡抚不复罢去。正统之
末,南方盗起,北寇犯边,于是内省偏隅遍置巡抚,以职兼
兵事,多不便于武官,石亨等奏请罢之。而是时耿九畴以
侍郎巡抚陕西,有言"侍郎出镇,与巡按御史不相统,事多
拘滞,又文移往来亦多窒碍难行",遂以逾年复巡抚,并请
改授宪职,凡出镇者,皆授都御史或副都或佥都。著为令。
【考异】请罢巡抚官入京议事,明史本纪据实录书之。春明梦余录言"石亨所
奏,以其兼兵事,多不便于武官也。"按是年七月有诏:"洪英、孙原贞、薛希琏
分行天下,考察官吏。"是时英巡抚山东,原贞巡抚浙江,希琏巡抚福建,以罢
巡抚故改命也。然证之明史耿九畴传,言"侍郎出镇,与巡按御史不相统,事
多窒碍。乃定自后大臣镇守巡抚,皆授都御史。"据此,则始罢巡抚,继因兵部
定授宪职,遂仍设之。故明史职官志巡抚定遣都御史,在景泰四年,则是罢后
寻复,而入京议事,亦巡抚之旧例,罢则俱罢,复则俱复也。今汇书之。

17　是月,大雨浃旬,河复决沙湾北岸,挈运河之水以东,
近河地皆没。诏巡抚山东、河南都御史洪英等督有司修
筑,复遣中官黎贤、工部侍郎赵荣等往治之。

18　秋,七月,两广苗寇相寻,积年不靖,总兵董兴、武毅,

推委不任事。尚书于谦请以翁信、陈旺易之,而特遣一大臣督军务,乃荐都御史王翱。

乙未,命翱总督两广军务。——两广之设总督,自翱始也。

翱至镇,将吏詟服,推诚抚谕。于是蛮酋向化,寇盗亦平。

19 壬寅,礼部侍郎兼学士王一宁卒。

一宁之入阁也,以中官王诚辈尝受业,私相援引,遂致显达。士论薄之。

20 是月,杀内监王瑶等。

时御用少监阮浪侍上皇于南宫,上皇赐浪镀金绣袋及镀金刀各一,浪以赠瑶。锦衣卫指挥卢忠者,憸人也,见瑶刀、袋异常制,醉瑶酒而窃之。遂令校尉李善上变,言"浪传上皇命,以袋、刀结瑶,谋复位。"上怒,下浪、瑶诏狱,令忠证之。忠筮于术者仝寅,寅以大义折之,且曰:"此大凶兆,死不足赎。"忠惧,佯狂以冀免。内阁商辂及中官王诚言于上曰:"忠病风,无足信,不宜听妄言伤大伦。"上意少解,乃并下忠狱,坐以他罪,谪广西立功,瑶磔死。锢浪于狱,寻亦杀之。【考异】明史本纪不载,事见宦官传。传言"阮浪、王瑶俱磔死",三编则云"锢浪于狱,瑶竟磔死",盖据实录所载,与明史异。若吾学编则于是年七月书云,"杀御用少监阮浪",诸书则云"杀阮浪、王瑶等"。按浪乃侍上皇于南宫者,治此狱时,商辂及中官王诚谏景帝勿听妄言伤大伦,乃并下卢忠狱,坐以他罪。据此,则杀瑶亦当坐以他罪,不涉上皇之事,盖辂等请之也。不杀浪而锢之于狱,恐伤上皇之心,三编所记,似为得之。惟英宗复辟,追赠阮浪。上念其以已受惨祸,命儒臣立碑记之。然则浪之被杀,盖毙之狱中耳。今据三编分别书之。

21　八月,甲子,荧惑昼见。

22　乙丑,振徐、兖水灾。

23　戊辰,遣都御史洪英、尚书孙原贞、薛希琏等分行天下,考察官吏。

　　时英等巡抚暂罢,故有是命。

24　丁丑,振两畿水灾州县,免税粮。

　　乙酉,振南畿、河南、山东流民。

25　九月,庚寅,学士江渊母丧起复,请奔丧治葬,事毕还京,许之。

　　初,侍讲学士倪谦遭丧,渊荐为讲官,谦遂夺哀。至是御史周文言:“渊之引谦,正自为今日地,请并治谦,以为营求夺情者戒。”上以事既处分,不问。诏:“自今后有官吏遭丧者,皆令依例守制,毋得滥保。”

26　辛卯,以南京地震,两淮大水,河决,命都御史王文巡视安辑。

　　乙未,振两畿、山东、山西、福建、广西、江西、辽东被灾州县。

27　初,副都御史朱鉴请罢内官监军,不省。已而山东布政使裴纶言:“山东既有巡抚,又设内官镇守,有司供应,以一科十,实为扰民。请下廷议,凡内地已有巡抚者,镇守内官悉召还。”疏入,中官激上怒,责纶陈状,纶伏罪乃已。

　　时临洮同知田旸,听选知县单宇,陕西举人段坚,工部办事吏徐镇,俱上言“请召还监军镇守中官”,诏以为“祖宗旧制不可更"，皆不纳。

是月，南京军匠余丁华敏上言，极陈宦官之害。略曰："近年以来，内官袁琦、唐受、喜宁、王振，专权害政，国事倾危。望陛下防微杜渐，总揽权纲，为子孙万世法。不然，恐祸稔萧墙，曹节、侯览之害，复见于今。臣虽贱陋，不胜痛哭流涕！谨以虐政害民十事，为陛下痛切言之：内官家积金银珠玉，动以万计，原其所至，非内盗府藏，即下朘民膏，害一也；怙势矜宠，占公侯邸舍，兴作工役，劳扰军民，害二也；家人外亲，皆市井无赖，纵横豪悍，任意作奸，纳粟补官，贵贱淆杂，害三也；建造佛寺，耗费不赀，营一己之私，破万家之产，害四也；广置庄田，不入粮税，寄户府县，不受征徭，阡陌联亘而民无立锥，害五也；家人中盐，虚占引数，转而售人，倍支巨万，坏国家之法，夺商人之利，害六也；奏求塌房，邀接商旅，倚势赊货，恃强不偿，行贾坐敝，莫敢谁何，害七也；卖放军匠，俾办月钱，致内府乏人，工役繁重，并力不足，害八也；家人贸置物料，所司畏惧，以一科十，亏官损民，害九也；监作所至，非法酷刑，军匠涂炭，愁苦不堪，害十也。"事下礼部，寝不行。

时又有贾斌者，山西都司令史也，亦疏言宦官之害，引汉桓帝、唐文宗、宋徽、钦为戒。辑忠义集四卷，采史传所记直谏尽忠守节之士，而宦官恃宠蠹政可为鉴戒者附焉。乞命工刊布。上虽报闻，仍饬礼部不必刊行。【考异】华敏上书，明史附聊让传，在景泰三年九月，三编统书于正统十四年朱鉴请罢内官监军之下，盖牵连并记也。今据明史本传，并汇记朱鉴以后请罢内官镇守、监军之裴纶等，皆据列传书之。

28　闰月,癸未,复开<u>处州银场</u>,从<u>浙民</u>请也。【考异】<u>明史食货志</u>,言"<u>景帝</u>尝封闭,以盗矿者多,兵部尚书<u>孙原贞</u>请开<u>浙江</u>银场,并开<u>福建</u>。"按是年开<u>浙江处州</u>银场,明年三月复开<u>福建建宁</u>银场,<u>志</u>所云者是也。惟据<u>孙原贞传</u>,言"<u>福建福州</u>、<u>建宁</u>二府,旧有银冶。因寇乱罢。朝议复开,<u>原贞</u>执不可,乃寝。"据此,则<u>原贞</u>乃请罢<u>福建</u>开矿之人,岂有先请开<u>浙江</u>银场,遂及<u>福建</u>者?<u>原贞</u>本镇守<u>浙江</u>。是年因暂罢巡抚,命分行<u>福建</u>,考察官吏,因留镇焉。据本纪言"闰月<u>福建</u>盗起",是<u>原贞</u>留镇讨贼也。明年开<u>福建</u>银场,<u>原贞</u>执不可,正以盗贼甫平,恐复因开场起衅耳。然则<u>志</u>之所载,似失其实,且亦与<u>原贞传</u>矛盾也。<u>三编</u>以为<u>浙民</u>所请,盖据<u>实录</u>,今从之。

29　是月,<u>福建</u>盗复起。

30　冬,十月,戊戌,召左都御史<u>王文</u>入<u>直文渊阁</u>,预机务,大学士<u>高毅</u>荐也。

　　时内阁<u>陈循</u>最任事,好刚自用,<u>毅</u>与<u>循</u>不相能。会<u>王一宁</u>卒,请增置阁员。<u>毅</u>以<u>文</u>强悍,思引与共政以敌之,遂举<u>文</u>,<u>循</u>亦举其乡人<u>萧维祯</u>。而<u>文</u>得中官<u>王诚</u>助,遂诏用<u>文</u>。

31　丙辰,命都督<u>孙镗</u>、佥事<u>石彪</u>协守<u>大同</u>,都督同知<u>卫颖</u>、佥事<u>杨能</u>、<u>张钦</u>协守<u>宣府</u>,备北寇也。

32　是月,召巡抚<u>山西</u>副都御史<u>朱鉴</u>还,寻致仕。

　　时诏遣大臣分行天下,黜陟有司。礼部侍郎<u>邹幹</u>至<u>山西</u>,多所论劾。<u>鉴</u>请召<u>幹</u>还,<u>幹</u>因奏<u>鉴</u>徇护。上是<u>幹</u>言,召<u>鉴</u>还,佐院事。

　　初,上易储,<u>鉴</u>贻书大学士<u>陈循</u>,极言不可。且言"陛下于上皇,当避位以全大义。"<u>循</u>大骇。至是<u>鉴</u>至京师,遂不求用,家居二十余年卒。

33 召总督尚书王来还。

梁珤以来功大，乞加旌异，都给事中苏霖驳之，乃止。来还，在道，以贵州苗复叛，敕回师讨之。逾年事平，召为南京工部尚书。

34 十一月，己未朔，日有食之。

35 戊辰，都督方瑛讨贵州白石崖贼，俘斩二千五百人，招降四百六十寨。进左都督。

36 甲戌，安辑畿内及山东、山西逃民，复赋役五年。

37 是月，免山东及淮、徐等处水灾税粮。

38 十二月，癸巳，始立团营，兵部尚书于谦定也。

初，京军凡三大营：一曰五军，太祖初制也；一曰三千，太宗得边外降丁三千人，亦分五营，掌随大驾；一曰神机，则征交阯所得火器，立营肄习，佐以马队者也。三大营同隶五军都督府，其掌府者，治常行文书而已，非特命不预营事。自上皇之还，谦以和议终不可恃，必求所以自强者。顾营政久弛，三大营虽各有总兵，不相统壹，临期调拨，兵将皆非所素习，猝遇敌军，有所呼召，甚至彼己不知，姓名不记者。

于是始选三营军十万，分五营团操，名曰团营法。以五十人为队，队有长，百人两队，有领队官，千人有把总，五千人有都指挥。体统相维，兵将相识，量敌多寡以为调法。行之一年，又请益兵五万，并前五营为十团营。每营置都督一人，都指挥三人，把总十五人，指挥三十人，每队置管队官二人。仍各统以武臣、内臣，而谦及石亨、内臣刘永诚、曹吉祥往来提督。其余军不在团营者,归本营训练,以卫京师,名曰"老营"。

　　至是营制既定,谦绘图上进,悉依古法而变通之,京军旧制为之一变。诏如谦议,依法训练。谦号令明审,目视,指屈,口奏,悉中机宜。亨虽大将,受成而已。【考异】据明史本纪,系之是年十二月癸巳,三编系之二年十二月。盖二年立团营,三年复增定也。三编质实云,"按明兵志,'谦请于诸营选胜兵十万,分十营团练',于谦传云,'择精锐十五万人,分十营团练',其说互殊。按明兵志,(此明兵志谓明时所修之兵志。)'景泰三年十二月癸巳,谦与石亨议选五军神机三千营精锐官军十五万,分为十营。'则谦传为得实,而兵志误也。"(此兵志,谓今修明史之兵志。)今按三编目中所记,谓"二年立团营,系以三营军十万分五营团操",是每营二万人也。又云,"明年十二月,(即三年十二月。)请益兵五万,并前五营为十团营",是以十五万兵分为十营,每营一万五千人也。置都督一人统一营,则十营置都督十人。又一营置都指挥三人,则二年之制所谓"五千人一都指挥"者。又,一营置把总十五人,则二年之制所谓"千人一把总"者也。"指挥三十人",则五百人一指挥也。"每队置管队官二人",则百人为二队,凡队长四人也。此与二年所定,大略相同,惟增兵五万,分为十营,此其异耳。三编所载营制,即本明时所修兵志之文,今据书之。

39　是月,免河南及永平被灾秋粮。

40　卫喇特额森复遣使来贺明年正旦。尚书王直等复请遣使答之,诏兵部议。于谦言:"臣职司马,知战而已。行人之事,非所敢闻。"上是谦言,仍罢遣使议。

　　既而洗马刘定之言:"北庭遣使,宜敕廷臣公议,不当但委之兵部。盖和战皆所以待敌,而兵部必不以和为请,犹之巫医皆所以治病,而巫者必不以药为言,各护其所短而欲见其所长也。"诏下群臣更议。给事中路璧奏言"遣使有五不可"，上遂从璧议，使卒不遣。

41　团营既立，上命于谦总其事。石亨自以才智非谦敌，又上所以任之者不如谦专，自是衔之。亨恃功骄纵，辄为谦所裁抑，益恚甚，乃疏辞总兵，不许。

谦上言："祖宗朝本无总督，近因边事孔棘，命臣兼领，此一时之宜，非经久之法。即今敌情不定，将任宜专，臣见石亨屡奏辞职，以臣为之轩轾也。乞解臣总督军务，俾亨专任其事。"上亦不许。

初，额森寇京师，德胜门之捷，亨自以功不如谦而得世侯，内愧，乃疏荐兼子冕，请召赴京师，从之。冕既至，谦言："国家多事，臣子义不得顾私恩。且亨位大将，不闻举一幽隐，拔一行伍微贱以裨军国，顾独私臣子，如公议何！"卒辞之。

亨之不悦于谦，已非一日。而谦性刚，负才气，遇有不如意事，辄拊膺叹曰："此一腔热血，竟洒何地！"视诸选耍大僚勋戚，意颇轻之，以此自亨外，怨而訾之者益众，赖上知谦深，得以自行其志。

而谦亦至性过人，忧国忘身。上皇之还，以谦从容数语，转移上意，而口不言功。易储之际，兼宫僚者命支二俸，而谦独再辞，故金币之赏亦不及焉。【考异】于谦之不谏易储，论者疑之。弇州考误谓"易储之际，增置宫僚，王直、胡濙皆太子太师，谦所加不过太子太傅，又不预赏，以此决谦不与易储之谋。"是固然矣。若三编所载御批，谓"谦在当时，实能公忠体国，若竟如诸人之阿顺苟容，必无是理。观赐金之独不及谦，则安知非谦已有造膝之陈？景帝稔其意不可夺，故不复相属耶？不然，景帝任谦方深，苟非有大拂其隐之嫌，何至天顺复辟时，一闻钟声而有疑是于谦之问耶?"按此论最足雪忠肃之诬。今参观前后,景帝之任谦,自易储之后,宠遇少替,此可见矣。今附记于谦辞军务之下。

方额森之入寇也,谦留宿直庐,不还私第。素病痰,疾作,上遣中官兴安、舒良更番往视。闻其服用过薄,诏令上方制赐,至醯菜毕备,又亲幸万寿山伐取竹沥以赐。或言宠谦太过,兴安曰:"彼日夜分国忧,不问家计。即彼去,令朝廷何处更得此人?"其见重如此。然自易储后,上之于谦,亦不无少替云。

42 是岁,凤阳、淮安、徐州皆大水,饥民死者相枕藉。

金都御史王竑巡抚江北,奏闻,不待报,辄开仓振之。上闻奏,方忧甚。及得竑自劾疏,喜曰:"好都御史! 不然,饿死我百姓矣。"

四年(癸酉、一四五三)

1 春,正月,上皇在南宫。

2 辛未,大祀南郊。

3 是月,上元节,诏市羊角为灯,副都御史巡抚陕西耿九畴引宋苏轼谏神宗买浙灯事以奏,诏罢之。

4 河复决新塞口之南,诏复加河神封号。

5 二月,戊子,湖广五开、清浪诸苗叛,命梁珤会王来讨平之。

6 乙未,皇太子冠。

7 庚戌,免江西去年被灾秋粮。

8 是月,都御史王文自江淮还,晋吏部尚书兼学士。

文以二品入内阁,阁体益崇。旧制重冢宰,虽内阁历二三十年，不领吏部尚书，内阁之领吏部亦自<u>文</u>始也。【考异】<u>景帝</u>易储置东宫官，惟<u>杨善</u>、<u>王文</u>二人先以正月加太子太保，故<u>弇州</u>有"<u>王</u>不预升而<u>于</u>不与赏"之语。今按帝之易储，自元年冬下<u>金英</u>于狱，上意已定，而先期密谋，实始于中官<u>王诚</u>。史言"<u>文</u>与<u>诚</u>前善"，又言"易储之际，<u>文</u>率先承命"，然则不待白金之赐及<u>黄</u>（竑）〔<u>竑</u>〕之上书，而<u>文</u>已首倡此议矣。先之加太子太保以饵之，及奉使<u>江淮</u>，不一月即酬之以内阁，逾年至京师，又酬之以吏部尚书，<u>文</u>之所得多矣。而<u>弇州</u>以为"不预升"，毋乃懵懵。今观<u>文</u>以内阁领吏部，此其明证。

9　<u>广西</u>土目<u>黄竑</u>，奉敕驰驿至京师，召见便殿。上以<u>竑</u>有机谋勇略，遂擢前军都督同知，并赐第居京师。

初，巡抚<u>广西李棠</u>治<u>竑</u>狱，檄参政<u>曾翚</u>、副使<u>刘仁</u>宅捕<u>竑</u>父子。<u>竑</u>使人持千金赇于道，且拥精兵胁之，<u>翚</u>等佯诺，遂诱执<u>竑</u>并其子下狱。甫按治而<u>竑</u>得释赴召，且命出其子于狱，<u>翚</u>等太息而已。<u>棠</u>以不得竟<u>竑</u>狱，郁郁，累疏谢病，归，不携岭表一物，以清节著闻。

10　三月，戊寅，开建宁银场。

时<u>浙江</u>银场既开，户部以<u>闽</u>地相连，请并开，从之，命少监<u>戴细保</u>提督场事。

11　是月，召都御史<u>王翱</u>还。

时御史<u>练纲</u>偕同官上言："吏部推选不公，任情高下，请置尚书<u>何文渊</u>、右侍郎<u>项文曜</u>于理。尚书<u>王直</u>，左侍郎<u>俞山</u>，素行本端，为<u>文曜</u>等所罔，均宜按问。"上虽不罪<u>文渊</u>等，颇以<u>纲</u>言为<u>直</u>。命<u>纲</u>举堪胜吏部者，<u>纲</u>荐<u>王翱</u>、<u>年富</u>、<u>薛瑄</u>三人。时<u>翱</u>镇<u>两广</u>，遂召之。【考异】<u>王翱</u>召还，以<u>何文渊</u>被劾，<u>练纲</u>荐可任吏部者三人，故有召还之敕。其实<u>文渊</u>下狱及<u>翱</u>授尚书，皆在六月也，诸书并系之三月者，牵连并记耳。<u>明史</u>本纪系<u>文渊</u>下狱于六月，证之，言其"初为纲所劾，上宥之。至六月，再被林聪劾，始下狱。既释，始令致仕而去。"今分别书之。

12　淮、徐荐饥，佥都御史王竑振之。

是时山东、河南饥民亦相率就食，竑以徐州广运仓有余积，欲尽发之，典守中官不可。竑曰："民旦夕且为盗。若不吾从，脱有变，当先斩若，然后自请死耳。"中官惮竑威名，不得已从之。竑乃自劾专擅罪，因言："广运所储，仅支三月，请令死罪以下入粟自赎。"从之，复命侍郎邹幹赍帑金驰赴，听竑便宜。

竑乃躬自巡行散振，不足则令沿淮上下商舟，量其大小、出米作粥以食饥民。又劝富民出米麦谷粟，参以银钱绢布，分给被灾之家。凡前后全活二百一十余万人，赋牛种及招抚复业者七万九千余户，流民安辑者万六百余家。病者给药，死者具槽，鬻子女者赎而还之，还籍者予道里费。民忘其饥，颂声大作，歌曰："生我者父母，活我者巡抚。"尚书金濂、大学士陈循等佥称其功。

13　太监兴安，自金英废后，益专用事，佞佛甚于王振。又见振建大兴隆寺，请乘舆临幸，思有以敌之，乃请别建大隆福寺，费数十万。

是月，寺成，上命克期临幸。河东盐运判官杨浩切谏，谓："陛下即位之初，首幸太学，海内之士，闻风景向。今又弃儒术而崇佛教，非所以垂范后世也。"郎中章纶，亦上言："佛者，夷狄之法，非圣人之道。以万乘之尊，临非圣之地，史官书之，传之万世，实累圣德。"上乃止。

自王振佞佛，岁一度僧，大作佛事，数年以来，京城内外,建寺二百余区,以故释教益炽。选人单宇,待铨京师,上书言:"前代人君,尊奉佛氏,卒致祸乱。近男女出家累百千万,不耕不织,蚕食民间。营构寺宇,遍满京邑,所费不赀。请撤木石以建军营,销铜铁以铸兵仗,罢遣僧尼,归之民俗,庶皇风清穆,异教不行。"疏入,为廷议所格,出知外任。

而国学生姚显亦上言:"曩者修治大兴隆寺,穷极壮丽。又奉僧杨某为上师,仪从侔王者,藐万乘若弟子。一旦上皇北狩,曾不能前赴卫喇特化谕额森。佛之不足护国,彰彰矣。"

自上即位以来,廷臣谏事佛者甚众,上卒不能从。【考异】明史本纪不载,三编系之三月六月,据始建也。其目云:"明年三月成,上克期临幸,章纶、杨浩谏乃止。"证之明史单宇传,亦云"是年三月寺成",盖明史、三编皆据实录也,今统系之是年三月下,并汇记前后谏事佛诸人,皆据列传书之。

14 是春,吏科给事中林聪左迁春坊司直郎,以易储异论也。学士商辂言"聪敢言,不宜置之散地",寻复之。

聪上言:"国家旧制,冒丧有禁,匿丧有罚。近年虏事宁谧,在外方面等官,已有定例不许起复;而在京官员或有夺情者,恐遂成故事。其流弊将必至贪恋名爵,不顾廉耻,以夺情为幸事,视父母如路人。子道既亏,臣节安在!乞行改正。"上嘉纳之。

15 夏,四月,戊子,筑沙湾新决口,复塞之。

16 徐、淮饥甚。学士王文巡视还,请移南京仓粟振徐州,从之。

17 己酉,诏:"天下生员纳米徐州、东昌、临清以振灾民者,许入国子监读书。"初,定制八百石,后减五百石,最后减至三百石行之。礼部胡濙等,言:"权宜之制,实坏士习。"未几遂罢。

初,洪武中,监生与荐举人材参用,故其时太学生有布衣登大僚者。迨科目行而荐举废,于是监生亦渐轻。至是纳粟例开,不久即止,然其后或遇岁荒,或因边警,或大兴工作,率援前例行之。而军民子弟,亦得援生员例入监,谓之"民生",亦谓之"俊秀",或竟谓之"例监",而监生日益轻矣。

18 时户部以边储不足,又奏请令罢退官非赃罪者,输米二十石,给之诰敕。都给事中刘炜等言:"考退之官,多有罢软酷虐,荒溺酒色,廉耻不立者,非止赃罪已也。赐之诰敕,以何为词? 若褒其纳米,则是朝廷诰敕止直米二十石,何以示天下后世? 此由尚书金濂不识大体,有此谬举。"上为立已之。

19 五月,丁巳,出徐、淮仓粟振饥民。

20 己巳,学士王文丁母忧,诏夺哀起复。寻请奔丧,许之。

正统初,文以陕西按察使遭父忧,命奔丧起视事,至是凡再夺情云。

21 甲戌,徐州复大水,以改拨支运及盐课振之,又截留山东应运米九十二万石以备振济。

丁丑,发淮安仓振凤阳。

22 乙酉,大雷雨,又决沙湾北岸,挈运河水入盐河,漕舟尽阻。

时河南水患方甚,太仆少卿黄士儁言:"河分两派,一自荥泽南流入项城,一自新乡八柳树入张秋会通河,并经六七州县,约二千余里。民皆荡析离居,而有司犹征其税,乞敕所司覆视免征。"

巡抚河南御史张澜又言:"原武东岸尝开二河,合黑洋山旧河道,引水通徐、吕二洪以济漕运。今二河淤塞,恐徐、吕乏水,必妨漕事。黑洋山北河流稍迂回,请因决口改挑一河,以接旧道,灌徐、吕。"

上皆从之。

23 是月,巡按山西御史左鼎上言:"自卫喇特变作,于今五年,貂蝉盈座,悉属公侯;鞍马塞途,莫非将帅;民财岁耗,国帑日虚。以天下之大,土地兵甲之众,曾不能一振扬威武,则军政仍未立也。昔太祖定律,至太宗暂许有罪者赎,盖权宜也。乃法吏拘牵,沿为成例,官吏受枉法财,悉得减赎。骫骳如此,复何顾惮哉!国初建官有常,近始因事增设。主事每司二人,今有增至十人者矣;御史六十人,今则百余人矣。甚至一部有两尚书,侍郎亦倍常额,都御史以数十计,此京官之冗也。外则增设抚民管屯官,如河南参议益二而为四,佥事益三而为七,此外官之冗也。天下布、按二司,不过每司十余人,乃岁遣御史巡视,复遣大臣巡抚镇守。夫今之巡抚镇守,即曩之方面御史也。为方面御史,则合众人之长而不足,为巡抚镇守,则任一人之智而有余,有是理邪?至御史迁转太骤,当以六年为率,令其通达政事，然后可以治人。巡按所系尤重，毋使初任之员，漫然尝试。其余百执事，亦宜慎择而久任之。"疏上，上颇嘉纳。

未几，复言："国家承平数十年，公私之积未充，一遇军兴，抑配横征，鬻官市爵，率行衰世苟且之政，此司邦计者过也。臣请痛抑末技，严禁游惰，斥异端使归南亩，裁冗员以省(糜)〔糜〕费，开屯田以实边，料士伍而纾饷。寺观营造，供佛饭僧，以及不急之工，无益之费，悉行停罢，专以务农重粟为本，而躬行节俭以先之，然后可阜民而裕国也。倘忽不加务，任掊克聚敛之臣，行朝三暮四之政，民力已尽而征发无已，民财已竭而赋敛日增。苟纾目前之急，不恤意外之虞，臣窃惧焉！"章下户部，尚书金濂请解职，不许。

时给事中敢言者推林聪、叶盛，凡六科联署建请，多聪、盛为首。御史则鼎与练纲卓有声誉，鼎善为章奏，纲有才辩，急功名，廷臣皆畏其口。一时京师语曰："左鼎手，练纲口。"自公卿以下，鲜不被其弹劾者。【考异】左鼎上书，据明史本传在四年。下文云："逾月，以灾异偕同官劾大臣，遂论何文渊等。"今按文渊下狱致仕，皆在六月，传以为"逾月"，是鼎以五月上书明矣。明鉴亦系之四年五月下，今从之。

24 六月，壬辰，下吏部尚书何文渊等于狱，寻释之。

时灾异见，给事中林聪等劾文渊憸邪。左庶子周旋疏言其枉，聪并劾旋。给事中曹凯复廷争之，遂与旋俱下狱。

先是御史左鼎以灾异偕同官陈救弊恤民七事，末言："大臣不乏奸回，宜黜罢其尤，用清政本。"聪请明谕鼎等指实劾奏，于是鼎、聪等乃共论文渊，并及刑部尚书俞士悦、工部侍郎张敏、通政使李锡不职状。上乃罢锡,令文渊致仕,以王翱为吏部尚书。

25 辛亥,瘗土木、大同、紫荆关暴骸。

26 秋,七月,庚辰,罢诸不急工役。

27 是月,上以沙湾屡决,复命尚书石璞往治之。璞乃凿一河,长三里,以避决口,上下通运河,而决口亦筑坝截之,令新河、运河俱可行舟,以济漕运。【考异】石璞再往治河,明史本纪不载,事见璞传。证之七卿表,璞以七月出治沙湾河。诸书有系之五月者,因沙湾之决,牵连并记耳。三编系璞前次治河于三年,因并记四年再治事,今分别书之。

28 以罗通为右都御史,萧维祯为左都御史。未几,维祯以丁忧去。

29 八月,己丑,振河南饥。

时济宁亦饥,上遣侍郎沈翼赍帑金三万两往振,翼散给仅五千两,余以归京库。佥都御史王竑劾"翼奉使无状,请仍易米备振",从之。

30 甲午,卫喇特额森自立为可汗。

初,额森既杀托克托布哈,遂乘胜迫胁诸部,东至建州、乌梁海,西及赤斤、哈密,遂自称汗,以其次子为太师。

31 九月,都御史陈镒致仕卒。

镒性宽恕,少风裁,回院后,誉望损于在陕时。卒,赠太保,谥僖敏。

32 冬,十月,庚寅,诏天下镇守、巡抚官督课农桑。

33 甲午,以徐有贞为佥都御史,命治沙湾决河。

沙湾屡塞屡决,上甚忧之。前后治河者皆无功,石璞所凿新河虽成,上恐不能久,令璞且留处置,而命廷臣举一人以专治沙湾。于是陈循等共荐有贞,上亦忘其为珵也,遂以谕德骤膺迁擢,于是复起用。

34 戊戌,额森遣使致书,自称大元特克绅达罕——"达罕"者,华言可汗也。旧作田盛大可汗。——末署添元元年。

诏廷臣议报书所称。给事中林聪以为"但敕谕来使,不必报书",安远侯柳溥以为"宜仍称太师",郎中章纶以为"可称卫喇特王",而府部大臣则佥言"称汗者,从其俗也"。诏乃报书称卫喇特汗。

35 十一月,辛未,皇太子见济薨,谥曰怀献。

36 十二月,乙未,免山东被灾税粮。

37 乙巳,赍边军。

38 是月,卫喇特诸酋遣人贡马,寻寇辽东,官军击却之。

39 是岁,倭入贡,至临清,掠居民货,有指挥往诘,殴几死。所司请执治,上恐失远人心,不许。

时倭人贡物外,所携私物增十倍。礼官言:"宣德间,估时值给钱钞,或折支布帛,为数无多,然已大获利。今若仍旧制,当给钱二十一万七千,银价如之,宜大减其直。"给银三万四千七百有奇,使臣不悦。诏增钱万,犹以为少,求增赐物。诏增布帛千五百匹,终怏怏去。

五年(甲戌、一四五四)

1 春,正月,上皇在南宫。

2 戊午,黄河清,自龙门至于芮城。

3　甲子,大祀南郊。

4　壬申,罢福州、建宁银场,从镇守尚书<u>孙原贞</u>之请也。

<u>原贞</u>言:"寇盗方平,且臣覆视各银场,亲临各坑,见坑路深远,矿脉微细,亦有坚石深泉之处,实难开煎。伏望仍前封闭,俟岁丰民富时佥议其事。"乃罢之。

5　甲戌,遣<u>平江侯陈豫</u>,学士<u>江渊</u>抚辑<u>山东</u>、<u>河南</u>及<u>两淮</u>被灾军民。

时<u>江北</u>荐饥,<u>山东</u>、<u>河南</u>亦饥,值大寒,人畜多冻死。巡抚都御史<u>王竑</u>屡以为言,故有是命。

6　二月,<u>王竑</u>上书言:"比年饥馑荐臻,人民重困。顷冬春之交,雪深数尺。<u>淮河</u>抵海,冰冻四十余里,人畜僵死万余。弱者鬻妻子,强者肆劫夺,衣食路绝,流离载途。陛下端居九重,大臣安处廊庙,无由得见,使目击其状,未有不为之流涕者也。

陛下嗣位以来,非不敬天爱民,而天变民穷特甚者,臣窃恐圣德虽修而未至,大伦虽正而未笃,贤才虽用而未收其效,邪佞虽屏而未尽其类,仁爱施而实惠未溥,财用省而上供未节,刑罚宽而冤狱未伸,工役停而匠力未息,法制颁而奉行或有更张,赋税免而有司或仍牵制。有一于此,皆足以干和召变。

伏望陛下修厥德以新厥治,钦天命,法祖宗,正伦理,笃恩义,戒逸乐,绝异端、斯修德有其诚矣。过忠良,远邪佞,公赏罚,宽赋役,节财用,戒聚敛,却贡献,罢工役,斯图治有其实矣。如是而灾变不息,未之有也。"

上褒纳之。乙巳，敕内外臣工同加修省，并求直言。

【考异】据明史本纪："二月乙巳，以雨旸不时，诏廷臣修省。"按是年江北荐饥，山东、河南亦饥。证之王竑传，盖竑时抚江北上书，因有修省之诏，今据增。

7 是月，礼部会试。

初，诏会试遵永乐间例，不限额，不分地。上即位之二年，辛未会试，礼部方奉行，而给事中李侃争之，言"部臣欲专以文词多取南人"，刑部侍郎罗绮亦以为言。下礼部，覆奏："臣等所奉诏书，非私请也。"上命遵诏书，不从侃议。

去年，给事中徐廷璋复请依正统间例，从之。至是，礼部奏请裁定，于是复分南、北、中卷。南卷应天及苏、松诸府，浙江、江西、福建、湖广、广东；北卷顺天、山东、河南、山西、陕西；中卷四川、广西、云南、贵州及凤阳、庐州二府，滁、徐、和三州。自是遂著为令。【考异】明史本纪不载，三编统系于"景泰元年诏明年会试毋拘额数"之下。据明史选举志，李侃所奏在二年，而廷璋复奏在五年会试之前。典汇系之四年八月，今汇书于五年会试下。

8 三月，壬子，赐孙贤等进士及第、出身有差。

9 辛酉，命学士江渊振淮北饥。

渊前后条上军民便宜十数事，并请筑淮安月城以护常盈仓，广徐州东城以护广运仓，悉议行。

10 命学士王文抚恤南畿。

先是正统以来，苏、松、常、镇四府粮，四石折白银一两，民以为便。后户部复征米，令输徐、淮，率三石而致一石，有破家者。至是文以便宜停之，又振饥民凡三百六十余万。

时年饥多盗，文捕长洲盗许道师等二百人，欲张其功，坐以谋逆，大理卿薛瑄力辨其诬。给事中王镇乞会廷臣勘实，得为盗者十六人，置之法，余得释。

越三月还，进少保兼东阁大学士。

11　甲子，广东泷水猺作乱。

时王翱召还，以副都御史马昂总督两广，至是破泷水贼，俘其酋送京师，诛之。

12　庚辰，缅甸执麓川思机发送京师。

初，缅人得思机发，乃挟为奇货。上即位之元年，总兵官沐璘奏请缓之，听其自献为便，从之。至是缅人索旧地，左参将胡志等许以银厂等处地方与之，乃送机发及其妻孥六人至金沙江。总兵官毛胜以闻。寻遣志等槛送至京，诛之。

胜以平贵州苗功，封南宁伯，镇金齿。

13　是月，户部侍郎孟鉴言："国子生二千余人，俱仰给官廪，有名无实。请留年深者千余人，余悉放归。"从之。

14　给事中林聪，以灾异偕同官条上八事，杂引五行诸书，累数千言。大略以"绝玩好，谨嗜欲为崇德之本，而修人事在进贤退奸。武清侯石亨、指挥郑伦，身享厚禄，而多奏求田地，百户唐兴，多至一千二百余顷，宜为限制。"余如"罢斋醮，汰僧道，慎刑狱，禁私役军士，省输班工匠"，皆深中时弊。上颇多采纳。【考异】林聪以灾异上八事，见明史本传中，在五年三月，今据之。

15　都督黄竑以易储议得上眷，奏求霸州、武清县地。都给事中刘炜偕同官抗章言："竑本蛮獠，遽蒙重任，怙宠妄干，乞地六七十里，岂尽无主者！乞正其罪。”上宥玹，遣户部主事黄冈谢昺往勘。还奏，果民产，户部再请罪玹，上卒不问。

16 夏，四月，壬午朔，日有食之。

17 四川草塘苗黄龙、韦保作乱，自称平天大王，剽掠播州西坪、黄滩等处，诏左都督方瑛讨之。

瑛与巡抚蒋琳会川兵进剿，辛卯，克之，贼魁皆就缚。寻分兵克中湖山及三百滩诸苗寨，禽其酋，斩首七千余。捷闻，诏封南和伯。

瑛为将，严纪律，信赏罚，临阵勇敢，善抚士，士皆乐为用，以故数有功。廷臣言宜委以禁旅。寻召还，同石亨督京营军务。

18 是月，以刑部侍郎张凤为户部尚书，时金濂卒，代之也。

19 怀献太子之薨也，中外属望沂王，欲乘此复东宫，无敢发者。御史钟同，与礼部郎中章纶语及沂邸皆泣下，因约疏请复储。五月，同上疏论时政，遂及复储事。

其略曰："近得贼谍，言额森侦京师及临清虚实，期初秋大举深入，直下河南，臣闻之不胜寒心！而庙堂大臣，皆恬不介意。臣草茅时，闻寺人构恶，戕戮直臣刘球，遂致廷臣钳口。假使当时犯颜有人，必能谏止上皇之行，何至有蒙尘之祸？陛下赫然中兴，锄奸党，旌忠直，命六师御敌于郊，不战而三军之气自倍。臣谓陛下方且鞭挞，坐致太平，奈何边气甫息，创夷未复，而侈心遽生，失天下望！伏愿取鉴前车，厚自奋厉，毋徇货色，毋甘嬉游，亲庶政以总威权，敦伦理以厚风俗，辨邪正以专委任，严赏罚以树风声，去浮费，罢冗员，禁僧道之蠹民，择贤将以训士。然后亲率群臣，谢过郊庙，如成汤之六事自责，太宗之十渐即改，庶几天意可回，国势可振。"

又言："父有天下，固当传之于子。乃者太子薨逝，足知天命有在。臣窃以为上皇之子即陛下之子，沂王天资厚重，足令宗社有托。伏愿扩天地之量，敦友于之仁，蠲吉具仪，建复储位，实祖宗无疆之麻！"

又言："陛下命将帅各陈方略，经旬逾时，互相委责。及石亨、柳溥有言，又不过肩人孺子之计。平时尚尔，一旦有急，将何策制之？夫御敌之方，莫先用贤。陛下求贤若渴，而大臣顾排抑之，所举者率多亲旧富厚之家，即长材屈抑，孰肯为言！廷臣欺谩若此，臣所以拊膺流涕，为今日妨贤病国者丑也。"

疏入，上不怿，下廷臣集议。宁阳侯陈懋、吏部尚书王直等请纳同言，因引罪求罢，上慰留之。

越二日，纶亦抗疏陈修德弭灾十四事。其大者，谓："内官不可干外政，佞臣不可假事权，后宫不可盛声色。"又言："孝弟者百行之本，愿陛下退朝后，朝谒两宫皇太后，修问安视膳之仪。上皇君临天下十有四年，是天下之父也；陛下亲受册封，是上皇之臣也；上皇传位陛下，是以天下让也；陛下奉为太上皇，是天下之至尊也。陛下与上皇虽殊形体，实同一人。伏读奉迎还宫之诏曰：'礼'惟加而无替，义以卑而奉尊。'望陛下允蹈斯言，或朔望，或节旦，率群臣朝见，以展友于之情，极尊崇之道。更请复汪后于中宫，正天下之母仪，还沂王于储位，定天下之大本，如此则和气充盈，灾沴自弭。"

上得疏，益大怒。时日已暝，宫门闭，传旨自门隙中出，立执同等。

甲子，同及纮俱下锦衣卫狱，榜掠惨酷，逼引主使及交通南宫状，濒死无一语。会大风扬沙，天地昼晦，狱得稍缓，令锢之。

20 初，额森入寇，朝廷仍遣使抚谕乌梁海，而三卫受额森指数，以非时入贡，遣使往来，伺察中国。既而额森虐使三卫，复逼徙朵颜所部于黄河穆纳旧作母纳。地，三卫皆不堪，复阴输卫喇特情于中国。

是月，三卫请近边屯驻，因乞居大宁废城，尚书于谦以为不可，诏不许。

21 六月，戊子，录囚。

22 秋，七月，癸酉，振南畿水灾。

时学士江渊分振淮北、淮安，粮运在途者，渊悉追还备振，漕卒乘机侵耗。事闻，遣御史按实，召渊还，论劾，当削

籍。廷臣以渊守便宜，不当罪，遂宥之。

23 是月，南京大理少卿廖庄上疏曰："臣曩在朝，见上皇遣使册封陛下，每遇庆节，必令群臣朝谒东庑，群臣感叹，谓上皇兄弟友爱如此。今上皇在南宫，愿陛下时时朝谒，或讲论家法，或商榷治道。岁时令节，俾群臣朝见，以慰上

皇之心。"又言:"太子者,天下之本。上皇之子,陛下之犹子也,宜令亲儒臣,习书策,以待皇嗣之生,使天下臣民,晓然知陛下有公天下之心,岂不美欤!盖天下者,太祖、太宗之天下,仁宗、宣宗继体守成者此天下也,上皇北征亦为此天下也。今陛下抚而有之,宜念祖宗创业之艰难,思所以系属天下之人心,即弭灾召祥之道,莫过于此。"疏入,不报。

时上皇在南宫,左右数为离间。及怀献太子薨,群小恐沂王复立,谗构愈甚。赖钟同、章纶与庄先后力言,皆得罪,然上颇感悟。【考异】廖庄上书,明史本纪系之六年八月下,盖因廷杖牵连并记耳。证之明史庄传,言"是年七月上书不报,明年以母忧赴京领勘合,上忆前疏,命廷杖,并封杖杖章纶、钟同于狱中。"是庄上书在五年七月,廷杖在六年八月也。三编亦类叙于六年八月下,质实云:"明实录庄上书在五年七月"。今分书之。

24 兵部尚书仪铭卒。

铭以潜邸旧恩,不次迁擢,然陈善进谏,颇有父风。是年,苏州、淮安诸郡积雪,民冻饿死者相枕。沙湾之筑,役山东、河南九万人,责民㖦铁器万具。铭从容请于上,多所宽恤。因灾异,言"消弭在敬天法祖,省刑薄敛,节用爱人",录皇明祖训以进,深见奖纳。

卒,谥忠襄。

25 起复左都御史萧维祯,仍故官。

26 八月,丁酉,复诏天下巡抚官赴京议事。

27 是月,减两京课钞。

时以钞法不行,令两京市肆园场税悉纳钞,户部按月征之。商民以为病,或闭户不敢市易,拔园蔬伐果木以避之。给事中陈嘉猷言："两京根本重地，不宜当岁歉之时，兴扰民之政。纵使钞法通行，而民已不聊生矣。"乃诏蔬果等暂免纳钞。

28 九月，壬戌，免苏、松、常、扬、杭、嘉、湖七府漕粮凡二百余万石，别运淮、徐、临、德四仓粮以补之。

29 福建官台山民作乱。

时练纲为巡按御史，捕其渠魁而释其胁从，遂与诸司忤。福建按察使杨珏劾纲纵盗，而廷臣当事者亦多忌纲。召还，谪邠州判官。

30 冬，十月，庚辰，命副都御史刘广衡巡抚浙江、福建，专司讨贼事。

31 十一月，戊午，罢苏、松、常、镇四府织造采办。

32 十二月，免南畿、浙江被灾税粮。

33 是月，御史黄溥等劾给事中林聪。

聪以敢言著，自劾何文渊等后，诸司皆凛凛，而吏部尤甚，凡聪所言，无不奉行者。内阁及诸御史，亦并以聪好论建，弗善也。

先是御史白仲贤以久次擢广东按察使，聪言"仲贤奔竞，不当超擢"，乃改镇江知府。兵部主事吴诚夤缘得吏部，聪亦劾之，遂改工部。至是聪甥陈和为教官，欲得近地便养，聪为言于吏部。于是溥等遂劾聪"专选法，挟制吏部"，并讦其"前劾仲贤，为私其乡人参政方员，欲夺仲贤官予之。与吴诚有怨，辄劾诚"。因并劾尚书王直，"阿聪不举发"。

章下廷议。大学士王文尤恶聪，文致其罪，欲论斩，尚书高毂、胡濙不肯署。毂上书论救。濙称疾数日不朝，上遣中官兴安问疾，濙曰："老臣本无疾。闻欲杀林聪，殊惊悸耳。"上亦自知聪，遂得释，左迁国子监学正。

34 是冬，前南京御史尚褫，因灾异上书陈数事。中言："忠直之士冒死陈言，而执政者格以条例，轻则报罢，重则中伤，是言路虽开犹未开也。释教盛行，煽诱聋俗，由掌邦礼者畏中官势，以此度僧日益多。宜尽勒归农以省冗费。"

章下礼部。时褫以劾周铨同下狱，寻论谪。至是疏既下，尚书胡濙恶其刺己，遂格不行，量移丰城知县。

35 浙、闽之乱，尚书孙原贞兼镇两省，其年冬，疏言："四方屯军，宜简精锐实伍，余悉归农，以省冗食。今岁漕数百万石，道路之费不赀。如浙江粮，军兑运米，石加耗米七斗，民自运米，石加八斗，其余计水程远近加耗。是田不加多而征敛实倍，欲民无困，不可得也。况今太仓无十数年之积，脱遇水旱，其何以济？宜量入为出，俟仓储既裕，渐减岁漕数，而民困可苏也。"

又言："臣昔官河南，稽诸逃民籍，凡二十余万户，悉转徙南阳、唐、邓、襄、樊间，群聚为生，安保其不为盗？宜及今年丰，遣近臣循行，督有司籍为编户，给田业，课农桑，立社学、乡约、义仓，使敦本务业。生计既定，徐议赋役，庶无他日患。"时不能尽用。或十年，郧阳盗起，果如原贞言。

36 是岁，额森为知院阿喇所杀。

额森自立为汗，恃其强，日益骄恣，荒于酒色。阿喇以己当迁太师，求于<u>额森</u>曰："主人衣新衣，幸以故衣赐臣。"<u>额森</u>不许，<u>阿喇</u>怒。<u>额森</u>亦忌<u>阿喇</u>，欲讨之，恐不胜，乃自遣其子守<u>西番</u>，召<u>阿喇</u>二子从，先鸩杀其次子。<u>阿喇</u>惧，诈言<u>三卫</u>盗马，请召还其长子合击之。<u>额森</u>先使<u>赛堪</u>、<u>达通</u>_{旧作赛刊、大同。}二王与俱，临行，觞焉，中途，<u>阿喇</u>长子亦中鸩死。<u>阿喇</u>愤甚，绐二王前渡，自在后，勒部落兵三万攻<u>额森</u>，数其三罪，曰："<u>汉</u>儿血在汝身上，<u>托克托布哈王</u>血在汝身上，<u>乌梁海</u>血亦在汝身上。天道好还，血在我矣。"<u>额森</u>无以应，约明日与战。退而与<u>巴延特穆尔</u>等议。

帐中有<u>阿喇</u>故部曲三人，事<u>额森</u>久，<u>额森</u>不之疑，因共趋帐中，拔所佩剑刺<u>额森</u>，杀之，并杀<u>巴延</u>等。<u>赛堪王</u>闻变，领七千人蹑之。既，知<u>额森</u>死，弃众去，为其下所杀。<u>达通王</u>领其人马西奔。

逾年，<u>鞑靼</u>部长<u>保喇</u>_{旧作孛来。}复杀<u>阿喇</u>，夺<u>额森</u>母妻，并其玉玺，求<u>托克托布哈</u>子<u>穆尔格尔</u>_{旧作麻儿可儿。}立之，号"小王子"。

自是<u>额森</u>诸子分散，<u>卫喇特</u>遂衰；而<u>保喇</u>与其属<u>玛拉噶</u>_{旧作毛里孩。}等雄视部中，<u>鞑靼</u>势复振云。【考异】<u>明史</u>本纪系<u>额森</u>被杀于是年之末，<u>三编</u>系之十月。证之<u>明史瓦剌</u>传，言<u>额森</u>被杀在六年，因遣贡牵连并记耳。若诸书所记，谓<u>额森</u>被杀在<u>天顺</u>间，<u>弇州北虏志</u>系之<u>天顺</u>四年，皆因野史致误。<u>明史</u>、<u>三编</u>据<u>英宗实录</u>，今从之，仍依本纪书于是年之末。

明通鉴卷二十七

江西永宁知县当涂 夏　燮 编辑

纪二十七 起旃蒙大渊献(乙亥),尽强圉赤奋若(丁丑),凡三年。
恭仁康定景皇帝

景泰六年(乙亥、一四五五)

1 春,正月,上皇在南宫。

2 戊午,大祀南郊。

3 是月,以江渊为工部尚书,令视部事,渊遂出阁。

　　时阁臣不相协,而陈循、王文尤刻私。渊好议论,每为同官所抑,意忽忽不乐。会兵部尚书于谦以病在告,诏推一人协理部事,渊欲得之。循等佯推渊,而密令商辂草奏,示以"石兵江工"四字,渊在旁,不知也。比诏下,调工部尚书石璞于兵部,而以渊代璞,渊大失望。【考异】明史七卿表言"渊以内阁起复",误也。证之宰辅表,渊丁母忧起复入阁在四年四月,是年则以工部尚书视事出阁也。今据本传。

4 自是月癸酉至于丁丑凡五日,雨木冰。【考异】明史五行志不载。三编书于是年正月且云:"自癸酉至丁丑凡五日",据实录也,今从之。

5 二月,壬午,遣太监王诚同法司刑科录囚。

时中外系囚有至十余年者,上以灾变,有是命,由是得减免者甚众。

刑部郎中夏时正言:"通番劫盗诸狱,以待会谳淹引时月,囚多瘐死,请令所司断决。"诏从之,遂推行天下,著为令。寻又命大理少卿李茂等录南京、浙江囚。

6 夏,四月,丙子朔,日有食之。

7 辛巳,敕户、兵二部及两畿、山东、河南、浙江、湖广抚按三司官条宽恤事,及罢不急诸务。

8 是月,鞑靼小王子穆尔格尔遣使贡马驼。礼部言"迤北未有君长,请量减赏赐",诏从旧给之以慰其心。【考异】诸书皆系鞑靼贡马于天顺间,今据三编改入是年四月,据实录也。明史鞑靼传,亦云"六年遣贡"。

9 五月,畿内旱,蝗蝻延蔓。淮安、扬州、凤阳皆大旱。

己巳,上亲祷雨于南郊。

10 是月,予太监王诚侄敏、舒良弟玉、张永兄琼、郝义侄安、王勤侄质俱世袭锦衣卫职。

11 六月,乙亥,以宋儒朱子九世孙挺为翰林院世袭五经博士。

挺世居福建建安县之紫霞洲,至是命主朱子祀。挺为人醇谨,言动有则。

12 癸未,河决开封。

13 闰月,两畿、湖广水,遣官省视振恤。【考异】是年闰六月。明史纪凡无事者不书月分,故六年六月乙亥下即书"七月乙亥"。又,五行志两书"闰六月"于景泰六年,是闰在六月明矣。吾学编作"闰五月",误也。朱

14　秋,七月,乙亥,徐有贞治沙湾决口成。

有贞至张秋,上治河三策:一置水门,一开支河,一浚运河。议既定,督漕都御史王竑,以"漕渠淤浅滞运,请亟塞决口",上敕有贞如竑言。有贞守便宜,言:"临清河浅旧矣,非因决口未塞也。漕臣但知塞决口为急,不知秋冬虽塞,来春必复决,徒劳无益,臣不敢邀近功。"诏从其言。

有贞乃逾济、汶,沿卫、沁,循大河,道濮、范,相度地形水势,上言:"河自雍而豫,出险固而之夷斥,水势既肆,由豫而兖,土益疏,水益肆,而沙湾之东所谓大洪口者,适当其冲,于是决焉,而夺济、汶入海之路以去,诸水从之而泄,堤以溃,渠以淤,涝则溢,旱则涸,漕道由此阻。然骤而堰之,则溃者益溃,淤者益淤。今请先疏其水,水势平乃治其决,决止乃浚其淤。"

于是设渠以疏之,起张秋金堤之首,引而西南百里,逾范暨濮,又上而西北经澶渊以接河、沁,内倚古金堤以为固,外恃梁山泊以为泄,又置上下二闸以节宣之。凡河流之旁出不顺者,筑九堰以障之。堰各长万丈,崇三十有六尺,厚什之,栅木络竹,实之石而键以铁。至是工成,凡役夫五万八千有奇,阅五百五十余日。赐其渠名曰广济。自是河水不东冲沙湾,而更北出以济漕、乃浚漕渠,北至临清,南抵济宁,建闸于东昌者凡八,用王景制水门法以平水道。而山东之阿、鄄、曹、郓间,田出沮洳者百数十万顷,水患亦息。

先是有贞倡河决宜疏不宜塞之议，廷臣皆难之。上遣中使就问，有贞乃出二壶，而穿其一为五窍，注水其中，则五窍者先涸。中使还，白于上，乃决用有贞策。

及工将竣，江渊请遣中官偕文武大臣督京军五万人往助役，有贞言："京军一出，日费不赀。今泄口已合，决堤已坚，但用沿河民夫，自足集事。"乃止。

自沙湾之决垂十年，至有贞治之，决口乃塞。然亦会黄河南趋徐、吕，东流之势渐杀，故有贞用是奏功云。

15 辛巳，刑科给事中徐正请间言事。【考异】徐正请间言事，诸书皆系之五年。证之明史廖庄传，言"六年七月辛巳，徐正请间言遣沂王之国事。"传中纪日分者绝少，此云辛巳，盖本之实录，今据之。上亟召入，乃言："上皇临御岁久，沂王尝位储副，天下臣民仰戴。宜迁置所封之地以绝人望。别选亲王子育之宫中。"上惊愕，大怒，立叱出之。欲正其罪，虑骇众，乃命谪远任。已，复得其淫秽事，谪戍铁岭卫。时上虽怒复储议，而于上皇未尝不眷眷也。

无何，有高平者，谓"城南树木多，恐生叵测，请尽伐之。"从之。值盛暑，上皇尝倚树憩息，至是见之，大骇。于是离间复行。【考异】明史廖庄传，但书"徐正请间言事"，而诸书所记，则

并及御史高平请伐南城树木，书云："英宗复辟，正、平皆伏诛。"重修三编据之，记于杖廖庄等目中。然则是时从中离间之御史尚有高平，皆以天顺初伏诛，与明史庄传异。今按高平为御史，史所不见，故三编质实云："高平里籍未详。"今参核前后，疑即太监高平也。三编天顺元年五月书云："柳州千户卢忠、太监高平伏诛。"证之明史宦官传，言"上皇赐阮浪袋、刀，浪以赠王瑶，指挥卢忠醉瑶而窃之，以告尚衣监高平。平令校尉李善上变。"据此，则杀阮浪、

王瑶，系卢忠与高平同谋，故天顺元年五月并磔之也。盖高平前一年谋杀王瑶等，次年复请伐南城树木，两事实一人。野史不考，误连徐正书之，而以为御史高平。明史廖庄传亦疑御史无高平，故但书徐正事而删却高平，三编但书天顺元年卢忠、高平事，亦未详考宦官传也。今于徐正言事下，并书高平请伐南城树木事，为后年诛正、平等张本，不书"御史"，亦不书"太监"，以示存疑。余俱详考证中。

16 庚寅，以南畿屡灾及太白常昼见，敕诸臣修省。【考异】明史本纪书"七月庚寅，以南京屡灾，敕群臣修省，"三编则于七月书"太白昼见。"考明史天文志，是月不书太白昼见事。然三编所据皆实录月日，而明史志中言"景泰间，太白常昼见"，与三编目中语合，今并记之。

于是御史倪敬偕同官盛泉、杜宥、黄让、罗俊、汪清等上言："府库之财不宜无故而予，游观之事不宜非时而行。曩以斋僧，屡出帑金易米，不知栉风沐雨之边卒，趋事急公之贫民，又何以济之？近闻造龙舟，作燕室，营缮日增，嬉游不少，非所以养圣躬已。章纶、钟同，直言见忤，幽锢逾年，非所以昭圣德也。愿罢桑门之供，辍宴佚之娱，止兴作之役，宽直臣之囚。"上得疏不怿，下之礼部，部臣称其忠爱。上虽报闻，意终不怿。未几，诏都御史萧维祯考察其属，遂希指罢黜敬等，凡十六人。

时又有御史王鉴者，尝于左顺门面斥中官非礼。中官怒甚，因考察，属维祯并去之，维祯不可而止。【考异】倪敬等上书，三编系于太白昼见之下，盖以灾异应诏言事也。证之明史敬传，书六年七月下，言"帝虽报闻，意终不怿，诏都御史萧维祯考察，罢黜御史凡十六人，敬预焉。"明史稿书考察御史事于八月乙巳，即维祯考察敬等事也。今并系之七月下。又，"十六人"，诸书作"十二人"。

17 八月，庚申，杖南京大理少卿廖庄于廷，并杖郎中章纶、御史钟同于狱。

时庄以母丧赴京，关给勘合，朝见东角门，上忆庄前疏，立命廷杖八十。左右言"事由钟同等倡之"，上愈怒，乃封巨梃令杖同、纶于狱。同竟死狱中，纶长系如故。

同，永丰人。父复，以宣德中进士官修撰，与刘球善，球上封事，约与俱，复妻劝止之。球闻之曰："奈何谋及妇人！"遂独上之，竟死。无何，复亦病死，妻深悔之，每哭辄曰："早知不禄，曷若与刘君同死！"同幼闻母言，即感奋思成父志。尝入吉安忠节祠，见所祀欧阳修、杨邦乂诸人，叹曰："死不入此，非夫也！"方复储之上疏也，策马出，马伏地不肯起，同叱曰："吾不畏死，尔奚为者！"马犹盘辟再四乃行，同死，马长号数声亦死。

天顺复辟，赠大理左丞。录其子启入监，寻授咸宁知县。启请父遗骸归葬，诏给舟车器费。成化中，追谥恭愍，从祀忠节祠，与球联位，竟如同初志。

方同等下狱时，有礼部郎孟玘者，亦疏言复储事，竟不罪。

而进士杨集上书于谦曰："奸人黄玹献议易储，不过为免死计耳，公等遽成之。公国家柱石，独不思所以善后乎？今同等又下狱矣，脱诸人死杖下，而公等坐享崇高，如清议何？"谦以书示王文，文曰："书生不知忌讳，要为有胆，宜进一官处之。"乃以集知安州。

庄既杖，谪定羌驿丞。

18 是月，浚京师城河，备雨潦也。

19　九月,乙亥,振苏、松饥民米麦凡一百余万石。

20　冬,十月,戊午,免陕西被灾税粮。

21　十一月,乙亥,命蠃和伯方瑛为平蛮将军,充总兵官,讨湖广叛苗。

初,广通王徽煠既废,其党蒙能窜入苗中为乱,诈作妖书,纠生苗三万余,攻龙里、新化、铜鼓诸城,能自称蒙王,官兵屡剿不能克。

瑛之召还也,贵州巡抚蒋琳奏“瑛前守贵州边境,苗、蛮畏服,乞遣还”,上不许。至是湖广苗叛,复命瑛率京军讨之,而使御史张鹏侦其后。还,奏“瑛所过秋豪不犯”,上闻之大喜。【考异】明史本纪,是年十二月但书“方瑛讨湖广叛蛮”,而证之瑛传及诸王传,则以广通王废后,其党窜入苗中煽乱也。三编据书于是年十一月目中,今从之。

22　十二月,己巳,免南畿被灾税粮。

23　是岁,南畿、山东、山西、河南、陕西、江西、湖广府三十三,州、卫十五皆旱。

七年(丙子、一四五六)

1　春,正月,上皇在南宫。

2　己卯,命兵部尚书石璞总督湖广军务,与方瑛合讨叛苗。

3　壬午,大祀南郊。

4　二月,庚申,皇后杭氏崩。甲子,营寿陵。

5　三月,戊寅,免云南被灾税粮。

6　辛巳,天鼓鸣。是夜无云,西南方有声如雷。

7 夏,四月,乙卯,麓川思任发子思卜发,遣使贡象马方物,奏称:"臣父兄犯法,时臣幼无知,乞赐矜宥。"朝议许之,赐敕诫谕,并赍卜发锦币及其使钞币有差。

8 壬戌,彗星北见于(胄)〔胃〕,长二尺,指西南。

9 五月,癸酉,彗星渐长丈余。

戊寅,以星变及水旱灾异,敕内外群臣修省。

10 戊子,彗星西北见于柳,长九尺余,扫轩辕星。

11 辛卯,以宋儒程颐十七世孙克仁,周敦颐十二世孙冕俱世袭翰林院五经博士。

程氏世居嵩县之六浑。周氏本道州人,周子葬母江州,子孙因家庐山莲花峰下。至是命克仁、冕子孙世奉祀事。【考异】明史本纪于六年六月,记朱子裔孙挺世袭。七年五月,记周子裔孙冕世袭。证之明史儒林传,七年五月,尚有程子裔孙克仁与冕同赐世袭,是本纪七年漏去克仁也。三编统系之六年六月朱子裔孙挺世袭下,且云:"复以宋儒程颐十七代孙克仁、周敦颐十二代孙冕俱为五经博士,世袭。"盖运两年所赐世袭牵连并记,故质实云:"克仁、冕之授博士,在景泰七年五月",此据实录也。惟明史克仁传书于景泰六年,则因朱挺连及之,故冕传仍作七年。

12 甲午,彗星见于张,长七尺余,扫太微北,西南行。

13 是月,以福建佥事吕昌奏,增祀黄幹、蔡沈、刘爚、真德秀于朱子祠。【考异】吕昌奏宋儒黄幹等从祀朱子祠,亦见三编六年质实中。据实录在是年五月,今从之。

14 初,诏儒臣修寰宇通志,至是成,上之。大学士高穀晋少保,陈循以下皆加兼官。

商辂初拟进兵部尚书,为王文所抑,乃兼太常寺卿赞善兼检讨。钱溥拟升谕德兼侍读,辂谓"溥已越众升二级,不宜复升兼官"，于是溥以谕德兼编修。溥不悦，作老秃妇传以讥辂，辂亦不与校也。

15 六月，壬寅，彗星入太微垣，长尺余，渐没。

16 庚申，葬肃孝皇后。

17 是月，河决开封、河南、彰德，田庐皆被淹没，大雨故也。

18 秋，七月，两畿、山东、河南，自夏至秋，大雨不止，诸水并溢，高地丈余。

是时山东河堤多坏，惟徐有贞所筑如故，事竣还朝，召见奖劳，寻进左副都御史。

19 以工匠蒯祥、陆祥为工部侍郎。

时营建数起，工役繁兴。蒯以木匠，陆以石匠，俱援军功例累擢太仆少卿，至是遂为卿贰，仍命督工匠。时称"匠官"云。

明鉴曰：传曰："不轨不物，谓之乱政。"蒯祥等木石之工耳，列之卿贰，可乎？昔李辅国以闲厩小儿参决国事，王叔文以弈棋待诏议政中书，皆为后世指摘，然犹追论其出身之始也。未有正当执役事上之日，宠以显位，且即令督其所事，若景泰之纰缪者。其后嘉靖以雷维学为工部尚书，绝与此类。重土木而轻官爵，紊朝班而隳纲维，奚以励士大夫之品节哉！

20 八月，上以官多扰民，敕吏部等议裁冗员，于是省参政三，参议二，副使五，佥事二，同知以下一百五十余员。

21 是科顺天乡试，翰林刘俨、黄谏为考官。榜揭，大学士陈循子瑛、王文子伦皆被黜。循等乃以私憾构俨等，劾其"校阅不公，请如洪武间治刘三吾等罪及重开科考试例"，盖欲杀之也。诏礼部会大学士高榖复阅。取中之徐泰等，有优于瑛、伦者，有相等者，亦有不及者，惟第六名林挺碔卷无评语，亦无私弊，应以疏忽论。

榖因言于上曰："大臣子弟与寒士竞进已不可，况又不安于义命，欲以此构考官乎？"上欲两全之，九月，赐瑛、伦俱为举人，准来年一体会试。其已中之举人惟黜林挺，余毋庸议。

于是六科给事中请论循、文罪。而张宁上疏，谓："宋范质为相，其从子求奏迁秩，质作诗戒之；韩亿之子维举进士，以父执政不就廷试，方之陈循、王文，贤不肖何如也？况应试者千八百有奇，而中式者百三十五人。倘一概援例干进，岂不坏科目之制乎？请治循等，仍将瑛、伦照不中发回原籍。"

是时榖亦请致仕，上慰留之。卒曲宥循等不问。文为榖所引，而自入阁后，反与循比。榖持正不阿，屡为循、文所挤，请解机务，不许。由是阁臣卒不相协，而以论救林聪、刘俨二事，人皆右榖而病文云。

22 诏追谥宋丞相文天祥曰忠烈，侍郎谢枋得曰文节，从佥都御史巡抚江西韩雍之请也。【考异】追谥文、谢事，见明史韩雍传。三编据实录系之是年之九月，今从之。

雍代杨宁抚江西，岁饥，奏免秋粮，劾奏宁王奠培不法事。奠培事见后卷，盖奠鎀讦之也。时雍年甫三十，赫然有才望，其所规画措置,皆得士民心。

23 冬,十月,癸卯,振江西饥。

24 十一月,丁卯,以监察御史陈述荐江西处士吴与弼,诏巡抚都御史韩雍礼聘送京师。

与弼年十九见伊洛渊源图,慨然向慕,遂罢举子业,尽读四子、五经及洛、闽诸录,不下楼者数年。家贫躬耕,非其义一介不取。四方来学者,约己分,少饮食,教诲不倦。正统之末,御史涂谦、抚州知府王宇、山西佥事何自学先后荐,俱不出。尝叹曰:"宦官、释氏不除而欲天下治平,难矣!"至是述请礼聘,俾侍经筵或备成均教士之选,故有是命。然与弼竟不至,【考异】据明史儒林传,初聘吴与弼在景泰七年,盖聘而未至,系陈述所荐。若天顺元年,则石亨、李贤荐也。弇州考误以为"十一月丁卯",今据之,丁卯盖是年十一月朔也。

25 十二月,己亥,方瑛大破湖广叛苗。

先是贼渠蒙能攻平溪卫,都指挥郑泰等击却之,能中火枪死。瑛遂进兵沅州,连破鬼板等一百十余寨,遂与尚书石璞会兵于天柱。

26 甲寅,彗星复见于毕,长五寸,东南行,渐长,越九日没。【考异】是年四月彗见,至六月没,见明史天文志,三编据书之。惟十二月甲寅彗星复见,亦见天文志,今据增。

27 戊午,振畿内、山东、河南水灾,并蠲逋赋及本年被灾税粮。

28 癸亥,上不豫,诏罢明年元旦朝贺。

29 是岁,湖广、浙江及南畿、江西、山西府十七旱,以水旱免天下税粮,计米麦二百四十五万四千二百余石。

八年（丁丑、一四五七）

1　春，正月，丙寅朔，上皇在南宫。【考异】宪章录、皇史纪闻皆书"天顺元年"，不书"景泰八年"。三编质实云："景泰八年为英宗天顺元年。按是年正月壬午，英宗复辟，丙戌改元天顺。今依朱子纲目书唐中宗及分注睿宗例，大书景泰八年，而以天顺元年分注其下。"今按明代本年改元只英宗一人，而其事又在正月壬午，则十七日也。今不没去景泰八年，而书壬午英宗复辟之事于其下，并以天顺元年与景泰八年同卷，自正月丙戌改元为始，则月分、日分明白易见。惟据本纪，景帝崩在二月，故于天顺元年二月癸丑书"郕王薨"，盖在废后贬称，如亲王例也。今仍书"帝崩于西宫"，而系于壬午之下云"逾月，癸丑，帝崩于西宫"，以正其生前之名。至天顺元年二月，则但书贬祭葬事而已。

2　戊辰，免江西被灾税粮。

3　丁丑，上舆疾宿南郊斋宫。

4　上疾日甚而储位未定，中外忧惧。百官问安左顺门，太监兴安出，谓曰："公等皆朝廷股肱耳目，不能为社稷计，徒日日问安何益！"众嘿然。——安之意，盖谓宜早请建储也。

诸臣会于朝，议请复立沂王为太子，惟大学士王文、陈循议不合。文曰："今只请立东宫，安知上意谁属？"循不言。学士萧镃曰："沂王既退，不可再也。"乃以"早建元良"请。时都御史萧维祯举笔曰："我请更一字。"乃更"建"为"择"，笑曰："吾带亦欲更也。"己卯，诸臣疏进，谕曰："朕偶有寒疾，十七日当早朝，所请不允。"

已而上将郊，召武清侯石亨至榻前，命摄行祀事。亨见上疾甚，退，与都督张軏、左都御史杨善及太监曹吉祥谋，谓"立太子不如复上皇可邀功赏"，軏、吉祥等然之，乃谋之太常卿许彬，彬曰："此不世功也。彬老矣，无能为。徐元玉善奇策，盍与图之！"——元玉，有贞字也。——亨、轨遂夜至有贞家，有贞大喜曰："须令南城知此意。"轨曰："已阴达之矣。"有贞曰："必得审报乃可。"亨、轨遂去。

　　辛巳，王直、胡濙、于谦会诸大臣、台谏，请复立沂王，推商辂主草，大略谓："陛下宣宗章皇帝之子，当立章皇帝子孙。"疏成，期以日暮奏，未入而夺门之变起。【考异】明史本纪但书己卯请建太子事。而辛巳再请，惟见王直传中，言"奏未上而夺门事起"，则壬午之前一日明矣。诸书言夺门在十七日，是年正月丙寅朔，壬午十七日，辛巳则十六日也。夺门在十六日之夜，故仍于辛巳下书之。

5　　是日夜，石亨、张轨与曹吉祥矫称皇太后制，复会有贞所。轨曰："报得矣，计将安出？"有贞乃升屋步乾象，亟下，曰："时在今夕，不可失。"因密语定计，仓皇出。有贞焚香祝天，与家人诀，曰："事成社稷利，不成门族，祸归人不归，鬼矣。"时方有边警，有贞豫令轨诡言备非常，勒兵入大内。亨掌门钥，夜四鼓，开长安门纳之，既入复闭，以遏外兵。值天色晦冥，轨等惶惑。有贞趣行，轨顾曰："事济否？"有贞大言曰："必济！"进薄南宫城，城门锢，毁墙入，见上皇于烛下。上皇问故，众俯伏，合声请登位。乃麾兵士进舆，皆惊战莫能举，有贞率诸人助挽以行。忽天色明霁，星月开朗，上皇顾问，各以职官姓名对。至东华门，门者拒弗纳，上皇曰："我太上皇也。"遂入。至奉天门，升座，有贞等常服谒贺，呼万岁。时以明日有旨视朝，群臣咸待漏阙下，忽闻殿中呼噪声，方惊愕。须臾，鸣钟鼓，诸门毕启，有贞出，号于众曰："太上皇帝复位矣，趣入贺！"壬午，上皇召诸臣入朝,谕曰:"卿等以景泰皇帝有疾,迎朕复位,其各任事如故。"

方上皇复辟,帝方病卧,闻钟声,问左右为谁。既知为上皇,连声曰:"好,好!"逾月,癸丑,帝崩于西宫。

英宗睿皇帝后纪

天顺元年(丁丑、一四五七)

1 春,正月,丙戌,上告即位于宗庙陵寝。诏:"大赦天下。改景泰八年为天顺元年。"——诏中"攘位""幽闭"之语,皆徐有贞所撰也。

先是上即位,即日命有贞以原官兼学士,入内阁预机务,明日,加兵部尚书。寻论夺门功,封石亨忠国公,张軏太平侯,軏兄輗文安伯,杨善兴济伯,曹吉祥嗣子钦都督同知。

2 丁亥,杀少保兵部尚书于谦、大学士王文,籍其家。

先是廷臣会议请立沂王,文与陈循惧忤景帝意,遂易以"请择"语,一时中外讹传,谓文与中官王诚等谋召取襄世子。及石亨等议迎复,徐有贞恐其中变,乃诡词激亨曰:"于谦、王文已遣人迎襄世子矣。"又曰:"上已知君谋,将于十七日早朝执君。"亨大惧,谋遂决。有贞以南迁及求荐事切齿于谦,而亨总十营兵,为谦所制不得逞,亦衔之。上甫复辟，即日下谦、文于狱。

于是有贞与亨等嗾言官劾"谦、文谋迎外藩入继大统"，命鞫于廷。文抗辩曰："召襄王须用金牌信符，遣人必有马牌，内府、兵部可验也。"词气俱壮。谦笑曰："亨等意耳，辩何益！"都御史萧维祯曰："事出朝廷，不承亦难免。"遂文致其词，竟以"意欲"二字傅会成狱，坐谋逆律，当置极刑。奏上，上犹豫未忍，曰："于谦实有功。"有贞曰："不杀于谦，此举为无名。"上意遂决。时薛瑄方召至，力言于上，乃减一等，斩于市。

文之死，人皆知其冤，徒以倡易储议为时论所不与，无惜之者。【考异】弇州考误误信天顺日录之语，以为"迎立襄王，文实有是谋，而史因追雪于谦，遂并王毅愍（文谥也。）之谋掩之，遂得与肃愍同赠谥"，（谦初谥肃愍，后改忠肃。）不知迎立襄王，直是"莫须有"三字，明史文传极称其冤，而所采天顺日录语极有抵牾。传中言"文之死，人皆知其诬。以素刻忮，且迎驾复储之议不协舆论，故冤死而民不思"云云。此论平允，可谓良史之笔。若王弇州谓其实有迎立之谋，而反讳其易储之不预，未免是非颠倒。

而谦以定社稷功，为举朝所嫉。及夺门事起，一时希旨取宠者又藉以为口实，至有遂溪教谕吾豫奏请族谦，并诛其所荐举文武大臣，都议持之而止。籍没之日，家无余赀，惟正室扃钥甚固，启视，则上赐蟒衣剑器也。临刑入市，阴霾四合，天下冤之。皇太后初不知谦死，比闻，嗟叹累日。

时有锦衣指挥多喇 日作朵儿。者，本出曹吉祥部下，以酒酹谦死所，恸哭。吉祥怒，抶之，明日，复酹奠如故。

都督同知陈逵，感谦忠义，收遗骸殡之。逾年，谦婿千户朱骥归其丧,葬之杭州。逵故举将才,出李时勉门下者也。

3 诏谪戍陈循、江渊、俞士悦于铁岭,斥商辂、萧镃等为民,皆徐有贞主之也。

有贞既入阁,欲尽揽事权,遂佐石亨辈撼去诸阁臣。循虽素有德于有贞,亦弗恤也。

上之即位也,至便殿,复召高穀及辂入,温旨谕之,命草复位诏。亨密语辂,赦文不须别具条款,辂曰:"旧制也,不敢易。"亨不悦。至是与有贞嗾言官劾循等朋奸,遂并及辂,下之狱。辂上书自诉,言:"复储疏在礼部,可覆验。"盖王直等疏虽未上,稿犹留礼部侍郎姚夔所,故辂以此请。而亨等持之,遂不省。

渊既谪,进工部侍郎赵荣为本部尚书。

4 己丑,复论夺门功,封孙镗怀宁伯,董兴海宁伯。擢钦天监正汤序礼部右侍郎。一时官舍旗军晋级者凡三千余人。

5 辛卯,以石亨言,罢巡抚提督军务。

亨在景帝时,屡以文臣不宜节制武臣为言,至是卒罢之。

时王竑巡抚江北,遂改浙江参政。亨与张軏、曹吉祥辈复追论竑击杀马顺事,诏除名编管江夏。居半岁,上于宫中得竑疏,见"正伦理,笃恩义"语,感悟,顾左右曰:"竑所奏,多为朕也。"命迁河州。寻遣官送归田里,敕有司善视之。

6　壬辰，榜于谦党人示天下，千户白琦请之也。

7　方额森之寇京师也，谦荐擢职方郎中吴宁为本部侍郎，佐谦治军事。寇骑充斥，宁立雨中指麾兵士，从容镇静。寇既退，朝廷议仍召勤王兵，宁曰："今畿民犹日数惊，相率南徙，若再召外兵，是益之惊也。莫若告捷四方，人心自定。"因具奏行之。景泰改元，以疾乞归，后不复出。尝为谦择婿，得朱骥。骥以世袭武职，谦颇轻之，宁曰："公他日当得其力。"后骥卒归谦丧，宁言果验。然骥卒坐谦姻亲谪戍。

又有王伟者，亦以谦荐擢兵部侍郎，自以为谦所引，恐嫉谦者目己为朋附，尝密奏谦误，冀以自解。景帝出其奏示谦，谦叩头谢，退，谓伟曰："我有失，君何不面规我，乃至尔耶！"伟大惭沮。然竟坐谦党罢归，越十余年乃复官，请毁白琦所镂板，遂告病归。

榜中所示，亓中官王诚之党，及郕府旧僚皆预焉。

8　甲午，杀昌平侯杨俊。

初，俊守永宁、怀来，闻额森欲奉上皇还，密戒将士无轻纳。至是上复位，张軏与俊不协，言于朝，遂征俊还，下诏狱，坐诛。

9　是月，以太常寺卿许彬、大理寺卿薛瑄为礼部侍郎兼翰林学士，入内阁预机务。【考异】许彬、薛瑄入阁，皆同时事。明史稿记许彬入阁于壬午，薛瑄入阁于甲申，明史则统系之壬午下，今并系之正月之末。

10　吏部尚书王直、礼部尚书胡濙以老请致仕，许之，并赐金帛给传归。

直在翰林二十余年,稽古、代言、编纂、记注之事,多出其手。长吏部凡十四年,年益高,名德日益重。上之还也,直最有力焉;景帝易储,虽同受金币之赐,非其本意也;请复沂王之疏虽未及上,上亦雅知之,故不及于谴。

濙在礼部久,凡表贺祥瑞,皆以官当首署名,一时颇病其逢迎。然立朝垂六十年,节俭宽厚,喜怒不形于色。易储议起,不免依违其间;而以屡请朝贺南宫,不忘忠爱,故上亦优容之。

二人既归,直年八十有四,濙年八十有九,皆得享归田之乐,以令名终。

11 二月,乙未朔,废景泰帝仍为郕王,迁之西内。寻贬所生母皇太后吴氏复为宣庙贤妃,废后汪氏复为郕王妃,削孝肃皇后杭氏谥号,改怀献太子为怀献世子,皆称皇太后制行之。

时汤序请革除景泰年号,不许。

12 庚子,大学士高穀致仕。

穀见循、文等皆诛窜,遂谢病。上以穀长者,语廷臣曰:"穀在内阁,议迎驾及南内事,尝左右朕。其赐金帛袭衣,给驿舟以归。"

穀既去位,杜门谢客。有问景泰、天顺间事,悉不答。越三年卒。后赠太保,谥文义。

13 癸卯,以吏部侍郎李贤兼翰林学士,入内阁预机务。

时贤在吏部,王直既去,掌部事者为尚书王翱,石亨恶之,言于上曰:"翱老矣,可令致仕。"翱闻之,遂上疏乞休,许之。亨语贤曰："翱已休致，君当代之矣。"贤曰："朝廷不可无老成人。况翱虽老，精力未衰，以贤辅之可也。贤安敢当此重任！"于是亨复言于上，遂留翱。未几，贤复以徐有贞荐，遂与有贞同预阁务。

14 初，上之北狩也，廷议推举将材，尚书于谦独荐辽东指挥佥事范广，充左副总兵，为石亨副，积功累迁至总兵官，督兵居庸关外。及团营既立，谦复荐广副亨提督团营军马。而亨所为多不法，其部曲复贪纵，广数以为言，亨衔之，谮罢广止领毅勇一营。广又与张軏不相能，徒以谦在，未发也。及上复位，亨、軏等恃夺门功，遂诬广附于谦，谋立外藩，下之狱。广词气不屈，卒构以谋逆，与谦同罪，遂斩于市，

广性刚果，每临阵，身先士卒，未尝败衄，一时诸将尽出其下，以故为侪辈所忌。

谦与广相继死，团营亦寻罢。

15 戊申，广西总兵官柳溥奏破广西蛮。

先是浔州大藤峡山寇纠合荔浦等处贼劫掠县治，杀虏居民，至是剿平之。寻召溥还。

16 癸丑，诏郕王丧葬悉依亲王例。毁所营寿陵，葬之西山，谥曰戾。

以其后宫唐氏等殉葬。初议欲并及汪后，学(主)〔士〕李贤曰："妃已幽废，两女幼，尤可悯。"乃止。

17 戊午，南和伯方瑛，尚书石璞，率左副总兵陈友等进击湖广天堂诸寨，复大破之，克寨二百七十，禽伪侯以下一百

二人。

捷闻,召璞还,瑛留镇贵州、湖广。

18 壬戌,免南畿被灾税粮。

19 是月,赠钟同官,同赠官见前。释章纶于狱,召廖庄还。擢纶礼部右侍郎,庄大理左少卿。

上释纶,命内侍检前疏不得,内侍从旁诵数语,上嗟叹再三。

20 召副都御史轩𫐐为刑部尚书,巡抚陕西。

副都御史耿九畴以议事至京师,上顾侍臣曰:"九畴,廉正人也。"时改萧维祯于南京,又以迎驾忤旨,追夺李实职为民,事见景泰元年。乃留九畴为右都御史,擢国子学正林聪为佥都御史。

21 赠少监阮浪,命儒臣立碑记其事。

22 王骥既致仕,见石亨、徐有贞等骤贵,自谓复辟曾预谋而赏不及,因上章自讼,言:"臣子祥入南城,为诸将所挤,堕地几死。今论功不预,疑有蔽之者。"上不得已,乃官祥指挥佥事。命骥仍兵部尚书,理部事。数月,致仕去。

23 改张凤于南京。逾月,以沈固代为户部尚书。

24 三月,己巳,复立沂王见深为皇太子。封皇子见潾为德王,见澍秀王,见泽崇王,见浚吉王。

初,景帝将易储,语太监金英曰:"七月初二日,东宫生日也。"英叩头曰:"东宫生日是十一月初二日。"帝怃然。盖帝所言者见济,而英所言今皇太子也。或曰:"景帝之怒英以此。"

汪后之谏易储也，太子雅知之，至是请于上，迁居旧王府，得尽携宫中所有而出。与太子母周贵妃相得甚欢，岁时入宫叙家人礼。性刚执，一日，上忆有系腰玉玲珑，索之，太监刘桓言在汪妃所，命往取。妃投诸井，对使者曰："无之。"已而告人曰："七年天子，不堪消受此数片玉耶！"后有言"妃出所携巨万计"，上命检取之，立尽。【考异】按金英"东宫生日"之语，弇州考误辨之。谓"英以景泰元年，上怒英发其结党市恩及纵家人中盐事，遂下狱论斩，诏絷锢。英家几籍矣，岂'东宫生日'之语，在英未下狱之前耶？或景帝之怒由此，但其时帝方即位，殊未萌易储之念，不应有东宫之说。英之赦出必在三年间，当时储位已定，帝何必复言东宫生日？英尚在危疑间，岂敢作此对耶？"按景帝监国，宪宗方三岁，而证之怀献太子传，见济似长于宪宗，故景泰三年立为太子，四年二月冠。明制，太子冠在十五岁，又蚤者十二岁，然则景帝监国，见济已离就傅之年不远，金英生日之对，必系改元前后事，弇州未核前后一详考耳。今汇叙于立宪宗为太子之下，余详考证中。

25　癸酉，封徐有贞武功伯。

方有贞以录夺门功入阁，加尚书，意犹未慊，语石亨曰："愿得冠侧注从兄后。"至是亨为言于上，遂得封。

太监兴安，见有贞等俱邀封赏，言于上曰："当日若附和南迁，不知置陛下于何地，又安有夺门功邪？"上嘿然。时上以谋立外藩事，尽礫景帝所用太监王诚、舒良等，于是给事御史争劾"安预逆谋，宜同罪"，上宥之。是时中官坐诛者甚众，安仅获免云。

26　乙亥，大赉文武军士。

27　庚辰，赐黎淳等进士及第、出身有差。

28　上之北狩也，巴延特穆尔敬护尤至，心感之。至是复位,即遣都督马政等使迤北,赐巴延妻金币。鞑靼保喇遮政等,执之,而遣使入贺,且请献玉玺。敕之曰:"玺已非真,即真亦秦不祥物,献否惟尔。但勿留我使以速尔祸。"保喇不受命,遂寇延绥,都督李懋等败没。事闻,上命忠国公石亨为征虏副将军讨之。

时石彪召还,复以为游击将军,率兵备大同。

29　丁亥,振山东饥民。

30　是月,下大同巡抚年富于狱。

初,富以景泰二年抚大同,提督军务。时经丧败之后,法弛弊滋,富一意拊循,奏免秋赋,罢诸州县税课局,停太原民转饷大同。

武清侯石亨等令家人领官库银帛,籴米入边,多所干没,富首请按治,诏宥亨等,抵家人罪。亨所遣卒越关抵大同,富复劾亨专擅,亨输罪。已,又劾参将石彪罪,彪衔之。至是富以罢巡抚归,未几,彪修前憾,遂劾富,亨左右之,下富诏狱。上以问学士李贤,贤称富能祛弊。上曰:"此必彪为富抑,不得逞其私耳。"贤曰:"诚如圣谕,宜早雪之。"上乃谕锦衣卫门达从公鞫实,事果无验。寻释之,令致仕去。

31　初,袁彬从上在迤北,周旋左右,寒暑饮食,未尝一刻离。一年之间,上视彬犹骨肉也。及从上还,景帝仅授彬锦衣,试百户,至是上复辟,擢指挥佥事,寻进同知。上眷彬甚,所奏请无不从,内阁商辂既罢,彬乞得其居第;既,又以湫隘,乞官为别建,上亦报从。彬娶妻,命外戚贵人主之,赐予优渥。时召入曲宴,叙患难时事,欢洽如曩时。

哈铭亦以旧恩擢千户,赐姓杨。

32 夏,四月,甲午朔,以灾异数见,斋戒露祷于上帝,并命廷臣条军民利病以闻。

是时北畿、山东并饥,发茔墓、斫道树殆尽,父子或相食。上甚忧之,命侍郎周瑄振北畿,佥都御史林聪振山东。上恐巡历不能周遍,复遣侍郎黄仕儁继往。

聪屡请发帑,徐有贞曰:"发帑振济,徒为里胥干没耳。"李贤曰:"虑干没而不贷,坐视民困,是因噎废食也。"上卒从贤言。

33 乙未,免浙江被灾税粮凡五十四万有奇。

34 丁酉,方瑛讨蒙能余党,凡克铜鼓、藕洞一百九十五寨。罩洞、上隆诸苗震慑,各斩其渠来献。

35 丁未,录囚。

36 乙卯,保喇寇宁夏,参将种兴战死。

37 是月,襄王瞻墡来朝。【考异】明史本纪不载,而于天顺四年四月壬子书其来朝。证之诸王传,"王以元年来朝,四年再朝",本纪不书元年之朝,盖漏脱耳,三编据实录增入,今从之。

王在诸藩中,最长且贤。方上北狩时,众望颇属之,皇太后命取襄国金符入宫,不果召。景帝未立时,王上书"请立皇长子,令郕王监国,募勇智士迎车驾。"逾年,上还京师,居南内,王又上书景帝,谓:"宜朝夕问安,率群臣朔望朝见。"及上复辟,石亨等诬于谦、王文以迎立襄王为词,上颇疑王。久之,从宫中得王所上二书,复检襄国金符仍在太后阁中,乃赐书召王,北二书于金縢。

至是王入朝,礼待优隆。一日,宴便殿,避席请曰:"臣过汴，汴父老遮道言'按察使王概贤，以诬逮诏狱'，愿皇上加意。"上立出概，命为大理卿。诏设襄阳护卫，命有司为王营寿藏。及归，上亲送至午门外，握手泣别。王逡巡再拜，上曰："叔父欲何言？"王顿首曰："万方望治如饥渴，愿省刑薄敛。"上拱谢曰："敬受教。"目送王出端门，乃还。

38 何文渊卒。

文渊已致仕，上即位，削前所兼官。而是时有谓景帝易储诏中"父有天下传之子"语出文渊，或传朝命逮捕，文渊惧而自缢。

时文渊子乔新，官南京礼部主事，奔丧归里。里人故侍郎揭稽，尝受业文渊，而与乔新兄弟不协，遂奏："文渊之死实诸子迫之自经，又逼嫁父所爱妾。"乔新亦讦"稽为巡抚时尝荐黄玹，且代草易储疏"，皆被逮。比对簿，文渊妾断指为诸郎讼冤，狱得少解。上亦以事经赦后，释不问。

【考异】通纪、纪闻皆系之三月。据弇州考误，谓"文渊以四月卒"，今从之。惟文渊系自尽，据弇州言，"卒后为人所奏，差官验之，果然。"证之何乔新传，当时揭稽奏文渊乃诸子逼之自经，野史遂沿其误，启棺复验，即此案讦讼之颠末也。今据乔新传。

39 五月，辛未，命安远侯柳溥备边宣府、大同。

时寇遣千骑屯大同边外，窥偏头关，命溥会石亨等合击之。

40 丙戌，彗星见于危，芒长五寸，指西南。

41 初，景帝不豫，廷臣请立东宫，不许。御史杨瑄，与同官钱珤、樊英等约疏争，会夺门事起乃已。及是瑄印马畿内，至河间，民遮诉曹吉祥、石亨夺其田，瑄以闻，并列二人怙宠专权状。上以语阁臣李贤、徐有贞曰："真御史也！"遂遣官按核，而令吏部识瑄名，将擢用。吉祥闻之惧，诉于上，请罪之，不许。

会星变，掌道御史张鹏、周斌等将劾亨、吉祥诸违法事，约十三道交章论奏。先一日，亨西征方归，给事中王铉遂泄之于亨。亨与吉祥泣诉于上，诬"鹏为已诛内监张永从子，结党排陷，欲为永报仇"。明日，疏入，上大怒，收鹏及瑄，御文华殿，悉召诸御史，掷弹章俾自读，斌且读且对，神色自若。至"冒功滥职"语，上诘之曰："彼率将士迎驾，朝廷论功行赏，何云冒滥？"斌曰："此辈皆贪天功。当时迎驾止数百人，光禄赐酒馔，名数具在。今超迁至数千人，非冒滥而何？"上嘿然，竟下瑄、鹏及诸御史于狱。

42 是月，磔太监高平及千户卢忠，坐阮浪、王瑶狱也。

诏捕黄竑、徐正。竑闻，自杀，命发棺戮其尸。竑子震亦为都督韩雍捕诛之。正亦伏诛。【考异】明史廖庄传记徐正事，则云"英宗复辟，于谦、王文以谋立外藩诛死，其事遂不白"云。据此，则正以被谪后免诛也。然明人纪载，皆云"徐正、高平皆以英宗复辟伏诛。"弇州考误多据国史以纠野史，而于记何文渊自经一事，云"文渊以天顺元年四月卒，黄竑、徐正以五月伏诛"，则弇州固有所据矣。三编类书于六年杖廖庄目中，亦云"正、平皆伏诛。"三编所记，多据实录，与弇州所据国史合，今并磔高平、卢忠汇书之。

43 六月，癸巳朔，彗星见室，长丈余，由尾至东壁，犯天大将军卷舌第三星，井宿水位南第二星。

44 甲午，下右都御史耿九畴、左副都御史罗绮于锦衣卫狱。

时杨瑄等下吏榜掠,诘主使者,无所引,于是石亨等以为九畴、绮实主使之,遂并坐。

九畴既罢,以刑部侍郎马昂代为都御史,寻出抚山西。逾月,复以副都御史寇深为都御史。

45 己亥,下徐有贞、李贤于锦衣卫狱。

初,有贞既谮黜诸阁臣,得尽揽事权,中外侧目。而有贞愈益发舒,进见无时。初为曹、石所引,既得志,则思自异于曹、石。又阴窥上于二人不能无厌色,乃稍稍裁抑之,且微言其贪横状,上亦为之动。

杨瑄之劾亨、吉祥也,上以问有贞及李贤,皆对如瑄奏,遂诏奖瑄。亨、吉祥大怨恨,日夜谋构有贞。上方眷有贞,时屏人密语,吉祥令小竖窃听得之,故泄之于上,上惊问曰:"安所受此语?"对曰:"受之有贞。"且曰:"某日语某事,外间无弗闻。"上由是始疏有贞。

会张鹏等狱起,亨、吉祥谓内阁实主之,遂并及贤,至是同至上前,具陈迎驾夺门功,因诉曰:"今内阁专权,欲先除臣等。不然,诸御史安敢尔!"相与悲哭不已。上心动,乃谕言官劾"有贞、贤图擅威权,排斥勋旧",遂并下狱。于是瑄及鹏皆论死,余遣戍。

亨等复谮诸言官,上谕吏部:"简给事、御史年逾三十者留之。"一时给事中何玘、御史吴祯等凡三十六人皆调外,台谏为之一空。【考异】三编质实云,"给事御史调外三十六人。"按明史杨瑄传,"给事中何玘等十三人为州判官,御史吴祯等二十三人为知县。寻以灾变得不调,皆复原官。"

46 是日,大风震雷,拔木发屋。须臾,大雨雹,坏奉天门鸱吻。上敕群臣修省。而亨、吉祥家大木俱折,二人亦惧。钦天监汤序(木)〔本〕亨党,亦言"上天示警,宜恤刑狱"。于是上感悟,狱得稍稍解。

庚子,徐有贞、李贤等皆出狱。谪有贞广东参政,贤福建参政,九畴江西布政使,绮广西参政,杨瑄、张鹏免死戍辽东。十三道御史,自鹏外,周斌、盛颙、费广、张宽、王鉴、赵文博、彭烈、张奎、李人仪、邵铜、郑冕、陶复,凡十二人,皆谪知县。其前请调外之何玘、吴祯等,皆令复职。

47 以通政司参议兼侍讲吕原入阁预机务,寻晋学士。

原内端外和,石亨、曹吉祥等皆敬之。一日,原朝会,衣青袍,亨笑曰:"行为先生易之。"原不答。

48 壬寅,礼部侍郎兼学士薛瑄致仕。

瑄在内阁数月,见曹、石用事,叹曰:"君子见几而作,宁俟终日!"遂以老乞休去。

49 薛瑄既去,上谋代者。尚书王翱荐翰林修撰岳正,召见文华殿。

正长身,美须髯,上遥见色喜。既入,上问年几何?家安在?何年进士?正具以对。上连称善,曰:"尔畿县人,年正强仕,又吾所取士。今用尔内阁,其尽力辅朕。"正顿首受命,趋出,石亨、张軏遇之左顺门,愕然曰:"何自至此!"比入,上曰:"朕今日自择一阁臣。"问为谁,以正告,两人阳贺。上曰:"但官小耳。当与吏部左侍郎兼学士。"两人曰:"陛下既得人,俟称职,加秩未晚。"上嘿然。癸卯,命正以原官入阁预机务。

50 李贤谪外，未行，上谓尚书王翱曰："贤非有贞比，宜可用。"翱亦荐之，请以为南京吏部，——盖欲使之远亨等也。上曰："宜留之左右。"甲辰，复贤吏部侍郎。

51 乙巳，巡抚贵州副都御史蒋琳，坐于谦党弃市。

52 是月，游击将军石彪备大同，与参将张鹏等哨磨儿山，遇寇千余骑来袭，彪率壮士冲击，斩巴图王旧作把秃。以下百二十人，追至三山墩，又斩七十二人。

捷闻，时寇势日炽，石亨无功而还，上忧形于色，恭顺侯吴瑾侍，进曰："使于谦在，当不令寇至此。"上为默然。——瑾，永诚之孙，克忠子也。

53 秋，七月，乙丑，复下徐有贞于狱。

有贞既出，而石亨等憾未已，必欲杀之，令人投匿名书指斥乘舆，因奏："有贞怨望，使其客马士权者为之。"遂追执有贞于通州，并士权下诏狱。时锦衣卫都指挥门达承亨等意，痛加榜治。士权濒死者数四，终无所言。

54 丙寅夜，承天门灾。

丁卯，上躬祷于南郊。

戊辰，下诏罪己，敕群臣修省。

55 庚午，复命李贤入阁，进吏部尚书，兼翰林学士。

时石亨知上向用贤，怒，然无可如何，乃佯与交欢。贤亦深自匿，非宣召不入，而上益亲贤，顾问无虚日。保喇近塞猎，亨言"传国玺在彼，可掩而取"，上色动。贤言"衅不可启，玺不足宝"，事遂寝，亨益恶之。

上亦厌亨、吉祥骄横，屏人语贤曰："此辈干政，四方奏事者先造其门,为之奈何?"贤曰:"陛下惟独断,则趋附者自息。"上曰:"不用其言,能毋怫然?"贤曰:"愿陛下制之以渐。"然是时亨等势犹炽,贤亦有所顾忌,不敢尽言。

56 出内阁许彬为南京礼部侍郎。

彬性坦率,门下多浮薄士,及辅政,欲谢客,客竞腾谤,且为石亨所忌,竟不安其位。甫行,复贬陕西参政。旋乞休去。

57 辛未,石亨、曹吉祥构修撰岳正,谪为钦州同知。

正负气敢言,骤蒙上遇,益感激思自效。或为匿名书列曹吉祥罪状,吉祥怒,请出榜购之,使正撰榜格。正与吕原入见曰:"为政有体,盗贼责兵部,奸宄责法司,岂有天子出榜购募者!且事缓之则自露,急之则愈匿。"上是其言,遂不问。

石彪遣使献大同之捷,下内阁问状。使者言:"捕斩无算,不能悉致,皆枭林木间。"正按地图诘之曰:"此地皆沙漠,汝枭置何所?"其人语塞。

时亨、吉祥恣甚,正言:"二人权太重,恐久不可制,臣请以计间之。"上许焉。正出,见吉祥曰:"忠国公常令杜清来此,何为者?"吉祥曰:"辱石公爱,致诚款耳。"正曰:"不然。彼使伺公所为耳。"因劝吉祥辞兵柄,复诣亨谕令自戢。亨、吉祥揣知正意,因诣上,免冠泣请死,上内愧,慰谕之。召正,责漏言,正对曰:"臣观二家必以谋叛灭门,臣欲全上恩,故令其自为计耳。"二人闻之,益怒。

会承天门灾,上命正草罪己诏,因历数弊政无所避。

亨、吉祥遂构蜚语,谓<u>正</u>卖直讪上,上怒,故有是谪。于时<u>正</u>在阁仅二十八日耳。

初,<u>陈汝言</u>以附<u>亨</u>等谋夺门,<u>亨</u>荐之,遂代<u>王骥</u>为兵部尚书,益相比为奸。<u>正</u>以灾异,极言"<u>亨</u>将谋不轨。<u>陈汝言</u>小人,宜亟去",上不省。

至是<u>正</u>谪外道<u>漷县</u>,以母老留旬日。<u>汝言</u>令巡校言状,且言<u>正</u>尝夺公主田。寻逮<u>正</u>系诏狱,杖百,戍<u>肃州</u>。行至<u>涿</u>,夜宿传舍,手拳急气奔且死。<u>涿</u>人<u>杨四</u>醉卒酒,脱<u>正</u>拳,刳其中,且厚赂卒,乃得至戍所云。

58 癸酉,以灾眚肆赦。

时<u>徐有贞</u>在狱,<u>亨</u>等虑赦后将释,乃言于上曰:"<u>有贞</u>自撰<u>武功伯</u>券,词云'缵<u>禹</u>成功',又自择封邑<u>武功</u>。<u>禹</u>受禅为帝,<u>武功</u>,<u>曹操</u>始封也。<u>有贞</u>志图非望。"上出以示法司,命鞫于廷,<u>马士权</u>大呼曰:"岂有自撰造券露其逆谋理邪!"及狱具,刑部侍郎<u>刘广衡</u>等奏"<u>有贞</u>诈为制文,窃弄国柄,罪当弃市",上以犯在赦前,免死。癸未,放<u>有贞</u>于<u>金齿</u>。

<u>有贞</u>出狱,拊<u>士权</u>背曰:"子义士也。他日一女相托。"后<u>有贞</u>自<u>金齿</u>归,<u>士权</u>往候之,竟不及婚事。<u>士权</u>辞去,终身不言其事。人以是薄<u>有贞</u>而益重<u>士权</u>云。

59 戊子,以平<u>苗</u>功,晋<u>方瑛</u><u>南和</u>侯,<u>陈友</u><u>武平</u>伯。又论<u>大同</u>功,封<u>石彪</u><u>定远</u>伯。

60 辛卯,大赍诸边军士。

61 是月,刑部尚书<u>轩輗</u>致仕。

　　轼在刑部数月，见曹、石怙权侵官，乃引疾乞归。上召见，问曰："昔浙江廉使考满归，行李仅一簏，乃卿耶？"轼顿首谢。上犹欲用之，知不可强，乃赐白金慰遣归。逾月，以刑部侍郎刘广衡进尚书代之。

62　杨瑄、张鹏既谪戍，行至半道，遇赦还。或谓瑄等："宜诣曹、石谢。"二人卒不往，遂复谪南丹。

63　八月，甲午，以彗星频月见，至是尚有余芒，乃躬祷于上帝。

64　九月，甲子，以太常少卿彭时兼翰林学士，入阁预机务。

　　时以请终制忤景帝指，遂不用。至是徐有贞得罪，许彬、岳正相继罢，上坐文华殿，召见时曰："汝非朕所擢状元乎？"时顿首。明日，遂复入阁。自三杨后，阁臣进退礼甚轻，惟时与岳正二人为上所亲擢者。

　　而上方向用李贤，数召独对。贤雅重时，退必咨之，时引义争可否，或至失色，贤初小忤，久亦服其谅直，曰："彭公真君子也！"

65　上复位，欲仿先朝故事，出廷臣为知府。是月，以御史林鹗为镇江知府，河东运判杨浩为顺德知府。陛辞，召至文华殿，谕所以擢用意，赐宴及道里费。

　　鹗以邑子林挺预荐，陈循等疑鹗有私，逮挺考讯，久之，事得白。鹗感上遇，莅任，革（知）〔弊〕举废，治甚有声。

　　浩以谏止景帝幸隆福寺，名震京师，至是遂被擢用。

66　冬，十月，丁酉，赐王振祭葬，立祠。

　　初，振既族诛，有言其在卫喇特为敌用者，上大怒，谓

"振之死难,朕所亲见。"追责言者过实,皆贬窜。

或曰:"土木之难,振侍上侧,有护卫樊忠者,从帝旁以所持箠箠死振,曰:'臣为天下杀此贼!'遂突围,杀数十人,死之。"

然振之死于土木,上犹追念不已,复其官,刻香木为振形,招魂以葬,建祠祀之,赐额曰"旌忠"。

67 壬寅,征江西处士吴与弼。

时石亨擅权,欲引贤者为己重,乃谋于阁臣李贤,属草疏荐之,上乃命贤草敕,加束帛,遣行人曹隆赍礼币往。与弼以朝廷厚意,当赴阙谢恩,遂行。

68 丙辰,释建庶人文圭。

初,文圭被幽方二岁,至是五十七岁矣。上复位,念其无罪久系,欲释之,以问学士李贤,贤对曰:"此尧、舜之用心也。天地祖宗,实式凭之!"上意遂决。即日,白皇太后,太后许之。左右或以为不可,上曰:"有天命者,任自为之。"乃遣中官牛玉至凤阳,造房屋,出文圭及其庶母以下家属五六十人,皆安置凤阳,听婚娶出入自便,给阍者二十人,婢妾十数人。文圭初出,见牛马亦不识,未几卒。

69 是月,己亥,彗星复见于角,长五寸余,指北,犯角北星及平道东星。

70 十一月,甲戌,广西田州苗叛。

叛目吕赵,伪称"敌国大将军",张旍帜,鸣钲鼓,率众劫掠南丹州,又据向武州。时武进伯朱英镇广西,以闻,诏英会思恩府土官岑瑛讨之。

71 己丑,免山东被灾税粮。

72 十二月,壬辰,复论夺门功,封曹吉祥养子钦为昭武伯。

时吉祥以司礼监总督三大营,又请官其从子铉、铎、镶等,皆为都督,门下厮养冒官者多至千百人。

73 辛丑,保喇寇甘、凉,命安远侯柳溥佩平虏大将军印,充总兵官,率都督过兴、都督同知雷通备边御之,又命宣城伯卫颖为平羌将军,镇甘肃。

74 上为石亨营第宅。是冬,上一日登翔凤楼,见其新第极伟丽,顾问恭顺侯吴瑾曰:"此何人居?"瑾佯对曰:"此必王府。"上笑曰:"非也。"因顾内臣,言"亨之横,无人敢发其奸者",由是益衔之。

明通鉴卷二十八

江西永宁知县当涂 夏　燮 编辑

纪二十八 起著雍摄提格（戊寅），尽重光大荒落（辛巳）。凡四年。

英宗睿皇帝后纪

天顺二年（戊寅、一四五八）

1　春，正月，辛酉，兵部尚书陈汝言有罪下狱。【考异】通纪系汝言下狱于元年之冬，盖以其赃败事发，牵连并记耳。明史本纪系之二年正月辛酉，证之七卿年表同，今捃之。

汝言以谄附石亨被荐，会于谦诛，王骥管部事，数月解任，乃以汝言代之，至是以赃败。籍其家，财物累巨万，上召亨等入视，愀然曰："于谦被遇景泰朝，死无余赀。汝言未一年，何多也？"亨俯首不能对。汝言遂伏诛。

初，谦既死，皇太后始知之，嗟叹累日，徐为上言谦匡济国难之功及迎立外藩之诬，上亦悔之。至是始益悟谦冤而恶亨等。

2　乙丑，享太庙。

3　甲戌，大祀南郊。

4 己卯,上皇太后尊号曰"圣烈慈寿皇太后"。

先是上郊天后,顾谓学士李贤曰:"朕居南宫七年,危疑之际,实赖太后忧勤保护。罔极之恩,欲报无由,可依前代尊上徽号,何如?"贤顿首曰:"陛下举此,莫大之孝也!"即命贤拟徽号进,诏告天下。

初,天顺改元,太后兄继宗,以夺门功进侯爵,诸弟官都指挥佥事者,俱改锦衣卫,寻又命继宗督五军营戎务兼掌都督府事。左右又有为其弟绍宗求官者,上召李贤谓曰:"孙氏一门,长封侯,次皆显秩,子孙二十余人悉得官,足矣。今又请,以为慰太后心。不知初官其子弟时,请于太后,数请始允,不怿者累日,曰:'何功于国,滥授此秩!物盛必衰,一旦有罪,吾不能庇矣。'太后意固如此。"贤稽首颂太后盛德,因从容言:"祖宗以来,外戚不典军政。"上曰:"初,内侍言'京营军非皇舅无可属',太后至今实悔之。"贤曰:"侯幸淳谨,但后此不得为故事耳。"上曰:"然。"

已而锦衣逯杲奏"英国公张懋、太平侯张瑾及继宗、绍宗,并侵官地,立私庄",命各首实,宥其罪,还其地于官。

5 辛巳,颁优老之政。

6 是月,礼部请皇太子出阁读书,上命李贤拟讲读官进。并询以先读何书,贤以尚书、大学对。

7 初,景泰间,京师崇信佛教,每三年度僧数万。上谓李贤曰:"僧徒岂可如此泛滥!"敕:"今后僧徒每十年一度,著为令。"

8 二月，戊申，开云南、福建、浙江银场，司礼太监福安请之也。

安奏：“云南、福建、浙江等处，旧有银矿，采办煎销，上纳京库，近年或采或止。今国用不足，宜如旧制遣官开场煎办。”又请“于云南等处分遣内官收买黄金、珍珠、宝石”，从之。

9 是月，保喇寇凉州，柳溥坚壁不出，官军败绩。

10 改马昂为兵部尚书。

11 闰月，己巳，日无光，旋赤如赭。

12 己卯，诏瘗土木暴骸。

13 是月，籍前副都御史罗绮。

绮自上年下狱，谪为广东参政，未赴。至是其乡人告“绮在家，有磁州同知龙约自京还，与绮言天子仍宠宦官，刻香木为王振形事，相与讪笑，以为朝廷失政，致吾辈降黜。”上闻奏大怒，诏捕绮下吏，坐死。籍其家，陈所籍财贿于文华门示众。家属戍边，妇女发浣衣局。【考异】罗绮以居家讪笑朝政下吏事，诸书皆不载。证之明史本传，特书于下狱之明年闰二月，今据增。

14 三月，张軏卒。

軏以夺门功封侯，纳贿乱政，亚于石亨。于谦、王文、范广之死，軏有力焉。

或曰：“广既死，軏一日遇诸途，为拱揖状。问之左右，曰：‘范广过也。’归家，发病死。”【考异】诸书系之是年三月，书“张赐卒”，而以为軏之更名。弇州考误辨之，谓“軏为河间王第四子，英宗每呼之为张四，世遂讹‘四’为‘赐’耳。”按明史，軏并无更名事，今仍据传书之。

15 夏,四月,乙丑,皇太子出阁讲读。

上语廷臣曰:"东宫讲读,宜在文华殿。朕欲移居武英殿,但早晚朝见太后不便。"乃以左廊居东宫。

16 辛未,复设巡抚官。

先是上语李贤曰:"朕初复位,奉迎诸人皆以巡抚官不便,一旦革去。军官纵肆,士卒疲弛,文武官不相制之过也。宜为朕举才能者复任之。"

贤因请曰:"辽东、宣府、大同、延绥、宁夏、甘肃,需人最急。"上令贤与王翱、马昂等议,乃以太仆卿程信之辽东,山东布政王宇之宣府,佥都御史李秉之大同,监察御史徐瑄之延绥,山西布政陈翼之宁夏,陕西布政芮钊之甘肃,仍以京官巡抚地方如旧制。

寻又召前山西参政叶盛至京,擢佥都御史,巡抚广东。盛乞终制,不允。

17 是月,吏部侍郎孙弘闻丧。

弘以知县考满赴京,为石亨乡里营求京官,又以奉迎有功擢工部侍郎,即调吏部。上颇鄙其人,而以亨故,又恐其谋夺情,即令守制。

召李贤曰:"吏部乃天下人物权衡,侍郎即尚书之次,非他部比。必得其人,卿以为谁可?"贤荐邹幹、姚夔,更称"夔表里相称,有大臣量",乃以夔为吏部侍郎。【考异】夔任吏侍,据传在天顺二年,证之天顺日录,为二年四月。纪闻夔与陆瑜任刑尚同列之三年,证之七卿表,瑜亦以是年十月任刑尚,非三年也。今分书之。

18 五月,处士吴与弼至京师。上谓李贤曰:"与弼当授何职?"对曰:"今东宫讲读,正宜老成儒者辅导之,授以宫僚为宜。"上曰:"然。"壬寅,召与弼入见,即日召吏部,授为左谕德。与弼辞曰:"臣草茅贱士,本无高行,陛下采听虚声。又不幸有犬马疾,匍匐京师。今年且六十八矣,实不堪供职。"上曰:"宫僚优闲,不必辞。"赐文绮酒牢,遣中官送馆次。谓贤曰:"此老非迂阔者,务令就职。"时上眷良厚,而与弼疏辞再三,不许。乃请以白衣就邸舍假读秘阁书,上曰:"欲观秘书,宜勉受职。"令贤谕意。

与弼留京师二月,遂以疾笃请。贤复叩其所以不受之故,谓"敕书崇重,聘以伊、傅礼,意当大用,而以宫僚无事,虑不得即行其志,故不受。"贤为言于上,"请曲从放还,始终恩礼,以光旷举",上然之,赐敕慰劳,赍以银币,复遣行人送还,令有司月给米二石。与弼归,表谢,陈"崇圣志、广圣学"等事。【考异】康斋辞宫僚遣归事,明史儒林传多据天顺日录,而录中亦无贬语,但言其以授职宫僚,未能待以伊、傅之礼,以为固执而已。薛氏宪章录则指其跋石亨族谱及与弟讼因首公庭事,皆本之尹直琐缀录。黄氏明儒学案亦疑其不实,今悉删之。

19 是月,严自宫之禁。

初,石亨等收留自宫之人,至是乃自首。其大名等府、金吾等卫军民人等,皆相继自首。乃诏:"凡自宫自首者,皆宥其罪,发南海子艺蔬。"

20 六月,己卯,雷震大祀殿鸱吻。

21 秋,七月,癸卯,授定远伯石彪为平夷将军,充总兵官,御寇宁夏。

彪先偕高阳伯李文赴延绥备边,寻以疾召还,遂有是命。

22 八月,戊辰,保喇寇镇番。

23 是月,诏修一统志。

谕李贤、彭时等曰:"朕欲览天下舆图之广,我太祖、太宗尝(邵)〔命〕儒臣纂辑,未竟厥绪。景泰间虽有成书,繁简失当。卿等尚折衷精要,继成初志。"于是命贤等为总裁官。书成,凡九十卷。

24 九月,右副都御史林聪奉诏捕江淮盐盗,以便宜禽戮渠魁数人,余悉解散。并奏籍指挥之受盗贿者。未几,以母忧起复,再辞,不许。

25 冬,十月,己未,太白昼见。

26 甲子,上校猎南海子,亲御弓矢,命勋戚武将以次驰射,获辄献之。既毕,赐酒馔,更以所获分赐侍臣。

一时鹰坊司内臣奏乞出外采猎,上不许。固请,乃曰:"不许扰害州县!"及出,所获獐鹿兔雉多出州县,敛之民间,遣人预进。上令人密访某州若干,某县若干,皆得其数,俟其归,各杖而黜之。

27 壬午,命武平伯陈友为征夷将军,充总兵官,剿寇宁夏。

28 是月,李贤请罢锦衣官校刺事。

时上虑廷臣党比,欲知外事,多倚锦衣官校为耳目。由是指挥门达、逯杲俱得幸,而杲更强鸷,上尤委任之。杲遣校尉侦事四出,所至官吏震恐,多进声伎货贿以求免,虽亲藩亦然。无贿者辄被逮,每逮一人必破数大家。四方奸民,诈称校尉乘传,纵横无所忌。贤请撤还,上不许,于是其势益张。

29 刑部尚书刘广衡罢,擢布政使陆瑜代之。

30 十一月,甲寅,免山东济南、东昌、兖州、青州四府被灾税粮凡五十一万一千三百余石。

31 是月,罢冬至宴。

上谓李贤曰:"节固当宴,但杀牲畜太多。尚有正旦、庆成,一岁四宴,朕欲减之,如何?"贤对曰:"大礼之行,初不在此。陛下减之亦是。"由是每岁二宴,至于正旦亦或不宴。唯庆成一宴,岁以为常。【考异】罢冬至宴,诸书皆不载。宪章录系之十一月,盖本天顺日录也。今从之。

32 保喇寇延绥。

时杨信充总兵官镇延绥,都督佥事张钦副之,御敌于青阳沟,大捷,钦复败之于野马涧等处。

捷闻,封信彰武伯,钦进都督同知,镇守如故。【考异】诸书多记杨信败北寇于翌年正月。证之明史本传,信封彰武伯在二年,以青阳沟之捷也。宪章录但记张钦破寇事,法传录并系之是年十一月,惟"青阳沟"作"柴沟"。今据明史本传。

33 十二月,戊午,柳溥以失律罢归。

34 是冬,令百官祈雪。

35 是岁,日本王源义政以前使臣获罪天朝,欲入贡谢罪,不敢自达,乃移书朝鲜,令转请之,诏令择老成识大体者充使。而倭仍不时入寇,贡使亦不至。

三年(己卯、一四五九)

1 春,正月,甲申朔,有大星如蛇,入危宿。

2　乙未，大祀南郊。

3　甲辰，保喇复犯安边营，总兵官石彪、杨信击败之。

先是保喇屡犯宁夏、延绥等处，皆败之。至是复以二万骑入寇，彪与信连战皆捷，斩其平章郭勒齐。旧作鬼力赤，此又一人。追出塞，转战六十余里，复大败之，生禽四十余人，斩首五百余级，获马驼牛羊二万余，为西北战功第一。都督佥事周贤、都指挥李鉴俱没于阵。

4　是月晦，两广猺贼起，庆远同知叶祯募健儿与战，生絷其酋。其党愤，悉众攻城，祯子公荣战不克，死之。祯自率三百人趋赴，道遇贼山下，鏖战，手刃一贼，身被数枪，与从子官庆及三百人俱歼焉。

岭南无雪，是夜，大雷电，雪深尺许，贼解围去，诸村寨获全。

事闻，赠广西参议，命守臣立庙祀之。【考异】叶祯事见明史本传，而诸书皆不载。今按传记其事，特大书云，"时天顺三年正月晦也"，又记是夜岭南大雪事。不知三编何以佚之，今据增。

5　二月，丁卯，遣御史吕洪同内官往广东雷州、廉州采珠，从太监福安奏也。

6　是月，上幸太监曹吉祥宅。吉祥以夺门功得上宠，至是邀上幸其宅。

时有百户李成者，善谲，称"沙狐狸"，随迤北有功，擅入内府求升职。上怒，命锦衣卫鞫之。指挥佥事哈铭与额森特穆尔旧作也先帖木儿，此又一人。谋脱成罪，伺上幸吉祥宅，乃报额森特穆尔先期往候。比至，奏言"成有功，乞宥之。"上问知事由哈铭，复命锦衣卫监禁。久之，录奏罪囚，乃降铭千户,调发贵州卫差操。

7　夏,四月,壬子,巡抚两广佥都御史叶盛大破泷水猺,生禽猺凤弟吉。

时两广盗蜂起,所至破城杀将,诸将怯不敢战,率杀平民冒功,民之从贼者益众。盛以蛮出没不常,请"自今攻劫城池者始以闻,余止类奏"。疏上,兵部驳不行。

8　己巳,南和侯方瑛平贵州苗。

初,东苗千把猪等,僭号称王,攻都匀等卫,诏瑛与赞理军务都御史白圭合川、湖、云、贵军四道击之。瑛、圭兵进青崖,总兵李贵进牛反箐,参将刘玉进谷种,参将李震进鬼山,所向皆捷。至是合兵攻石门山,贼退踞六美山翁受河。诸军大进,生禽千把猪,送京师磔之。凡先后克六百余寨,边方悉定。

9　石彪以安边功进爵为侯。

彪本以战功起家,不藉父兄荫。然一门二公侯,势盛而骄,多行不义,驯至于败。【考异】明书系石彪下狱于正月,宪章录系之二月,皆误也。证之功臣年表,彪以四月己巳进封侯,盖以正月安边之捷也。是时彪虽以功进爵,而与亨为外握兵柄,上已疑之,故欲以封侯召还,使奉朝请,非逮也。彪之下狱在是年之八月,诛在明年二月,明史本纪所记亨、彪前后事,证之弇州史乘考误所据国史,其年月日悉符,今据之。

10　五月,庚子,诏都督刘深充总兵官,会两广守臣讨广西流贼。【考异】此据明史稿增。惟本纪叙于四月己巳下,四月无庚子,盖脱"五月"字。

11　六月,辛酉,复命巡抚官以八月集京师议事。寻谕户部:"移文各巡抚,以地远近分年赴京,著为令。"

12 秋,七月,召石彪还。

彪与石亨内外为援,上颇疑之,欲以封爵使奉朝请。而彪谋镇大同,令千户杨斌等保奏,上觉其诈,收斌等,拷讯得实,趣彪疾驰入京。

13 八月,庚戌,下石彪锦衣卫狱,令门达鞫之,得其绣蟒龙衣及违式寝床诸不法事,罪当死。遂籍彪家,并逮其党七十六人。彪事既发,言官将于朝班劾之,有泄于彪者,上闻之,大怒。己未,"禁文武大臣往来,其给事御史及锦衣官,不得与文武大臣交通。违者依洪武间铁榜例治罪。"

14 乙亥,免湖广被灾秋粮。

15 是秋,建安老人贺炀上书论时事,言:"今铨授县令,多年老监生,泪满九载,年已七十,苟且贪污,何以为治? 宜择年富有才能者;其下僚及山林抱德之士,亦当推举。"又言:"朝廷建学立师,将以陶镕士类。而师儒鲜积学,草野小夫,夤缘津要,初解兔园之册,已厕鹗荐之群。待次循资,滥升太学,侵寻老耄,幸博一官,但廑身家之谋,无复功名之念。及今不严甄选,人材日陋,士习日非矣。"

上善其言,下所司行之。【考异】贺炀上书事,见明史张昭传。传言是年之秋,今据之。

16 冬,十月,己未,上猎南苑。

17 庚午,石亨以罪罢。

先是亨闻彪下诏狱,惧,请罪,上慰谕之;亨请尽削弟侄官,放归田里,亦不许。及法司再鞫彪,言"彪初为大同游击,以代王增禄为己功,王至跪谢,自是数款彪,出歌妓行酒。彪凌侮亲王,罪亦当死。"因交章劾"亨招权纳贿,肆行无忌,私与术士邹叔彝等讲论天文,妄谈休咎"。上乃命锢彪于狱,罢亨闲住,绝朝参。

亨既得罪,时方议革夺门功,上以问李贤,贤曰:"迎驾则可,夺门岂可示后!元位乃陛下固有,夺即非顺。时亦幸成功耳,万一事机先露,亨等不足惜,未审置陛下何地?"上悟曰:"然。"贤曰:"若景泰果不起,群臣表请复位,此辈虽欲升赏,以何为功?老臣耆旧,依然在职,何至有杀戮降黜事,致干天象?招权纳贿,何自而起?国家太平气象,岂不益盛!易曰:'开国承家,小人勿用',正谓此也。"上深然之。乃诏:"自今章奏勿用'夺门'字。诸冒功得官者,许自首更正。"凡罢黜四千余人。

18 是月,命法司会廷巨霜降后录重囚,谓之"朝审"。遂为定制。【考异】<u>明史本纪</u>,"每岁霜降录重囚",<u>明史稿</u>则云"霜降前",<u>宪章录</u>则云"霜降后"。证之<u>刑法志</u>,亦作"后",从之。

19 十一月,癸巳,振<u>湖广</u>饥,免其税粮。

20 是月,<u>南和</u>侯<u>方瑛</u>卒于镇所。

<u>瑛</u>在<u>湖广</u>、<u>贵州</u>,前后克寨几二千,俘斩四万余,平<u>苗</u>之功,前此无与比者。至是卒,年四十五。上闻,震悼,赐谥忠襄。

<u>瑛</u>天资英迈,通古兵法,尝上练兵方略及阵图,老将多称之。

时都督金事<u>李震</u>,从<u>瑛</u>平东<u>苗</u>有功,至是即以<u>震</u>充总兵官,代镇<u>贵州</u>、<u>湖广</u>。【考异】<u>方瑛</u>卒在是年,见本传。证之功臣表,

在三年十一月,今据增。

四年(庚辰、一四六〇)

1 春,正月,丁亥,大祀南郊。

2 癸卯,下石亨锦衣卫狱。

亨既罢,中官逯杲等奏:"亨怨望逾甚,与其从孙后日造妖言。且蓄养无赖,专伺朝廷动静,不轨迹已著。"廷臣皆言不可轻宥,乃下亨诏狱。坐谋叛律应斩,籍其家。【考异】明史本纪,"正月癸卯,石亨有罪,下狱瘐死。""二月丁卯,石彪弃市。"按亨死狱中,弇州考误以为二月癸亥,又四日丁卯诛石彪。明史稿分书之,下狱在正月癸卯,籍家在甲辰,亨死在二月癸亥,彪诛在丁卯,今据之。

初,上以复辟德亨,亨复荐千户卢旺、彦敬为指挥,使侍上侧,自是干请无虚日。亨每见上,出必张大其言,在亨门下者,得亨语即扬于众,以为声势。一时朝臣奔走恐后,以货之多寡为授职美恶,入之先后为得官迟早。时有"朱三千,龙八百"之谣,谓郎中朱铨、龙文辈俱以贿被擢也。

杲本亨所擢,密受上旨,往往伺亨所为以报。会彪谋镇大同,为天下精兵处,权倾人主。群疑其有异志,遂及于祸。【考异】三编质实云:"按明史纪事本末,瞀人童先者,出妖书曰,'惟有石人不动',劝亨举事。亨谓其党曰:'大同士马甲天下,吾抚之素厚。今石彪在彼,可恃也。异日彪佩镇朔将军印,专制大同,北塞紫荆关,东据临清,决高邮堤以绝饷道,京师可不战而困。'及保喇寇延绥,帝命亨往御之。童先又力劝亨,亨曰:'为此不难。但天下都司除代未周,待周,为之未晚也。'先曰:'时者难得而易失。'亨不听。会彪败,罢亨,而亨谋渐急,事益露。其家人上告变,逮治之。据此,则亨不轨之谋,乃其家人所发,而明史亨传以为杲奏,存考。"

按传言"蓄养无赖,专伺朝廷动静",则当时必有发其阴事者。抑或杲具爰书时,使人告变,以为不轨之左证。第野史所记,半出传闻,而国史纪闻所载,尤多芜杂,今仍参石亨本传及三编,余悉删之。

3　是月,天下朝觐官至京师,诏"出榜禁约,不许交通京官,馈送土物,亦不许下人挟仇告害。"

上又语李贤曰:"黜陟之典,亦宜举行。"封曰:"此祖宗旧制。"时吏部、都察院黜不职者数百人,旌其才行超卓政绩显著者布政以下贾铨等十人,赐礼部筵宴并衣服楮币遣之。

4　二月,壬子,广西獞哦陷梧州。

5　癸亥,石亨瘐死狱中。法司请戮其尸,枭首示众,上以李贤言,命瘗之。

6　丁卯,石彪弃市,后亦伏诛。

后中天顺元年进士,助亨筹画。时有都督杜清,出亨门下,后造妖言,有"土木掌兵权"语,——盖言"杜"也。事觉,流金齿。

亨之败也,有锦衣指挥刘敬坐饭亨直房,用朋党律论死。时韩雍为右佥都御史,佐寇深理院事,语深曰:"朋党,谓阿比乱朝政也。以一饭当之,岂律意!且亨盛时,大臣朝夕趋门不坐,独坐敬何也?"深叹服,出之。

雍以景泰二年为右佥都御史,巡抚江西,劾奏宁王兄弟相讦事,一时王府官皆得罪,军民连逮者甚众,宁王衔之。天顺初,罢天下巡抚官,改山西副使。宁王因挟前憾,劾其擅乘肩舆诸事,下狱,释之。寻起故官,佐理刑部。未几,复命巡抚宣府、大同。

7 是月，擢布政萧晅为礼部尚书，又召致仕副都御史年富为户部尚书。

时沈固罢，上以户部难其人，李贤荐"年富执法不挠，可居此职"，上然之。左右有不悦富者，谓贤"不宜再举"。一日，上召贤曰："户部之缺，恐非年富不可。"贤因述其不悦于众，上曰："富之执法，正宜居此。国计所关，岂顾私情！"遂召用之。

晅以吏部考察荐，故有是擢。【考异】萧晅、年富擢召事，纪闻系之三年十二月，宪（意）〔章〕录在是年正月，盖以晅考察在十人之列，因牵连并书召年富事也。证之明史年表，二人皆以二月间任，今系之是月下。

8 命皇子德王、秀王等出阁读书。

9 陕西庆阳陨石，大者四五斤，小者二三斤，击死人以万计，又有传石能言可骇。【考异】明史五行志不载。纪闻系之是月，二申野录同，今据之。

10 三月，庚辰，赐王一夔等进士及第、出身有差。——一夔，前推官王得仁子也。

11 乙酉，大雨雪，越月乃止。【考异】此据明史五行志，三编汇记之于四月。

12 戊戌，免南畿被灾秋粮。

13 是月，召耿九畴为南京刑部尚书，轩輗为左都御史，总理南京粮储。

石亨既死，上每念二人廉正不易得，故相继召用之。

14 夏，四月，己酉，分遣内臣卢永等督浙江、云南、福建、四川银课。

浙、闽课额，大略如旧；云南十万两有奇，四川万三千有奇。总新旧额十八万三千有奇。

15 壬子,襄王瞻墡来朝,上命百官朝王于邸,诏王诣天寿山谒三陵。及辞归,礼送加隆,且敕王岁时与诸子得出城游猎,盖异数也。

16 五月,壬午,免畿内、浙江被灾秋粮。

17 己亥,罢中官督苏、杭织造。

18 六月,癸亥,免湖广被灾税粮。

19 秋,七月,乙亥朔,日有食之。

20 辛卯,自五月雨至是月,淮水决,没军民庐,遣使加意振恤,并所决城坝以次修筑。

21 甲午,镇守广东太监覃记,诬奏廉州知府李逊纵民窃珠,征逊下狱。逊悉发记杖人至死及强敛民财物状,上怒,令锢记,复逊职。

22 是月,征天下逋逃二匠(九)〔凡〕三万八千四百余名,命吏部遣官二十员分往督捕。

23 下工部侍郎翁世资于狱。

　初,苏、杭等府织染局岁造上供,皆有定数。至是上遣内使增造綵缎七千匹,世资请减之,上怒,下狱,寻贬衡州知府。

24 八月,戊午,上亲谕户部免天下灾田税粮。

25 甲子,鞑靼保喇与珥拉噶等分三道自大同威远西拥众南行,总兵官李文及宣府总兵官杨能御之。文等畏其锋,不敢出。癸酉,寇大举直抵雁门,掠忻、代、朔诸州,烽火彻京师。居民惊走,拥入禁城,不能止。

李贤言于上曰："宜出军紫荆、倒马二关。非欲与之对敌，一则安抚人民，一则使彼知惧，不敢深入。"会兵部奏请遣将统京军赴大同，上曰："缓不及事，徒劳士马，惟驻关之策可行也。"于是遣都督颜彪领兵赴紫荆关，冯宗领兵赴倒马关。寇知有备，寻引去。

26 九月，庚辰，保喇复犯大同右卫。

27 庚寅，命抚宁伯朱永、都督白玉、鲍政率京军巡宣府边。——永，谦之子也。

28 甲午，免江西被灾秋粮。

29 冬，十月，甲子，上御西苑，阅京营将领骑射。令三营管操侯伯都督以下皆骑射，以三矢为率，上亲按籍记中矢多寡，赐钞有差。

30 戊辰，幸南海子。

31 十一月，丁酉，复阅随操武臣骑射于西苑。

32 是月，改萧晅于南京，以南吏部侍郎石瑁为礼部尚书。

33 闰月，丁巳，以月食失占，下礼部侍郎掌钦天监事汤序于狱。

上谓李贤曰："月食人所共知，钦天监失于推算，以致救护不行。"因言："序掌监事，遇有灾异，多隐蔽不言，天文吉事，却详书以进。朝廷正欲知灾异以见上天垂戒，庶知修省。今序如此，岂为臣尽忠之道！"贤封曰："自古圣帝明王，皆畏天变，圣意实同。序罪可诛也。"寻贬序秩。【考异】明史本纪不载。史稿书"闰十一月丁巳"，盖望后一日。天顺日录书"闰十一月十六日"，是也。纪闻作"闰十月丁巳"，证之明史天文志，是年闰在十一月，盖转写脱去"一"字耳。

34 己未，上幸郑村坝，阅甲仗车马。

35 十二月，戊寅，以巡抚直隶副都御史崔恭为吏部侍郎。

上以王翱年老，欲早得一人习练其事，翱与李贤合荐恭，上以为得人。

因与贤论人才高下。上曰："若徐有贞，才学亦难得，当时有何大罪，只为石亨辈所害耳。"即日，传旨释有贞为民。

有贞既归，犹冀复召，时时仰观天象，谓将星在吴，益自负，常以铁鞭自随，数起舞。及闻韩雍征两广有功，乃掷鞭太息曰："孺子亦应天象耶！"——雍，同里人也。——有贞既不用，放浪山水间，十余年而卒。【考异】崔恭授吏侍，据天顺日录在十二月六日，"方其人于李贤等，明日，恭以荐授吏部侍郎"。是月壬申朔，六日为丁丑，又明日为戊寅。至释徐有贞，同在是时，而明史本纪不载。三编据实录系之是年十二月，与天顺日录合，今类书之。

36 是岁，朝鲜与邻部毛怜卫仇杀，诏礼科给事中张宁同都指挥武忠往解之。宁词义慷慨；而忠骁健，张两弓折之，射雁一发坠。朝鲜人大凉服，竟解其仇而还。中官覃包邀宁相见，不往。寻擢都给事中。【考异】事见明史张宁传。证之朝鲜传，在天顺四年，今增。

五年（辛巳、一四六一）

1 春，正月，庚戌，大祀南郊。

2 二月，己卯，免山东被灾税粮凡二十四万余石。

3 甲午，保喇寇庄浪，诏都督冯宗率兵讨之。

4 丙申，镇守广东中官阮随奏："大藤峡猺贼出没两广，累年为患；虽常会兵剿捕，而地里辽远，又两广军马不相统属,宜大举以创之。"乃命都督佥事<u>颜彪</u>佩征夷将军印,充总兵官,调<u>南京</u>、<u>江西</u>及<u>直隶</u>、<u>九江</u>等卫官军一万隶之。

5　是月,巡抚<u>广东</u><u>叶盛</u>奏:"<u>广东</u>珠池经二次采取,今珠螺稀嫩,须暂停缓,方得长大。况<u>雷</u>、<u>廉</u>等府州县夫、<u>蜑</u>,累被<u>广西</u>流贼劫杀,必须大兵宁靖人力宽苏之日,方可采捞。"上命户部议行。

6　三月,壬子,免<u>苏</u>、<u>松</u>、<u>常</u>、<u>镇</u>四府被灾税粮凡五十三万余石。

7　甲寅,<u>湖广</u>、<u>贵州</u>总兵官<u>李震</u>剿<u>城步</u>猺、獞,攻<u>横水</u>、<u>城溪</u>、<u>莫宜</u>、<u>中平</u>诸寨,皆克之。长驱至<u>广西</u><u>西延</u>,会总兵官<u>过兴</u>军克十八团诸猺,前后俘斩数千人。

8　是春,以<u>刘孜</u>为右副都御史,巡抚<u>江南</u>十府。

<u>孜</u>以吏部考察,举治行卓异,遂自<u>山东</u>按察使升任左布政,至是命抚南畿。

<u>苏</u>、<u>松</u>财赋,自前抚臣<u>周忱</u>立法,后多纷更。<u>孜</u>至,首访<u>忱</u>善政遗迹,斟酌行之,民以为便。

9　夏,四月,癸巳,<u>保喇</u>寇边,入<u>平虏城</u>,诱指挥许颙等入伏死之。边报日亟,乃诏兵部侍郎<u>白圭</u>督<u>陕西</u>诸军讨之。
【考异】是年<u>白圭</u>凡两命,此系督师七月之命,则赞<u>冯宗</u>军务也。诸书多混,今分记之。

10　是月,上与阁臣<u>李贤</u>言:"今府库钱粮,入少出多;且军官俸一季关银十四万两,何以为继?"贤对曰:"自古国家惟怕冗食,今一卫官有二千余员者。"上令贤与吏、户、兵三部议之。"在<u>京</u>军官老弱残疾者,令兵部以次调外,却以军补其阙,以省冗费。"上曰:"此时恐难行。"贤曰:"宜安静行之，如无事然，使其不觉可也。"上额之。

贤又言："今日军官，有增无减。自古赏功之典，虽金书铁券，誓以永存，然其子孙不一再传而犯法，即除其国；或能立功，又与其爵。岂有累犯罪恶而不行苴黜者！若再因循久远，天下官多军少，民困岁供，此不可不深虑也。"上曰："此事诚可虑，然亦当徐为之。"【考异】语见天顺日录，书于五年四月，今据增。

11 五月，丙午，保喇犯宣府。

12 丁未，免河南被灾税粮凡二十六万石有奇。

13 是月，杀弋阳王奠壏。——王，宁献王之庶孙也。

初，有锦衣卫指挥缉王炁母事，上遣人按问不实。复令奠壏兄宁王奠培具实以闻，奠培奏无其事。而是时中官逯杲，听诇事者言，以为实。迨上遣驸马都尉薛桓与杲再按，会奠培奏亦至。上以责杲，杲惧，仍执如初，遂赐奠壏母子自尽，焚其尸。是日，雷雨大作，平地水深数尺，众咸冤之。【考异】据天顺日录系之五年二月，盖据事发按问之月也。三编系杀奠壏于五月，据其见杀之月分，本之实录。其目中所记，皆与明史诸王传合，今据书之。

14 下南雄知府刘实于狱。

实居官三十余年，廉介爱民。中官过郡多邀索，弗与，遂折辱之，郡民大呼，拥实去，中官惭忿，诬以罪，逮下诏狱，瘐死。郡人哀而祠之。——实，江西安福人。【考异】据明史本传，实以天顺四年知南雄府，因记其忤中官下狱事。三编系之是年五月，据实录也。通纪系之景泰六年三月，证之本传，实彼时以顺天府治中召修宋元通鉴，至天顺初还原任，四年擢知南雄府，是其下狱之在五年明矣。今据三编书之。

15 六月，丙子，保喇寇河西，官军败绩，关中震恐。

壬午，复命兵部尚书马昂总督军务，怀宁伯孙镗充总兵官，率京营军御之。未行而曹吉祥之乱作。

16 戊戌夜，彗星见东方，芒长三尺许，尾指西南。

17 是月，以天下水灾，又值边警，会昌侯孙继宗、吏部尚书王翱等，请行宽恤之政以苏民困，上有难色，不得已令条其不便于民者十数事，诏行之。

18 秋，七月，己亥朔，东方有黑气，须臾蔽天。

19 庚子，太监曹吉祥及其从子钦反。

石亨之败也，吉祥内不自安，渐蓄异谋。家故多藏甲，日犒诸达官，金钱谷帛恣所取，皆愿尽力，结为死党。

千户冯益，曾于景泰间请徙上皇于沂州，复辟后，以吉祥庇得不诛，因客钦所。钦问曰："古有宦官子弟为天子者乎？"益曰："君家魏武其人也。"钦大喜。

钦有家人百户曹福来者，得罪逃去，奏行捕治，钦乃别遣人寻获，至家私掠死，为言官所劾。上令逯杲按之，且降敕遍谕群臣："毋自专干宪典。"钦惊曰："前降敕遂捕石将军，今复尔，殆矣！"反谋遂决。使其党掌钦天监汤序择以是月二日昧爽，钦自外拥兵入废帝，而吉祥以禁兵为内应。

谋既定，钦召诸达官夜饮。时怀宁伯孙镗奉诏西征，将陛辞，是夜，与恭顺伯吴瑾俱宿朝房。达官马亮恐事败，逸出，走告瑾，瑾趋告镗，从长安右门隙投疏入。二人皆武臣，拙于书，惟曰"曹钦反，曹钦反"。上得奏，急絷吉祥于内，而敕皇城及京城九门(门)〔闭〕勿启。

钦以亮逸，知事泄，中夜，驰往逯杲家杀杲；斫伤阁臣李贤于东朝房，以杲头示贤曰："杲激我也。"逼贤草奏释己罪。无何，又执尚书王翱，贤乃就翱所索纸佯草疏，乃获免。钦又杀都御史寇深于西朝房。

遂率众攻东、西长安门，不得入，纵火。守卫者拆河堰砖石塞诸门，贼往来叫呼门外。镗遣二子亟召西征军，击钦于东长安门，且大呼曰："有狱贼反！"西征军奔集至二千人，镗曰："不见长安门火耶？曹钦反，能杀贼者必得重赏！"钦先攻东安门不克，瑾将五六骑觇贼，道遇钦，力战死。钦复纵火，门毁，门内聚薪益之，火大炽，贼不得入。天渐曙，钦党稍稍散。镗勒兵逐钦，镗子轨，斫钦中膊。钦走突安定诸门，门尽闭，归家拒战。会大雨如注，镗督诸军奋呼入，钦投井死。其家无大小尽诛之。

20　壬寅，抚谕京城内外。

癸卯，磔吉祥于市，夷其族。

丙午，磔吉祥党汤序、冯益、陈守忠、丁顺等，皆籍其家。

额森特穆尔旧译见前。以事觉，逃至通州，被获，械送京师，均伏诛。

21　丁未，免南畿、应天等府被灾税粮凡五十九万七千七百石有奇。

22　庚戌，以禽逆贼诏示天下，大赦，求直言。

时李贤上言："曹贼就诛，此非小变。宜诏天下，一切不急之务悉皆停罢,与民休息。"又言:"自古治朝未有不开言路者,或设敢谏之鼓诽谤之木以导之;或举旌奖赏劳升用之典以劝之;犹虑其缄默自保,或设不言之刑以惧之。圣帝明王,其惓惓求言若此者,唯恐不得闻其失也。惟奸邪之臣,恶其攻己,必欲塞之以肆其非。由是覆宗绝嗣,陷于大戮而不悟矣。"上曰:"此吉祥、石亨、张𫐐辈实为之,宜列之诏中,咸使闻知。"

23 丁巳,河溢开封。城中水深丈余,官舍民居漂没者过半;周王及诸守土官,皆乘舟筏避于城外,军民死者不可数计。诏侍郎薛远往视。

24 戊午,上以孙镗不行,边报益警,乃以冯宗充总兵官,御保喇。又以李贤荐,起副都御史王竑于家,与兵部侍郎白圭参赞军务。【考异】据明史白圭本传,"是年,保喇寇庄浪,与都御史王竑赞都督冯宗军务。"竑传亦云:"都督冯宗出师,用李贤荐起竑故官,与兵部侍郎白圭参赞军务。"据此,则圭与竑同参赞冯宗军务。明史统系之七月,三编据之,皆本实录。明书以为白圭班师,误也。

25 辛酉,保喇上书乞和。

26 丙寅,彗星自前月晦见,至是凡二十九日始灭。

27 是月,追封吴瑾凉国公,谥武壮。赠寇深少保,谥庄愍。【考异】明史吴允诚传,"瑾谥忠壮",功臣表又作"武壮",三编作"武庄",疑"庄"为"壮"之误也。

进孙镗爵为侯。又以马亮告反,授都督。【考异】诸书皆作"完者秃亮"。按亮以达官客曹钦家,完者其番名也。三编、明史皆作"马亮",今从之。

28 以李宾为右都御史。

寇深之遇害也，上以此职非轻，难其人，李贤请令六部共举。已，举三人，以南京刑部尚书萧维祯居首。贤请用之，上曰："此人曾经吉祥力荐，必其党与，非端士也。"上以大理卿李宾年虽少，久典刑名，复询之王翱等，遂有是命。

29 八月，壬申，寇犯永昌。甲戌，又犯甘州。

30 甲申，加李贤、王翱皆太子少保。

时上敕吏部曰："学士李贤为贼伤，乃能力疾办事，忠勤可嘉，宜进秩酬之。"贤等固辞，不许。【考异】事见天顺日录，云"八月十六日"。是月己巳朔，今据书之。

31 是月，保喇寇西番，遂入凉州，守将都督毛忠御之。鏖战一日夜，矢尽力疲，寇来益众；忠意气弥厉，拊循将士，复殊死斗，寇卒不能胜。会宣城伯卫颖援至，寇解去，忠竟全师还。

32 上既擢李宾，而大理寺卿未除。一日，与李贤论人才，因及工部尚书赵荣，贤曰："此人可取。且如曹贼反时，文臣皆畏缩不敢前，独荣被甲走马呼于军曰：'好汉皆来从我！曹家乱臣贼子，当共剿杀。我辈忠臣义士勿避也！'于是从者数十百人。"上闻，叹曰："此忠臣也！"乃命荣以工尚兼大理卿，食两俸。【考异】明史七卿表，李宾任右都在七月，赵荣兼大理在八月，今据表分书之。赵荣事见明史本传，纪闻作"刘荣"，误。

33 岳正之在戍也，上每念及，辄曰："岳正到好，只是大胆。"至是曹、石败，上思其言，乃放还为民。正自为像赞，述上语，以为之死靡憾。人谓其果于自信云。

34 赐兵部尚书马昂玉带及绣金麒麟服。

昂初附曹吉祥，尝荐曹钦，得管大营禁兵，至是以诛钦有功,因得掩其荐钦之罪。自是宠待特厚,赐赉无虚日。

35 九月,壬戌,巳时,京师地震,有声起自西南方,至东南方止。

36 冬,十月,壬申,以西边用兵,令河南、山西、陕西士民纳马者予冠带。

37 保喇之乞和也,上遣都指挥詹昇、窦显等赍玺书往谕降。自是凡三乞和,皆许之。

辛卯,昇等至塞外,保喇听命,遣使来贡,受约,又请改大同旧贡道而由陕西兰县入,朝议许之。

初,鞑靼入寇,或在辽东、宣府、大同,或在宁夏、庄浪、甘肃,去来无常,为患不久。景泰初,始犯延绥,然部落少,不敢深入。嗣后有鞑靼部下阿勒楚尔者,旧作阿罗出。率其属潜居河套,遂逼近西边,出没为患。

河套,古朔方地,唐张仁愿筑三受降城处也。地在黄河南,自宁夏至偏头关,延袤二千余里。其外为东胜州,在受降城之东。明初置卫控之,厥后以旷绝内徒,虏始渡河犯边。于是保喇与小王子及玛拉噶等旧译见前卷。先后继至,掠我边人以为向导。自请改道陕西,每岁入贡而寇掠如故。河套之患始此。【考异】河套事,通纪系之五年冬。证之明史鞑靼传,言入河套在天顺间,而受约入贡及请改道陕西皆在五年,此即虏入河套之张本。今并系之请降入贡下。

38 十一月,丁酉朔,日有食之。【考异】诸书多系日食于九月之朔,明书以九月之朔为戊戌。明史、三编据实录为十一月丁酉日食,今从之。

39 丙辰,上召阁臣李贤于文华殿,语曰:"曹吉祥非无功,一旦犯法,诛殛无遗。且朕在南城时,若辈如何?一旦得志,却又忘之。朕今复位五年矣,未尝一日忘在南城时。是以每日视朝,朝母后毕即亲政务,览章奏。至于饮食未尝拣择去取,衣服亦俱从便。"贤曰:"如此节俭,益见盛德。若朝廷节俭,天下百姓,自然富庶可期。"上曰:"愿卿勉辅朕躬,君臣一德。"【考异】语见天顺日录,云"十一月二十日",是月丁酉朔,今据之。

40　壬戌,幸南海子。

41　十二月,癸巳,太白昼见。

42　是冬,命李震专镇湖广。以李安充总兵官,镇贵州。

43　是岁,四川松潘蛮叛。

松潘地杂番、苗,旧设参将一人,事权轻。会守臣告警,朝议设副总兵,以都督同知许贵充总兵官镇守。未抵镇而山都掌蛮叛,诏便道先讨之。贵分两哨,直抵其巢,连破四十余寨,斩首千一百级,生禽八百余人,余贼远遁。贵亦感岚气,未至松潘卒。上为辍朝一日,赐赙及祭葬如制。【考异】事见明史许贵本传。传云,"天顺五年",今系之是年之末。

卷二十八　纪二十八　英宗天顺五年(一四六一)

1009

明通鉴卷二十九

江西永宁知县当涂 夏　燮 编辑

纪二十九 起玄黓敦牂(壬午),尽阏逢涒滩(甲申),凡三年。
英宗睿皇帝后纪

天顺六年(壬午、一四六二)

1 春,正月,丁未,大祀南郊。

2 戊申,保喇遣使入贡。

时白圭、王竑巡视西边,圭遇寇于固原川,竑遇寇于红崖川,皆破之。保喇寻入贡谢罪。

时保喇与穆尔格尔旧译见前卷。相仇杀,会穆尔格尔死,众共立其兄蒙古勒克埒青吉思,旧作马古可儿吉思。亦号“小王子”。自是鞑靼部长益各专擅,延绥边事日棘矣。

3 二月,癸酉,以书谕保喇,令自后仍从大同入贡。

4 丙戌,建东安、东上二门。

5 是月,遣学士钱溥、给事中王豫封黎灏为安南国王。

灏,麟次子也。初,黎麟死,子濬立,为庶兄琮所弑,以濬游湖溺死闻。朝廷不知,方遣人吊祭,而琮已为国人所诛,立濬弟灏。灏既立,连遣使朝贡请封。上命广西守臣核实,奏请从之,寻有是命。【考异】明书系封安南国王于是年二月。证之安南传,年月悉同,今参列传书之。

6 三月,癸丑,召冯宗、白圭还,王竑仍留镇西边。【考异】明史本纪书"召冯宗等还"。证之王竑传,是月,"白圭召还,竑仍留镇",是冯宗、白圭同日召还也,今据之。

7 是月,陕西管粮通政司参议尹旻奏:"寇退河开,军马众多,人民供输困极,请罢兵。"朝议虑有后警,难之。

李贤上言:"兵可暂不可久,暂则壮,久则老。且寇在边,安能保其不来侵犯! 若虑其复来,更无退兵之时。今陕西人民困极,宜如旻言,暂退军马以纾供亿。莫若令彼处官军且耕且守,调去军马俱令暂回,只留文武官各一员提督城堡、军粮,庶为允当。"上以贤言是,命廷议从之。

8 夏,四月,壬申,免河南、开封等五府所属四十州县去年被灾税粮凡二十八万四千余石。

9 是月朔,奉天门奏事,礼部尚书石瑁,以授敕失仪请致仕,许之。既念瑁为人笃实,复命王翱、李贤议留。其年十二月,卒于任。

10 五月,庚子,征蛮将军颜彪讨大藤峡猺贼,克之。

先是大藤之乱,两广猺、獞蜂起,广西残毁殆遍。彪至,会两广巡抚叶盛攻破七百余寨,遂驻军大藤峡,进击龙山,直抵梧、浔,所向皆捷。而彪多滥杀冒功,谤者并以咎盛,于是复命吴祯抚广西,而盛专抚广东。【考异】明史本纪书颜彪讨平两广诸猺。三编则但书破广西猺贼,且中所载,即大藤峡贼也。证之叶盛传"是时进兵皆在广西。因滥杀冒功,并以咎盛。乃调盛专抚广东。"

至三编所记"剿捕不尽,盗不久即发",则所谓"讨平"者,亦奏报语耳。今据三编。

薛应旂曰:何乔新言叶盛巡抚两广,合兵剿贼,属广东参议朱英督察奸弊。参将范信以兵会剿大藤峡,信利掳掠,驰至横、廉间,诬宋泰、永平等乡居民皆贼,屠戮殆尽,又欲并进城等乡屠之以为功。英力争其非辜,且遣间使请盛亟班师,诸乡民始免屠戮。由此观之,当时所谓破贼寨八百,禽斩数万,平民之殃及者不知凡几矣。盛被杀降之谤,殆亦有由。故曰,兵者圣王不得已而用之者也。

11 己未,免陕西被灾秋粮。

12 是月,禁内外一切酷虐刑具。

13 六月,戊辰,淮王祁铨来朝。

14 己丑,太白昼见。

15 是夏,湖广总兵官李震,率师由锦田、江华抵云川、贵岭、横江诸寨,破猺贼,俘斩二千八百余人。

16 秋,七月,淮安海溢,溺死盐丁一千三百余人,命免两淮盐课三十万引。

17 八月,庚午,太白、岁星同昼见。

18 是月,学士吕原以母丧归,诏葬毕起复。原请终制,不许。【考异】原丁母忧,明史本纪不载,明史稿系之十月。按原以十一月卒,见明史宰辅表。证之原传,"原乞终制,不许,乃之景州,启父兄殡归葬,舟中哀毁羸瘠。抵家,甫襄事而卒。"据此,则原之卒,去忧归不止逾月也。通纪、宪章录俱系原丁忧于八月,今据之。

19 九月,乙未,皇太后孙氏崩。

20 是月,广锦衣卫狱。

初,逯杲给事门达左右,达倚为腹心,及杲得志,达反为之用。至是杲已死,达欲踵其所为,益布旗校于四方,告讦者日盛。寻以囚多,狱舍不能容,请城西武库隙地增置之。

21 冬,十月,戊辰,上大行皇太后尊谥曰孝恭皇后。【考异】明史后妃传,上尊谥系之九月下,因太后之崩牵连并记耳。证之明书纪涣志,则诏书中云"十月初七日"。是月壬戌朔,则上尊谥在戊辰也。今据之。

22 十一月,甲午,葬孝恭章皇后于景陵。【考异】明史稿,葬孝恭皇后系之十月丙戌。按三编亦系之十一月,与明史本纪同。二书皆据实录,今从之。

23 是月,保喇要劫三卫寇边,宁夏兵击走之。自是每藉入贡之名,往来塞下,殆无虚日。

24 翰林学士吕原卒。

初,原与岳正劾曹、石致上怒,上以原素恭谨,罢正,特留之。至是以母丧归葬,哀毁赢瘠,甫襄事而卒。赠礼部左侍郎,谥文懿。

25 是冬,召王竑还。

26 是岁,山西巡抚李侃,以考察属吏,奏罢布政使王允、李正芳以下百六十人。并自劾请罢,诏不许。其年冬,以母丧归,军民拥泣,至不得行。服除,遂不出,家居十余年。

27 两广之乱,陶鲁时以父荫授新会县丞。时新会土寇蜂起,鲁以孤城守御,贼来,辄击败之。会秩满,巡抚叶盛上其绩,就迁知县。寻以破贼功进广州同知,仍知县事。【考异】李侃、陶鲁事,见明史本传,今增入是年之末。

七年(癸未、一四六三)

1 春,正月,丙午,大祀南郊。

2 丙辰,湖广洪江苗叛,诏湖广、贵州诸将会师讨之。【考异】明史本纪书讨洪江苗于是年闰七月戊寅,明史稿系之正月丙辰,盖一据其奏叛之月日,一据其讨平之月日也。今据史稿,并湖广、贵州会讨牵连记之。湖广、贵州,时则总兵官李震、李安也。

3 是月,以姚夔为礼部尚书。【考异】诸书皆系之二月,今据明史七卿表,夔以正月(在)〔任〕。又,通纪作"吏尚",亦误也。夔调吏部在成化六年,明史本传可证也。今据表、传。

4 二月,壬戌,以詹事陈文为礼部侍郎兼翰林学士,入阁。

吕原之卒也,上问李贤:"孰可代者?"贤以詹事柯潜对。出,告王翱,翱曰:"陈文以次当及,奈何抑之?"明日,贤入对,如翱言。文既入阁,数挠贤以自异,曰:"吾非若所荐也。"

5 戊辰,会试,贡院火。御史焦显扃其门,烧杀举子九十余人。诏以八月补行会试。

6 是月晦,夜半,空中有声。李贤奏:"无形有声,谓之鼓妖。上不恤民,则有此异。"乃命贤条宽恤事宜以进。

7 三月,壬寅,诏行宽恤之政。

时李贤复请罢江产所进缎匹及中官采办,止各边守臣进贡等事,不从。寻诏停各处银场。【考异】明史本纪书"三月壬寅旱"。证之明书所载宽恤诏文,有"畿内去冬少雪,今春缺雨"云云,故实录书旱,明史据之。其实以鼓妖事,李贤奏请宽恤,明史五行志所载,与天顺日录同,此为诏行宽恤之张本。以鼓妖五行之异,不便见之诏书,故云旱耳。

8 是月，进兵部侍郎<u>白圭</u>为工部尚书。

9 <u>福建</u><u>上杭</u>贼起，巡按御史<u>伍骥</u>讨平之。

先是贼扰<u>上杭</u>，都指挥佥事<u>丁泉</u>，<u>汶上</u>人，善捍御，贼屡攻城，皆却之。已而贼转炽，<u>骥</u>闻，立驰入<u>汀州</u>，调援兵四集。<u>骥</u>单骑诣贼垒，贼不意御史猝至，皆擐甲露刃。<u>骥</u>从容立马，谕以祸福，贼感其至诚，有泣下者。一时归附之众，凡一千七百余户，给以牛种，俾复故业。惟贼首<u>李宗政</u>负固不服，遂与<u>泉</u>深入，破之。<u>泉</u>力战遇害。<u>骥</u>吊死恤伤，激以忠义，复与贼战，连破十八寨，俘斩八百余人，四境悉平。

而<u>骥</u>冒瘴厉成疾，班师至<u>上杭</u>卒。军民哀之如父母，旦夕临者数千人，争出财立祠。<u>成化</u>初，以知县<u>萧弘</u>请，诏与<u>泉</u>并祀，赐祠名"褒忠"。【考异】<u>伍骥</u>平<u>上杭</u>贼事，见<u>明史</u>本传，在<u>天顺</u>七年。<u>明书</u>系之三月，今据增。

10 是春，复命副都御史<u>王竑</u>巡抚<u>淮扬</u>，兼督漕务。<u>淮扬</u>士民闻<u>竑</u>再至，欢呼迎拜，数百里不绝。

11 夏，四月，壬午，逮<u>宣大</u>巡按御史<u>李蕃</u>下狱。

时锦衣<u>门达</u>，遣侦事者四出。<u>蕃</u>以擅挞军职逮治，荷校于<u>长安左门</u>，数日卒。

12 丙戌，复遣中官督<u>苏</u>、<u>杭</u>织造。

13 五月，己丑朔，日有食之。

14 甲寅，<u>辽东</u>巡按御史<u>杨琎</u>，亦以擅挞军职逮治。

15 六月，丁卯，复逮巡按<u>山西</u>御史<u>韩祺</u>，荷校于<u>长安门</u>，数日卒。

16 秋,七月,庚戌,免陕西被灾税粮凡九十一万石。

17 闰月,甲戌,追上宣宗故后胡氏尊谥曰恭让。

章皇后孙太后之崩也,皇后钱氏为上言:"胡后贤而逊位,其没也,人畏孙太后,敛葬不如礼",因劝上复其位号。上问李贤,贤对曰:"陛下此言,天地鬼神,实监临之!臣以陵寝、享殿、神主,俱宜如奉先殿式。"上皆从之。【考异】上胡后尊谥,明史本纪系之闰月,三编同,皆据实录也。宪章录作"七月",明史后妃传亦作"七年七月",盖转写脱"闰"字耳。

18 戊寅,洪江叛苗平。

19 八月,礼部奏请补行会试,从之。并赠被焚之贡士皆赐进士出身。

20 巡抚宣大佥都御史韩雍,以议事入觐,上壮其貌,留为兵部右侍郎。复问李贤曰:"谁可代雍者?"贤荐山东按察使王越。召见,越伟服短袂,进止便利,上喜,擢右副都御史,遣之。

21 九月,甲戌,敕广东总兵官欧信、巡抚叶盛会广西总兵官泰宁侯陈泾剿两广猺贼。——泾,珪之曾孙,瀛之弟也。

信以参将守备广东,盛荐其廉勇,进都督同知,为副总兵官。时广西参将范信守浔、梧,阴纳猺赂,纵使越境流劫,于是雷、廉、高、肇,悉被寇。奏闻,诏克期会剿。

未几,泾以罪征,乃擢范信充副总兵镇广东,而命欧信佩征蛮将军印,代泾镇广西。

22 冬,十月,丁酉,振陕西西安诸府饥,凡出粟一百八十万余石。

23 丁未,命巡抚广西佥都御史吴祯节制两广诸军,讨猺贼。

24 十一月,癸酉,<u>广西</u>猺贼夜薄<u>梧州</u>城,时总兵<u>陈泾</u>驻兵城中,方会议调兵,而贼以三更驾梯入,<u>泾</u>不觉。贼遂入府治,劫官库,放罪囚,杀人无算,大掠城中,执副使<u>周璹</u>为质,杀训导<u>任璩</u>。有致仕布政<u>宋钦</u>,挺身出,谕以大义,亦为贼害。贼声言:"官兵莫动,动则杀<u>周副使</u>。"于是<u>泾</u>但拥兵自卫,不敢发一矢,纵贼出城而与讲和,贼亦寻遣<u>璹</u>还。

时官军数千,贼仅七百骑。事闻,上降旨切责而已。

25 壬午,以刑部囚自缢,诸给事中劾纪纲废弛,乃下都御史<u>李宾</u>、右副都御史<u>林聪</u>于狱,寻释之。【考异】<u>明史本纪</u>但书二人下狱,证之<u>林聪本传</u>,则以刑部囚自缢,给事中劾之也,今据增。

26 是月,下锦衣指挥同知<u>袁彬</u>于狱。

<u>彬</u>与<u>门达</u>同掌锦衣卫事,<u>彬</u>恃上旧恩,不为<u>达</u>下。<u>达</u>深衔之,乃诬奏<u>彬</u>罪,且言其受<u>曹</u>、<u>石</u>贿,下之狱。上语<u>达</u>曰:"任汝往治,但以活<u>袁彬</u>还我。"

狱锻炼成,有军匠<u>杨埙</u>者独不平,为<u>彬</u>讼冤,上疏言:"昔者驾在北庭,独<u>彬</u>以一校尉保护圣躬,备尝艰苦。今猝然付狱,诚所不解。乞御前录审,俾死无遗憾。"并罗<u>达</u>诸不法状,击登闻鼓以进。诏并下逮治。

时学士<u>李贤</u>方被宠任,数陈<u>达</u>罪,<u>达</u>恨入骨,欲并去之,乃榜<u>埙</u>究主使。<u>埙</u>知<u>达</u>意,谬应曰:"此<u>李</u>学士教我也。"<u>达</u>大喜,即奏闻,请法司会鞫<u>午门</u>外。上遣中官<u>裴当</u>监视,<u>达</u>欲执<u>贤</u>为质,<u>当</u>曰:"大臣不可辱。"乃止。及讯,<u>埙</u>大言曰:"吾小人,何由见<u>李</u>学士!此实<u>门</u>锦衣教我言之。"

达色沮,不能言。彬亦历数达纳贿状。

法司畏达,不敢闻,坐彬绞输赎,埙论斩。上命彬赎罪毕,调南京锦衣卫,而禁锢埙。久之,埙亦论释。【考异】袁彬下狱,诸书皆系之八月,盖据其讦奏彬罪之始也。三编据实录系之十一月,证之明史彬传,言"彬狱既解,越二月,英宗崩"。据此,则彬以十一月释之狱中,寻调南京也。三编质实云:"'杨埙'或作'杨瑄',为彩漆军匠。"按宪章录作"瑄"。通纪,"埙""瑄"并书,尤失之,今据三编。

27　十二月,辛卯,复下刑部尚书陆瑜及侍郎周瑄、程信于锦衣卫狱,寻释之。

初,瑄以刑部右侍郎出振顺天、河间饥,未竣而上复辟,有司请召还,不许,复赐敕令便宜行事。瑄遍历所部,大举荒政,先后振饥民二十六万五千,给牛种各万余,奏行利民八事。事竣还,转左。时上方任门达、逯杲,数兴大狱,瑄委曲开谕,多所救正,复饬诸郎毋避祸,以故行部定罪者,不至冤滥。官刑部久,意主宽恕,不为深文。同佐部者,安化孔文英,为御史时按黄岩妖言狱,当坐者三千人,皆白其诬,仅解首从各一人论罪。及是居部,与瑄并称长者。是年,瑄以刑侍署工部尚书,遂并入瑜狱逮治。

信以天顺二年以佥都巡抚辽东,都指挥夏霖恣不法,佥事胡鼎发其四十罪,信以闻,下霖锦衣狱。门达以信不当代奏,请责令陈状。会寇深方掌都察院,修前在辽东隙,劾信,征下诏狱,降南京太仆少卿。五年,召为刑部侍郎,至是以狱因论劾。

又,二人者皆门达所不悦,因并构之。未几,瑄仍署都察院事。【考异】下陆瑜等三人于狱,见明史本纪、七卿表,但系陆瑜下狱于十二月。盖七卿至都御史而止,故侍郎不及也。至下狱之由,史传不见,以<u>李宾</u>、<u>林聪</u>下狱证之,意即以刑部缢囚一事,又其时<u>门达</u>用事,从中构之也。今参<u>瑄</u>、<u>信</u>本传书之,惟<u>瑄</u>传遗去下狱事。

28 是月,<u>保喇</u>复来贡。入关,上欲却之,以学士<u>李贤</u>言而止。

29 是冬,<u>湖广</u>总兵官<u>李震</u>平<u>赤溪</u>、<u>湳洞</u>诸苗。

二部旧置长官司,至是叛苗据之。<u>震</u>会<u>贵州</u>总兵官<u>李安</u>分道进讨,斩贼渠<u>飞天侯</u>等,破寨二百,遂复长官司。进<u>震</u>都督同知。

30 是岁,擢<u>项忠</u>右副都御史,巡抚<u>陕西</u>。

<u>忠</u>以天顺初历<u>陕西</u>按察使,母忧归,部民诣阙乞留,诏起复。<u>陕西</u>连岁饥,<u>忠</u>发廪振之,奏请轻罪纳米,民赖以济。是年,召为大理寺卿,部民乞留如前,遂晋官。

<u>忠</u>平<u>洮</u>、<u>岷</u>叛羌,开<u>龙首渠</u>,引水入城,又疏<u>郑</u>、<u>白</u>二渠,溉<u>泾阳</u>、<u>三原</u>、<u>醴泉</u>、<u>高陵</u>、<u>临潼</u>五县田七万余顷,民祠祀之。【考异】<u>项忠</u>以是年巡抚<u>陕西</u>,事见本传。<u>明书</u>、<u>通纪</u>书浚<u>郑</u>、<u>白</u>二渠于是年十月,亦不言<u>忠</u>所浚。今参之本传,并系之是年之末。

八年(甲申、一四六四)

1 春,正月,乙卯,上不豫。

2 己未,皇太子摄事于<u>文华殿</u>。

先是上卧疾<u>文华殿</u>,有间东宫于上者,上颇惑之,密告大学士<u>李贤</u>,<u>贤</u>顿首伏地曰:"此大事,愿陛下三思!"上曰:"然则必传位太子乎?"<u>贤</u>又顿首曰:"宗社幸甚!"上起,立召皇太子至。<u>贤</u>扶太子令谢。太子谢,抱上足泣,上亦泣。

谗竟不行。

3 庚申，太白昼见。

4 乙丑，雨木冰。

5 己巳，大渐，命太监牛玉执笔草遗诏。

初，太祖崩，宫人多从死者，历成祖、仁、宣二宗皆用殉，多者至数十人。景泰帝以郕王薨，犹用其制。至是遗诏始罢宫妃殉葬。阁臣捧诏惊怆，以为真盛德事。

6 庚午，帝崩，年三十有八。

帝承仁、宣之业，海内富庶，朝野清晏，老成勋旧，纲纪秩然。徒以王振专权，遂至乘舆播迁，蒙尘塞外。复辟之后，困心衡虑，稍稍振作，而宦寺之弊，因循不除。吉祥既诛，纪纲、门达辈犹踵覆辙，抑何痼蔽之深也！若其释建庶人，追上胡后谥号，首罢宫妃殉葬，此则盛德之事，可法后世者矣。

乙亥，太子见深即皇帝位。大赦天下。以明年为成化元年。免天下明年田租三之一。浙江、江西、福建、陕西、临清镇守内外官、诸边镇守内官，凡正统间所无者悉罢之。下番使者及缉事官校皆召还。

7 是月，释前参政罗绮于狱，赦为民，并还其家产。

8 侍读学士钱溥以罪贬官。

初，溥尝授内使书，东宫内侍王纶从受学焉。先帝疾笃，纶私诣溥计事，大学士陈文与溥比舍居，密觇之。已而帝崩，首辅李贤当草诏，文起夺其笔曰："无庸，已有草者。"因言："溥、纶定计，欲以溥代贤，而以兵部侍郎韩雍代尚书马昂。"贤怒,发其事。会大敛时纶衰服袭貂,上恶之,因数纶罪,执下狱,词所连者十余人。谪溥顺德知县。雍亦文素所不悦者,坐累贬浙江参政。【考异】明史本纪不载,事见陈文传。三编系之正月,与宪章录、明书合。明书书"正月壬午",盖是月二十九日也,今系之正月下。

9　二月,乙未,上大行皇帝尊谥曰睿皇帝,庙号英宗。【考异】明史英宗纪作"三月乙未",盖沿明史稿之误也。三月无乙未,是年二月甲申朔,乙未为二月十二日。证之明书纶涣志上谥号诏文云:"兹于二月十二日祗告天地宗庙,奉上皇考大行尊谥"云云,正二月乙未日也,今据改正。

10　庚子,始以内批授官。

旧制,授官必由阁部,上即位,初命中官传旨,用工人为文思院副使。自后相继不绝,一传旨,姓名至百十人,谓之"传奉官",自文武下及僧道,滥恩者以千数。

11　是月,下锦衣指挥佥事门达于狱。

初,达以王纶将柄用,预为结纳。纶败,达谪贵州都匀卫,甫行,言官交章劾之。都御史李宾疏言:"达恃恩藐法,玩弄威权,文网苛细,大狱屡兴,假托上旨,官校驿骚,子弟奸比,罪浮于谴谪,当正国法。"于是逮达下狱,论斩,籍其家。后贷死,戍广西南丹卫。达既败,乃以袁彬复掌锦衣卫事。达既谪,彬饯之于郊,并厚赆之,一时皆称彬为长者。

12　晋阁臣李贤少保、吏部尚书兼华盖殿大学士,陈文吏部左侍郎,彭时右侍郎,皆兼学士。

13　复定襄伯郭登爵,镇甘肃。

登以陈汝言党夺爵,至是复之。【考异】登以天顺二年夺爵,八年复爵，皆见功臣表。惟表系复爵于三月壬辰，三月无壬辰也。弇州考误作"二月壬辰"，今系之二月下。

14　三月，甲寅朔，尊皇后为慈懿皇太后，贵妃周氏为皇太后。

上即位，命议上两宫尊号。中官夏时希周贵妃旨，言："钱后久病，不当称太后。而贵妃，上生母也，且宣德间有故事。"阁臣李贤、彭时持不可，曰："今日事与宣德异。胡后上表让位，故正统初不加尊号。今名分固在，安得为比？"中官曰："如是，何不草让表？"时曰："先帝存日未尝行，今谁敢草！且朝廷所以服天下，在正纲常。若不尔，损圣德非小。人臣阿意顺从，是万世罪人也。"中官复怵以危语，时拱手向天曰："太祖、太宗，神灵在上，孰敢有二心！钱皇后无子，何所规利而为之争？义不忍默者，欲全主上盛德尔。若推大孝之心，则两宫并尊为宜。"贤亦极言之，议遂定。将上册宝，时又曰："两宫同称则无别，钱皇后宜加二字以便称谓。"从之。

越数日，中官覃包至内阁曰："上意固如是，但迫于周太后，不敢自主。非二公力争，几误大事。"时阁臣陈文默无一语，闻包言，甚愧之。【考异】明史本纪书上两宫尊号于三月甲寅朔，诸书多系之正月者，因上即位命廷臣议两宫称号，牵连并记耳。而明书直称"正月丙子"，在即位之次日，是时大行谥号未加，必无先期上两宫尊号之理。又证之明书纶涣志，载上两宫尊号诏文在三月二日，则先期礼成，越日诏告天下，与明史本纪合。其书于即位之次日者，仍沿野史之误耳。今从明史本纪。

15　戊午，放宫人。

时日黯无光，李贤偕同官上言："日者君象，君德明则日光盛。惟陛下敬以修身，正以御下，刚以断事，明以察微，持之不怠，则天变自弭。"又言："天时未和，由阴气太盛。自宣德至天顺间，选取宫人太多，浣衣局没官妇女，愁怨尤甚，宜皆放还。"上从之，中外大悦。

16 丙寅，毁锦衣卫新狱，盖门达所增设者。李贤等屡以为言，至是达败，始毁之。

17 庚午，赐彭教等进士及第、出身有差，盖去年八月补行会试贡士，至是始廷试。

18 癸酉，诏内阁九卿考核天下方面官。黜河南布政使侯臣等十三人，以王恕为河南布政使。

19 戊寅，复立团营。

时会昌侯孙继宗等，"请于五军神机三千营，选壮勇官军一十二万，分为十二营：曰奋武，曰耀武，曰练武，曰显武，曰敢勇，曰果勇，曰鼓勇，曰效勇，曰立威，曰申威，曰扬威，曰振威，各命侯伯都督等官坐营团练"，从之。诏："继宗同太监刘永诚总管提督，每遇操时，仍遣给事中御史各一员巡察。"

20 是月，召杨瑄、张鹏还，复岳正官，御史吕洪请之也。

正自以还朝当大用，而李贤欲用为南京国子祭酒，正不悦。有忌正者，伪为正劾贤疏，由是贤嗛之。【考异】三编书召岳正还于三月。按正自戍所召还，在天顺五年诛曹、石后，时斥为民，此更复其官，今分别书之。吕洪请召杨瑄，并见正传。今据宪章录增入张鹏，盖鹏之召还，亦见明史本传。

21 是春，御史陈选言："鞑靼部落，保喇最强，又密招三卫诸番,相结屯住。去冬夷朝,要我赏宴,窥我虚实,其犯边之情已露。而我边关守臣,因循怠慢,城堡不修,甲仗不利,军士不操习。甚至富者纳月钱而安闲,贫者迫饥寒而逃窜,边备废弛,缓急何恃? 乞敕在边诸臣,痛革前弊,岁遣大臣巡视,庶边防有备,寇氛可戢。"报闻。

22 夏,四月,癸未朔,钦天监推日食不见。

上以天文生贾信所言天象,非惟术数不精,且事涉轻率,下之狱。

23 甲午,奉孝恭章皇后祔庙。

24 壬子,发内帑七十六万余两犒边军。

25 是月,召郭登总神机营兵,命内官十二人坐营管操。

26 户部尚书年富卒。

富以"陕西频用兵而治饷非人,请黜左布政孙毓,用右布政杨璇、参政娄良及西安知府余子俊"。吏部尚书王翱论"富侵官,请下于理",富力辨曰:"荐贤为国,非有所私也。"因乞骸骨。上慰留之,为黜毓。顷之,富病疽卒,赐谥恭定。【考异】年富之卒,诸书多系之五月,今据七卿表,在四月。

27 五月,丁巳,大雨雹,大风飘瓦,拔郊坛树。敕群臣修省。

时大学士李贤上言:"天威可畏,乞陛下凛然加省,无狎左右近幸,崇信老成,共图国是。"上嘉纳之。【考异】明史本纪作"五月丁巳",证之五行志同,明史稿作"丙辰",今从明史。

28 庚申,葬睿皇帝于裕陵。

29 是月,翰林院编修张元祯上疏陈三事:"一勤讲学。毋间寒暑,所讲必切于修德为治之实,不必以乱亡忌触为讳。一公听政。请日御文华殿,午前进讲,午后听政,天下章奏,命诸臣详议可否,陛下亲临裁决,俾得失利病,下情得以毕达。一广用贤。请命给事中、御史各陈两京堂上官贤否,亦许在京五品官指陈之,以为进退,又令共荐有德望者以代所去之位。有刚正敢言者,举为台谏,不必论其言貌、官职、出身;但不宜委之堂上官,恐惮刚方而荐柔媚者以充数,以至所举之人感其推荐,不敢直斥其非,是以古者大臣不举台谏。"疏入,以言多窒碍难行,寝之。

先是上践阼,元祯疏请行三年丧,不省。未几,预修英宗实录,与执政议不合,遂引疾归。【考异】元祯上三事,事见明史本传,书是年五月,至请行三年丧又在前,故诸书多系之三月。今牵连书之。

30 南京给事中王徽,与同官王渊、朱宽、李翔、李钧上疏陈四事。末言:"自古宦官,贤良者少,奸邪者多。若授以大权,致令败坏,然后加刑,是始爱而终杀之,非所以保全之也。近有无耻大臣,结交内宦,或行叩头之礼,或有翁父之称,因而鬻狱卖官,擅作威福。应请今后内臣,一遵高皇帝旧制,毋令预政典兵,置产立业。家人义子,悉编原籍为民,严禁官吏与之交接。惟厚其赏赍,使得丰足,无复他望,此国家之福,亦宦官之福也。"又言:"制置奄宦之法,莫良于宋。故终宋之世,宦官鲜专政乱国之祸,视汉、唐远矣。"疏上,不报。【考异】王徽等上书事,见明史本传。传言"宪宗即位数月",证之宪章录、法传录,皆系之是年五月,今从之。

31 六月,致仕礼部侍郎兼学士薛瑄卒,赠礼部尚书,谥文清。

瑄学一本程、朱,其修己教人,以复性为本。尝言:"自考亭后,斯道大明,无烦著作。"有读书录二十卷,平易简切,皆自言其所得,学者宗之。【考异】文清之卒,三编系之十月,盖据实录奏至之日也。证之明史本传,在是年之六月,今据之。

32 秋,七月,壬申,立吴氏为皇后。

先是有司以遗诏请大婚,南京吏部侍郎章纶言:"山陵尚新,元朔未改,陛下践阼之初,当以孝治天下,乞俟来春举行大礼。"疏至京而册立之诏已行。纶言虽不用,一时咸重之。

33 八月,癸未,御经筵。

甲申,命儒臣复日讲之制。赐讲官柯潜等白金、文绮。【考异】按是月壬午朔,"癸未御经筵",又云"复日讲之制",即明会典所云"日以逢二为期"者,此为定制。

34 癸卯,废皇后吴氏。

初,上居东宫,万贵妃已擅宠,及后立,摘其过,杖之。上怒,因下诏,谓:"后举动轻佻,礼度率略,德不称位。不得已请命太后废吴氏别宫。"

又言:"先帝简求贤淑,已定王氏,育于别宫待期。太监牛玉辄以选退吴氏蒙蔽太后,成册立礼。宜正玉罪,免死,谪居南京孝陵种菜。"

吴后父俊,先授都督同知,至是亦下狱戍边。

35 是月,诏修英宗实录。

编修尹直,以经筵讲官预修实录总裁。时有欲革去景泰帝号,引汉昌邑、更始为比,直辨曰:"昌邑旋立旋废,景泰帝则为宗社主七年;更始无所受命,景泰帝则策命于母后，当时定倾危难之中，微帝则京师非国家有。虽易储失德，然能不惑于卢忠、徐正之言，卒全两宫以至今日，其功过足相准。不宜去帝号。"时不能难。

36 改兵部尚书马昂为户部尚书，以副都御史王竑为兵部尚书。

时言官交劾昂，而荐竑及宣府巡抚李秉堪大用。下廷议，王翱、李贤请从其言，上曰："古人君梦卜求贤，今朕独不能从舆论乎！"于是复用秉为左都御史。命下，朝野相庆。

巡抚广东叶盛，以议事入都，给事中张宁等欲荐之入阁，以御史吕洪言，遂止，而以韩雍代抚广东。雍新得罪，众难之，竑曰："天子方弃瑕录用，雍固有罪，竑亦以罪废者。"卒用之。

初，编修丘濬，与盛不相能，阁臣李贤入濬言，及是草雍敕曰："无若叶盛之杀降也！"盛不置辨。稍迁左佥都御史，代秉巡抚宣府。【考异】马昂改户部，王竑授兵尚，李秉授左都，皆见七卿表，以八月。任叶盛、韩雍，诸书日月不同。按旧制，各省巡抚官皆以八月入京议事，则除授正在是时，今并书之。

37 冬，十月，壬辰，立王氏为皇后。

时万贵妃宠冠后宫，后处之淡如，故谮不行。

38 甲辰，立武举法。

自洪武二十年用武举，武臣子弟得于各直省应试，寻罢不行。至是复命直省举诸武艺人，兵部同总兵官考校其弓马策略，分别甲乙以备录用。指挥以下子弟，悉令入学。又定试武举式，骑中四矢，步中二矢以上者为中式，骑步所

中半者次之。帅府试策略，教场试弓马。问策二道，大略
如文闱之式。

39 是月，以没入曹吉祥地为宫中庄田。——"皇庄"之名
始此。

给事中齐庄言："天子以四海为家，何必与小民争利！"
弗省。自是戚畹、中贵家，多夺民地为庄田矣。

40 礼部尚书姚夔，以皇太后生辰，请仍故事设斋醮。都
给事中张宁言"无益，且伤大体，乞禁止"，上嘉纳之。【考
异】太后生辰，张宁请罢斋醮事，宪章录、通纪皆系之成化元年之二月。而证
之明史张宁及后妃传，皆特书是年之十月。是时有两太后，疑一系十月，一系
二月，诸书致误之由在此。惟明史本之实录，且张宁禁止斋醮，见孝肃周皇后
传中，则十月为孝肃生辰可知。且是时两宫并尊，朝议久之方定，宪宗为孝肃
所生，明史必不误，今从之。

41 十一月，丙寅，逮南京给事中王徽、王渊等下狱。

时中官牛玉以罪被谪，徽等复上疏劾之曰："陛下册立
中宫，此何等事！而贼臣牛玉，乃敢大肆奸欺，罪当万死。
顾仅斥陪京，全其首领，则凡侍陛下左右者，将复何所忌惮
哉！内阁大臣，身居辅弼，视立后大事漠不加意，礼官畏
权，辄为阿附。及玉事发后，国法难贷，刑官念旧，竟至苟
容。而李贤等又坐视成败，不出一言，党恶欺君，莫此为
甚。请并罪贤等，以为大臣不忠者戒。

臣等前疏请保全宦官，正欲防患于未萌，乃处置之道
未闻，牛玉之祸果作。往不可谏，来犹可追。臣等不敢远
引，请以近事征之：正统末有王振矣，讵意复有曹吉祥？天
顺初有吉祥矣，讵意复有牛玉？若又不思患预防，安知后

不有甚于牛玉者哉！

　　夫宦者无事之时，似乎恭慎，一闻国政，即肆奸欺。将用某人也，必先卖之以为己功；将行某事也，必先泄之以张己势。迨趋附日众，威权日张，大臣不识廉耻，多与交结。馈献珍奇，即以为贤而朝夕誉之；有方正不阿者，即以为不肖而朝夕谗谤之。誉者获显，谤者被斥，恩出于内侍，怨归于朝廷，内外交通，乱所由起。

　　臣等职居言路，不为苟容，虽死无悔。惟陛下裁察！”

　　上以为妄言要誉，欲加罪，都给事中张宁率同官及御史交章论救，乃并谪州判官。徽得贵州，渊茂州。一时同列名者，朱宽潼川，李翔宁州，李钧绥德，而草是疏者，钧笔也。侍郎叶盛，编修陈音相继请留，皆不纳。最后杨瑄言尤切，几得罪。【考异】明史本纪不载，事见王徽本传。诸书有系之九月者，有系之是冬者。弇州考误据国史，在是年十一月丙寅，今从之。

42　十二月，甲辰，敕：“两京文武除犯赃外，杂犯罪者悉宥之。”

43　是岁，四川妖贼赵铎作乱。

　　铎初与绵竹人徐贵有隙，贵告铎家匿群盗，县官捕之急，遂反，自称赵王，汉州诸贼皆归之。数陷城，杀长吏，遣其党何文让及僧悟昇掠安岳诸县。时都指挥掌四川都司事何洪，率所部兵捕之，斩悟昇，生禽文让。铎将犯成都，官军分三路趋彰明，贼引去。追至梓潼朱家河，力战，贼少却。洪乘胜陷阵，后军不继，为贼所围，左右跳荡，杀贼甚众。力竭，与指挥佥事刘雄俱死之。

事闻,赠洪都督同知,予祭葬,雄都指挥同知。诏巡抚汪浩檄官军合讨之。【考异】赵铎事,三编系之成化元年五月,据其讨平之年月也,诸书皆系之天顺八年。何洪、刘雄事见明史本传,三编不著,今据增。